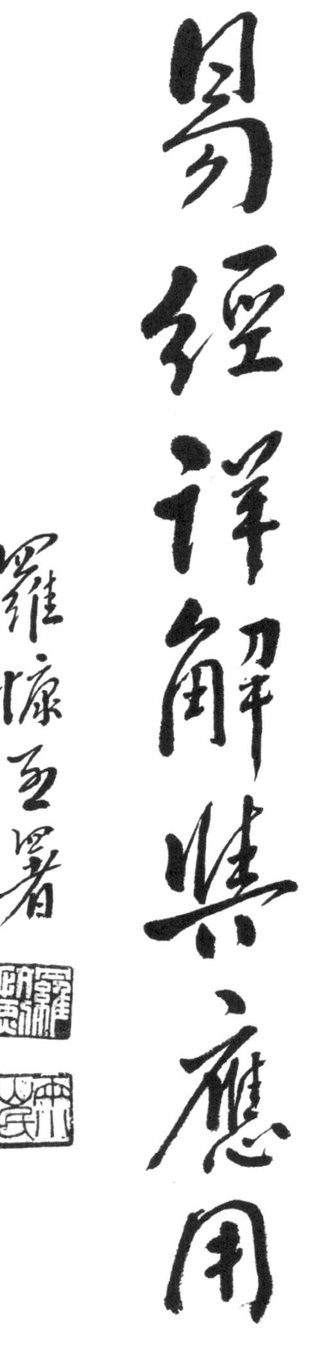
易經詳解與應用
羅慷烈署

易經詳解與應用

（增訂二版）

周錫䪖 著

扉頁題字　羅忼烈
責任編輯　張軒誦
書籍設計　吳冠曼
書籍排版　楊　錄

書　　名　易經詳解與應用（增訂二版）
著　　者　周錫䪖
出　　版　三聯書店（香港）有限公司
　　　　　香港北角英皇道四九九號北角工業大廈二十樓
香港發行　香港聯合書刊物流有限公司
　　　　　香港新界荃灣德士古道二二〇至二四八號十六樓
印　　刷　美雅印刷製本有限公司
　　　　　香港九龍觀塘榮業街六號四樓A室
版　　次　二〇〇五年十二月香港第一版第一次印刷
　　　　　二〇一五年四月香港增訂版第一次印刷
　　　　　二〇二五年六月香港增訂二版第一次印刷
規　　格　十六開（170mm×238mm）五六〇面
國際書號　ISBN 978-962-04-5618-3

目錄

I 序文

二十一世紀——告別「廢紙文化」（代序）…… 003

增訂本弁言 …… 010

增訂二版序 …… 012

II 前文

讓中國「量子《易》學」健步登場 …… 017

從「河圖洛書」到古本《周易》…… 025

《周易》考古的驚世發現……032
《易經》的語言形式與著作年代
——兼論西周禮樂文化對中國韻文藝術發展的影響……041
《周易》成書於「共和」時代……063
《周易》的作者——召穆公虎……079
《易經》——「扶危定傾」的治國寶典……086
怎樣為《易經》正確標點……093
《周易》六十四卦的卦序安排……109
「神機妙算」說《易》占……119
《易經》常用語詞釋義……130
《易經》的倒裝句法……139
有關本書的若干說明……145
釋《易》辭例……151
引書簡稱……157

III 正文

一 乾 ䷀ …… 165
二 坤 ䷁ …… 174
三 屯 ䷂ …… 184
四 蒙 ䷃ …… 191
五 需 ䷄ …… 197
六 訟 ䷅ …… 202
七 師 ䷆ …… 207
八 比 ䷇ …… 212
九 小畜 ䷈ …… 218
十 履 ䷉ …… 224
十一 泰 ䷊ …… 229
十二 否 ䷋ …… 236
十三 同人 ䷌ …… 241
十四 大有 ䷍ …… 246
十五 謙 ䷎ …… 251
十六 豫 ䷏ …… 256
十七 隨 ䷐ …… 262
十八 蠱 ䷑ …… 267
十九 臨 ䷒ …… 272
二十 觀 ䷓ …… 277
二十一 噬嗑 ䷔ …… 282
二十二 賁 ䷕ …… 287
二十三 剝 ䷖ …… 292
二十四 復 ䷗ …… 297
二十五 无妄 ䷘ …… 302
二十六 大畜 ䷙ …… 307
二十七 頤 ䷚ …… 313
二十八 大過 ䷛ …… 318

二十九　坎 ䷜ …… 323
三十　離 ䷝ …… 328
三十一　咸 ䷞ …… 333
三十二　恆 ䷟ …… 339
三十三　遯 ䷠ …… 344
三十四　大壯 ䷡ …… 349
三十五　晉 ䷢ …… 354
三十六　明夷 ䷣ …… 359
三十七　家人 ䷤ …… 365
三十八　睽 ䷥ …… 371
三十九　蹇 ䷦ …… 377
四十　解 ䷧ …… 382
四十一　損 ䷨ …… 387
四十二　益 ䷩ …… 392
四十三　夬 ䷪ …… 397
四十四　姤 ䷫ …… 404
四十五　萃 ䷬ …… 409
四十六　升 ䷭ …… 414
四十七　困 ䷮ …… 419
四十八　井 ䷯ …… 426
四十九　革 ䷰ …… 432
五十　鼎 ䷱ …… 438
五十一　震 ䷲ …… 445
五十二　艮 ䷳ …… 451
五十三　漸 ䷴ …… 456
五十四　歸妹 ䷵ …… 463
五十五　豐 ䷶ …… 469
五十六　旅 ䷷ …… 475
五十七　巽 ䷸ …… 482
五十八　兌 ䷹ …… 487

五十九　渙 ䷺ …… 492
六十　節 ䷻ …… 498
六十一　中孚 ䷼ …… 503
六十二　小過 ䷽ …… 508
六十三　既濟 ䷾ …… 515
六十四　未濟 ䷿ …… 520

IV 附錄：《易傳》

《繫辭·上》…… 531
《繫辭·下》…… 536
《說卦》…… 541
《序卦》…… 544
《雜卦》…… 547

I 序文

二十一世紀——告別「廢紙文化」(代序)[二]

「廢紙文化」古已有之，但是否「於今為烈」，則未敢斷言。

所謂「廢紙文化」其實包含兩類：一類是製造廢紙的；一類是研究廢紙的。製造廢紙者不一定研究廢紙；研究廢紙者也不一定製造廢紙，只有研究廢紙而不得法，才會製造廢紙。故兩者時有交叉之處，但亦有不同：前一類的「學術」往往假而空；後一類則腳踏實地，但因刻意深求，以致過猶不及。不過，就「製造廢紙」的效果而言，兩者實無二致，所以，統以「廢紙文化」名之，相信並無大誤。

就現代而論，前一類多見於「賞析學」、「解讀學」以至「易學」的文字中，而後一類則偶見於「敦煌學」的文字中。

在新的世紀，中國學術研究要向前發展，就須與形形色色的「廢紙文化」訣別，不作「無根之談」，務為「有用之學」，那樣方能提高效率，集中力量和資源，攻堅破關，斬將搴旗，爭取輝煌戰果，並進而為推動亞洲及世界人類文明建設，作出更大貢獻。

以下略述「廢紙文化」的各種表現。

一、「賞析學」

這是我杜撰的名稱。「賞析」而稱之為「學」，是因為這門「學問」急速膨脹，近二、三十年來，教人如何欣賞詩詞之類的文章、專集，可謂汗牛充棟，為數之多，簡直不讓清人「經學」專美，似已蔚然成為大邦，故只能以「學」名之。

「賞析學」其實是前人評點之學的發展，本身並無不妥。近世開風氣者為劉逸生（日波）先生。其五、六十年代所撰《唐詩小札》、《宋詞小札》彰彰在人口中，至今重印不輟。劉先生擅詩詞，精鑒賞，厚積薄發，小往大來，行文優雅圓熟，百鍊千磨，要言不煩，切中肯綮，所著誠有釋疑解惑、金針度人之功；謂為現代「賞析學」開山，實當之無愧。唐圭璋先生的《唐宋詞簡釋》也是其中表表者，堪稱「賞析學」範式之一。而八十年代編印的《唐詩鑒賞辭典》、《唐宋詞鑒賞辭典》選材允當，撰作亦較嚴謹，所以仍可保持一定水準。但以後，此類作品即越出越多，越來越濫，以至泛濫成災，質素便一落千丈，令人慘不忍睹了。編撰者往往既無識力，又乏誠意：幾於凡詩必錄，似乎無句不佳，寥寥數十字之短章，可讚以千數百字甚至數千字的長文，平庸拙劣之作，也說得天花亂墜；浪費資源，貽誤後學。所謂「廢紙文化」，當以此為大宗。（這裏指各類牟利性的「鑒賞辭典」與書刊為主，那些真正以弘揚中華文化、推介詩詞藝術為職志的優秀普及讀物，不在此列。）

二、「解讀學」

這也是我杜撰的名稱。特指利用西方各種詮釋理論剖析中文著作，而以漢語寫就的文學批評。自二十世紀八、九十年代盛行以來，至今方興未艾。這類文章有的確能從新的角度對作品加以審視、開掘、比較、闡釋，偶亦得未曾有，給人意外驚喜；其佳者自有展拓視野、溝通中西文化之功。但是無可諱言，庸拙者亦比比皆是：或詰屈聱牙，辭不達意；或張冠李戴，削足適履；或跋前疐後，顧此失彼。此蓋由對中、西文論雙方（或單方）未能深究、貫通，只停留於片面或表面的膚淺理解所致。於是，滿紙是晦澀的名詞、術語，生吞活剝，呲牙咧嘴，自己寫得艱辛，別人看得痛苦，真是你不說我倒明白，你越說我越糊塗。有時則以艱深文淺陋，把已廣為人知的觀點重新包裝，使如七寶樓台，眩人耳目，但拆開一看，不過熟調而已。……凡此種種，都是「廢紙文化」的新「梯隊」，其「產量」也未可小覷。

手邊恰有某位詩人教授的鴻文，以西方現代哲學家海德格爾（Martin Heidegger，一八八九—一九七六）的理論評論「莊子散文的藝術」。姑引一段，聊供「賞析」：

> 技術是建立在對手邊事物的「熟悉性」，視手邊事物為可處理的，視事物為「製造或控制」，是在一使用的方式下成為專家。但技巧（技藝）卻是以技術的認知所提供的基礎，造成一「斷裂」，建立在手邊事物的陌生性，亦

即是要把事物的不顯著性帶出來，換言之，要顯露真正的物性，並回應於它本性的富饒。……「做家具」是技術，但「真正的做家具者」需要技藝，這技藝在人物關係上觀點的改變，是與日常生活實用的斷裂，回應於物性，相應於「它本性隱藏的富饒」。

按，如果作者想說的是，「真正的家具」除了實用性外，還須有裝飾、觀賞性，那大抵不錯；但又何必講得那樣艱澀迂曲，結結巴巴？而還須指出的是：要是家具果真「與日常生活實用斷裂」，便不成其「家具」，只是「擺設」而已。正如模特兒表演的時裝，確可謂「回應於布料」，令其盡顯「本性所隱藏的富饒」，但誰又會來真格，穿着它們去招搖過市呢？唉！

三、「易學」

《周易》是一本以百科全書為「體」而以占筮為「用」的古老的奇書，其中包涵不少可用作哲學、政治學、史學（思想史、社會史、文化史）、文學、訓詁學、音韻學、語法學研究的有用資料。而今天據以占問、預測，有時仍相當準確，似乎確有「天機」隱存其中。且舉一例：

二〇〇〇年十月二十七日，距美國大選正式投票前十天，預測其總統選舉結果。為戈爾筮得《比》卦之六二爻，小布殊得《未濟》卦九二、六三、上九爻。投票在十一月七日進行，共和黨小布殊與民主黨的戈爾得票極為接近，在決定性的佛羅里達州，因「問題票」甚多，戈爾要求以人手重點而掀起連場官司，直到十二月十二日，聯邦最高法院裁定重點違憲，才由小布殊宣佈取得最後勝利。現在看來，占筮所得跟整個選舉過程、結局相當吻合，真是信不信由你。（具體分析見本書《比》卦、《未濟》卦。）

由於《周易》的卦爻辭似藏玄機，加以詞語簡古，又使用詩歌句法，令句義模糊而多歧，【三】所以顯得十分玄妙。正由於此，從春秋戰國起，以《彖》、《象》、《繫辭》、《說卦》等「十翼」為代表的注《易》解《易》之作便應運而生，歷漢、唐、宋、清各代，至今源源不絕，並且還「走向世界」，成為名副其實的「顯學」。古人之作我們暫不去議論，至於現代的《易》說，除一些確於考古、訓詁、義理、象數有據者外，其他不少都是廢紙。因為無從驗證，於是便似乎可以天馬行空地自由馳騁，作各種無根的推斷、臆測、遐想；甚至訓詁不通而妄談微言大義。如是，「廢紙文化」自然又多了一個來源。

四、「敦煌學」

上回在「敦煌學國際研討會」（二〇〇〇年七月，香港）中，我說有的敦煌卷子其實是廢紙，作文化研究的價值不大。結果引起誤解，或以為我指整個「敦煌學」研究都是廢紙，或以為我在開玩笑。

不錯，敦煌文獻與甲骨文、漢簡、故宮大內檔案一起，被稱為中國近代四大學術發現，其歷史文化意義無可估量。王國維先生說：「古來新學問，大都由於新發現。」「敦煌學」這門「新學問」在先輩與時賢的努力之下，充分利用「藏經洞」與敦煌地區的「新發現」，確乎取得了豐碩的研究成果，成績粲然可觀。但敦煌的資料也有其稍特別的地方，就是，所謂「藏經洞」原是個廢物堆，【三】有些卷子只是隨筆亂寫，又隨手扔棄的廢紙，並非精意或至少認真的文化創造，因而只有「古董」價值（乃唐宋的紙張、墨跡），而無文藝、文獻價值（或這方面的價值甚低），卻是不爭的事實。把全體均視為寶貝，就如全盤加以否定一樣，都是極端，同為一累。

不妨打個比方，假如有某位有心人此時此刻不憚煩勞，把香港某公司寫字樓或某所學校教室學生的廢棄字紙收集起來，放進「時間囊」中，數百年後再行打開，那麼，是否會成為媲美「敦煌寶藏」的另一「香港寶藏」？答案自然是否定的。因為第一，大多沒有甚麼研究價值；第二，就算偶有可「研究」者（比如錯別字之類），也絕對無法代表現代的香港文化，因為該等廢紙並非精心刻意的文化創造物。以流行歌曲而論（敦煌「曲子」便是當時的流行歌辭），我們可以根據一紙學生消閒遣悶時憑記憶胡亂寫就因而錯漏百出、已隨手扔掉的歌辭（學校垃圾筒隨時可見這一類紙張），去鄭重其事地「訂正」經正式出版或仔細抄錄的文本嗎？我覺得，有少數敦煌卷子便屬於這一類廢紙，實不宜過分認真對待，投放太多的精力、時間，並從中引出某些「假說」和結論。

還有一種情形是，對錯訛、缺失嚴重的卷子，如無充分證據，也無必要作猜謎式的補直。因為勢必言人人殊，變為「競猜遊戲」，文章永遠作不盡，也永不可能有真正的答案。常言道：「人生不如意，十事常八九。」反正人類歷史長河中，不圓滿的事情多得很，有些確實無法彌補者，暫時也只能讓它如此下去。……和這相反的是，如果原卷文從字順，理路清晰，一般也不宜濫用「假借」之法去另立新解，因為那樣也是文章永遠作不完。

這些原則似亦適用於「敦煌學」以外的所有古代文化研究領域。

以上所言種種，僅涉初步思考，容有照應未周或持論欠妥之處，尚祈博雅諸公有以教之。

注釋

〔一〕本文曾在香港大學中文系主辦之「廿一世紀中國學術研究前瞻國際研討會」上宣讀，後刊於二〇〇一年十一月九日—二十三日香港《大公報・藝林》。現略經修訂。

〔二〕關於「詩歌句法」的特點、功能，請參閱周錫䪖：《詩歌句法和散文句法》，載《中國語言學報》第十期（北京：商務印書館，二〇〇一年），一〇三—一一七頁。

〔三〕參方廣錩：《敦煌藏經洞封閉原因之我見》，載《敦煌學佛教學論叢》（上）（香港：中國佛教文化出版有限公司，一九九八年），二一四—二四六頁。

增訂本弁言

本書初版於二〇〇五年十二月，數年來，承蒙讀者錯愛，已印行了三版次（二〇一〇年還另由北京中國友誼出版公司在內地推出簡體字版）。現據新的資料與近年研究所得，對全書作出重大修訂與補充。增訂的內容主要是：（一）在「前文」部分，加入論定《周易》的作者與確切成書年代、《周易》正確標點的原則和方法、六十四卦的卦序安排、《易經》以百科全書為「體」而以占筮為「用」之獨特性質，以及介紹實測成果、討論占筮方法的《「神機妙算」說〈易〉占》等一批文章，務求令讀者對《周易》本經有更全面、深入、透徹的理解和把握；（二）對《易經》「正文」六十四卦譯析部分也作了若干重要的修訂調整；（三）在「附錄」部分補入《易傳》四篇，使更臻完備，便於讀者對照參考。

增訂本的出版，得到三聯書店（香港）有限公司與侯明副總編輯的鼎力支持以及出版部同仁（尤其是梁偉基經理）的積極協助，責任編輯向婷婷小姐和張煒軒先生的精細校閱亦令全書增色；而前總編輯陳翠玲小姐與策劃編輯舒非小姐對原書的刊出也曾付出過不少心力。於此一併致謝！

蘇公文擢、羅公慷烈，兩位皆研《易》前輩，且深知於我者；羅公更曾為本書題簽。惜此卷之成，二公已不及見。謹錄當年緬懷之作，用誌不忘：

寄懷二章

翠墨偏愁我，長謠獨愛公。瀾翻情不匱，虎臥氣尤雄（公擅蘇體法書）。覓夢嗟天醉，驚弦憫道窮。洶洶塵宇內，沂上幾人同？（蘇公文擢教授）

繞舍如聽萬壑松，先生端有古人風。清詞脫穎爭傳句，逸思騰雲欲貫虹。澹李穠桃情並切，濁涇清渭意何窮。昔年送客難忘處，維港波翻夕燒（仄聲）紅。（羅公慷烈教授）

《易》道廣大，變化深微，此書儘管已數易其稿，但肯定仍有可改進的空間。相信要到真正「天人合一」之日，才會是它最終完善之時。我期待着那一天。

甲午（二〇一四年）中秋前十日
周錫䪖記於香江天南海北之樓

增訂二版序

上天（或稱上帝，或稱造物者、自然力等等）只管創造，只有凡夫俗子才熱衷於詮釋。但常言又道：「我們只能接近真理，卻不能窮盡真理。」而這，亦正是本書在初版、再版、增訂版之後，要再出這本「增訂二版」的緣由。

不過，自己到底只是凡人一個，幸蒙老天垂顧，周公入夢，領我越過荒途僻野，披荊斬棘，才得以沿着正確的研究道路，找到「接近真理之門」。其後，復經個人多年不懈努力，衝破重重霧障，終至霾散日出，豁然開朗，獲睹被稱為「中華文化之源」的《易經》之本相真容，何幸如之，何樂如之！

詩云：春秋多大夢，暑夏納涼時。風雨何足道，心澄得自怡。

此書的出版，深得香港三聯書店先後兩總編周建華博士與于克凌先生之熱情相助；責編張軒誦先生盡心盡責，不厭其煩，詳加校訂；出版、設計部門諸君亦盡力協助；此外，友人九江黎廣基博士於電腦技術上也給予不少支持，謹此一併鳴謝！

宇宙大爆炸若干億年後之二〇二五年四月吉日

周錫韓誌於香江天南海北之樓

II 前文

讓中國「量子《易》學」健步登場〔一〕

一、預測不是迷信，意識就是力量

提起遙感、預測一類近似「超驗」性的行為，許多人都有誤解，認為不可信。但其實，除去江湖術士招搖撞騙的胡吹之外，不少普通人應該都有過類似的體驗，並非什麼不可思議之事。但其原理到底是什麼，一直未能徹底搞清楚，所以經常會聽到各種質疑、非議之聲。現在隨着高新科技的超速發展，我們終於找到了可靠的答案，那就是：微觀世界的「量子糾纏」。

近年由中國研發的一顆量子科學衛星「墨子號」發射與試驗成功，大大彰顯了「量子糾纏」的神奇作用；而已陸續問世、令隱形飛機之類無所遁形的量子雷達等，憑藉的也是「量子糾纏」。另外，作為中華醫學瑰寶的經絡學說以及氣功、針灸、點穴、推拿按摩、存想治病等種種神技，其科學原理也正是「量子糾纏」。同樣，本文將談到的《易經》預測的科學性，主要也是建基於「量子糾纏」。

二、什麼是「量子糾纏」

那麼，到底什麼是「量子糾纏」？

「量子糾纏」是近世重大的科學發現之一，屬於量子力學的特徵性原理，並由此與經典力學完成切割，從此分道揚鑣，各自各精彩。

其內容主要是：同出一源、關係密切的兩顆或兩顆以上的微觀粒子，處於空間不同位置，無論相距多麼遙遠，只要其中一顆發生變動，其餘的也會立刻發生相應的變動。微觀世界這種此發彼應、如影隨形的「神同步，相牽引的同步互動物理現象，就叫做「量子糾纏」。這時候，加於其中一方的信息，另一方會馬上獲悉，所以可用作極速的信息傳遞，而在此過程中，還伴有特殊的「保密機制」：糾纏雙方只要任何一方受到第三者的干擾（比如試圖竊聽或探測），則整個系統便會馬上塌縮（凝定），停止運作，令信息無從洩漏，所以十分安全。這真是神奇的「設計」！雖則時至今日，科學界仍然無法破解「量子糾纏」的成因，只是知其然不知其所以然，而質疑量子論的愛恩斯坦當年（一九三五年）更因其違背經典力學的「定域性定律」，而貶稱之為「鬼魅般的超距作用」，但無論如何，「量子糾纏」多年來畢竟已為一些實驗所證實，而最近「墨子號」衛星超遠距離的糾纏試驗獲得成功，更具有里程碑式、一錘定音的「公證」作用，令人毋容置疑：這種匪夷所思、幽靈式的「量子糾纏」現象確實存在。

三、「量子糾纏」起源於「宇宙大爆炸」，以暗物質、暗能量為介質

我們何妨從古人的智慧裏尋求些啟示。

《繫辭．下》：「天地絪緼，萬物化醇。……」《正義》：「絪緼，相附著之義。……二氣絪緼，共相和會，萬物感之變化而精醇也。」（《十三經注疏》）朱熹《周易本義》云：「絪緼，交密之狀；醇，謂厚而凝也，言氣化者也。」明代學者來之德《易經集注》綜合二說，釋為：「絪緼……言天地之氣纏綿交密之意。醇者，凝厚也。……天地之氣體虛，而萬物之質則實，其實者，乃虛氣之化而凝，得氣成形，漸漸凝實，故曰『化醇』。」其後《千字文》亦有類似的描述：「天地玄黃，宇宙洪荒；日月盈昃，辰宿列張。……」

什麼是「絪緼」？顯然，那就是「糾纏」的狀態，「漩渦」也屬此類，現在太空中不少星系還保持漩渦結構，呈現「糾纏」態。古人當然不可能目擊天地開闢的情景，但憑其直覺（直覺也是一種「糾纏」），卻居然可以描繪出「大爆炸」後宇宙創生的壯麗圖像：當時空際煙雲彌漫，如霧霾般糾結成團，充斥於宇宙間，然後逐漸冷卻，凝結成大小星球與天下萬物。……因此毫無疑問，「量子糾纏」就孕育於「大爆炸」之中，隨着宇宙膨脹而不斷增生、擴散，它依靠暗物質、暗能量作瞬間聯繫的介質，彌漫天地間，至於今無處不在。所以，不論是物質或能量（包括暗物質、暗能量，而物質也是能量，同由具有波粒二象性的粒子——亦稱能量漩渦組成），從微觀粒子到宏觀世界，萬事萬物，其實都同出於一源，天然地具有一定的聯繫，只不過狀態或

顯或隱，其聯繫亦有強有弱罷了。若「親緣」越近，則關係越密切，糾纏力越強；反之，則關係疏離，糾纏力也越弱。除非有某種外力的「加持」。

莊子云：「天地與我並生，萬物與我為一。」（《莊子．齊物論》）孔子弟子子夏說：「四海之內皆兄弟也。」（《論語．顏淵》）可見中華先賢早有這種悟性。現在要建立世界互聯網、物聯網之類，不過是試圖借助高新科技之力，去重新恢復或加強以往那些關聯罷了。

四、「糾纏態」的各種構建方式

雖然自宇宙創生時起，天地萬物即有一種天然聯繫，具備可糾纏的特性，但並非都是時時處於糾纏狀態。要相關粒子真正進入糾纏態，就須有足夠的能量推動，使它們形成強關聯（所謂量子糾纏就是指組成量子系統的相關粒子間存在非定域、非經典的強關聯）。一般而言可有三類方式：一是用現代科技方法製備；二是用「意識力」催化，激發形成；三是用「意識力＋」的方法製備。

第一類，用現代科技方法製備。比如這回中國「墨子號」衛星的量子隱形信息傳輸實驗，首先須製備量子糾纏系統（國際科學界通常是使用激光束照射某種特定晶體的方法去製備，但這次研究團隊可能採用了新方法，因為據報導，他們已在這方面取得重大技術突破，成功實現了「十粒子糾纏」，刷新了世界紀錄），然後把糾纏態粒子分為兩部分（即兩個子系統），一部分分發到衛星，一部分分發到地面站，在衛星升空，安全入軌後，利用量子糾纏在星地間實現量子隱形信息傳輸。以後可通過衛星中轉進一步實現覆蓋全球的量子保密通信。而據說，將來不但可以傳遞信息，還可以傳送實物：在一地先把具體物件的全部信息搜集起來，再通過量子通道，經衛星中轉，把信息傳送到另一地，然後再把信息組合「還原」為實物，便大功告成了。說不定未來還可以將人直接傳送到火星呢！那真嚇人，簡直接近「神蹟」了。

第二類，是運用「意識力」去誘導、催化、激發而形成。所謂「意識力」又稱「念力」，即人類大腦及心靈特定細胞群中強大的量子糾纏系統所發放的能量，故又可稱為「心智之力」。這是人體「小宇宙」的核心統領。西哲嘗言：「知識就是力量。」【三】其實更應當說：「自然便是科學，意識就是力量。」因為知識也須靠意識的掌握操控方可化為力量，而「意識」本身亦能直接發揮力量。

比如經常聽說的「心靈感應」，便是直接靠「意識力」造成量子糾纏，從而實現瞬時信息傳遞的實例。若為孿生子女，其感應會更強烈。至於像催眠術、心理治療等，也可算入此類。

另外，無論是氣功、針灸、點穴、推拿按摩、存想治病等等，都是依靠意識力或輔以一定的工具（如針灸）、手法，通過特殊的節點（穴位）、通道（經絡），去促成與某些器官組織的「強關聯」，利用量子糾纏機制，把能量透入目標部位的細胞組織，以增強微循環，調節內分泌，改善整體機能，提升免疫力，從而舒解不適，防、治疾病，增進健康。

第三類，是用「意識力＋」的方法製備。所謂「意識力＋」，就是用「意識力」結合某些傳統工具、方法去製備。四川有位民間高手楊德貴，精通俗稱為「五鬼運財」的「遙距取物」等多種道術，曾多次公開表演，只憑空空妙手，便可取來大量鈔票，還有銀元、佛像甚至活魚等等。【三】施術者須靠一定的儀式、咒語和其他簡單工具（一木桌一水盆一蓋巾，以及一根紅絲線與一串鑰匙）配合，保持某種神秘色彩，但經過不少專家學者甚至魔術師、攝影師現場檢查監察，都沒有發現絲毫破綻，證明不是魔術。其實，如果用平常心去看，楊氏的「神通」應當也屬於「量子隱形傳輸」的範疇，而那些儀式、道具等，無非就是他運用意識力激發、製備與其意想目標的量子糾纏時所採用的特殊方式方法罷了。（楊氏每次運功都須花一定的時間，並且完事後常會滿頭大汗，顯得疲累，反映其耗費了不少「內力」。）記得大科學家、導彈專家錢學森說過，他年青留學時，其導師（也是好友）空氣動力學家馮·卡門每當火箭試驗時，必先唸一通咒語，給他留下深刻印象，所以後來錢先生曾一度關注過人體科學（特異功能）的研究。其實馮·卡門的操作正是「意識力＋」方式的一種，不過與楊氏相比，繁簡各有不同罷了。

五、「《易經》預測」的原理和方法

《易經》預測的原理與上述量子通信以及「心靈感應」的原理相仿，都建基於量子糾纏。其「糾纏」的構建方式則屬於第三類「意識力＋」的方法。但是，和楊德貴「五鬼運財」的「遙距取物」道術相比，兩者情況也有一定區別。

首先，楊氏是結合意識力與另類的傳統工具、方法去操作，在形成與意想中目標對象的糾纏後，其獲取的信息直接以具體物件形式呈現出來。而《易經》預測者構建量子糾纏系統，則是運用「意識力」結合《易經》文本（六十四卦卦象與卦爻辭）與《易》占「成卦之法」去操作，在形成與目標對象的糾纏後，所獲取的信息只如密碼般呈現在占筮所得的卦爻辭、象之中，並不顯現為任何實物。

另外，兩者還有一點大分別：楊德貴在建立糾纏獲取信息並令其以具體物件呈現後，即已完成任務，不作任何預測；而《易》測者於獲得信息密碼之後，還有更重要的後續工作——「解碼」要做，就是憑所得的卦爻辭、象通過《易經》「解卦之法」加以研判，並作出最終的預測結論。

六、結語

總括而言，《易經》預測的科學原理主要就是「量子糾纏」。它須用「意識力」結合《易》占「成卦之法」，以充盈宇宙的暗物質、暗能量作瞬間聯繫的介質，建立起相應的糾纏態，在取得所需信息後，再用「解卦之法」把預測結果總結出來。其特點是心理學的「心靈感應」、物理學的「量子信息傳輸」，以及「《周易》卦爻辭、象預測系統」數者的結合。可見它不是迷信，也非憑巧合，而是一門準確程度頗高而實用性甚強，既傳統、又現代的專門學術，可稱之為「《易經》預測學」。若能結合我國源遠流長的深厚的易學傳統與豐富的術數資源，再加上我們今天擁有的超世界一流水平的量子科研團隊，集思廣益，群策群力，推而廣之，擴而大之，那麼，要創造自立於世界科學之林的一門嶄新學術——中國「量子《易》學」，應並非太難的事。

詩云：泰岳東臨海，黃河上接天。欲圓中國夢，志士奮揚鞭。

願以此與諸君共勉。

注釋

（一）本文原載《國學新視野》二〇一七年秋季號。

（二）【英】培根（一五六一——一六二六）《沉思錄》語。

（三）參張一方等主編：《中國傳統文化與超心理學研究》（廣州：世界圖書出版廣東有限公司，二〇一二年），一一六——一三二頁。

從「河圖洛書」到古本《周易》

〔提要〕要談《易經》的「現代應用」，必先瞭解《易經》；要瞭解《易經》，便須撥開二、三千年之霧障，還其本來面目。本文先談兩點：一、《周易》有古、今本之別，不可混淆（從春秋戰國至今，已一直混淆不清）；二、古《易》之源——「河圖洛書」解惑。

有真《易經》（《周易》本經）、假《易經》。要談《易經》的「現代應用」，必先瞭解《易經》。但可惜，有關此書的一些基本情況，比如：其來龍去脈、性質特點、誰人所作、精蘊何在等等，經數千年的擾攘，至今仍未真正弄清。對泱泱中華「文化之源」的認知程度僅限於此，真是慚愧煞人！所以，在談《易經》的「應用」之前，必須「正本清源」，把上述那些「老大難」問題搞清楚，再及其他，才會根基牢靠，「信而有徵」。否則，一味指天畫地，信口開河，張皇幽眇，故弄玄虛，隨意比附，嘩眾取寵，只是徒增「廢話」、「廢紙」一堆而已，數量再多，素質欠奉，對當代《易》學之研究、應用又有何裨益？所以，先從最糾結的問題着手，驅散霧霾，還原真像，為後續討論提供妥善的、較具公信力的平台，殊有必要。

一、須知：《周易》有古本、今本之別

許多人不知道，《周易》原來有古本和定本（今傳本）之別。古本成書於商末周初（公元前十一世紀左右），可能由文王與周公姬旦撰成。所以說「可能」，因仍欠確鑿的憑據。最早提及這問題的是先秦時的《易傳》，但只是稱「聖人作《易》」（《說卦》），或說些「《易》之興也，其當殷之末世，周之盛德邪？當文王與紂之事邪？」（《繫辭．下》）等等帶猜測性的話，並無指出著者的「實名」。那也難怪，因為直到西周滅亡（公元前七七一年）為止，《周易》都是由朝廷編撰，深藏內宮的「秘典」、「要籍」，除了統治集團的上層貴族，一般人恐怕都無緣窺其究竟。

二、尋源：什麼是「河圖洛書」？

那麼，古本《周易》又從何而來？《易傳》透露出其淵源所自：「天垂象，見吉凶，聖人象之；河出圖，洛出書，聖人則之。」（《繫辭．上》）就是說，《周易》乃仿傚「河圖洛書」而作。那麼，「河圖洛書」又是什麼東西？撇開後世誕幻不經的傳聞和宋人自我作古的圖式，我們可通過上古典籍的生成方式去探尋真像。

根據文明發展的通則，圖畫先於文字，文字是由圖畫演化成的，所以人類曾普遍經歷過圖畫時代，所見無非圖像的世界。因此最古的「典籍」大概只是圖畫，憑畫像去敘事、表情、達意。這種情況，在世界文明發展史上，相信是通例（現在世界各大博物館中，幾乎都有此類收藏）。在中國，其遺制尚可見於從石器時代至春秋戰國、漢魏六朝的不少岩畫、帛畫、漆畫、壁畫與磚石刻中，甚至五代顧閎中的名跡《韓熙載夜宴圖》（按時間順序分為五段，畫家以「現場直擊」手法，像連環圖般，描繪南唐高官韓熙載夜宴取樂、極盡頹靡的情況，以供李後主作人事任免陟黜的「內參」），也可看成是同類之作。

進一步，則有圖、文的結合，但起初也是以圖像為主，另加文字說明，是以文配圖的方式；人們所謂「觀象繫辭」，實際上指的便是這種依據圖像蘊涵的內容再用文字解說、闡釋的「圖說」形式（再後來才有文字為主或純文字的著作）。古代「圖書」、「圖籍」等名目都首先側重於「圖」，《繫辭》謂「河出圖洛出書」，也是先圖而後書，都應和此有關。「圖」指圖繪，「書」就是文字，《河圖洛書》相信屬於圖文相配之作，而《洛書》便是《河圖》的「圖說」，就如《山海經》原是古代《山海圖》的「圖說」一樣。《河圖洛書》產生於黃河洛水一帶的中原地區，估計屬《歸藏》一類經典，「聖人」正是仿其模式撰成《周易》的。所以《繫辭》說：「《易》者，象也。象也者，像也。」便道出了古本《周易》以圖像為主的特質。

或曰：「河出圖洛出書」，明明說的是兩件事，怎會合二而一呢？原來它用的是漢文學語言中的「互文」句法。所謂「互文」，就是形式上分立的兩部分，互相滲透，互為補充，合起來共同表達一個完整內容。比如唐詩「秦時明月漢時關」（王昌齡《出塞》），應讀成「秦漢時明月秦漢時關」；「主人下馬客在船，舉酒欲飲無管弦。」（白居易《琵琶行》）按下續詩意，前句當是指「主人和客人一起下馬，一起在船」；等等。這類「互文見義」的句子在古代詩文中並不罕見，若將其分為獨立兩句去詮釋，便往往有誤。上述「河出圖，洛出書」用的正是同類句法，所以應當讀成「河洛出圖書」，其真正意義須按前面的分析去理解。

三、靈光乍現的《易象》

《周易》於西周早期初步撰成後，只限王室使用。到了西周後期，由於時代的變化，特別是社會觀念以及語言的發展，原本《周易》顯得詰屈聱牙、艱澀難讀（就如《尚書》中武、成時代的篇章那樣），不便於實占的應用，而內容亦須大加充實調整，因此有關人士（主管卜筮之官）便在古本《周易》的基礎上增損改寫，注入新的內容、觀點，用當時新興且十分流行的藝術體式——韻文，撰成定本《周易》（即今傳本《易經》），其卦爻辭稱為「繇辭」，也就是歌謠體筮辭之意。新本既成，自然取代了舊本的地位，古本《周易》從此「潛龍勿用」，銷聲匿跡，所以情況便越加沉晦，似乎注定要成為一個永久之謎。

然而，《左傳》昭公二年（公元前五四〇年）的一段記述卻為我們點燃了希望，令古《易》之或可能揭秘驟然露出一線曙光：

晉侯使韓宣子來聘，……觀書於大史氏，見《易象》與《魯春秋》，曰：「周禮盡在魯矣！吾乃今知周公之德與周之所以王也。」

《魯春秋》當無疑問，是魯國（周公之封國）的國史，嚴格按周王室的規範，「遵周公之典以序事」。但《易象》呢？又是何方經典？有什麼顯赫來頭？竟連當時諸侯盟主晉國的高官、見多識廣的韓宣子也為之動容，嘆為「得未曾有」，並極度推崇至此？

先看《左傳》杜預的注釋：「《易象》，上下經之象辭。」對此，人們有不同的解讀，或認為是指《周易》卦爻辭，即《易經》；或認為指《周易．象傳》。但也有學者不同意杜注，認為《易象》是魯人所作所傳的講卦象的書籍，「是後來《易傳》的一項來源和基礎」（李學勤）；或說是「一部權威的、出自周王室的釋《易》之作」，相當於早期的《易傳》（廖名春）；等等。但都只屬猜測而已。

《易象》當然不可能是今傳本《易經》。因為到韓宣子觀書的春秋後期，該定本《周易》就算尚未深入尋常百姓家，至少亦已流播於不少諸侯國及其上中層貴族間，當非珍罕之物，故《左傳》有多則以《周易》占算的記載，而孔子亦得用作教本，與門弟子多所討論。（到今天更賴《楚竹書》的出土而得以用接近本來面目之「素顏」重見人間，真乃世紀「易學」之幸，中華文化之幸！）不過另方面，倘要說《易象》是本經之外的其他釋《易》著作，也不可能，因為難以當得起韓宣子那樣肅然起敬的極致讚譽。

既然排除了上述兩種可能性，則剩下的唯一答案只能是：它正是人們「上窮碧落下黃泉」、「踏破鐵鞋無覓處」，以為經多年世亂早已失傳了的古本《周易》！因其為圖本或以圖象為主，故稱《易象》（到西周後期改寫後，才定名《周易》）。

研《易》者普遍忽略了古書一處重要記載：成王因感念、褒揚「周公之德」，特准魯國得用天子禮樂（見《史記．魯周公世家》）。所謂「天子禮樂」，實包涵主要典儀與典籍，《易象》當為其一。由於該書之編纂可能確與文王、周公有關，同時亦因為周公之故而得獲分藏於魯國，到韓宣子觀書時更成為連周王室亦久已失藏的海內孤本，再加上兩書的內容與《魯春秋》之體例等等：這些「天作之合」的條件全部具備並匯集一起，才會令韓宣子發出「周禮盡在魯矣！吾乃今知周公之德與周之所以王也」那樣無以尚之的感嘆。所以可以肯定，《易象》必為周初編撰、當日碩果僅存的古本《周易》無疑。

四、古本《周易》可會再現人間？

定本《周易》已隨戰國《楚竹書》的出土重現於世，《易象》（古本《周易》）是否也有這種可能？我對此抱樂觀的期待。因為第一，當時韓宣子的重大發現及其高調評價，勢必引起東周王室及列國的關注，因此，其後必有應當不只一套的《易象》摹繪、傳抄本產生並被什襲珍藏。第二，只須有合適、優良的墓葬條件配合，估計以絹帛類材質為主的春秋戰國時的《易象》傳本，個別或許有機會倖存至今。

且看何日可以「見龍在田」，令人復睹真容。

《周易》考古的驚世發現

〔提要〕本文主要從考古角度，利用出土文物與傳世文獻互證的「二重證據法」，介紹近年與《周易》起源、演變有關的重大發現，指出其意義；並評論學術界某些觀點之得失。

一、《周易》有古本、今本之別

筆者認為：《周易》有古、今本之別。古本《周易》即「文王周公之《易》」，就是成於西周初年的《易象》。它主要是占筮書，以圖像（象）為主，配以文字（應含有能反映「周公之德」與「周之所以王」的某些內容），形式估計略如後世的《推背圖》，用來幫助王室遇國家大事或其他公私要務時尋求精神導向和決策上的指引。而成於西周後期共和時代（公元前八四一——前八二八年）的定本《周易》（即傳世之《易經》）則不同，它雖然是由古本《周易》改寫，並且也用來占筮，但內容與形式均有重大發展，成為一本涵容深廣的百科全書，而重點則在闡述作者召穆公虎經歷國家嚴重變亂的洗禮後，於盛衰轉折關頭所抱持的志在起衰救敝、再創輝煌的政治理念、治國方針和哲學思想。而西周在「共和」之後能一度出現「宣王中興」，王是即位之初的周宣王，在周、召二公全力輔佐下，貫徹推行了《易經》之治道的結果。

本文循此以進，着重從考古的角度，以出土文物為據，配合傳世文獻，對《易象》、《易經》兩者的成書年代、形式特點與使用情況等，用「二重證據法」提供更充分的證明，務求為易學研究者與愛好者，進一步釋疑解惑。

二、《易象》揭秘喜見曙光

由於《易象》是圖本（配以文字），主要繪於絹帛，既難製作，又易損毀，所以估計複本無多，與可隨意刻鏤於金石甲骨，既方便製作，又利長遠保存的「數字卦」，其傳世之難易，自不可同日而語。所以《易象》除了在《左傳》昭二年韓宣子觀書時曾經「靈光一現」之外，二千多年來，人們一直都難以獲睹「真容」，以致生出種種疑惑。幸而，近年終於有了突破性的發現——我指的是二〇〇二年七月在洛陽唐城花園西周晚期墓葬中發掘出土的仿銅陶簋，其內壁腹部成弧形刻劃了一圈筮數（共五組：一一八九一八；八一八一八六；六一八一八九；一八一八一一；一一一八八一）、字元和圖像。這真是破天荒的發現！為《易象》之存在、應

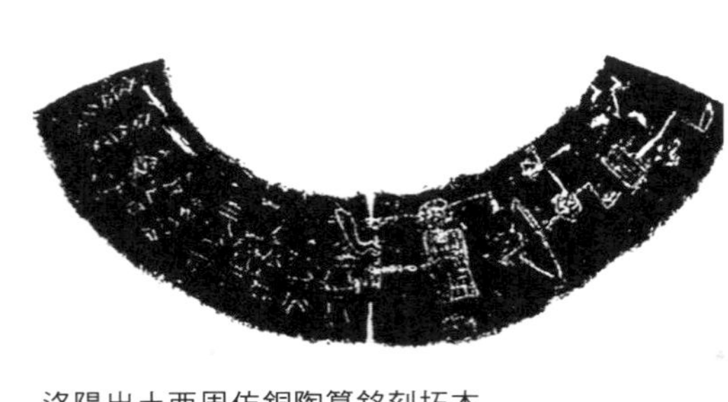

洛陽出土西周仿銅陶簋銘刻拓本

用及其結構形式，提供了極其珍貴的實物證據。研究者雖暫時意見尚有分歧，但大都認為此陶簋之筮數、文字、圖像間應有對應關係，【二】只可惜均未能悟出應與《易象》一書聯繫起來，可謂失之交臂！這和長期以來學界對見於《左傳》所載《易象》的來歷及其性質、內容特點缺乏正確認識大有關係。

其實，儘管《左傳》「易象」之杜預注釋對後人有某種程度的誤導，但無可否認，《左傳》另一處的記載與《史記．魯周公世家》等的傳述早已為《易象》的不尋常「身世」提供了可啟發思考的重要訊息，只是由於長期以來，人們一直為執念所囿，故未能正確加以把握罷了。

據《左傳》、《史記》所載，成王因感念、褒揚「周公之德」，特准魯國得用天子禮樂，並分魯公（周公嫡長子伯禽）以金車龍旂、大弓美玉、「宗祝卜史、備物典冊、官司彝器」等等，備極褒榮。所謂「天子禮樂」、「備物典冊」，實包涵周王室主要典儀與典籍，《易象》當為其一。尤可注意者，同時並有大卜、大史隨封赴魯掌管圖籍，故後來《易象》得見於魯「大史氏」，皆因有專人主理，一直什襲珍藏，所以傳承有自，絕非偶然。由此亦可以斷定：《易象》就是古本《周易》的原名，到西周後期改寫後，才定名《周易》。

不妨揣想該陶簋製作的情景：占筮者當時筮得該五卦，經查官方筮書《易象》，認為上上大吉，喜不自勝，遂效前人銘功鼎彝、傳之子孫的傳統，仿銅簋製成此器，並把筮得的「數」和相關之「彖」與「辭」等迻錄其上，以留紀念，希望代代相傳，永寶用之。從今人角度看，雖然陶簋之銘並非《易象》全書，但窺一斑可知全豹，吉光片羽，亦彌足珍矣。而由此亦可以判定，此陶簋必製作於西周「共和」時代之前（即《易經》成書之前）無疑。

除了陶簋，還有另一件陶罐也可作證物，為《易象》使用期的下限甚至為其「卦序」的可能形式提供證明：

一九八七年九月陝西淳化縣石橋鄉出土一件西周後期陶罐，時代「在厲王前後」，【二】上刻十一組筮數，成一圈：「一一一一一一；一一六八八一；一一八一一一；八一一八一六；六八五六一八；一八一六一一；一一六一八五；一一六一一一；一一一六八八；一六一一一一；六一一五一一」；若按奇為陽、偶為陰的原則轉換為《易》卦，便是《乾》卦、《益》卦、《大畜》卦、《困》卦、《解》卦、《睽》卦、《家人》卦、《小畜》卦、《否》卦、《大有》卦、《夬》卦。【三】論者多認為其排序與《周易》的《雜卦傳》基本相同，【四】良是。如此，則可知此十一卦斷非實占所得，而是從筮書直接採錄得來。非實占之卦體卻出現如此多的不同筮數（一、五、六、八），可知它們都是數字卦而非陰陽爻畫之卦；而從其筮數（加上陶簋，還有筮數九），也可判定其筮法應與「大衍筮法」有所不同（「大衍法」可得最多只限「六、七、八、九」四個筮數）。也就是說，當時使用的筮書仍是古本《周易》（《易象》）而非今傳本《周易》（《易經》）。可見《易象》乃從周初一直沿用至厲王時代（與《易經》成書的「共和」時代正好相接），而且其卦序、筮法與《易經》都頗為不同（《周易》的《雜卦傳》反映《易象》的卦序，而《序卦傳》則代表《易經》的卦序）。

這又是一個令人驚喜的大發現，它恰好證實了本人一向來的論斷：《易經》乃由古本《周易》在西周後期經過重大改寫而成。【五】

三、《易經》作年的出土物證

今傳本《周易》（《易經》）究竟何時著成？除傳世文獻外，我們還可以在出土文物中找到證據，證實以陰陽爻畫構建的「標準卦形」在西周晚期確已產生，《易經》那時已經存在。

二〇〇一年，陝西考古研究所在長安縣西仁村村北西周窯址採集到四件陶拍，其「時代下限不晚於西周晚期」。【六】編號為CHX採集：一—四，其中編號為一與二的兩件均刻有一些卦體。編號一的陶拍柄部刻有兩個卦體，由右而左是：∧一∧一∧一；一∧一∧一∧。編號為二的陶拍柄部刻有四個卦體，按箭頭指向環讀是：八八∧八一八；八一∧∧∧∧；一一∧一一一；一一一∧一一。李學勤先生把那些卦體均稱之為「筮數」，即數字卦，分別譯寫為「六一六一六一；一六一六一六，」；「八八六八一八；八一六六六六；

陝西長安縣西仁村西周陶拍，左為 CHX 採集：一；右為 CHX 採集：二。

一一六一一一；一一一六一一」，進而「依照奇陽偶陰的原則，將上述筮數轉化為《周易》卦爻」。採集：一之筮數轉化為《既濟》、《未濟》二卦；採集：二轉化為《師》、《比》、《小畜》、《履》四卦，同時指出，「由師至履、既濟至未濟兩處局部卦序，不難推想當時所用《周易》的卦序大同於今傳本卦序。換句話說，傳本《周易》那時業已存在。」【七】他又認為：陶拍上的卦「如果說是實際占筮所得，機率就太少了。揣想採集：二上的筮數『八八六八一八』師卦是實占結果，其餘則是依《周易》續配，因為實占如此幾乎是不可能的」。【八】

李先生的研究道乎先路，極具啟發性，「傳本《周易》那時業已存在」的推論尤其正確。不過有幾點似還可商榷或加以補充：

首先，我認為陶拍上卦形的刻製必在今傳本《周易》（即《易經》）撰成之後，故年代可確定為屬西周共和至宣、幽時期。有個別學者出自維護「《易經》成書於西周初年」之傳統觀點的需要，在未提出任何可信憑據的情況下，遽爾斷定陶拍是西周初年之物，【九】顯然是錯誤的。

其次，採集：二上的「八八∧八一八」《師》卦與「八一∧∧∧∧」《比》卦應該都是實占結果，而並非只有《師》卦才是。正由於連占兩次所得竟是卦序相連並有互覆關係的兩卦，異常難得，占筮者可能認為是一種「天啟」之兆，寓意吉祥，所以便依樣葫蘆，按當時官方筮書《易經》再續配相連且亦有互覆關係之《小畜》、《履》兩卦。到採集：二刻寫位置已滿，卻仍覺意猶未盡，於是便在採集：一上另刻上同樣是卦序相連並有互覆關係的《既濟》、《未濟》二卦。

第三，當時新著成的《易經》已全用陰陽爻畫構建的「標準卦形」，但實占有所不同，實占時仍須先記錄筮數，再轉寫為「標準卦形」，而有特殊含義或作用（例如表示「動爻」或如清華簡《筮法》所言的其他意義之類）的筮數則仍須保留，以供解卦之用。所以陶拍的卦列中，只有實占的《師》卦與《比》卦會出現「八」這一筮數，而其他所有的「∧」和「一」都已是陰陽爻畫，並非「筮數」。【二〇】若把陶拍所有卦畫一概稱為「筮數」，會令人誤以為當時《周易》仍用所謂「數字卦」，而不是陰陽爻畫之卦。那樣一來，和作者自己「傳本《周易》那時業已存在」的結論，便明顯相悖了。

第四，若果如李先生所言，只有師卦是實占結果，「其餘則是依《周易》續配」的話，那麼《比》卦（八一∧∧∧∧）應當也是使用「標準卦形」（∧一∧∧∧∧），而不可能出現「八」這一筮數。

結論是：陶拍之卦列是《易經》在西周晚期業已著成並見諸應用的實物證據。它們都不是「數字卦」，而是陰陽爻畫之卦。除《師》、《比》兩卦由於是實占卦形所以會含有具特別意義的筮數之外，其他《小畜》、《履》兩卦以及《既濟》、《未濟》兩卦都由當時的官方筮書《易經》抄錄而來，所以全為陰陽爻畫構成之卦。由此可見，那些陶拍當屬西周共和至宣、幽時代的遺物。

四、結語

經過上述以出土文物與傳世文獻這「二重證據」結合的考索論證，可見筆者提出的系列觀點，如：「《周易》有古、今本之別，不可混淆」；「古本即『文王周公之《易》』，以圖像（象）為主，配以文字，故名《易象》，它創製於西周初年，沿用至厲王時代」；而「今傳本《周易》（《易經》）乃著成於西周後期共和時代，對古本（《易象》）無論從內容到形式（包括卦形、筮法、卦序）均有重大發展與提升」。……等等論斷，皆足以採信，實確然無可疑。這些成果，對當代《易》學研究、應用之深化發展，相信定大有裨益。

注釋

〔一〕見安亞偉：《河南洛陽市唐城花園西周墓葬的清理》，載《考古》二〇〇七年第二期；又晏昌貴：《西周陶簋所見筮數、圖像考釋》，載《周易研究》二〇〇九年第二期。

〔二〕李學勤：《周易溯源》（成都：巴蜀書社，二〇〇六年），「西周筮數陶罐的研究」，二二五頁。

〔三〕姚生民：《淳化縣發現西周易卦符號文字陶罐》，載《文博》一九九〇年第三期，五七頁。

〔四〕李西興：《淳化縣出土西周陶罐上易卦數符管見》，載《文博》一九九〇年第六期，三八頁；又徐錫台：《淳化出土西周陶罐刻劃奇偶數圖形畫研討》，載《考古與文物》一九九四年第一期，五五頁；又張金平：《考古發現與「易」學溯源研究》（北京：中國社會科學出版社，二〇一五年），二〇一—二〇三頁。李、徐兩位更認為其卦序「反映了西周初年易卦的卦序」，甚具卓識。

〔五〕詳見本書四一—八五頁。

〔六〕曹瑋：《陶拍上的數位卦研究》，載《文物》二〇〇二年第十一期，六五頁。

〔七〕李學勤：《周易溯源》，「新發現西周筮數的研究」，二三四—二三七頁。

〔八〕同上，二三七頁。

〔九〕王化平、周燕：《萬物皆有數：數字卦與先秦易筮研究》（北京：人民出版社，二〇一五年），五一—五二頁。但該書對少數民族數占方法所作的材料搜集與研究頗富參考價值。

〔一〇〕清華簡《筮法》以及包山、葛陵、天星觀等戰國楚簡之筮例雖然不屬《周易》系統，但卦形則同：皆以「∧」、「一」表陰陽爻畫。由於其卦例都是實占或模擬實占之卦，故不時雜有九、五、八、四等筮數出現，而那幾個數字都有自己特定的「爻象」，九和五有時更被稱為「惡肴（爻）」（見清華大學出土文獻研究與保護中心編，李學勤主編：《清華大學藏戰國竹簡》（肆）下冊，七八—一二〇頁。所以《筮法》等卦例仍屬陰陽爻畫之卦，和《易經》一樣，並非數字卦。只不過因兩者筮法不同，故得出之筮數及其特別含義也不同而已。（《易經》的大衍筮法會得出「六、七、八、九」四個筮數，六為老陰，九為老陽，皆為可變之動爻，八為少陰，七為少陽，皆不變之靜爻。實占時，遇有動爻，同樣須寫出或另作標示，以利解卦，而靜爻則徑直以陰陽爻畫表示便可；直至今天仍然如此。不過，從西周末陶拍之卦例乃至戰國簡一些卦例看，其時「八」字可能另有其他作用或含義，所以須寫出。由此看來，現行大衍筮法的「規矩」大概是在春秋戰國後才逐漸形成的。）

《易經》的語言形式與著作年代[一]

——兼論西周禮樂文化對中國韻文藝術發展的影響

〔提要〕本文認為，周初有古本《周易》，乃參照商之《歸藏》編纂而成，到西周末，因變得艱澀難讀，不便實占的應用，遂由史巫以新興之韻文形式增損改寫，而成為今傳本《易經》。

中國的韻文藝術自西周中、後期起，能獲得迅速的流行、發展，很大程度上乃拜禮樂文化彬彬大盛所賜；四言體詩歌之成熟是一例，今傳本《易經》之撰作也是一例。

一、另一種「二重證據法」

王國維在其「最後的講義」——《古史新證》中，提出了以「地下之新材料」印證「紙上之材料」（指傳世文獻）的著名之「二重證據法」，對中國現、當代的學術研究產生了人所共見的重大影響。但和此相關，尚有另一種「二重證據法」似亦不容忽視，那便是：對「紙上材料」之斷代（或辨偽），除應重視其內涵意蘊（可稱為語料）外，語言形式（可稱為語體）也是非常重要——有時甚至是決定性的因素，因為文本內容（包括史實、傳說、風俗遺存以至天文、曆象記錄等等）可借用先世的材料，有時會今古難辨，但「語言形式」則較易「洩漏天機」，顯出其特定的時代性，所以，最穩妥的方法就是，以文本之「語體」印證其「語料」，如兩者的時代特徵相合，始可作出認定，而成為強有力的「本證」，否則，對有關「紙上材料」的可靠性也尚須存疑。所謂「語言形式」，主要指語法、修辭（包括某些虛、實詞的運用）、音韻等方面。

這種「二重證據法」的重要性，近數十年，其實已被越來越多人所認識，並在具體研究中加以運用。比如《詩》中三《頌》，過去有學者以為《商頌》最古，但現在普遍認為《周頌》最古，而不是《商頌》，便主要由語體形式判定。《大雅》中有些歷述早周創業過程的詩篇（如《生民》、《公劉》、《緜》等），儘管直呼「古公亶父」而不稱「太王」（周朝建立後，古公亶父被追尊為「太王」），但我們也不會認為那是先周或周初所作（指寫定），其根據也多在「形式」而非內容。《尚書》之「虞、夏、商書」，現在都知道大多是託古或述古之製（即使《盤庚》三篇也有不少後代修改的痕跡），語言因素也是「鑒證」的有力依據之一。……但可惜，限於各種主客觀條件（例如文史學者不一定是語言學者），並非所有學人對這種方法都能重視並予採用，更非所有重要古籍都獲得如此驗證。於是，學術界不少分歧、爭議便由之而起。

就以「六經之首」——《周易》為例，其六十四卦卦爻辭（即《易經》）究竟著於何時，便異說紛出，成為懸而未決的公案。

大要而言，可分五種觀點，而合為三派：成於殷末，成於殷末周初，成於周初武王時；成於西周後期；

成於戰國。其中前三種時代相近，與傳統「人更三聖，事歷三古」之文王、周公說比較接近（就時間而言），故可加統合；而此派學者之「陣容」亦最鼎盛：余永梁、顧頡剛、梁啟超、高亨、湯鶴逸、任繼愈、屈萬里、高懷民、沈瓞民、黃壽祺……。隨着近歲考古發掘材料增多，以卦爻辭所述古事為主要依據的周初派聲勢也日益浩大。【二】另外，主張戰國的一派有郭沫若、【日】本田成之、平心等。而主張西周末年者則有李鏡池、王力、宋祚胤等。

關於戰國說，李鏡池的《論周易的著作年代——答郭沫若同志》，屈萬里的《周易卦爻辭成於周武王時考》等文都曾詳加辯駁，【三】最近已少見有人重提。而主張西周末之李先生則舉出了「政治社會背景」、「思想發展」以及「文學形式」三方面的理由；【四】近年宋祚胤先生又補充了「南征」（《升》卦）之事，並據「武人為于大君」（《履．六三》）的亂象，直指《易經》成於周厲王末年。【五】由於西周初與西周末兩派都有較強的舉證，所以始終各執一辭，互不相下。

筆者在通盤衡量各方理據，並結合文本反覆考索後，發覺論辯雙方似乎都忽略了有另一重大可能性，就是：周初原有一本《周易》，乃參照商之《歸藏》編纂而成，故卦名、用語、述事有部分相似之處；【六】到了西周後期，由於時代與社會觀念的變化，特別是語言的發展，原本《周易》變得詰屈聱牙、艱澀難讀（就如《尚書》中武、成時代的篇章那樣），不便於實占的應用，於是有關人士（大約是主管卜筮之官）便在古本《周易》的基礎上增損改寫，注入新的內容、觀點，用當時新興且十分流行的藝術體式——韻文，撰成今傳本

《周易》（即《易經》），其卦爻辭稱為「繇辭」，也就是歌謠體筮辭之意。（一九九三年湖北省江陵縣王家台秦墓出土的竹簡《歸藏》，固可如學界所言，足以證實傳輯本《歸藏》之「不偽」，但倘若它也如《易經》般，大量採用押韻、排偶的唯美體式，且更為文從字順，則應當也是後來的改寫本，而非商代之原本，此余所敢斷言者也。而傳本《歸藏》正因為經後人改作，其最後寫定可能晚至春秋時期，故當中摻雜有「武王枚占」、「穆王筮卦」以至宋君占卜的內容，便毫不足怪了。）

本人認為，這一推斷極可能是事實，因有相當充分的理據支持。

二、《周易》曾經改寫

其一，從內容看，《易經》提到不少周初、早周甚至殷商的人、物、故事。例如高宗伐鬼方（《既濟·九三》）、季歷伐鬼方（《未濟·九四》）、帝乙歸妹（《泰·六五》、《歸妹·六五》）、箕子之明夷（《明夷·六五》）、為依（殷）遷國（《益·六四》）、康侯用錫馬蕃庶（《晉》），以及可能是王亥喪牛羊于易（《大壯·六五》、《旅·上九》）；【七】另外，還有「利西南」（《蹇》、《解》、《坤》）之語、「大國」殷之稱（《未濟·九四》）等等。而康王以後的事除「南征」（《升》）外，都未見明確述及。如果不是據舊有「底本」改寫，而是在西周末年才由筮官「創作」，內容應不會如此詳古略今。（那些商周古事，若為東周時代的人定會很感陌生，甚至已完全忘懷，但在西周後期人們對之仍有印象，故可予保留。）

其二，「《易》以道陰陽」（《莊子·天下》），但《易經》雖蘊含「陰陽」觀念，卻未見「陰陽」辭句，此亦可見其時代之古。因為據現有資料，最早把「陰陽」不是作為方位概念，而是作為表現宇宙間兩種基本力量的一對矛盾概念以對舉形式明確地提出來的，是西周末宣王初年的卿士虢文公，《國語·周語上》「陰陽分布，震雷出滯」一番議論，即其所言；其後幽王時的太史伯陽父，又有「陽伏而不能出，陰迫而不能烝，於是有地震」（《國語·周語上》）之說。【八】之後，以同類觀念去說明事物性狀、變化的便越來越多，而《易傳》主要用陰陽交感變化關係解釋《易經》的原理，因此如「一陰一陽之謂道」（《繫辭·上》）之類以陰陽對舉的辭句不下十六處之多。但《易經》則一處也沒有，可見成書之早。

第三，在文句方面，除了「之」、「若（如）」等少數用例，全書完全沒有其他句末語助詞，這點和《易傳》大有差別（《易傳》在句末共用了九百三十六個「也」，六十八個「矣」，還有「乎」、「哉」等），保留了一定的周初語文特色，大約也是由沿用「底本」所致。

第四，《易經》未使用助詞「者」。「者」字用作助詞，西周金文未見，東周古文字始見。或置句中、句末作語氣助詞，如春秋時《侯馬盟書》：「而敢又（有）志復趙尼及其子孫……于晉邦之地者，及群呼明（盟）者，𩵦（吾）君其明亟視之，麻夷非（彼）是（氏）！」【九】戰國《中山王嚳鼎》：「昔者𩵦（吾）先考成王，早棄群臣。」或與其他詞語結合，組成名詞性的「者字結構」，如《兆域圖》：「建（進）退迲（違）乏（法）者死亡（無）若（赦），不行王命者悉（殃）逖（連）子孫。」【一〇】《易傳》共一百六十二例，兩種用法俱全，如《繫辭・上》：「爻者，言乎變者也。」又：「仁者見之謂之仁。」但《易經》則一例也沒有。

第五，全書用「于」不用「於」；且不見「乎」字。甲骨文、西周金文均以「于」作介詞（義同「在」、「到」等），到東周金文才漸用「於」，至戰國典籍又或用「乎」字。《易經》全部用「于」；而《易傳》除引經外，則普遍用「於」、「乎」作介詞。（在甲骨、金文中，「乎」均用其「呼」之本義，作動詞。）

第六，但是，除以上「古色古香」的內容，詞、句外，另一些情況卻又充分顯露了其「非古」的性質。比如：

（1）連詞「而」的出現。甲骨文無此虛詞，西周早期金文亦未見，要到西周後期才面世，但尚較罕用，至春秋時始流行。【一一】有學者甚至認為，「而」作為連詞的出現和廣泛使用是「古漢語虛詞發展史上一個劃時期的事件」。【一二】但在口語和非金文的書面語中其出現應較金文略早，《易經》共有五例。《訟・九二》：「不克訟，歸而逋。」《同人・九五》：「同人先號咷而後笑。」《觀》：「盥而不薦。」《賁・初九》：「舍車而徒。」《離・九三》：「不鼓缶而歌。」其中第二例值得注意，因為《旅・上九》也有內容相若的句子，卻不用「而」：「旅人先笑後號咷。」這表明，當時「而」只是初露頭角，尚屬可有可無。（至《易傳》，「而」已大行其道，多達三百六十三例。）又，漢帛《易》除《同人・九五》無「而」外，其餘四例均同今本。楚簡《易》則《訟・

九二》無「而」字，其餘四例因文缺未明，但另有四例增「而」字：《隨・上六》「係而拘之」（今本、帛本作「拘係之」）；《无妄・六二》「不耕而獲」（今本、帛本作「不耕獲」）；《大畜》「不家而食」（今本、帛本作「不家食」）；《漸・九三》「婦孕而□」（今本作「婦孕不育」；帛本作「婦繩（通「孕」）不□」）。

（2）詞尾「如」、「若」、「然」的使用。所謂詞尾又稱詞綴，即與詞根合成一體、可作詞類標誌的附加詞素。「如」、「若」、「然」等為一聲之轉（同屬日母〔指上古音，下同〕），可相通；它們作為詞尾，是由實詞虛化而來，故出現較遲。「如」、「若」、「然」作形容詞或副詞詞尾使用不見於甲骨文、西周金文和《尚書・周書》，也不見於《詩經》三《頌》，僅一例見於《大雅》（《生民》：「居然生子。」另《常武》「闞如虓虎」有歧解，《常武》為宣王時詩），其餘多例則見於時代較晚之《小雅》、《國風》（西周末至春秋）。而《易經》共有二十例（其中「如」十四例，「若」五例，「然」一例），如「乘馬班如」（《屯・六二》），「出涕沱若」（《離・六五》），「履錯然」（《離・初九》）等等。（按，詞尾不同於助詞，詞尾為詞的組成部分，而助詞則獨立成詞。故《離・九四》「焚如，死如，棄如」之類的「如」，《離・六五》「戚嗟若」的「若」等均為語氣助詞，非詞尾。）

（3）用「无（無）」不用「亡」。有無之「無」古無正字，由商代到西周初均借「亡」字為之，如商代卜辭常見之「亡災」、「亡囚（咎）」；周原甲骨之「亡咎」（H31:3、H31:4。當文王時）、「亡眚」（H11:20。武王時）；【一三】西周成王時《大保簋》之「亡遣（譴）」（義猶亡尤、亡咎）、【一四】《麥尊》之「亡尤」等等。到西周中、後期才用「無」，「无」更是「無」的後起字。而《易經》一律用「无」，不用「亡」【一五】。

（4）以「享」代「祭」。由商代到西周初，祭祀一般稱「祭」不稱「享」，到西周中葉後才多用「享」字。【一六】《易經》有「利用享祀」（《困·九二》）等六例，而「祭」僅一見：「東鄰殺牛，不如西鄰之禴祭」（《既濟·九五》）。另《困·九五》「利用祭祀」異文也作「享祀」，故不算在內。

（5）以「其」代「厥」。由商代到西周初，第三人稱（含遠指）代詞均用「厥」，不用「其」，至西周中晚期才漸用「其」字。【一七】而《易經》之第三身代詞幾全用「其」（共一百例），用「厥」僅得一例：「厥孚交如。」（《大有·六五》）另《睽·六五》「厥宗噬膚」，漢帛書《周易》作「登宗」，疑是，故不算在內。

（6）疊詞、疊音詞與雙聲疊韻詞數量甚多。疊詞、疊音詞共二十二例：「乾乾」、「坦坦」、「愬愬」、「翩翩」、「謙謙」、「戔戔」、「眈眈」、「逐逐」、「憧憧」、「嗃嗃」、「嘻嘻」、「蹇蹇」、「夬夬」（兩見）、「徐徐」、「虩虩」、「啞啞」、「蘇蘇」、「索索」、「矍矍」、「衎衎」、「瑣瑣」。雙聲疊韻詞共二十九例（包括單純詞與合成詞），其中雙聲十五例：「牝馬」（並、明旁紐）、「玄黃」（匣母）、「屯邅」（端母）、「拘係」（見母）、「王侯」（匣母）、「反復」（幫、並旁紐）、「國君」（見母）、「大耋」（定母）、「次且」（兩見。精、清旁紐）、「蹢躅」（定母）、「一屋（咿喔）」（影母）、「劓刖」（疑母）、「祭祀」（精、邪旁紐。但異文作「享祀」，非雙聲）、「臲卼」（疑母）。疊韻十二例：「盤桓」（元部）、「童蒙」（兩見。東部）、「號咷」（兩見。宵部）、「坎窞」（兩見。談部）、「暮夜」（鐸部）、「涕洟」（脂部）、「株木」（侯、屋對轉）、「蒺藜」（質、脂對轉）、「渙汗」（元部。但有異文）。雙聲兼疊韻二例：「鼫鼠」（禪、書旁紐，鐸、魚對轉）、「齎咨」（精母，脂部）。

（7）齊言（以二、三、四言為多）、排比、對偶句的大量出現或頻密應用。如「發蒙」、「包蒙」、「困蒙」、「童蒙」、「擊蒙」（見《蒙》卦）；「突如，其來如，焚如，死如，棄如」（《離．九四》）；「往蹇，來譽」（《蹇．初六》）；「係小子，失丈夫」（《隨．六二》）；「不遠復，无祇悔」（《復．初九》）；「震索索，視矍矍」（《震．上六》）；「无平不陂，无往不復」（《泰．九三》）；「君子得輿，小人剝廬」（《剝．上九》）；「女承筐，无實；士刲羊，无血」（《歸妹．上六》）；「枯楊生稊，老夫得其女妻」、「枯楊生華，老婦得其士夫」（見《大過》），等等。

這些都是不早於西周中、後期的語言現象。

第七，也是最能突顯《易經》語體、文體之時代特徵的，就是普遍用韻的藝術形式。這一點下面再加申述。

三、據「韻文的成熟度」判斷，《易經》寫成於西周晚期

（一）《易經》的體式特點

《易經》在體式上有個引人注目的特點，便是大量押韻，幾乎所有的卦爻辭都用韻，但韻式並不規則，常

為異調（不同聲調）相協，文句又或整或散，參差錯落，但齊言與排偶之句亦頗多；另外，它還使用了不少疊詞、疊音詞與雙聲疊韻詞。這些語言形式特點，已基本上顯示它不可能是文、武時代之作。

因為中國的詩文本非一向有韻，「押韻」這種同中見異、具迴環複疊之美的藝術形式實萌芽於商、周之際（公元前十一世紀），而成熟於西周中、晚期（公元前十至八世紀），它與同採聲、韻複疊形式的疊音詞以及雙聲疊韻詞的產生、發展基本上是同步的；而這些發展和音樂的發展又有着異常密切的關係。【一八】

（二）「制禮作樂」與韻文的繁興

我們知道，在現代常見的樂曲構成中，例如三部曲式、變奏曲式、迴旋曲式、奏鳴曲式等，都含有重複、再現（單純重現或變化重現）的部分，《詩經》時代的音樂雖未必有如今天這般豐富多樣的曲式，但從《詩經》文本可知，其樂曲也一定包含不少迴環複疊、整齊變化的因素；【一九】那正是音樂形式美的重要來源。那些單純重現或變化重現的結構方式，以其協同、均衡、和諧、有序，令人產生親切、安寧、愉悅之感，遂成為人類重要的審美法則之一。而語言文學中的疊詞、疊音詞、雙聲疊韻詞和押韻，以及文句的排偶、篇章的複疊，恰恰體現着同樣的法則，因而也發放着相似的魅力，獲得相應的美學效果；加以上古之世，詩與樂的關係極其密切，而史、巫一家，【二〇】往往又是兼通天道人事藝文的學者（如曾暢論陰陽災異、五行、六律的伯陽父，便是史官），所以各門學術間的互動會易於進行。由是，音樂文化的發達必然影響到語言文學，尤其是對韻文藝術的繁榮、進步，有積極的引發、啟導和推動作用；而事實正是如此。

周人立國之初，韻語首先在樂歌中出現，後來才逐漸擴及散文。西周早期的詩篇好些尚無韻，偶見有韻者也零星而不工：入韻句較少，韻的位置帶隨意性，又往往同音（字）或異調（不同聲調）相協，句式多不均齊；其典型代表是《詩經．周頌》的部分篇章。【二一】至西周中、晚期的作品才走向勻稱、規整化，具備多種格律因素，形式美感因此大大增強。具體表現為：押韻方面，從無序變有序，從同音（聲、韻皆同）或異調相協到同韻（韻同聲不同）、同調相協；詞語方面，多疊詞、疊音詞和雙聲疊韻詞；文句方面，從參差到均齊，從散行到排偶，後來更有章句複疊。這在《詩經》大、小《雅》以及《國風》好些篇章都可以看到。至此，漢語詩歌完成了從原始藝術向早期古典藝術的演變，猶如人類之告別童稚，而邁向體智漸長的少年時代；中國早期的古典詩體——二言、四言體也就成熟於此時。這一切，都和禮樂文化的蔚然興盛有關。

歷史盛傳的周公「制禮作樂」，其實並非由周公個人完成，也非一下子完成的，它有個逐步發展、完備的過程。其開始當在周初，即周公東征平叛後，營建東都洛邑（成周），並還政於成王，周朝天下漸趨穩固、太平之際；而高峰期則在西周中葉的昭、穆王時，【二二】那也是樂器增多，表達力提高，特別是性能優越的銅甬鐘（後來更有鈕鐘）、編鐘開始出現並流行，而樂律也逐步精密、完善化的時候。據文獻記載，當時的樂器多達七十餘種，並按製作質料的不同，分為金、石、土、革、絲、木、匏、竹八類，號稱八音。【二三】就以鐘樂而論，近年實物出土甚多，其製作工藝之精，調和律呂之巧，音色之美，令世人大為驚嘆。現知西周中、晚期的甬鐘已形成規範化的編配制度，按音階排列，一般以八件為一套，並普遍有意識地使用第二基音，即從第三鐘開始，每鐘正、側鼓能發相距小三度的兩個基音，實際測音結果表明，它們在演奏時通過共鳴互應，會形成異音相諧的「和聲」關係，並可能因此特色而稱為「龢（和）鐘」（純律的三度音程在和聲結構中是比較完滿地達到和諧效果的音程），「西周鐘既在每鐘內部保持諧和的共鳴關係，又在整個的音階系列中構成『角—徵—羽—宮』的音階骨幹結構」；而同時，十二律的音律體系已經完成，七聲音階已開始應用。【二四】當時宗廟祭祀以及朝廷典禮所奏的「雅樂」，即以鐘、磬、鼓等打擊樂器為主，而以管弦樂器為輔，用從容、勻稱的節奏，迴環往復的旋律，造成莊嚴隆重的氣氛，對此《詩·周頌·有瞽》等有生動的描述。【二五】《詩經》樂歌——尤其是《雅》、《頌》部分的許多形式特點，很大程度上便是為配合「雅樂」這一特定的儀禮效果而設，或者說，是在與「雅樂」這種特定儀禮效果的互動配合過程中漸次形成的。

撇開音樂術語不談，這兒不妨揭露個小小的「秘密」：其實樂音也如字音，有各自的「聲」和「韻」，如七聲音階的七個音：

1（do）2（re）3（mi）4（fa）5（sol）6（la）7（si）

如用漢語拼音發音，可標示為：

1（dou）2（ruai）3（mi）4（fa）5（sou）6（la）7（ti）。【二六】很明顯，其中1與5，3與7，4與6，都是同「韻」的。因此，樂音的和鳴實相當於文字的押韻，也同樣是同音互應或近音（「韻」同、「韻」

近）相諧的「聲應氣求」關係。音樂「和聲學」理論研究的，大致便是這些樂音音、韻之同異及其協同、變化、調配、運用的原理和方法。我們形容樂曲優美動聽，常說「樂韻悠揚」，這「樂韻」二字委實用得非常恰當。由是可知，韻文與樂曲兩者之間，不僅形式結構上，而且在審美機制上，實存在許多共通之處。而一般人所謂的詩文「音樂性」，也大抵體現於這些地方。

禮樂文化的彬彬大備，還孕育了中國早期的音樂理論。在西周末，出現了陰陽音律觀和主張「和而不同」的五行音樂觀兩種影響深遠的音樂思想。【二七】

所謂五行音樂觀見於幽王時史伯（即伯陽父）的議論：

> 夫和實生物，同則不繼。以他平他謂之和，故能豐長而物歸之；若以同裨同，盡乃棄矣。故先王以土與金木水火雜，以成百物。是以和五味以調口，剛四支以衛體，和六律以聰耳，……夫如是，和之至也。於是乎先王聘后於異姓，求財於有方，擇臣取諫工而講以多物，務和同也。聲一無聽，物一無文，味一無果，物一不講。（《國語．鄭語》）

從音樂角度看，這段話的精義在主張「去同而取和」，認為由屬性相關（比如韻同、韻近或音同），而音高、色調、作用不同的樂音構成的旋律才和諧悅耳，富生命力，如果只用完全相同的樂音，便單調乏味，沒有聽頭，甚至不成其音樂了。若移用到語言文學上理解，它不正道出雙聲疊韻所以會與疊音構詞同興，而「同韻相協（韻同聲不同）」的方式終於取代「同音（字）相協」成為中國詩歌押韻的主流形式之關鍵所在嗎？

韻文藝術在這樣的時代環境、學術氛圍中獲得長足進步，絕對不是巧合。它表明，音樂文化的發達實促進人們審音、辨音能力的提高（有些雙聲疊韻詞可能直接摹仿自互諧共振的鐘磬之音），大大增強對重複再現、對稱均衡以及和諧之美的體悟，由此推動了聲韻、詞句各種複疊形式的發展以及韻文的完善與繁榮。正是由西周中葉始，中華文化逐步形成了以禮、樂互補，詩、樂互動為特色的既博大、精嚴，又絢麗多姿的新面貌，精緻的韻文藝術構成了這禮樂文化的一部分。事實上，中國最早的詩歌集——《詩經》的編集和流傳，便正是拜禮樂文化彬彬大盛這一「時代潮流」所賜。

（三）從「韻文成熟度」看《易經》之作年

散文用韻既然是受詩歌影響，所以出現自較詩歌為遲。據現有資料，商、周甲骨文，西周初期金文以及《尚書》、《逸周書》中屬於周武王、成王時代的作品，都還沒有較明顯的韻語。中期略有一些，但形式不太工整。直到西周晚期金文如厲王《㝬鍾》、宣王時《虢季子白盤》和《尚書》後期作品（如《洪範》等）才多見較純熟的韻語。如《㝬鍾》：

王肇遹（聿）眚（省）文武，堇（勤）彊（疆）土。南國𠬝（服）子敢陷虐我土。王敦伐其至，撲伐厥都。𠬝（服）

子迺（乃）遣間來逆卲（紹）王，南尸（夷）、東尸（夷）具見，廿又六邦。隹皇上帝百神，保余小子，朕猷又（有）成亡競。我隹司（嗣）配皇天，王對乍（作）宗周寶鐘。倉倉悤悤，雉雉雝雝，用卲（昭）各（格）不（丕）顯且（祖）考先王。先王其嚴才（在）上，彖彖數數，降余多福，福余順孫，參壽隹喇。㝬其萬年，畯保四或（國）。

「武、士、士、都」屬魚部，「王、競、王、上」屬陽部，「邦、鐘、悤、雝、數」屬東部；魚、陽通韻（陰陽對轉），東、陽合韻。「福、喇、國」屬之部。此銘全篇用韻，但除末段外，句式頗為參差，又多異調相協。

再看《虢季子白盤》：

隹十又二年正月初吉丁亥，虢季子白乍（作）寶盤。不（丕）顯子白，𦚏（壯）武于戎工，經維四方。博伐玁狁，于洛之陽。折首五百，執訊五十，是以先行。趄趄子白，獻聝于王。王孔加（嘉）子白義，王各（格）周廟宣榭，爰卿（饗）。王曰：「白父，孔顯又（有）光。」王賜乘馬，是用左（佐）王。賜用弓，彤矢其央。賜用戉，用政（征）蠻方。子子孫孫，萬年無彊（疆）！

此銘漸多齊言之句，且同調一韻到底（「方、陽、行、王、饗、光、王、央、方、疆」均陽部平聲字），顯得雄渾激越，藝術性比《𢻱鍾》有所提高。

到春秋時，卜筮辭已普遍用韻，一般同調相協，句式均齊，聲韻鏗鏘。如《左傳·僖十五年》之史蘇占辭：「……《歸妹》睽孤，寇張之弧。侄從其姑，六年其逋，逃歸其國，而棄其家。明年其死於高梁之虛。」（「孤、弧、姑、逋、家、虛」均魚部平聲字。）約成書於春秋戰國之際的《老子》用韻甚多，亦更考究（有人稱之為哲理詩），且更多排比、對偶句子。成篇後於《老子》的《易傳》，尤其是其中的《彖》、小《象》、《文言》等也具備同樣的特色。如《坤·彖》之文：

至哉坤元，萬物資生，乃順承天。坤厚載物，德合无疆，含弘光大，品物咸亨。牝馬地類，行地無疆。柔順利貞，君子攸行，先迷失道，後順得常。西南得朋，乃與類行；東北喪朋，乃終有慶。安貞之吉，應地無疆。

「元」屬元部，「生」屬耕部，「天」屬真部，「疆、亨、疆、行、常、行、慶、疆」屬陽部，皆平聲字；元、陽合韻，耕、真合韻。全篇均由四言句組成，整齊劃一；其中「先迷」兩句，對偶甚工（包括平仄聲調），到「西南」四句，則轉為排比：均齊中含變化。由是可見，散文之韻律化、詩化，在西周中期初見端倪；至西周末已有相當發展，但尚欠成熟；而到了春秋戰國則盛極一時。

《易經》正是西周後期對散文作全盤「韻化」的一個嘗試。全書卦爻辭普遍協韻，有些更如詩句，但由於筮辭格式、術語的限制，加以散文用韻的創作經驗尚淺，故形成韻語、散句、謠諺參錯並用的一種「雜拌」體式，句子每每長短不一，押韻的技巧顯得較為粗糙（多異調相協，韻位也不太規則），遠不如後來的《老子》、《易傳》或《詩經．國風》般流暢整飭，鏗鏘可誦，整體來說，尚處敘事、說理散文韻律化的初級階段。若依「韻文成熟度」衡量，應與《㝬鍾》的發展水平大致相當。

下面試舉《乾》、《坤》兩卦為例：

1. 《乾》卦

《乾》：「元亨，利貞。」

《乾》初九：「潛龍，勿用。」

《乾》九二：「見龍、在田。利見大人。」

《乾》九三：「君子，終日乾乾，夕、惕若，厲，无咎。」

《乾》九四：「或躍在淵，无咎。」

《乾》九五：「飛龍、在天。利見大人。」

《乾》上九：「亢龍，有悔。」

《乾》用九：「見群龍，无首，吉。」

〔用韻情況〕

為便討論，古韻分部，以王力、徐中舒先生等所訂之古韻十一類三十部為準，擬音則參照王力《詩經韻讀》。凡同類相協（陰陽入對轉），稱通韻；異類相協（主要元音相同，如陽 ang 與元 an；或韻尾相同，如陽 ang 與耕 eng；或元音相近，如之 ə 與幽 u 等），稱合韻。（參見《有關本書的若干說明·標點與韻讀》。）

卦辭「亨」（陽部 ang）、「貞」（耕部 eng）協韻：陽、耕合韻。

初爻「龍」、「用」，二爻「龍」協韻；又五爻「龍」，上爻「龍」，用九爻「龍」協韻：皆東部 ong。

二爻「田」、「人」（均真部 en），又四爻「淵」（真部），五爻「天」、「人」（均真部），用九爻「吉」（質部 et）協韻：質、真通韻（陽入對轉）。

三爻「子」（之部 ə）、「咎」（幽部 u），四爻「咎」，上爻「悔」（之部），用九爻「首」（幽部）協韻：之、幽合韻。

三爻「乾」（元部 an）、「夕」（鐸部 ak）、「若」（鐸部）、「厲」（月部 at）協韻：元、月通韻（陽入對轉）；鐸、月合韻。

2.《坤》卦

《坤》：元亨，利牝馬之貞。君子、有攸往，先迷，後得：主利。西南、得朋，東北、喪朋。安貞，吉。

《坤》初六：「履霜，堅冰，至。」

《坤》六二：「直、方、大，不習，无不利。」

《坤》六三：「含章。可貞。或從，王事，无成，有終。」

《坤》六四：「括囊。无咎，无譽。」

《坤》六五：「黃裳。元吉。」

《坤》上六：「龍戰，于野，其血玄黃。」

《坤》用六：「利永貞。」

〔用韻情況〕

卦辭「亨」（陽部 ang）、「貞」（耕部 eng）、「往」（陽部）協韻：陽、耕合韻。又卦辭「貞」（耕部），初爻「霜」（陽部），二爻「方」（陽部），三爻「章」（陽部）、「貞」、「成」（均耕部），四爻「囊」（陽部）、「譽」（魚部 a），五爻「裳」（陽部），上爻「野」（魚部）、「黃」（陽部），用六爻「貞」（耕部）協韻：陽、耕合韻；魚、陽通韻（陰陽對轉）。

卦辭「子」（之部 ə）、「得」（職部 ək）、「南」（侵部 əm）、「朋」（蒸部 əng）、「北」（職部）、「朋」（蒸部），初爻「冰」（蒸部），二爻「直」（職部）、「習」（緝部 əp），三爻「事」（之部）、終（侵部 əm）協韻：之、職、蒸通韻（陰陽入對轉）；侵、緝通韻（陽入對轉）；侵、蒸，職、緝合韻。

卦辭「迷」（脂部ei）、「利」（質部et）、「吉」（質部），初爻「至」（質部），二爻「大」（月部at）、「利」（質部）協韻：脂、質通韻（陰入對轉）；質、月合韻。

根據其韻文的「成熟度」判斷，這應是押韻的藝術形式已在各類文體相當流行，但韻散結合的技巧尚未抵圓熟之境那時期的產物。再聯繫內容、用詞、句法等去研究分析，很明顯，《易經》寫定的年代應當是西周晚期，而不可能像許多學者斷言的那樣早至商末周初，但也不會遲至春秋戰國。這與李鏡池先生等結合社會歷史、思想觀念、文字意義等多方面考察作出的「著於西周末年」的結論，大體相合（但應為「改寫於西周後期」，不是原「著」）。我認為可以視作定論。【二八】

注釋

〔一〕此文原載《中國社會科學》二〇〇三年第四期，題為《〈易經〉的語言形式與著作年代——兼論西周禮樂文化對中國韻文藝術發展的影響》，惜簡體字文本排校有誤，今已更正，並略作修訂，請以此繁體字文本為準。

〔二〕有些學者更斷定是周初某某人作。如謂由周公、召公指導史巫編成（李大用：《周易新探》，北京：北京大學出版社，一九九二年）；或謂為散宜生作（黃凡：《周易——商周之交史事錄》，廣州：汕頭大學出版社，一九九五年）；或謂南宮括作（謝寶笙：《易經之謎是如何打開的》，香港：明窗出版社，一九九五年），等等。

〔三〕李鏡池：《論周易的著作年代——答郭沫若同志》，載黃壽祺、張善文編：《周易研究論文集》第一輯（北京：北京師範大學出版社，一九八七年），四九〇—五〇六頁。屈萬里：《周易卦爻辭成於周武王時考》，載《屈萬里全集．書傭論學集》（台北：聯經出版公司，一九八四年），一—二八頁。

〔四〕同注〔三〕，又詳見李鏡池著《周易探源》（北京：中華書局，一九七八年）前五篇所論。

〔五〕見宋祚胤：《周易新論》（長沙：湖南教育出版社，一九八二年），第一章，四八—五二頁。

〔六〕宋．李過云：商人《歸藏》「六十四卦名與周卦名同者三之二，曰《屯》、《蒙》、《訟》、《師》、《比》、《畜》、《履》，次序大略亦同。……如此則文王重《易》止因商《易》之舊。今以《周易》質之《歸藏》，不特卦名用商，卦辭亦用商，如《屯》之『屯膏』，《師》之『帥師』，《漸》之『取女』，《歸妹》之『承筐』，《明夷》之『垂其翼』，皆因商《易》舊文。」文淵閣《四庫全書》本《西溪易說．原序》，六—七頁。

〔七〕詳見顧頡剛：《周易卦爻辭中的故事》，載《周易研究論文集》第四輯（北京：北京師範大學出版社，一九九〇年），一—三七頁。李學勤：《周易經傳溯源》（長春：長春出版社，一九九二年），第一章第一節「周易卦爻辭年代補證」，一—一四頁。

〔八〕參《周易新論》，五一—五二頁；又朱伯昆：《易學哲學史》上冊（北京：北京大學出版社，一九八六年），第一章第二節，三一—三七頁。

〔九〕劉翔、陳亢、陳初生、董琨編著：《商周古文字讀本》（北京：語文出版社，一九八九年），二〇七—二〇八頁。

〔一〇〕《中山王譽鼎》與《兆域圖》，均見《文物》一九七九年第一期，五頁。

〔一一〕參見裘燮君：《商周虛詞研究》（北京：中華書局，二〇〇八年），第二章，七一、一〇一—一〇二頁。

〔一二〕見陳永正：《西周春秋銅器銘文中的聯結詞》，載《古文字研究》十五輯（北京：中華書局，一九八六年）；又鍾旭元、許偉健編著：《上古漢語詞典》（深圳：海天出版社，一九八七年），一〇一頁。

〔一三〕陳全方：《周原與周文化》（上海：上海人民出版社，一九八八年），一一〇、一〇八頁。

〔一四〕郭沫若：《兩周金文辭大系圖錄考釋》（上海：上海書店，一九九九年），下冊，二七頁。

〔一五〕「无」為戰國時後起字，《說文》作「無」之「奇字」收入。按，今據楚簡《易》「无」均作「亡」，或依古本，若然，則今傳本之「无（無）」當為後世傳抄者所改。

〔一六〕《周易新論》引陳夢家說，十六頁。

〔一七〕唐鈺明有《其、厥考辨》（載《中國語文》一九九〇年第四期），可參閱。

〔一八〕參周錫韍：《中國詩歌押韻的起源》，載《中國社會科學》一九九八年第四期，一四三—一五〇頁。

〔一九〕可參閱楊蔭瀏《中國古代音樂史稿》第一冊（台北：丹青圖書公司，一九八五年）第三編對《詩經》曲式的研究，五四—六〇頁；李純一《先秦音樂史》（北京：人民音樂出版社，一九九四年）對《詩．大雅．大明》曲調的分析，六五—六六頁。等等。

〔二〇〕《巽．九二》：「用史巫紛若。」

〔二一〕同注〔十八〕，一四六頁。

〔二二〕見《史記．周本紀》；王國維：《今本竹書紀年疏證．成王、康王》（上海：上海古籍出版社，一九八一年），二三九—二四二頁；唐蘭：《論周昭王時代的青銅器銘刻》，載《古文字研究》第二輯（北京：中華書局，一九八一年），一三—一四頁。

〔二三〕劉再生：《中國古代音樂史簡述》（北京：人民音樂出版社，一九八九年），上編，四七—四八頁。

〔二四〕參《中國古代音樂史稿》第一冊，三八—四一頁；《先秦音樂史》第三章「西周音樂」，七五—七八頁；黃翔鵬：《溯流探源——中國傳統音樂研究》（北京：人民音樂出版社，一九九三年），二六—三二、九八—一〇一頁。

〔二五〕參楊寬：《西周史》（台北：台灣商務印書館，一九九九年）第三編，第八章，四四四—四四七頁；又劉再生云：周代雅樂由於帶有很強的禮儀性，故必然「動作緩慢，聲調平和，音樂手法則以重複為主」（《中國古代音樂史簡述》，上編，四四頁）。

〔二六〕見張肖虎：《和聲學習新法：樂曲寫作與分析指導》（北京：中國文聯出版公司，一九九八年），第二講，一七頁。

〔二七〕參《先秦音樂史》第三章，七五—八九頁。

〔二八〕《易經》於西周晚期定型後，在歷代傳抄過程中，會有字形變異（古今字、通假字、異體字、方言字、錯別字等等）或個別字詞的增減，但整體面貌則基本保存。

《周易》成書於「共和」時代

〔提要〕筆者在《〈易經〉的語言形式與著作年代——兼論西周禮樂文化對中國韻文藝術發展的影響》一文中曾論定：《易經》始創於西周初，而著成於西周末，其作者應是朝廷中主管卜筮的官員。現在經進一步的探索研究，我認為終於可以確定：《周易》本經實著成於西周晚期的「共和」時代（公元前八四一——前八二八年），其最有可能的作者（或主持編定者）就是「共和」時期最高行政長官之一的召穆公虎。

一、《周易》成書時代的證據

關於《周易》的作者與成書年代，本人在《〈易經〉的語言形式與著作年代——兼論西周禮樂文化對中國韻文藝術發展的影響》一文中，已根據史實、傳聞、「陰陽」觀念、詞（尤其是虛詞）語運用、排偶句法、詩樂關係以及韻文成熟度等方面，嘗試作出考察論證。得出的結論如下：

《周易》有古本與定本（即今傳本）之別。古本撰於周初，乃參照商之《歸藏》編纂而成，到了西周後期，由於時代與社會觀念的變化，特別是語言的發展，原本《周易》顯得詰屈聱牙、艱澀難讀（就如《尚書》中武、成時代的篇章那樣），不便於實占的應用，因此有關人士（大約是主管卜筮之官）便在古本《周易》的基礎上增損改寫，注入新的內容、觀點，用當時新興且十分流行的藝術體式——韻文，撰成今傳本《周易》（即《易經》），其卦爻辭稱為「繇辭」，也就是歌謠體筮辭之意。所以很明顯，《易經》寫定的年代應當是西周後期，而不可能像許多學者斷言的那樣早至商末周初，但也不會遲至春秋戰國。【一】

其後，又通過《從辭、象關係看〈周易〉的成書》一文，嘗試從另一角度，即「辭、象關連性」的角度切入，對《周易》成書過程再作補充論證，以增強上述觀點的說服力。【二】

不過，現在回看前文，總覺仍有不足。因為很明顯，在首文中，正如題目所示，重點是放在「語言與藝術體式特點」方面去論述的，所以關及文本內容方面，便只有如下一小段：

從內容看，《易經》提到不少周初、早周甚至殷商的人、物、故事。例如高宗伐鬼方（《既濟·九三》）、季歷伐鬼方（《未濟·九四》）、帝乙歸妹（《泰·六五》、《歸妹·六五》）、箕子之明夷（《明夷·六五》）、為依（殷）遷國（《益·六四》）、康侯用錫馬蕃庶（《晉》），以及可能是王亥喪牛羊于易（《大壯·六五》、《旅·上九》）；

另外，還有「利西南」（《蹇》、《解》、《坤》）之語、「大國」般之稱（《未濟・九四》）等等。而康王以後的事除「南征」（《升》）外，都未見明確述及。如果不是據舊有「底本」改寫，而是在西周末年才由筮官「創作」，內容應不會如此詳古略今。（那些商周古事，若為東周時代的人定會很感陌生，甚至已完全忘懷，但在西周後期人們對之仍有印象，故可予保留。）【三】

可見，文章對「康王以後事」的舉證，未免稍嫌薄弱。可能亦由於此，除部分學者外，【四】不少人至今仍堅執今傳本《周易》著成於商末周初的觀點。現在，經過進一步的探索研究，我認為終於可以確定：《周易》本經實著成於西周晚期的「共和」時代（公元前八四一——前八二八年），其最有可能的作者（或主持編定者）就是「共和」時期最高行政長官之一的召穆公虎。【五】

以下試提供從文本內容發現的一些重要證據，以證成其說。包括：第一，昭、穆王的「南征」；第二，夷王「烹殺齊侯」；第三，以「武人為于大君」影射厲王暴政；第四，以「群龍無首」的象喻讚美「共和行政」；第五，由《比》、《履》、《否》、《臨》、《觀》、《井》、《革》等卦所表達的「共和」時期執政者鑒於時世巨變，試圖起衰救敝而提出的、遠承周初敬德重民傳統並再加發展的一套治國安民的施政方略；還有第六，《渙》卦抒述的對歷劫重生的與眾不同、十分耐人尋味之感悟。（按，第五、六兩點詳見本書《易經》正文的譯析。）

二、昭王「南征不復」與穆王的「得其大首」

《升》卦的「南征」，以及《明夷》卦的「明夷，（夷）于南狩。得其大首」（《明夷．九三》）、「（明夷，夷）于左腹；獲明夷之心，于出門庭」（《明夷．六四》）等卦爻辭實暗藏有關西周中期昭、穆王「南征」的重要史事。【六】

據古史與金文記載，西周昭王、穆王、夷王、厲王、宣王時都曾大舉「南征」（「南狩」也是南征）。【七】而昭王更「南征而不復」，喪身於漢水之濱；由於死因撲朔迷離，長期成為疑案，以致春秋五霸之首齊桓公可以振振有辭地用來作為征伐楚國的藉口：「昭王南征而不復，寡人是問！」但當地人是知道真相的，所以楚使也能理直氣壯、不卑不亢地回答：「昭王之不復，君其問諸水濱。」（見《左傳．僖四年》管仲與楚使訊答之辭。）那麼，事件的真相到底如何？綜合現存各項資料，經去偽存真的分析，我們可以給出合理的答案：

原來當年昭王率大軍南征荊楚，在北返渡過漢水時，突逢災變（應為強烈地震夾雜特大颶風、暴雨的「強對流」天氣襲擊，這類變故，近世於長江流域、珠江流域亦偶有發生，如二〇一五年六月長江發生的「東方之星」沉船災難，頃刻間死亡四百餘人，便是著例），天昏地暗，野兔奔竄，雉雞驚飛狂鳴，浮橋坍塌，六師盡喪，昭王亦不幸掉落江中，而為鱷魚所噬，一命嗚呼。為保面子，朝廷沒有把真實情況赴告天下，以致出現「遇大兕」、「逢白雉」乃至類似傳奇小說情節的因「膠舟」水解而溺斃等種種不同傳聞。（《史記．周本紀》

載：「昭王南巡狩不返，卒於江上。其卒不赴告，諱之也。」《古本竹書紀年》：「周昭王十六年，伐楚荊，涉漢，遇大兕。」「周昭王十九年，天大曀，雉兔皆震，喪六師於漢。」「周昭王末年，夜有五色光貫紫微，其年，王南巡不返。」按，此五色光似為「地光」之類的大地震或其他異常災變前兆。又《呂氏春秋．音初》：「周昭王親將征荊，辛餘靡長且多力，為王右。還反涉漢，梁敗，王及祭公抎於漢中，辛餘靡振王北濟，又反振祭公。」抎，通「隕」，墜落。屈原《天問》：「昭后成遊，南土爰底，厥利維何？逢彼白雉。」昭后，即周昭王。聞一多考證認為「雉」乃「兕」之誤，見《楚辭校補》。而西晉皇甫謐所撰《帝王世紀》更記述：昭王「南征，濟于漢，船人惡之，以膠船進王，王御船至中流，膠液船解，王及祭公俱沒于水中而崩。其右辛游靡長臂且多力，游振得王，周人諱之」，云云。見《史記正義》引。）【八】

因此後來穆王南伐，途經江漢時，便通過大規模的狩獵行動為「父王」洩憤報復——捕殺一批鱷魚，令其陳屍江面（《古本竹書紀年》：「周穆王七年，大起師，東至於九江，架黿鼉以為梁。」鼉，即揚子鱷。其實是殺鱷浮屍，被訛傳為「駕黿鼉為梁」。梁，橋）；又弋射鳴雉，挖心以祭（古人迷信「鳥占」，認定當日的雉雞飛鳴帶來不祥之兆，遂遷怒於鳴雉）。這便是《明夷》卦所曲折反映的一段西周中期的重大史實。（按，「明夷」，即鳴雉；【九】「大首」，指活躍於江漢流域的揚子鱷，頭特大而身小，故稱。其用代稱而不用實名，是故意含混其辭，隱約其事，以為昭、穆王諱，為周室諱——在本卦中，「明夷」一詞而含數義，也有類似的作用。【一〇】西周其後數代君主及史官大概都是如此，【一一】所以事件真相便一直為歷史迷霧所掩，難以白於天下。）

《明夷》卦既與昭、穆王之南征有關；而《升》卦全卦則記述周王一次登祭岐山，為南征虔誠祈求福祐之事，整個過程夜以繼日，隆重之至，若非準備親征，定必不會如此。而據現有資料顯示，周王對南方的親征實始於昭王時期，所以《升》卦所記不論是何王之事，時代都必在康王以後。

三、周夷王「烹殺齊侯」

《易經》內容有一個特點，就是每當追述「古代史」——殷商古事或周初舊事時，一般都不會拐彎抹角，而是直截了當，寫得相當清楚（如說「高宗伐鬼方」、「帝乙歸妹」、「康侯用錫馬蕃庶」等等），但對一些偏於負面的「近代新聞」（如關於昭、穆王的南征及夷王「烹殺齊侯」之類），便有措詞隱晦的「模糊化」傾向。而對涉及作者自身的當世「時事」，則更刻意有所保留（部分相信是為了「避嫌」），不是略過不提（如國人暴動逼使厲王奔彘，及召伯犧牲己子保存太子靜等），就是用曲筆去描述（如以「武人為于大君」影射厲王暴政，用「群龍無首」的暗喻形容作者親身參與的「共和行政」）。在當時以血緣關係為基礎、已建立森嚴禮制的西周宗法社會中，作者這種為尊者諱、為親者諱（召穆公為周初太保、周王支族召康公奭的遠孫，與王室有密切的血緣關係）的取態，就如「周恭王能庇昭、穆之闕而（謚）為『恭』」（《國語・魯語下》）那樣，無疑會被視為一種美德。這正是人們長久以來對《易經》內容包含「康王以後事」難於覺察的重要原因。

有關昭、穆王「南征」的史實已見上述，下面試為涉及夷王「烹殺齊侯」的卦爻辭解密揭秘：

《比》：「吉。原筮，元、永貞，无咎。不寧方來，後夫凶。」

〔譯：「吉利。再次占筮，筮問重大、長遠的情況，沒有禍患。不馴服的方國來朝，遲到的凶險。」〕

《比》上六：「比之，无首。凶。」

〔譯：「親附他，丟了腦袋。凶險。」〕

《比》卦以「親比」為主題，重點闡述天子與諸侯、朝臣的關係以及結盟、交友的原則與後果。卦辭云：「不寧方來，後夫凶。」請看，天子召集諸侯，卻敢姍姍來遲，「大模斯樣」，可見跋扈不馴之甚，要維護天子威權，就必須加以懲處。「後夫」，自然是「不寧方」之一，卦中指上六爻。在親附九五的眾陰中，以此爻為最後；因最終會喪命，故「凶」（《彖》傳云：「『不寧方來』，上下應也；『後夫凶』，其道窮也。」《象》傳云：「地上有水，比。先王以建萬國，親諸侯」）。現在問題是：在現實裏，那被殺雞儆猴、處以極刑的「後夫」

到底有無所指？如有的話，他又是誰？高亨先生《周易古經今注》引《國語．魯語》所載上古傳說去詮釋：「昔禹致群神於會稽之山，防風氏後至，禹殺而戮之。」驟然看去，似解得通。但畢竟時代過於悠遠，跡近神話，與《周易》作者關切時政、積極用世的精神不太吻合（就今天所知，《易經》只有商、周的史事，並無明確指涉夏朝的內容，這點與《歸藏》有頗大區別）。我們倒不如從其後一些類似的記載中去尋找，看有沒有更切題的事實。

先看《左傳．昭四年》的記述：

> 夏啟有鈞臺之享，商湯有景亳之命，周武有孟津之誓，成（王）有岐陽之蒐，康（王）有酆宮之朝，穆（王）有塗山之會【一二】

以上所述都是夏、商、周朝君主大會諸侯之事。但孔穎達說：「此六王之事唯周武王孟津之誓《尚書》有其事，武王伐殷作《泰誓》三篇是也，其餘五者皆書傳無文，不能知其本末。」【一三】可見除周武王孟（又作盟）津之誓外，其餘幾次的情況都早已失傳。

《史記》對盟津之會有詳細記述：

武王即位，太公望為師，周公旦為輔，召公、畢公之徒左右王，師脩文王緒業。九年，武王上祭于畢。東觀兵，至于盟津。……遂興師。師尚父號曰：「總爾眾庶，與爾舟楫，後至者斬！」武王渡河，中流，白魚躍入王舟中，武王俯取以祭。既渡，有火自上復于下，至于王屋。……是時，諸侯不期而會盟津者八百諸侯。諸侯皆曰：「紂可伐矣。」武王曰：「女未知天命，未可也。」乃還師歸。【一四】

「後至者斬」這句話出自太公望的號令，是督率將士們要嚴守軍律，服從指揮，迅速行動，奮勇當先，不可怠惰畏縮而貽誤戎機之辭，並非凡墮後者不問情由皆要處斬，而文中也未說斬殺過甚麼人。（《尚書．泰誓》與之略同。【一五】）可見此事與《比》卦「不寧方來，後夫凶」所指的內容並不相干。看來，發生於西周，與天子大會諸侯有關，可以「對號入座」的唯一史實，便只有「夷王烹殺齊侯」一事了。請看如下相關記載：

《古本竹書紀年》：「〔夷王〕三年，王致諸侯，烹齊哀公于鼎。」【一六】

《公羊傳．莊四年》：「哀公亨（烹）乎周，紀侯譖之。」【一七】

《史記．齊世家》：「（齊）哀公時，紀侯譖之周，周烹哀公而立其弟靜，是為胡公。胡公徙都薄姑，而當周夷王之時。」【一八】

關於這一事件，有現代學者結合金文資料作過較詳細的探討，認為哀公被處決，隨後朝廷又曾派兵伐齊，是周王與地方諸侯為爭奪對南方淮夷的控制權、擴大影響力而爆發的政治經濟矛盾衝突的反映：「關於烹殺齊侯背景的具體情況不易窺知，但在這個事件的背後，似有周、齊兩者之間難以調和的利害對立，這也許是圍繞對淮水流域諸夷統治權的政治與經濟的對立」，「夷王五年討齊之役，也許就以兩者圍繞淮夷的利害對立為背景。齊開始由沿海向淮河下游擴展其影響，這當是加深了兩者對立的真正原因，至於紀侯譖毀之類，不過是為此提供了一個藉口」。【一九】

綜合以上資料，再聯繫《周易．比卦》來看，這一幾被湮沒的重大事件的實情應當是：到西周後期，由於存在嚴重的政治、經濟利益衝突，東方日益強盛的齊國，已成為與中央政權貌合神離甚至分庭抗禮的「不寧方」，被視作眼中釘、肉中刺，為了殺雞儆猴，挽回王室威望，加固權力，保障朝廷利益，並防止國家分裂，周夷王便借大集諸侯之機，利用紀侯之譖（起了火上加油的催化作用），而以無故「後至」、藐視王室的罪名，把齊哀公處以極刑，當眾烹殺（其後並派兵征齊，以武力威懾、彈壓）。

由於齊為太公望之後，與周王室累代通婚，關係至親，這種血腥的內鬥實不宜大事張揚，故史書記載甚稀，反映在《周易》中，也同樣是用「模糊化」手法，三言兩語，點到即止。正由於此，所以《比》卦與《明夷》卦一樣，都一直成為暗藏「康王以後事」，卻歷近三千年之久尚未能揭破的「斯芬克司」（獅身人面獸）式的誕幻難解之謎。

四、以「武人為于大君」影射厲王暴政

由於《周易》作者召伯（公）虎對朝廷、王室忠心耿耿，恪守為尊、親者諱的宗法禮制，對厲王始終保持一種「君臣名分」，所以厲王在位時他忠言極諫（見《國語》「邵（召）公諫厲王弭謗」及《詩・大雅・蕩》與《民勞》等），厲王被逐後，他也沒有幸災樂禍的公開譴責貶斥之辭，反而甘願犧牲親子保存太子性命：

> 厲王虐，國人謗王。邵（召）公告曰：「民不堪命矣。」（韋注：邵公，邵康公之孫穆公虎也，為王卿士，言民不堪暴虐之政令。）王怒，得衛巫，使監謗者，以告，則殺之。國人莫敢言，道路以目。王喜，告邵公曰：「吾能弭謗矣，乃不敢言。」邵公曰：「是障之也。防民之口，甚於防川。川壅而潰，傷人必多，民亦如之。……」王不聽，於是國莫敢出言。三年，乃流王於彘。……彘之亂，宣王在邵公之宮（韋注：宣王，厲王之子宣王靖也。在邵公之宮者，避難奔邵公也），國人圍之。邵公……乃以其子代宣王，宣王長而立之。【二〇】

不過儘管如此，卻並不代表召虎對厲王暴政不感到痛心疾首，所以在《周易》中，我們仍可在以下爻辭裏，看到他義正詞嚴的「口誅筆伐」：

《履》六三：眇能視，跛能履。履，虎尾，咥人。凶。武人，為于大君。

〔譯：「瞎掉一隻眼睛看東西（，怎看得清）；瘸了一條腿走路（，怎走得穩）。踩着老虎尾巴，老虎咬人。凶險。武夫當了國君。」能：《集解》本作「而」，連詞。為于大君：猶「為大君」；「于」，介詞，表動作對象，可有可無，甲骨文多此例，如「桒于祖乙」又可作「桒祖乙」等。視、履、履、尾、人、人、君協韻，所以這樣標點。〕

有人認為，「武人為于大君」是指所謂「共伯和干王位」之事，【二】實屬誤解。事實上，厲王貪殘暴虐、重用匪人，視百姓如螻蟻的恐怖統治正是「以馬上治天下」、「苛政猛於虎」的典型，【三】故作者才會於《履》卦以「曲筆」作出「虎咥人」、「武人為大君」那樣毫不客氣的象喻，加以嚴厲抨擊。

五、「群龍無首」的「共和行政」

《乾》用九「見群龍，无首，吉」的爻辭也很值得留意，它極可能與西周後期「共和」時代的政治形勢有關。

當日因厲王無道，被國人起義推翻，流亡彘地（今山西霍縣），朝中無主，遂由眾諸侯推舉同為姬姓的周公、召公與共伯（名和）執掌朝政，而以年高德劭的共伯為首，代行天子職務，召公則兼掌軍權，史稱「共和行政」（公元前八四一—前八二八年）。直到厲王去世，周、召二公擁立太子靜（一作靖）即位為宣王（公元前八二七年），共伯和歸國，才結束了那一歷史階段。【三】《乾·用九》謂「群龍无首」為「吉」兆，正是對「共和」時期那種特殊管治方式的描述與稱許。

通過以上的分析，可知《易經》之首卦《乾》，除了詠「天」之外，實際還以「龍」為象喻，描述了到作者時代為止的姬周王朝之整個興起、發展歷程：「潛龍」、「見龍」、「躍龍」、「飛龍」，從積蓄力量，潛忍待時，繼而漸露頭角，伺機發展，終於滅商立國，得以大展鴻圖，揚眉吐氣（以上相當於由早周至文、武、成、康階段）；之後盛極而衰，便漸走下坡（自昭、穆王開始已乏善可陳，故經文只述其南征失利及夷王「烹殺齊侯」內耗自殘之事），到厲王更成「敗家子」，因貪殘暴戾徹底走向反面，激起國人暴動，君主被逐，姬周政權危在旦夕，眼看不保，終於「亢龍有悔」，要緊急調動統治集團全體之力挽救危亡（爻名「用九」即此意，參閱本書正文《乾》卦之譯析），建立「群龍无首」的「共和」體制，以力挽狂瀾，穩定局勢，待度過危機，再重謀發展。而《乾》卦所以在六爻以外要特別增加「用九」一爻，原因正在於此。（《坤》卦之「用六」爻則由於對應關係，隨《乾·用九》之增而增。）

所有以上這些見諸《周易》卦爻辭的重要歷史內容（包括昭、穆王的「南征」，夷王「烹殺齊侯」，「武人為于大君」的厲王暴政以及「群龍無首」的「共和行政」等等），與卦爻辭本身之「語體」、「文體」的時代特徵十分吻合，【二四】此一「二重證據」，無疑可作為《易經》乃著成於西周後期而非商末周初的極有力之證明。

注釋

〔一〕《〈易經〉的語言形式與著作年代——兼論西周禮樂文化對中國韻文藝術發展的影響》，載《中國社會科學》二〇〇三年第四期，一六六—一七四頁。

〔二〕文載張一方主編：《中華傳統文化和超心理學研究》（廣州：世界圖書出版廣東有限公司，二〇一二年），二五二—二六〇頁。

〔三〕《〈易經〉的語言形式與著作年代——兼論西周禮樂文化對中國韻文藝術發展的影響》，一六七—一六八頁。

〔四〕近年旗幟鮮明地認定《易經》成書於西周晚期的，據筆者所見，有裘燮君先生的《先秦傳世文獻斷代研究綜述（續）》（載《河池學院學報》二〇〇七年第三期）與其《商周虛詞研究》（北京：中華書局，二〇〇八年）、宋祚胤先生校注：《周易·前言》（長沙：岳麓書社，二〇一一年）等。

〔五〕召穆公虎，又稱召伯虎，是西周初年與周公姬旦（周文公）共同輔政的召康公奭之後裔，為西周厲王、共和、宣王三朝元老。姓姬（從《史記》說，清人馬瑞辰《毛詩傳箋通釋》則謂為黃帝之後），氏為召（始封地），名虎。伯是其爵位，故召伯乃生稱；穆公是其謚號，召穆公乃死後尊稱（公比伯高一級。伯爵死後多謚為公，參楊寬《西周史》）。《詩經》與銅器銘文多稱召伯，其他文獻（如《左傳》、《國語》、《史記》等）多稱召公或召穆公。

〔六〕《明夷》九三、六四兩爻辭乃筆者據通行本結合漢帛書《易》本校正釐定。

〔七〕按，西周先後有武王、成王、康王、昭王、穆王、恭王、懿王、孝王、夷王、厲王、共和、宣王、幽王共十三朝。

〔八〕按，對周昭王之死因，今人或以為因遭到楚人突然襲擊，浮橋敗壞，「跌落漢水而死」（楊寬：《西周史》（上海：上海人民出版社，一九九九年），五五七頁），或以為因船體自壞而「淹死」（孟世凱：《先秦大事本末》（北京：中國國際廣播出版社，二〇〇七年），頁九七）。獨許雨濃《談談先秦若干歷史懸案》一文（http://www.confuchina.com/10%20lishi/lishi%20xuanan.htm）曾據《古本竹書紀年輯證》之材料作過有意義的推測，甚有見地，惜欠缺《易經》的資料，故未能最終坐實。

〔九〕參高亨：《周易古經今注（重訂本）》（北京：中華書局，一九八四年），二六三頁。

〔一〇〕見本書正文《明夷》卦。

〔一一〕《國語》（商務印書館「國學基本叢書」一九五八年重印本），卷五，「魯語下」：「周恭王能庇昭、穆之闕而為『恭』。」韋昭注：「恭王，周昭王之孫、穆王之子。昭王南征而不反，穆王欲肆其心，皆有闕失。言恭王能庇覆之，故為『恭』也。」

〔一二〕《春秋左傳正義》，卷四十二，載阮刻《十三經注疏》（北京：中華書局影印本，一九八〇年），下冊，二〇三五頁。標點為筆者所加。

〔一三〕《春秋左傳正義》，卷四十二，載阮刻《十三經注疏》，下冊，二〇三五頁。標點為筆者所加。

〔一四〕司馬遷：《史記》，卷四，「周本紀」，一二〇頁；又參卷三十二，「齊太公世家」，一四七九頁。

〔一五〕見孫星衍：《尚書今古文注疏》（北京：中華書局，一九八六年），上冊，「周書一」，二六五—二七六頁。

〔一六〕《古本竹書紀年輯證》（修訂本），「周紀」，五六頁。

〔一七〕《春秋公羊傳注疏》，卷六，載阮刻《十三經注疏》，下冊，二二二六頁。標點為筆者所加。

〔一八〕《史記》，卷三十二，「齊太公世家」，一四八一—一四八二頁。

〔一九〕詳細請參閱【日】白川靜著：《西周史略》（西安：三秦出版社，一九九二年），第五章「夷王時期與淮夷的動向」，一〇〇—一二四頁。具體引文分見一一七、一〇四、一一二頁。

〔二〇〕《國語》，卷一，「周語上」，三—五頁。

〔二一〕見宋祚胤校注：《周易》，六二頁。關於「共伯和干王位」一事請閱本文下節「『群龍無首』的『共和行政』」。

〔二二〕《逸周書．諡法》云：「暴慢無親曰厲，殺戮無辜曰厲。」（朱佑曾：《逸周書集訓校釋》（商務印書館「萬有文庫」本），卷六，九八頁。）可見其暴君形象早已被蓋棺論定，「釘在歷史恥辱柱上」。關於周厲王的劣德、暴行、虐政詳見《國語．周語上》「邵公諫厲王弭謗」與「芮良夫論榮夷公專利」；《逸周書》，卷九，「芮良夫」；又《詩．大雅》之《民勞》、《板》、《蕩》、《桑柔》諸篇「刺厲王」

之詩。

〔二三〕關於「共和行政」，學界各據典籍與金文所載，一直持有不同意見。這是筆者經綜合多項資料深入研究後得出的相信是最為近實的結論。詳細請參閱周錫韡：《易經新論》（香港：中華書局（香港）有限公司，二〇一三年），「再論《周易》的作者與成書年代」，八六—九〇頁。

〔二四〕有關《周易》卦爻辭的語體、文體特點，詳見《〈易經〉的語言形式與著作年代——兼論西周禮樂文化對中國韻文藝術發展的影響》一文。

《周易》的作者——召穆公虎

除少數文字出入外，楚竹書本《周易》和今傳本並無二致，可證今本《易經》乃得古定本的真傳。它的形制或帶有夏、商時代同類著作的影跡，但主要內容（包括卦名義、卦序安排與卦爻辭等）則肯定始創於西周初（公元前十一世紀中），而著成於西周後期的「共和」時代（公元前八四一——前八二八年）。其始創者為誰暫時無法考究，但有一點可以肯定：無論原創或最後著成《周易》本經之人，都必然是「國師」級的大智慧者。他必須具備四項條件：有百科全書式的淵博學問；有民胞物與、克己為公的崇高道德品格；有統攬全局的重要的社會政治地位；且有精擅韻文的寫作長才。

一、召虎的才識、品格、為人

如要作大膽的推斷，我認為，按身份地位、學養、才情、器識、品格行事及所處時代作綜合考慮，能符合以上條件，擔當起著成（或主持編定）《周易》之大任者，非「共和」時期最高執政官之一的召穆公虎莫屬。

他是三朝元老，曾切諫「厲王弭謗」於前（見《國語》，「防民之口，甚於防川」便是其名言），復佐「宣王中興」於後；【一】在國人暴動，「厲王奔彘（今山西霍縣）」期間，他甘以親子為代，保存了太子靜（後即位為周宣王）的性命，才開創出周朝一度「中興」的局面。召公品格超群，才華卓越，既恪忠王室，尚德崇禮，思想正統，【二】又關切民瘼，主張仁政，反對苛政，目光遠大，【三】且是個清官、賢吏，政教昌明，甚得人心，【四】所以在厲王被逐逃亡、朝中無主、「其亡，其亡！繫于苞桑」的非常時刻，才會被一眾諸侯推舉為最高執政官之一，與共伯和、周定公衷誠合作，勵精圖治，重新凝聚人心，維繫並鞏固了西周王朝一度岌岌可危的政權。

召虎是一位卓越的政治家、軍事家（曾「帥師追荊蠻，至于洛」，見《今本竹書紀年》；又領軍平定淮夷，見《詩經·大雅·江漢》）、思想家、哲學家；同時，又是有佳作傳世的傑出的詩人（《大雅·民勞》便是召虎的名篇，「民亦勞止，汔可小康」便是其膾炙人口的名句；另外《大雅·蕩》、《江漢》、《小雅·常棣》等也是其所作，都是情深文茂、格調沉雄、真氣流溢的佳什，藝術水平極高）。

《毛詩序》云：「《蕩》，召穆公傷周室大壞也。厲王無道，天下蕩蕩無綱紀文章，故作是詩也。」【五】全篇以周文王斥責殷商秉國者的口吻，歷數商王種種劣德敗政，詩中強調天命不可恃，指出由於其多行不義，弄至天怒人怨，終至自取滅亡。實質乃是借古諷今，向驕縱自恣、重用匪人、怙惡不悛的周厲王痛陳利害，敲響警鐘。其「靡不有初，鮮克有終」及「雖無老成人，尚有典刑。曾是莫聽，大命以傾」以及「人亦有言：

『顛沛之揭，枝葉未有害，本實先撥。』殷鑒不遠，在夏后之世！」（譯：「古人有句話：『樹木倒下連根拔，並非枝葉有毛病，而是根本先朽壞。』殷人的前車之鑒並不遠，就在夏桀那時代！」【六】）等等警語，皆震聾發聵，擲地有聲，表現出作者「哀其不幸、怒其不爭」，卻礙於只可恪守臣職而無力回天的悲慟情懷，與《否．九五》「其亡，其亡！繫于苞桑」的強烈憂患意識如出一轍。【七】

而《大雅．民勞》與《國語》的「邵（召）公諫厲王弭謗」內容相仿，集中反映了他敬德保民、重民、愛民的仁者襟抱與公忠體國的精神，與《周易》的《臨》、《觀》等卦義同樣意蘊相通。《江漢》是首凱歌，氣盛詞壯，吞吐八荒，描述為國南征取得的重大勝利，但又功成而不居，把自己的彪炳戰績、勳勞全歸美於周王，正是《周易．謙》卦提倡的「鳴謙」、「勞謙」、「撝謙」等「謙謙」之德的最佳體現。《小雅．常棣》是「燕兄弟」的樂歌，其「兄弟鬩于牆，外禦其侮」的名句亦傳誦至今，與《周易．同人》卦的卦爻辭義可謂若合符契。……

綜上可知，召公文武兼施，博學多能，才華斐美，又能居高望遠，全局在胸，具有謙虛品格與獻身精神，其言行、著作的思想傾向（敬德、重義、愛國、保民、克己、崇禮），與《周易》的內涵息息相通，而在「共和」時代，身為國家最高領導人之一，他兼管占筮，有很大的創作自由度。因此，我認為，只有召穆公虎，才是最具資格、條件，成為最後著成（或主持編定）以韻文寫就、具備百科全書體制、且充滿崇高治國理念的《周易》之人。

二、作為「共和」執政者的施政理念與治國方略

作者在《剝》、《比》、《履》、《否》、《臨》、《觀》、《井》、《革》諸卦中表達了「共和」時期統治者治國安民的理念和施政大計。主要是：

1. 重德治，講誠信（「有孚」、「中孚」的要求通貫《周易》全經）；2. 行仁政，反苛政（《臨》卦集中言統治術，作者主張實行寬容明智的德治、仁政，而反對用厲王「武人為于大君」式的高壓手段斂財圖利，箝制輿論，殘民以逞）；3. 用賢良，除奸佞（厲王重用榮夷公，行「專利」之法，獨霸國家資源，令國人難以為生，致使民怨沸騰，必須引以為鑒，故《比》、《否》等卦對此一再致意，反覆強調）；4. 掌握國情、民意，據之制定相應政策（見於《觀》卦）；5. 當享國日久，積弊滋生，直接威脅到政權的穩定甚至安危時，便要果斷出手，去舊圖新，及時變革（見《井》卦、《革》卦）。……這些，便是「共和」時期之秉國者在汲取時局與歷史經驗的重大教訓之後，痛定思痛，試圖與民更始，刷新弊政，遠承周初敬德重民傳統並再加發展，【八】以延續及鞏固西周王朝統治的新思維、新路向、新方略（至於能實行多少是另一回事）。這反映了《周易》作者高瞻遠矚、鑒往知來、洞悉先機、把握時運的超卓能力和十分開明的思想。【九】

而《渙》卦更是與別不同，它把災劫也看成是一種復興、重生的機遇。堅信：通過洪水的蕩滌洗禮，經受苦難的砥礪與磨煉，人們在付出巨大代價、總結經驗教訓之後，定能創造出更美好的明天。所以全體卦爻

辭都是「利」、「吉」、「元吉」、「悔亡」、「无咎」，完全不見一個「凶」字。這正是《周易》的作者——召公虎經歷國家嚴重的動亂（國人起義，推翻周厲王貪殘暴虐的統治，實行「共和」體制）以及個人家庭的悲劇（被迫以親子代皇太子犧牲）之後，以超常的剛毅與智慧，對時代所作的思考和獲得的深刻領悟。與上述《革》、《否》等卦的內涵正是一脈相通。

然而，可惜的是，「共和行政」只維持了十四年，便因為厲王亡故，宣王登基而結束，召公再度退居臣位，因而無法把自己的施政理念繼續有效地貫徹推行下去。所以雖然在召公等輔助下，一度曾出現「宣王中興」的局面，但只是曇花一現，到宣王後期，「好景」難以為繼，召公應已年邁辭世。最後幽王接位，西周王朝的大廈很快便轟然坍塌了——距離「共和」結束僅有五十七年。

三、結論

通過以上的分析探討，我認為，事實已充分證明：《周易》本經實著成於西周晚期的「共和」時代（公元前八四一—前八二八年），其最有可能的作者（或主持編定者）就是「共和」時期最高行政長官之一的召穆公虎。

召虎是個「究天人之際，通古今之變」，極深研幾，博學多能的智者、哲士，又是才華卓犖的傑出詩人（有《大雅．民勞》、《蕩》、《江漢》，《小雅．常棣》等文質俱佳、膾炙人口的篇什傳世）。同時，他還是一位高風亮節、公爾忘私，憂念國族、胸懷天下，恫瘝在抱、體恤民生，具有遠見卓識，一身繫社稷安危的軍政與精神領袖。在整個華夏文明、文化發展史上，他無愧是上承文、武、周公，下啟孔、孟、老子，繼往開來的一代「賢哲」。只因其素來謙沖自牧，「大音希聲」，故事蹟流傳較罕，到後世便漸被世人忽略。現在，我們理應還他一個公道；而首先，最重要的，就是堂堂正正地還他以《周易》本經的著作權。可以毫不誇張地說，「大道之行，天下為公」，那由孔子揭櫫，而為無數仁人志士心嚮往之並奮力追求的人類社會發展的美好理想，正是導源於此一文化寶典及其作者——召穆公虎。

注釋

〔一〕《詩經》的《大雅．江漢》、《崧高》及《小雅．黍苗》等篇均有不少述其戰功或頌其勞績的內容。如《黍苗》云：「肅肅謝功，召伯營之；烈烈征師，召伯成之。／原隰既平，泉流既清，召伯有成，王心則寧。」《江漢》云：「江漢湯湯，武夫洸洸，經營四方，告成于王。……／江漢之滸，王命召虎，式辟四方，徹我疆土。……于疆于理，至于南海。」可見周王對他倚重之深。

〔二〕《逸周書．謚法》云：「布德執義曰穆，中情見貌曰穆。」崇德重義，表裏如一，正是對召虎道德人格的寫照。

〔三〕詳見《國語．周語上》「邵（召）公諫厲王弭謗」及《詩經．大雅．民勞》。《民勞》乃召虎之作。

〔四〕《詩經．召南．甘棠》是全篇頌「美召伯」（《毛詩序》）、「思其人猶愛其樹」之詩，舊說以為召伯指周初的召公奭，唯高亨《詩經今注》據《論衡》說，認為指召伯虎，楊寬《西周史》十分贊同（三三八頁）。這觀點是正確的。

〔五〕《毛詩正義》，卷十八，載阮刻《十三經注疏》（北京：中華書局影印本，一九八〇年），上冊，五五二頁。

〔六〕摘引自周錫䪖譯注：《詩經選》（香港：三聯書店，一九八〇年，二〇一三年新版三版次），二九四頁。

〔七〕《繫辭．下》認為：「作《易》者其有憂患乎」，「故其辭危」。那是對的。但推測為反映了「當殷之末世，周之盛德邪？當文王與紂之事邪」則有誤。因小國初興遇困阻，是前進中的困難，屬理所當然，乃意料中事，心理應早有準備，與成為大國之後卻盛極而衰，陷入深重危機，可能走向沒落、覆亡，兩者予人的感受是大不相同的。《易經》中之「危辭」所反映的憂患意識，明顯是屬於後者，而非前者。

〔八〕關於周初尚德重民的統治思想，請參閱王國維：《殷周制度論》，載《觀堂集林》（香港：中華書局，一九七三年），卷十，四五一—四八〇頁。

〔九〕《孟子．梁惠王下》：「齊宣王問曰：『湯放桀，武王伐紂，有諸？』孟子對曰：『於傳有之。』曰：『臣弒其君，可乎？』曰：『賊仁者謂之賊，賊義者謂之殘，殘賊之人謂之一夫。聞誅一夫紂矣，未聞弒君也。』」孟軻這觀點，正是對《周易》思想的承傳發揮。

《易經》——「扶危定傾」的治國寶典

〔提要〕古本《周易》，即西周初年的「文王周公之《易》」久已失傳，傳世的《易經》是召穆公虎之《易》，它著成於西周後期的共和時代，是一本以百科全書為「體」而以占筮為「用」的「扶危定傾」的治國寶典。對現代世界而言，其最具參照價值，最有警示和借鑒作用的內容之一，就是對有關應如何防腐懲奸、撥亂反正、與時俱進、興國利民的的政治理念和治國方針之中肯、精到的闡述。

一、「文王周公之《易》」與「召公虎之《易》」

談《周易》的「現代應用」，為甚麼要區分《周易》的古、今本？因為古本與今傳本《周易》的內容、性質有很大的差異，而且一亡一存，把兩者混為一談，正是近三千年來無數研《易》者普遍陷入的一個的誤區。

古本《周易》，即「文王周公之《易》」，就是成於西周初年的《易象》。它主要是占筮書，以圖象為主，配以文字，形式估計略如後世的《推背圖》，用來幫助王室遇國家大事或其他公私要務時尋求精神導向和決策上的指引。而成於西周後期共和時代（公元前八四一—前八二八年）的定本《周易》（即傳世之《易經》）則不同，它雖然也用來占筮，但內容已大大擴充，成為一本涵容深廣的百科全書，而重點則闡述作者召穆公虎的政治理念、治國方針和哲學思想。

問題在於，古本《周易》除了在《左傳》昭公二年關於韓宣子觀書的記載中曾經「靈光一現」之外，之後便完全失卻蹤影。今天唯一可見者，只有考古發現的與它大致同時（西周早、中期）的由「筮數」構成之「數字卦」及若干零碎的占筮詞，而那些相關的圖象與所「繫」之「辭」暫時都無從得見。既如此，「皮之不存，毛將焉附」？對它的「現代應用」又將從何說起？

其實，在「文王周公之《易》」的時代大概就只有數字卦體（以及若干相配的圖、文）而已，純以陰陽爻構成的六十四卦卦形與完備周至、統一通用的卦爻辭則尚未形成，後兩者要到西周後期召公虎所著的定本《周易》（《易經》）才面世。所以，今天要談「《周易》的現代應用」，就只能腳踏實地，以召公之《易》為對象。除非《易象》出土，否則，暫時就不要再憑虛御風地侈談什麼「文王周公之《易》」了。

李學勤先生在《周易溯源》一書中，通過深入研究後曾作出結論：

> 迄今已發現的筮數的時代限於商代晚期到西周中葉；（陰陽爻）卦畫在出土文物中的出現，則只能追溯至戰國

中晚期，和筮數並不相接，也沒有傳襲的關係。這樣說，當然不能否定卦畫有更古遠的起源，進一步的探討有待新的考古發現。（二七九頁）

現在我們業已證實：正是「踏破鐵鞋無覓處，得來全不費功夫」，陰陽爻卦畫的出現實始於《易經》，它乃著成於西周後期共和時代而非西周早期，因此和西周中葉的「筮數」卦正好相接，從而填補了《周易》發展史上這一頁重要的空白。我們知道，據現有資料，最早把「陰陽」不是作為方位概念，而是作為表現宇宙間兩種基本力量的一對矛盾概念以對舉形式明確地提出並見諸文字的，是《國語．周語》上所載，西周末宣王初年的卿士虢文公那番「陰陽分布，震雷出滯」的議論；其後幽王時的太史伯陽父，又有「陽伏而不能出，陰迫而不能烝，於是有地震」之說。可見陰陽爻卦畫在其稍前的《易經》中出現決非偶然。

就讓我們靜心佇候春秋時期卦畫的出土吧。（定本《周易》原藏於西周王廷，「共和行政」結束後，經歷宣、幽兩代，僅五十餘年，西周便滅亡了〔公元前七七一年〕，《周易》流散入諸侯國。經王朝傾覆的巨變，今天要找到召公《易》的祖本——也就是西周卦畫的機會恐怕十分渺茫。）

二、《易經》主要為「扶危定傾」、振興國運而作

由上述所論可知，今傳本《周易》（《易經》）與古本《周易》（《易象》）相比，無論是形式上或內容上，都取得重大進展，產生了質的飛躍：

其一，在卦體形式上，從「筮數」卦演進為陰陽爻畫之卦（意味着以陰、陽交感變化為核心的哲學觀念已正式形成）。

其二，在文本之性質、內容方面，則從單純的占筮書發展為主要作理民、治國之用的「百科全書」。經此一役，《周易》的基本面貌乃得以定型。這在中國哲學史與《易》學發展史上，都是應該大書一筆的。

三、今人可以從《易經》借鑒些什麼？

西周共和是個甚麼時代？那是個天翻地覆、亙古罕見的大動蕩、大變革，禍與福相倚、危與機並存的大時代。《易經》的主要寫作目的之一，就是因應那一時代的需求，及時提出一套撥亂反正、紓難興邦的可行措施。作者胸懷博大，視野開闊，為宇宙立心，為生民立命，他以天象及於人事，從天地四時的變化聯繫到社

會的治亂興衰，對如何修身立德，如何應對災劫，如何興利除弊，如何治國理民，都一一作了中肯、扼要、精到的闡述。對於現代中國以至整個世界而言，也正是這部分的內容最具參照價值，最有警示和借鑒作用。雖然古今時勢不同，情況差異極大，不能作簡單的類比，但其論述中閃耀的知性光芒實足以涵蓋中外，燭照千秋。這正是《易》道含弘廣大之處。

例如《井》卦，它以日用汲水與維修水井為喻，說明在上者應當源源不絕地堅持修德養民，注意任用賢能，改良政務，積極改善生態環境，與時俱進，那樣才可令國家長治久安，百姓也有好日子過；當時間久了，水井會淤積閉塞，污泥穢水有害民生，便須反腐懲貪，徹底加以清理：

《井》：「改邑，不改井，无喪，无得。往來井，井汔，至，亦未繘。井，羸其瓶。凶。」

《井》初六：「井泥，不食。舊井，无禽。」

《井》九二：「井谷、射鮒，甕，敝漏。」

《井》九三：「井渫，不食，為我、心惻。可用汲。王明，並受其福。」

《井》六四：「井甃，无咎。」

《井》九五：「井冽，寒泉食。」

《井》上六：「井收，勿幕。有孚，元吉。」

如果「小手術」效果不彰，便要大張旗鼓，「老虎蒼蠅一起打」，只有除惡務盡，方能消除隱患，取信於民，令國家重納正軌，進而順利發展。故《井》卦後要接以《革》卦。《革》，義為更改、變化，有「去故」除敝、破舊立新之意。作者藉此卦與《否》卦含蓄地表明：國人暴動，厲王被逐，全是他本人及其黨羽的惡行一手造成，物極必反，無可怨咎，而國家經此重大變革之洗禮，將會再展生機，重現光明：

《革》：「已日，乃孚。元亨，利貞，悔亡。」《革》初九：「鞏，用黃牛之革。」《象》曰：「『鞏用黃牛』，不可以有為也。」《革》六二：「已日，乃革之。征，吉；无咎。」《革》九三：「征，凶。貞，厲。革言三就，有孚。」《革》九四：「改命，吉。」

《否》：「（否）之匪人。不利君子貞。大往，小來。」《否》九五：「休否，大人吉。（按，否，在此指一切邪惡、壞劣之人與事。）其亡，其亡！繫于苞桑。」《否》上九：「傾否。先否，後喜。」

這反映了作者高瞻遠矚、鑒往知來、洞悉先機、把握時運的超卓能力和十分開明的思想。而上述卦爻辭所昭示的道理，是古今中外一體相通的。

由此再看《渙》卦。它描述了上古「洪水時代」「蕩蕩懷山襄陵，浩浩滔天」之觸目驚心的情景，反映人類曾普遍經歷過的一場持續多年的特大自然災難：

《渙》：「亨，王假有廟。（利見大人，）利涉大川，利貞。」

《渙》初六：「用拯馬，壯，吉。（悔亡。）」（按，爻辭意云，於洪水漫溢之初，宜駕馭駿馬迅速離開。）

《渙》九二：「渙，奔其机（居）。悔亡。」

《渙》六三：「渙其躬。无悔（咎）。」（按，洪水已湧進房屋，故淹沒到人。）

《渙》六四：「渙其群。元吉。渙有丘，匪夷所思。」（按，洪水來勢更猛，蕩滌人群之外，直漫上山丘，遠非平時所能想像。）

《渙》九五：「渙（其肝）（榦），大號。渙王居。无咎。」（按，洪水浸到殿柱，淹沒高處的王宮。）

《渙》上九：「渙其血、去逖出。无咎。」（按，大水把那憂傷滌蕩遠去。血，同「恤」，憂也。逖，遠。）

但《渙》卦與別不同之處在於，它把災劫也看成是一種復興、重生的機遇。堅信：通過洪水的蕩滌洗禮，經受苦難的砥礪與磨煉，人們在付出巨大代價、總結經驗教訓之後，定能創造出更美好的明天。所以全卦筮辭都是「利」、「吉」、「元吉」、「悔亡」、「无咎」，完全不見一個「凶」字。這應是《周易》的作者——召公虎在經歷國家嚴重的動亂（國人起義，推翻周厲王貪殘暴虐的統治，實行「共和」體制）以及個人家庭的悲劇（被迫以親子代王太子犧牲）之後，以超常的剛毅、勇氣和智慧，對時代所作的思考和獲得的深刻領悟。（由此亦可見召公之胸襟品格的確超群拔萃，與眾不同。）與上述《革》、《否》等卦的內涵正是一脈相通。

《易經》中闡述的這些人生理念和治國方略，令人溫故知新，是留給後人的異常寶貴的精神財富。可以說，在中國思想發展史中，於文、武、周公與後來的孔、孟、老子之間，《易經》的作者召穆公虎是起了承先啟後作用的極為關鍵的一位人物，應當受到高度尊崇，我們對他實在虧欠太多了。

怎樣為《易經》正確標點〔一〕

〔提要〕現時所見的各種《易經》本子，無論古今，其斷句、標點都存在程度不等的一些問題。本文指出《易經》標點容易犯錯的原因，具體分析各種錯誤的情況，並提出為《易經》正確標點的原則與方法。能否準確斷句，恰當標點，關係到我們對文本的正確理解、訓釋、譯述，也是對《易經》進行深入研究的必要前提，因此必須先行做好，絕對不能掉以輕心。

一、《易經》句讀不當的兩種情況

《易經》是韻文，從古至今，韻文（含詩歌）的句讀方式都不同於一般散文，而與其聲律、句法息息相關。但迄今為止，這一點似仍未引起易學界的普遍注意和足夠重視，所以坊間常見的不少《易經》本子，其標點都存在程度不等的一些問題，未能恰當地做到真正如昔賢所謂的「離經辨志」（《禮記·學記》），嚴重者更導致對文意的錯誤理解和訓釋，令人頗覺遺憾。

《易經》標點失誤大致可分為兩類情況：一類是該斷而不斷，但還未至影響對文意的闡釋；另一類是該斷不斷，而不該斷卻誤點誤斷，並由之造成誤讀、誤解、誤譯，對讀者自然就產生誤導。正是「點不斷，理還亂」，就後果而言，當然是第二種情況要嚴重些，所以更應引起注意，但作為句讀不當來說，兩者實質是一樣的，而致誤的原因也大抵相同。

為《易經》標點所以容易出錯，除了文字年久義奧、索解為難這一因素外，關鍵還在兩方面：一是因為未能掌握《易經》的文體特點，按韻文句法要求，依韻位進行斷句、標點，而是囿於傳統習慣（大量古人傳本都是如此斷句），用「散文句法」（即一般人熟悉的常規句法）觀念作句讀之指南，按個人對文義的理解去隨意點斷。二是《易經》雖是韻文，卻又是早期不甚成熟的韻文，它「是西周後期對散文作全盤『韻化』的一個嘗試。全書卦爻辭普遍協韻，有些更如詩句，但由於筮辭格式、術語的限制，加以散文用韻的創作經驗尚淺，故形成韻語、散句、謠諺參錯並用的一種『雜拌』體式，句子每每長短不一，押韻的技巧顯得較為粗糙（多異調相協，韻位也不太規則），遠不如後來的《老子》、《易傳》或《詩經．國風》般流暢整飭，鏗鏘可誦，整體來說，尚處敘事、說理散文韻律化的初級階段」。[三]因此，一些韻位隱而不顯，易被忽略，這種情況，也增加了準確標點的難度。

二、「音句重於義句」——韻文句讀的準則

不說不知，原來漢語句法基本區分為兩大類型：「散文句法」和「詩歌句法」。【三】《易經》作為韻文（雖然尚未十分成熟），自然使用「詩歌句法」；而「詩歌句法」與「散文句法」既有相通之處，但亦存在不少區別，其中對句讀影響甚大的一點是：散文句子結構與語義保持一致，而詩歌（包括韻文）則有「音句重於義句」的特色，故標點方法也異於散文。不明瞭這點，正是眾多《易經》文本標點處理未盡妥善的一個重要原因。

下面將闡述韻文標點的原則與方法。在此之前，讓我們先看看散文如何句讀。

在散文中，語句的停頓有「語法停頓」和「語氣停頓」（而韻文則會另加一種「音律停頓」）。「語法停頓」，通常是表示句子的終結，停頓之處，句子結構和語義完整（組成單句或複句），或相對完整（組成複句中的分句）。倘為前者（單句或複句），就標以句末符號（句號、嘆號、問號）；若為後者（分句），就標以句中符號（逗號，並列分句間可用分號）。頓號只用以標示句中的並列詞語。有時句子較長，或句中須有所強調時，雖語意未完，也可略作停頓，以令表達清晰，呼吸暢順，那便屬於「語氣停頓」。停頓之處，使用的是句中符號（逗號）。

以上是一般散文的標點慣例。

韻文（含詩歌）則有所不同。由於韻文着重音樂性和形式美，所以其停頓、標點的方法也與散文有異，

而分為兩種情況：

一種是，當韻文的「音句」與「義句」保持一致時，其句讀的原則和方法也與散文一樣。何謂「音句」、「義句」？所謂「音句」，是因應聲律要求（主要指韻文的句行格式與押韻安排）而劃分的句子（類似音樂的「樂句」）；所謂「義句」，是按語法結構和語義內容劃分的句子。若韻文的「音句」與「義句」一致時，其「音律停頓」便等於「語法停頓」和「語氣停頓」，故標點方法也同於散文。例如：

關關雎鳩，在河之洲。窈窕淑女，君子好逑。（《詩．周南．關雎》）

兩個逗號都是表示句中的語氣停頓，兩個句號都是標示單句末的語法停頓。

……亂石穿空，驚濤拍岸，捲起千堆雪。江山如畫，一時多少豪傑。（蘇軾《念奴嬌．赤壁懷古》）

三個逗號都是表示分句間的語法停頓，而兩個句號則是標示複句末的語法停頓。

另一種情況是，當韻文的「音句」與「義句」不一致時，其標點方法便有異於散文。此時，須依「音句」而非按「義句」點斷，其停頓之處，僅為音律所需（配合韻文的句行設置與韻腳安排），與句子結構和語義的完整不盡一致，所以常常會割裂文義：這叫「音句重於義句」、「聲律重於語義」，是韻文句讀的一個重要特色，也是它和散文句讀的主要不同之處。不僅古代的詩歌與韻文如此，現代詩歌與韻文（包括白話新詩、歌詞等等）也同樣如此，而且其對句子結構和文義「割裂」的程度有時會更甚。

我們可以舉出許多例子加以印證。

就拿大家較熟悉的宋詞為例。比如蘇軾膾炙人口的《念奴嬌．赤壁懷古》：

大江東去，浪淘盡、千古風流人物。故壘西邊人道是，三國周郎赤壁。（注一）亂石穿空，驚濤拍岸，捲起千堆雪。江山如畫，一時多少豪傑。　遙想公瑾當年，小喬初嫁了，雄姿英發。羽扇綸巾，談笑間，檣櫓灰飛煙滅。故國神遊，多情應笑，我早生華髮。（注二）人生如夢，一樽還酹江月。

這是王力《詩詞格律》的標點本。不過他又附加兩處注釋：

注一，依語法結構，應該標點為：「故壘西邊，人道是三國周郎赤壁。」這裏是按詞譜斷句。

注二，依語法結構，應該標點為：「多情應笑我，早生華髮。」這裏是按詞譜斷句。【四】

所謂按詞譜斷句也就是按「音句」標點，依語法結構斷句也就是按「義句」標點。可見確是「音句重於義句」。

再看柳永詞：

好景良天，彼此，空有相憐意，未有相憐計。（《婆羅門令》）【五】

此、意、計協韻，故「此」字點斷（見龍榆生《唐宋名家詞選》，下同）。但「此」字本不須作語氣停頓，所以，如為義句，這裏不應點斷。

又如周邦彥詞：

登臨望故國。誰識，京華倦客？（《蘭陵王．柳》）【六】

國、識、客協韻，故「識」字點斷（唐圭璋《宋詞三百首箋注》用頓號）。如作為義句亦顯然不應點斷。

再舉辛稼軒之詞為例：

長松，之風。如公，肯余從，山中。人心與吾兮誰同？（辛棄疾《醉翁操》）【七】

句意原是：「長松之風。如公肯從余山中。……」（「余從」為賓語前置。）但由於松、風、公、從、中協韻，按「音句」的要求，須依韻停頓，結果便把句子弄得似有點「支離破碎」。這是「音句重於義句」的又一典型之例。

以上就是韻文句讀的原則和方法。簡言之：第一，當韻文的「音句」與「義句」一致時，其停頓、標點也基本同於散文，此時句子的結構、語義保持完整；第二，當韻文的「音句」與「義句」不一致時，其停頓、標點便須服從於「音句」，按其句行格式與韻腳位置點斷，此時常會令句子的結構、語義顯得似不太完整。這就是「音句重於義句」的原則。（不過，一般而言，這種「音句」「義句」不一的情況只發生於單句或複句「大句」的範圍內，而不會超越其外。換言之，只是某些「句中停頓」的差異而已，所以，對整個句子意義的理解不會構成重大影響。）

從古代歌詩、韻文直到現代新詩、歌詞，都有大量這種「音句重於義句」的文例，在此不一一列舉。【八】

三、如何正確地為《易經》標點

《易經》是韻文，且韻位頗密，但由於處在「散文韻化」的早期階段，體式尚未成熟，除少數地方外，還未形成特定的句行格式（如《詩經》之二言、四言體，或《老子》的排比、對偶句法之類），所以其「音句」的劃分一般僅以韻腳為準，依韻停頓。此時若其「音句」與「義句」保持一致，它的標點方法便同於散文，句子的結構、語義也保持完整；但若「音句」與「義句」不一致時，就會秉持「音句重於義句」的原則，作「音律停頓」，依韻點斷。那情況和別的韻文大抵一樣。

以上是為《易經》標點的主要準則。而為了減少失誤，保證其結果更準確，更具合理性，最後還須結合象數分析的檢查，就是說，要看卦爻辭的義理訓詁能否與其象數分析保持一致，若然，才可對標點作出最終的確認。

下面舉出實例為證。（本文之上古音分部，詳見《有關本書的若干說明．標點與韻讀》。）

《易經》協韻包括三種情形：第一，同部相協；第二，同類相協（陰陽入對轉），可稱通韻；第三，異類相協（主要元音相同，如陽 **ang** 與元 **an**；或元音相近而韻尾相同，如東 **ong** 與陽 **ang**；或元音相近，如之 *ə* 與幽 **u** 等），可稱合韻。

以下是有關《易經》應如何標點的例子（為省篇幅，本文對卦爻辭象數的分析僅在例三列出，餘見本書《正文》）：

1.《蒙》卦

《蒙》六三：「勿用取女。見金，夫，不有躬。无攸利。」

〔譯〕不要娶女子。見到財禮，丈夫會喪命。無所利。

〔注〕取：通「娶」。　金：錢財，指女方陪嫁的財禮。　躬：身體。

〔析〕為甚麼這樣標點？原因是，女和夫（均古韻魚部）協韻，金和躬（均古韻侵部）協韻，所以應這樣點讀。但古今各種《周易》本子幾乎都在「夫」字斷句，讀作「見金夫，不有躬」。例如孔穎達《周易正義》（以下簡稱《正義》）、李鼎祚《周易集解》（以下簡稱《集解》）、朱熹《周易本義》（以下簡稱《本義》）、朱駿聲《六十四卦經解》（以下簡稱《經解》），近代尚秉和《周易尚氏學》（以下簡稱《尚氏學》）、李鏡池《周易通義》（以下簡稱《通義》），現代周振甫《周易譯注》（以下簡稱《譯注》）、台灣孫振聲《白話易經》等等，【九】都如此點讀。並把「金夫」釋為「武夫」，或「有錢的男子」。那顯然欠妥。因為從形式看，那樣「躬」字便失韻；從內容看，原文「勿用取女」是先下判斷（作出結論），「見金，夫，不有躬」是說明理由，前後意義連貫（意謂，因該女「克夫」，故不可娶）；現在卻變成「勿用取女」是就男方說，而「見金夫，不有躬」是就女方說，前後不一，表意混淆。可知那樣斷句是錯誤的。

唯獨高亨先生《周易大傳今注》、《周易古經今注》（以下通稱《今注》）點為：「勿用取女，見金，夫不有躬，无攸利。」【一〇】比較可取，但未把「夫」字點斷，顯出韻位，仍是缺失（屬於上文所說的「第一類錯誤」）。

2.《訟》卦

《訟》九二：「不克訟，歸而逋。其邑人三百戶，无眚。」

〔譯〕不能贏得訴訟，回去後便逃亡。他采邑裏的數百戶人家，沒有災禍。

〔注〕克訟：勝訴。　逋：逃。　三百：虛數。楚簡《易》作「三四」。【一一】　眚：災。

〔析〕逋、戶（均魚部）協韻，所以這樣標點。《正義》、《經解》、《通義》、《譯注》、《今注》等不少本子所斷皆有誤。《通義》和《譯注》點作：「不克訟，歸而逋其邑人三百戶。无眚。」譯為：「一個貴族爭訟失敗了，回到采邑，奴隸逃跑了三百戶。不至造成災禍。」【一二】更把意思全弄錯了。這便是由不依韻位點斷而造成誤讀、誤解、誤譯的「第二類錯誤」。

3.《泰》卦

《泰》九二：「包荒，用馮河，不遐遺。朋亡。得尚、于中行。」

〔譯〕葫蘆空又大，用來渡河，不可拋棄。丟失了錢。在中途會得友人相助。

〔注〕包：讀為「匏」（《周易義證類纂》【一三】、《今注》【一四】），葫蘆，古人把掏空的葫蘆瓜曬乾，用作浮水的工具。　荒：空、大。　馮河：徒涉。　不遐：不可，上古常語。遐，見紐魚部，可，溪紐歌部，皆牙音，韻母亦近，故可通假。《詩．大雅．抑》：「不遐有愆。」　遺：失，棄。　朋：朋貝，古代貨幣；一說謂朋友。參《坤》卦：「東北，喪朋。」　尚：祐助（《爾雅．釋詁》、《經義述聞》）；一說，匹配（王弼注）。按，尚，此讀為「黨」，朋輩，可指伴侶，或志同道合、熱心相助之人；作動詞則釋為祐助。此詞在《易經》共出

現四次（另見《坎》、《豐·初九》、《節·九五》），義同。中行：猶中路、中道，指道路中間，或半路中途。

〔析〕荒、亡、尚、行（均陽部）協韻；河（歌部）、遺（微部）合韻，故如此標點。

按，若以象數分析，則《泰》䷊九二陽剛得中，與六五有應，五體坤（上卦），為川為河（據《釋文》，《坤》卦古本又作《巛》[一五]，而漢碑中凡乾坤字皆作巛，實皆為川字，漢帛《易》《坤》卦正作《川》），故有「馮河」之象。下卦乾為金，二失位，體兌（二至四爻），兌為毀折，故「朋亡」。三至五爻互震，為大塗（大路），五居中位，故曰「中行」；二與五應：故「得尚于中行」。可見本爻的標點、釋義，與象數亦相吻合。

以上充分說明，要理解《易經》，首先應給原文正確地斷句、標點；而要正確地標點，又必須注意它的韻位，切不可單純按個人對文義的理解去隨意點斷。

四、「句短語促」是上古韻文的常見現象

我們從以上舉出的文例已不難察覺到：《易經》短句子似乎相當多，有時甚至一、二字即為一句，與後世的詩文好像不太一樣，那是甚麼緣故？

原因主要有三方面。首先，由於上古漢語單音詞佔極大優勢（殷商甲骨文中，基本上一字一詞對應，只

有少量雙音、三音詞，直到春秋戰國時期，單音詞仍佔漢語辭彙總體的百分之七十以上），有時一兩個字已可表達完整的意思，獨立成句，比如《易經》中出現頻率甚高的占筮術語「吉、凶、悔、吝、厲、无咎、悔亡、元亨、利貞」等等，便是如此。

第二，《易經》主要用來占筮，是實用作品，不是文學作品，故文字偏尚簡約，不重誇飾。這也是它詞句簡短的原因之一。

第三，散文的「韻化」本由詩歌綿衍而來，而中國上古詩謠不少是由應和呼吸節拍形成的二言體模式（《淮南子．道應訓》所謂「前呼『邪許』，後亦應之」的《舉重勸力之歌》，即魯迅說的「杭唷杭唷」派，正生動反映了這種早期詩體的由來），再由之演進為三言、四言體。《易經》作為「散文韻化」先驅之一，自然受到影響，所以許多卦爻辭都句短語促，韻位亦密。

請看一些上古詩謠的例子：

斷竹，續竹。飛土，逐肉。（《吳越春秋》引古孝子《彈歌》）

這首古歌以竹、竹、肉（均覺部〔指上古音，下同〕）協韻。

甌窶，滿篝；汙邪，滿車。五穀，蕃熟。穰穰、滿家。（《史記·淳于髡傳》引古《穰田者祝》）

這首古祝辭普遍誤作四言體標點，其實是標準的二言體，而且句句用韻：窶、篝（均侯部）、邪、車（均魚部）、穰（陽部）、家（魚部）協韻：侯、魚合韻；魚、陽通韻（陰陽對轉）。又穀（覺部）、熟（屋部）合韻。

又如《詩經》，一般認為是四言體，其實當中也有二言與雜言之作：

采采，芣苢，薄言、采之。采采，芣苢，薄言、有之。……（《周南·芣苢》）

這首通篇是二言體，采、苢、之、有均之部字。

麟之趾。振振、公子。于嗟麟兮！麟之定。振振、公姓。于嗟麟兮！麟之角。振振、公族。于嗟麟兮！（《周南·麟之趾》）

按，首章趾與子（均之部）協，振（文部）與麟（真部）協（文真合韻）；次章定、姓（均耕部），振、麟分別協韻；三章角、族（均屋部），振、麟分別協韻。

《詩經》中還有好些作品，句中常常插入「有、其、斯、思」之類俗稱「詞頭、詞尾」的「加詞」（類似元曲或民謠中的襯音、襯字），用來補足音節，使成四言體，以配合樂曲的需求。【二六】如果去掉的話，很多也便是一、二字，或兩、三字即為一句。《易經》的情況和《詩經》有所不同。由於它主要是實用作品，不是文學作品，既未形成嚴格的體式規範（句行格式），又不須配合曲調旋律，所以可以不必插入那些專門營造「視聽效果」的「加詞」，而純以「真面目」示人，因此便較常出現那種「一、二字，或兩、三字即為一句」的情況。

由此可見，「句短、韻密」其實是中國古代早期詩謠的普遍現象，《易經》不過受其影響，躡跡追風，「和光同塵」，遂轉而成為這種語言現象的代表者之一而已。

五、結束語

通過以上的分析探討，可以得出如下結論：

《易經》是韻文，由於受到上古詩謠的影響，所以韻位頗密，有些地方並呈現類似二、三言體的節奏形式。但是，總體來說，由於《易經》尚處在「散文韻化」的早期階段，體式還未成熟，句子每每長短不一，押韻的技巧顯得較為粗糙，有的韻位不太規則，或隱而不顯，易被忽略，故有其特殊性。基於這種情況，我們若要為它正確地斷句標點，首先就必須小心辨析，找出其韻位，然後再遵照「詩歌句法」中「音句重於義句」的準則，根據韻位，並適當結合語義內容（不能文理不通）和節奏形式（如有的話）去進行句讀，而非像一般散文那樣，單純按語法結構和文意去句讀，更不能只憑「感覺」，以個人對文義的理解去隨意點斷；最後，還須通過象數分析的檢查，看義理訓詁能否與象數分析保持一致。只有那樣，才能盡量減少標點的失誤，真正達到如前人所謂「離經辨志」的目的。

能否準確斷句，恰當標點，明顯關係到我們對文本的正確訓釋、詮解、譯述，也是對《易經》進行深入研究的必要前提。俗語有謂「失之毫釐，謬以千里」，又說「一子錯，滿盤皆落索」。可見，標點問題，是關乎整體易學發展的一項「基礎工程」。萬丈高樓從地起，若基礎不牢，則上層難固，因此必須先行做好，絕對不能掉以輕心。

注釋

〔一〕本文原載《周易研究》二〇〇九年第六期，有刪節。

〔二〕周錫䪖：《〈易經〉的語言形式與著作年代——兼論西周禮樂文化對中國韻文藝術發展的影響》，載《中國社會科學》二〇〇三年第四期，一七三頁。

〔三〕詳見周錫䪖：《詩歌句法與散文句法》，載《中國語言學報》第十期（北京：商務印書館，二〇〇一年四月），一〇三——一一七頁；《論中國文體分類及文體與句法的關係》，載《紀念王力先生百年誕辰學術論文集》（北京：商務印書館，二〇〇二年），三九五——四〇二頁。

〔四〕王力：《詩詞格律》（北京：中華書局，二〇〇〇年），一一八—一一九頁。

〔五〕龍榆生編選：《唐宋名家詞選》（上海：上海古籍出版社，一九九七年），七七頁。

〔六〕《唐宋名家詞選》，一八〇頁；《宋詞三百首箋注》，一一〇頁。

〔七〕鄧廣銘箋注：《稼軒詞編年箋注》（上海：上海古籍出版社，一九七八年新版），二二一頁。

〔八〕詳參周錫䪖：《中文寫作新視野——從實用寫作到文學創作》（香港：三聯書店〔香港〕有限公司，二〇〇七年），四五—一〇一、一六二—一六三頁。

〔九〕各書所用版本如次：王弼、韓康伯注，孔穎達疏：《周易正義》，載阮刻《十三經注疏》（北京：中華書局影印本，一九八〇年）；李鼎祚：《周易集解》（上海：上海古籍出版社，一九八九年）；朱熹：《周易本義》，影印國子監刊本（台北：五洲出版社，一九九八年）；朱駿聲：《六十四卦經解》（北京：中華書局，一九八八年）；尚秉和：《周易尚氏學》（北京：中華書局，一九八八年）；李鏡池：《周易通義》（北京：中華書局，一九八一年）；周振甫：《周易譯注》（北京：中華書局，一九九一年）；孫振聲：《白話易經》（台北：星光出版社，一九八四年）。

〔一〇〕高亨：《周易大傳今注》（濟南：齊魯書社，一九八八年），一〇二頁。高亨：《周易古經今注（重訂本）》（北京：中華書局，一九八九年），一七四頁。

〔一一〕濮茅左：《（戰國楚竹書）〈周易〉（釋文）》，載馬承源主編：《上海博物館藏戰國楚竹書》（三）（上海：上海古籍出版社，二〇〇三年）。

〔一二〕李鏡池：《周易通義》（北京：中華書局，一九八一年），一五頁。

〔一三〕聞一多：《周易義證類纂》，載《聞一多學術文鈔．周易與莊子研究》（成都：巴蜀書社，二〇〇三年），一頁。

〔一四〕高亨：《周易大傳今注》，一四九頁。高亨：《周易古經今注（重訂本）》，一九二頁。

〔一五〕《周易正義》，卷一，「周易注疏校勘記」引陸德明《經典釋文》，載阮刻《十三經注疏》，二二頁。

〔一六〕詳參周錫䪖：《論「有、其、斯、思」的詞性》，載《中山大學學報》一九八八年第二期，一三一—一三六頁；《論〈詩經〉的「加詞」》，載《中國語文研究》第十期（香港：香港中文大學出版社，一九九二年），二〇一—二〇五頁。

《周易》六十四卦的卦序安排

現存最古的《周易》文本——近年出土的戰國楚竹書《周易》，其卦序的排列與今傳本《周易》是基本一致的，可見今本《周易》六十四卦的序列其來有自，應當就是得自西周「共和」時代召穆公虎所著古定本的真傳。

那麼，這六十四卦卦序到底是按甚麼原則編排的？此問題久已引起人們的興趣和關注，《易傳》中的《序卦》就是現存最早一篇專門探討這個問題的文章。現在看來，雖然其中有些論述比較合理，值得參考，但許多解釋都相當牽強或含糊，所以總體來說並不完善，大有修正、改訂的必要。因此，我們準備按今天研求所得之理解，對六十四卦之卦序結構重作解釋說明，是為《新〈序卦〉》。

一、總體原則

大家知道，在《周易》全部六十四卦中，除《乾》䷀與《坤》䷁，《頤》䷚與《大過》䷛，《坎》䷜與《離》䷝，《中孚》䷼與《小過》䷽等四對是以「反卦」關係相連外，其餘二十八對（五十六卦）皆以「倒卦」關係對對相連。[一]此即孔穎達《周易正義》所說「二二相耦，非覆即變」。覆，指倒卦（又稱「綜卦」）；變，指反卦（又稱「錯卦」）。

在《周易》裏，凡排序相連（包括相耦與非相耦）的卦體，其卦義多具有相對（如《乾》與《坤》）、相反（如《泰》與《否》），相因（互為因果，如《訟》與《師》）、相需（條件關係，如《訟》、《師》與《比》），相輔（互補關係，如《臨》與《觀》）、相承（先後連貫，如《蒙》與《屯》）或者平行並列（如《謙》、《豫》之與《隨》、《蠱》，皆待人處事之態度、方法）等種種關係，體現出綿密的邏輯性。可見六十四卦並非隨機的組合，而是一個結構謹嚴的整體；《易經》乃經有意識精心編撰而成，是一本用以占筮，但充滿人事、物情、史實、哲理與崇高治國理念的百科全書。

以下根據個人研讀的體會，以今觀古，試為六十四卦的卦序安排重作解說：

二、具體編排

1.《乾》䷀，為天為健，象運行不息的天體（以及男性與陽性事物），2.《坤》䷁，為川為順，象廣泛包容的大地（以及女性與陰性事物），《乾》《坤》相配，構成一對「父母卦」；天地創生萬物，故《易》卦亦從《乾》、《坤》開始。3.《屯》䷂，義為阻滯、困難，又指積聚、滿盈，象陰陽二氣初交、艱難孕育萬物的情景。4.《蒙》䷃，有蒙昧未明之意，是表現混沌初開時山（☶）從水（☵）出，即滄海變桑田之狀。《屯》卦象天地始分絪縕孕育的情景，而《蒙》為其倒卦，意義相接，狀萬物初生時的「萌芽」、「鴻蒙」狀態。《乾》、《坤》、《屯》、《蒙》四卦，構成一篇「創世紀」。

5.《需》䷄，義為等待；事物成長、發展的進程往往漫長而曲折，難以一蹴而就，需要耐心和智慧，必要的暫停、守候（以便看清前景，辨明方向，積聚力量，選擇時機），正是為了更好地前行。6.《訟》䷅，義為因不和而爭辯，並訴之於公；在發展、前行過程中，無論是同行夥伴或競爭者，都常會因為意見不合、理念分歧或利益衝突而產生各種磨擦紛爭，若「私了」不行，便對簿公堂，實行「公了」：這便是《訟》卦的由來。《訟》卦，說的是「文鬥」。7.《師》䷆卦，說的是「武鬥」；戰爭是政治的繼續，也是爭拗的延續，口舌之爭如果解決不了，便往往訴諸武力，實行兵戎相見：這就是《訟》卦後要接以《師》卦的理由。8.《比》䷇，是闡述有關親比的原則、方式與後果等問題；要能順利發展，或在矛盾紛爭中取勝，常常需要部屬、朋輩、盟友的支持協助，但如果誤交損友，或所託非人，就不僅不能得益，還隨時會產生嚴重後果，招致重大損害，所以，如何締盟結友，或信賴、依靠、親附甚麼人，都不可不審慎抉擇，個人是如此，國家也是這樣，因此在《訟》、《師》之後要接以《比》卦。9.《小畜》䷈，義為小有所蓄，即略有積聚；如果有人相助，發展順利，便逐漸壯大成長，所以《比》卦後會繼以《小畜》卦。10.《履》䷉，便是禮，即人所履之道，語云：「倉廩實而知禮節，衣食足而知榮辱。」經過久蓄致富，國力提升，便開始講求禮儀、禮法、禮義：這就是《小畜》後要接以《履》卦的理由。11.《泰》䷊，義為通達暢順；社會足食足兵，進而講求禮義，物質與精神生活建設皆臻善境，於是天地和融，萬物暢通，國家進入太平盛世時代：這便是《泰》卦向人們展示的美好景況。12.《否》䷋，義為阻隔、閉塞，壞劣、不善，與《泰》互為「倒卦」，義亦相反，兩者倚伏相依，互相轉化：《泰》卦發展到頂點，意味好運完結，情況便開始逆轉；反之，《否》卦差劣到極端，霉氣盡出，境況又會重新變好。英國詩人雪萊（一七九二—一八二二）《西風頌》的名句：「冬天到了，春天還會遠嗎？」說的正是「否極泰來」的道理。13.《同人》䷌，義為聚集眾人，令彼此團結一致；要扭轉形勢，促使早日「否極泰來」，就必須萬眾一心，共同奮鬥，所以《否》卦後要接以《同人》卦。14.《大有》䷍，義為廣大包容，所有者多，又指大豐收、大富有；常言道：「二人同心，其利斷金。」何況眾人乎？更何況舉國上下乎？能夠萬眾一心，共同致力，自然兵強國富，物阜年豐，無所不有，因此《同人》後會接以《大有》卦。15.《謙》䷎，義為謙遜，退讓；不論是個人、地區或團體、國家，到興旺發達之時，待人接物，更須講信修睦，虛懷禮讓，廣結善緣，切不可像暴發戶那樣鼻孔朝天，盛氣凌人，不可一世，否則，便會落得神憎鬼厭的下場，後果當然不妙。16.《豫》䷏，與《謙》為倒卦，義亦相反：《謙》退讓而《豫》不遜，《謙》謙虛而《豫》自大；驕縱自大的另一極端，便是逸樂怠惰，故《雜卦》說：「豫，怠也」，自然也是樂也。

17.《隨》䷐，義為跟從，相隨；這一卦談的是行動準則的問題：只要依循客觀情況的許可或需求，當時機或危機出現時，隨時而動，隨機而動，隨緣而動，便自會有所得；反之則否。18.《蠱（gǔ古）》䷑，其字通「故」，義為事，又特指淫亂或敗壞之事；小至個人、家庭，大至社會，各有各的難題，如果發生事故，便須整頓，治理，本卦主要闡述處理各種事務的問題。19.《臨》䷒，義為監臨，君臨，有居高視下，「君臨天下」之勢；《蠱》卦主要講述怎樣處理個人、家庭、社會的事務，而《臨》卦則專論君主應當如何處理統治天下萬民的事務。20.《觀》䷓，義為觀察，省視，有君主周覽四方，瞭解民情，進行教化之意；《臨》與《觀》為倒卦，義亦相關：前者闡述治國的方針、理念，是大原則、大方向；後者則提出一些具體的方式、方法、策略。21.《噬嗑（shìhé 誓合）》䷔，本義為咀嚼食物，進一步，用以比喻刑法；要真正做到長治久安，國泰民安，除了要努力發展經濟，改善民生之外，還必須完善司法制度，及時懲惡除奸，以伸張公義，導揚正氣，本卦便從吃食談到有關刑獄的問題。22.《賁（bì庇）》䷕，義為文飾，喻指文明教化；《賁》為《噬嗑》的倒卦，卦義相輔相成：嚴刑峻法用以懲惡除奸，但若要社會能真正安定發展，運作暢順，另一面的禮樂教化也不可或缺。本卦用一次婚禮過程作代表，既反映民情風俗，也彰顯禮教的作用。

23.《剝》䷖，義為銷蝕，剝落，毀爛，此時萬物凋零，陽氣衰落將盡，意味小人道長，君子道消：倘若社會缺乏禮義文明，便很可能會陷入這種境況。24.《復》䷗，義為返，與《剝》互為倒卦，義亦相反：正當世界分崩離析、危機四伏、似末日將臨時，陽氣再度回歸本始，一切又重燃希望，展露生機；意味物極必反，剝極則復。25.《无妄》䷘，即不謬妄，不胡為；難得陽氣復生，必須善加珍護，因此行動上要嚴加自律，以免破壞復蘇進程。26.《大畜》䷙，義為大量積聚，大量畜養；而《无妄》，又有無望（妄讀為「望」）之意，反映五穀失收，災荒嚴重，但大災之後，必有豐年，故《无妄》之後會接以《大畜》卦。27.《頤》䷚，義為養；待到貯備豐足，基本生活需求有了保障時，便開始講求頤養之道，故《大畜》之後接以《頤》卦。28.《大過》䷛，義為大為超越常分，指太過分或超常態的行為；保養身體，享受人生，誠然合理，但也不宜過分追求，否則容易犯錯，傷身，得不償失，就像一幢房屋，如果負荷過重，便會棟折樑摧一樣。《大過》是《頤》的反卦，緊接《頤》之後，用象喻手法提出上述的忠告。29.《坎》䷜，義為陷坑、土牢；若犯下大錯而不思悔改，便會有牢獄之災，故《大過》之後接以《坎》卦，用以警惕世人，令提高警覺。30.《離》䷝，義為光明；離為火，為日，兩離相疊，故有大光明之象。黑暗總有盡頭，經歷牢獄之苦後，終於脫困出獄，重見光明，因此《離》卦接在《坎》卦後，兩者互為反卦，義亦相對。

以上為《周易》上經，以下為《周易》下經。上經以天地始，下經以男女始。

31.《咸》䷞，義為感，相感應，描寫人際間的私密關係；又義為速，感應則速，但時間也短促。32.《恆》

䷟，義為長久，純一其德，始終不變，即持久與專一；《恆》是《咸》的倒卦，兩者相連，恰成鮮明對照：《恆》卦希望天長地久，《咸》卦只在乎曾經擁有。33.《遯》䷠，義為避讓，隱退，有勸喻人功成身退或急流勇退、見好即收之意，所以《遯》卦接在《恆》卦後。34.《大壯》䷡，義為嚴重受傷（壯讀為「戕（qiāng槍）」），因傷而止，故又有停止之義，若強行前進則多有凶險。《大壯》為《遯》之倒卦，作者有意利用此卦，為知進而不知退、不知適時遁避者敲響警鐘。35.《晉》䷢，義為進，以日出騰天，光明漸盛之象，喻指上升、前進的態勢與行動。待到傷患痊癒，便繼續前進，故《晉》卦接在《大壯》之後。36.《明夷》䷣，義為光明熄滅，喻指賢者見抑，又有「誅殺」之義。《明夷》為《晉》之倒卦，《晉》卦為日出，本卦為日落，適成「反對」之象。

37.《家人》䷤，顧名思義，乃闡明家人相處之道與持家之理；人窮則返本，故《家人》接在《明夷》之後。38.《睽（kuí葵）》䷥，義為乖，背離，指離家在外；《睽》與《家人》為倒卦，義亦相反：《家人》「閉門一家親」，《睽》卦則專述出門在外的經歷、見聞與感受。39.《蹇（jiǎn剪）》䷦，義為險阻艱難；有道是「在家千日好，出門半步難」，故《蹇》卦接在《睽》卦後。40.《解》䷧，義為緩解，消釋，舒放；《解》為《蹇》之倒卦，義亦相反：《蹇》意味飽歷險艱，《解》則擺脫險境，消除災患。但須注意，因鬆懈而導致疏忽大意，又會惹來禍殃。41.《損》䷨，義為失，減損；過度的自由放縱會招致損失，故《解》卦之後接以《損》卦。42.《益》䷩，義為增加、獲益，或相助益；《益》為《損》之倒卦，義亦相反，《益》卦接在《損》卦後，說明時來運轉，便「損極則益」。

43.《夬（guài 怪）》䷪，猶決，又為缺，取上缺之形，寓意潰決，或決裂，決絕，斷然處置；而益有「溢」之義，故《夬》卦接在《益》卦後。44.《姤（gòu 夠）》䷫，本又作「遘」（見《釋文》），通「媾」，義為遭逢，相遇，或男女結合；《姤》為《夬》之倒卦，義亦相反：《夬》指分決、決裂，《姤》為婚媾，遇合。《姤》卦接在《夬》卦後，說明「分久必合」。45.《萃》䷬，義為聚；因相遇而聚集，故《萃》卦接在《姤》卦後。46.《升》䷭，義為登高，升進；因《萃》另有病悴不振之意（萃讀為「瘁」），《升》與《萃》互為倒卦，義亦相反，故《升》卦接於《萃》卦後。47.《困》䷮，義為窮厄委頓，落入困境；升而不已，則易陷於困，故《困》卦接在《升》卦後。48.《井》䷯，義為水井，穿地而入，取水而出，故引申指通達；《井》為《困》的倒卦，義亦相反：《困》為窮厄困頓，《井》喻脫出困境，故《井》卦接在《困》卦後。49.《革》䷰，義為更改，變化，有「去故」除舊之意，又特指改制革命；水井一旦淤塞，便須徹底清理，猶如一個政權，如因享國日久而敝政叢生，到危機深重時，便須實行大刀闊斧的改革，否則便會爆發革命一樣：故《革》卦接在《井》卦之後。50.《鼎》䷱，鼎為古代炊具，此卦卦形似之，取烹飪成新，即變化出新之義；《鼎》為《革》之倒卦，義亦相關，故《鼎》卦接在《革》卦之後。51.《震》䷲，取雷霆震動，使人驚懼之義；鼎革以後，須雷厲風行一番，施以雷霆之威，務求先聲奪人，有個好開始，故《震》卦接在《鼎》卦後。52.《艮》䷳，取象於兩山重疊，義為止；《艮》為《震》之倒卦，緊隨《震》卦後，一靜一動，對比鮮明。

53.《漸》䷴，義為進，指循序漸進，逐步發展；靜極復思動，故《艮》卦後接以《漸》卦。54.《歸妹》䷵，義為嫁女；《歸妹》為《漸》之倒卦，義亦相因，故《序卦》說：「《艮》者，止也。物不可以終止，故受之以《漸》。《漸》者，進也。進必有所歸，故受之以《歸妹》。」55.《豐》䷶，義為大，多，充盈；《歸妹》，指嫁女，即成家立室，既成家室，則家宅宜闊大，家資宜豐厚，故《豐》卦接在《歸妹》後。56.《旅》䷷，義為浪跡江湖，作客他鄉；《旅》為《豐》之倒卦，義亦相因：「《豐》，多故也；親寡，《旅》也。」（《雜卦》）《豐》之家居雖大，財富雖多，卻災難頻生，弄至「闃其无人」，結果只好離家出走，長年在外，變為羈旅之人；故《旅》卦接在《豐》卦後，無異一服清涼劑，令人清醒頭腦，知道禍福無常。57.《巽（xùn 遜）》䷸，義為伏（《雜卦》），有屈撓之象；《巽》卦接在《旅》卦後，主要反映羈旅「俯仰由人」的境況。58.《兌（duì 對）》䷹，有喜悅、言說、顯現數義；《兌》為《巽》之倒卦，置於《巽》卦後，形成對照：《巽》保持低調，表示遜伏、卑退（巽通「遜」）；而《兌》則歡樂顯揚。59.《渙》䷺，義為水流漶漫，引申指離散；長期沉溺於歡悅，樂極忘形，易導致人心渙散，故《渙》卦接在《兌》卦後，令人知所警惕。60.《節》䷻，義為節制，包括有節度，守禮儀，能節儉等；《節》卦置於《渙》卦後，對渙散加以約束與制衡，兩者互為倒卦，義亦相反，構成對立統一關係。61.《中孚》䷼，義為中心誠信；要能夠自我約束，靠的是心中至誠，故《節》卦後接以《中孚》卦。62.《小過》䷽，義為稍有踰越，或小事踰常，造成的是小過失、小差錯；《小過》是《中孚》的反卦，義亦相因：若不能保持誠信，便會犯過錯。

63.《既濟》䷾，義為成功過渡，引申指舉事獲得成功，一切成為定局；它勉勵世人，不管是誰，倘能及時認識並消除錯誤，便有望獲得成功，故《既濟》接在《小過》之後。64.《未濟》䷿，指事未成功；《未濟》是《既濟》的倒卦，《既濟》宣佈大功告成，《未濟》則和它唱反調，表示尚未成功：舊的終結，只是意味又一輪新的開始。由於事物發展的不可窮盡性，因此《周易》作者把《未濟》卦放在全書最後。

注釋

〔一〕反卦，古稱「錯卦」、「旁通」，即一別卦變為陰陽爻與之完全相反的另一卦，如《乾》䷀與《坤》䷁。倒卦，古稱「綜卦」、「覆卦」，即一別卦卦體迴轉一百八十度，六爻位次完全顛倒而成另一卦，如《屯》䷂之倒卦為《蒙》䷃。

「神機妙算」說《易》占

一、《易經》的性質

《易經》蘊含天地萬物之理，卻僅以陰陽二爻構成，可謂「既古老，又時尚；既玄妙，又簡單」。那麼，它到底是本甚麼書？

我對此進行過探究，得出的結論是：《易經》含弘廣大，微妙玄通，是本獨特而奇異的著作，它的性質應分別從「體」、「用」兩方面去辨析和界定。

（一）如按其本體、實質來說，《易經》草創於西周初（公元前十一世紀中）而著成於西周後期的「共和」時代（公元前八四一—前八二八年），是《史記》之前中國最早的一本百科全書。它匯聚了古聖先賢的睿智，融貫古今資料，以當時新興的審美藝術形式（韻文），去反映和表達宇宙自然變化的規律，以及社會人生哲理、歷史經驗、政治觀念和生活智慧，具有極可寶貴的文化價值。《易經》文字精約，而內容宏富，從宇宙起源、物候變遷，到人世間的軍、政、財、文、史、哲、宗教、教育、道德、倫理、婚姻、家庭、行旅等等，幾無所不包，有關修（身）、齊（家）、治（國）、平（天下）的理念與方法，全涵括在內。說它是中國第一部百科全書，甚至推許為「中華文化之源」，都不算過譽。這是從其「本體」一面看。

（二）從「用」的一面看。《易經》在占筮中形成，為占筮而編撰，而從它誕生之日起，在相當長一段時期內，也主要是用來占筮，因此毋容置疑，它確是一本占筮書。這從充滿全書的「吉、凶、悔、咎、吝」等占筮術語，眾多典籍與出土簡帛文獻所載大量與它相關的資料以及占筮記錄等都足以證明。但不可不知的是，由於占筮在當時人們心目中佔有十分重要的地位，對上至朝廷施政，下至個人活動往往都有決策性的「指南」作用，所以此書極可能也是周朝上層統治精英們個人必修的讀本，否則編著者也不會花偌大心思去把它修撰得如許精美詳備，理趣兼到。因此，我們切不可用今天的眼光看問題，以其為「占筮書」而忽視或低估它在當時的影響力。

綜上所言，可以得出結論：《易經》是一本以百科全書為「體」，而以占筮為「用」的性質奇特的典籍。它蘊含淵懿微妙的哲思，表達敬德、重民的治國理念，保留了好些商、周的史實，盛載大量的上古文化遺存；同時，由於它以特殊的表述方式所揭示的自然、歷史、社會演化通則和人生理念，不少又是具有本體性、周遍性、持續性的，故人們又往往會發現，它常與現代科學原理相通。因此在今天，《易經》可以為自然科學與人文社會科學的研究，提供許多有用的資料和發人深省的啟示。而更令人嘖嘖稱奇的是，今天據以占問、預測，有時仍相當準確，似乎確有「天機」隱存其中。

因此也可以說，《易經》是一本用以占筮，但充滿人事、物情、史實、哲理以及治國安民方略的百科全書。而正由於此，才會令孔子一見傾心，視為寶典，反覆披覽，珍而重之，並由此創出「以德義為先」、研求哲理為主的儒家一派易學，為中國哲學發展開出新的門徑。

二、預測的原理

提起遙感、預測一類近似「超驗」性的行為，許多人都有誤解，認為不可信。但其實，除去江湖術士的胡吹之外，不少普通人應該都有過類似的體驗，並非甚麼不可思議之事。

因為現代科學已證明，宇宙萬物都由粒子構成，處在不停運動變化、相互作用，並發放信息的狀態中；而人的生理、心理系統又有感知、吸納與適當處理信息的能力：這些就是我們對事物能夠遙感、預知的物質、精神基礎。所以，凡事皆有「徵兆」，只是強弱顯隱程度各有不同，而人們對有關信息的感應、接收能力亦各有差異而已（有些人自詡有「第六感」，其實就是對外界信息的感知觸角特別敏銳）。故一般來說，任何事物都具有可測性，而作為「萬物之靈」的人也都有一定的預見、預知能力。問題只在於這種感知力常常會被不自覺的精神抑制所削弱，未能充分調動起來罷了。若可解除束縛，釋放大腦潛能，而外界信息又足夠強烈的話，那麼，所謂先知先覺、心靈感應、夢想成真……都絕對不虛妄，你我都有可能。

西哲嘗言：「知識就是力量。」其實更應當說：「自然便是科學，意識就是力量。」因為知識也須靠意識的掌握操控方可化為力量，而「意識」本身亦能直接發揮力量。意識包含顯意識與潛意識，其可感知部分通常稱為「念力」。意識之力的功能作用，已為中華傳統文化精髓之一的中醫經絡理論以及氣功養生療疾的奇效所充分證明。雲南大學物理系張一方教授，根據中外大量科學文獻與實驗數據，提出「意念場」的概念及其基本公式，認為宇宙間在現知的引力、電磁力、強力、弱力四種相互作用之外，還存在第五種即「意念場」的相互作用，「其能量與頻率成正比」，當意念越強而又專一時，其作用便越大。【二】而由現代科技創發的，從戰爭武器到家居設備等各類層出不窮的「智能產品」，也越來越多地表現出與人類「意識力」逐漸接軌、合流的傾向。……凡此種種，都可見意識之力的存在是個普世現象，其作用且絕對不容小覷。我們遙感、預知的本領便是建基於這樣一種雖暫時尚無法量化，但卻實際存在的「力場」。

因此，悠悠宇宙間，不僅自然現象可以預測，社會現象，諸如股市、樓市、匯市的走勢，民生的發展，時局、政情的變化等等也可以預測。所以預測並不神秘，悟性高的人再加上恰當工具（比如某些經過驗證，證實行之有效，足以信據的理論、定律、公式、模型等等）和方法的輔助、強化，在特定時空中便往往能作出準確程度較高的預測。而《易經》正是現代科學發展之前，中華古代智者所創立的一套以圖象符號結合文字表達的，反映自然、社會與人生變化，經千百年實踐檢驗，證明實用性甚強和準確度頗高的萬用程式、推導系統。

但不可不知的是，事物的運動並非取直線進行，而是呈現宏觀有序（見「相對論」）而微觀無序（見「量子論」）的、波動前進的方式。因其有序，故可持續運作（是謂「必然性」）；因其無序，才會有變化發展（是謂「偶然性」）。因其有序，故具可預測性；又因其無序，故有時會「測不準」（雖然已不斷改進，天氣、水文等預報仍時有誤差，而股市走勢分析等更常會誤導股民，累人不淺。孔子云：「吾百占而七十當」〔帛易傳《要》〕。按本人體驗，《易經》預測的成功率也大約是七八成）。常言說「我們只可以接近真理，而不能窮盡真理」，道理便是如此，無論自然現象與社會現象都是這樣。這正是大千世界、廣袤宇宙的玄妙之處。

三、《易經》預測實例

《易經》原是一本占筮書（當然不僅僅是占筮書，見上），是由我們偉大的先人所發明，能有效地反映和判斷自然、社會及人事發展變化的一套萬用程式、一個推導系統、一種思維方法（象數思維）。因此，今天據以預測，往往仍相當「靈驗」。下面試舉出具體例子，見證《易經》的「神機妙算」，也和大家一起分享箇中趣味。

（一）二〇一一年六月四日，法國網球公開賽女單決賽，中國李娜對衛冕冠軍——意大利舒雅雲妮之役。

李娜於二〇一一年初曾打入澳洲網球公開賽女單決賽，但最終屈居亞軍。這次在法網決賽中，李娜以直落兩盤六比四及七比六，擊敗舒雅雲妮，取得勝利。李娜法網封后，成為首位中國女子網球手贏得大滿貫單打錦標，開創亞洲網球手在世界頂級賽事中奪冠的紀錄，可說是創造了歷史。賽前我曾為兩人分別預測，李娜得《小畜》䷈之《巽》䷸（《小畜》初爻變，成《巽》䷸卦）；舒雅得《大過》䷛之《訟》䷅（《大過》三、上爻變，成《訟》䷅卦）。雙方情況一吉一凶，對比分明，絕無拖泥帶水之處，跟其後賽果完全一樣。

（二）美國總統選舉預測（二〇一二年十一月五日晚香港時間八時預測，選舉於六日進行）。民主黨奧巴馬得《晉》䷢之《益》䷩（即《晉》卦初、四、五爻動，成《益》卦）。其對手，共和黨候選人羅姆尼得《大畜》䷙之《損》䷨（即《大畜》卦三爻動，成《損》卦）。從卦爻辭看，兩人旗鼓相當，但再深入一層分析：

第一，從爻位看，奧巴馬居五爻（以最後一個動爻為準），屬君位、尊位；羅姆尼處三爻，屬人位，且《易傳》向有「三多凶，五多功」之說，故奧巴馬佔上風。

第二，從卦名義及卦象看：《晉》䷢，卦義為進，以日出騰天，光明漸盛之象，喻指上升、前進的態勢與行動。卦體上離下坤，離為日為明，坤為地，太陽冉冉升離大地，故卦名為《晉》。而離又為甲冑、戈兵（見《說卦》），故全卦多言征戰之事；意味選戰過程相當激烈。

另外，《益》䷩與《損》䷨互為倒卦，義亦相反：《損》為減少、失去；《益》為增加、獲益。而《大畜》，義為大量積聚、畜養（羅姆尼為富商，正符其象）。

所以我判斷：奧巴馬經激烈角逐，由不斷升進而獲益，有蒸蒸日上氣象；羅姆尼則由大量積聚變為有所折損。與前者相較，一損一益，也是明顯有所不如。綜合以上情況，最後應由奧巴馬勝出，連任總統之位。

到第二天，選舉的過程與結果正是如此。

除此兩例之外，以近年而論，本人對二〇一二年歐洲國家杯足球決賽（西班牙隊對意大利隊）冠軍誰屬，以及同年一月台灣大選的選舉結果，還有同年三月香港特首選舉結果，事前都曾進行過預測，結果同樣準確無誤。

舉出以上這些例子，並非要表示本人有甚麼「神機妙算」本領，而只是想用實例證明，《易經》確實有這種預測功能，它的確是能反映和判斷自然、社會及人事發展變化的一種特殊推導系統，一套行之有效的「程式」，是我們先人的一項偉大發明，值得寶愛珍惜而已。所以，幸諸君切勿以「迷信」視之。

四、「易占」的方法

(一) 成卦之法

應用《易經》測算可以有多種不同的方式，要掌握「起卦」的程序並不難。傳統以蓍草成卦之法見《繫辭．上》所述：

> 大衍之數五十，其用四十有九。……是故四營而成《易》，十有八變而成卦。八卦而小成。引而伸之，觸類而長之，天下之能事畢矣。

朱熹《周易本義．筮儀》與近人高亨《周易古經今注．周易筮法新考》對此都各有詳細的解說，讀者可以參考；不過，該法較繁複，耗時多，容易分散專注力，或反影響效果。簡易的則有後世普遍施行，利用三枚硬幣或銅錢，以正、反面分陰、陽而定出卦爻的「擲錢法」。其法每擲三枚，若兩陰一陽為少陽，其數七，屬不變的陽爻，以符號「⚊」表示。若兩陽一陰為少陰，其數八，屬不變的陰爻，以符號「⚋」表示。若三者皆陽則為老陽，其數九，屬可變的陽爻，也是以一橫畫「⚊」表示。若三者皆陰則為老陰，其數六，屬可變的陰爻，同是以兩短橫「⚋」表示。如是每擲一次得一爻，六擲而成卦。

（二）關鍵在於「解卦」

可見掌握「起卦」的方法並不難。難度最大的主要在兩方面：一是，「起卦」時，「念力」要強，而且要專注、集中（類似「激光」的原理），因為它們對預測的精準度會有頗大的影響；二是，得到結果後，如何「解卦」，那須靠反覆實踐，慢慢取得經驗，不但要有熱誠，還要有「悟性」，懂得靈活變通：這些加起來便是所謂「功力」。

在占筮中，如何根據所占得之卦爻判斷吉凶，古人未有明言，而《左傳》、《國語》等古籍所載筮例，解卦之法亦不盡一致。到宋代朱熹才明確提出：如六爻皆不變，以本卦卦辭作占。若有一爻變，則以本卦變爻辭占。二爻變，則以本卦二變爻辭占，以在上位之爻為主。三爻變，則占本卦及之卦（由本卦變成之另一卦）卦辭。四爻變，則以之卦之二不變爻辭占，並以下位之爻為主。五爻變，則以之卦不變爻之爻辭占。若六爻皆變，則《乾》、《坤》兩卦占用九、用六；其他各卦占之卦卦辭。（見朱熹《易學啟蒙》。）但也有人持不同意見（如清人張丙嘉《占易秘解》）。而高亨先生據稱由先秦筮例總結出來的推斷方法又自成一套（見《周易古經今注．周易筮法新考》），與朱熹之法互有同異。

本人的方法與他們都有不同。我認為，最好從已獲得驗證的卦例去歸納出占斷之法。據我個人經驗，如六爻皆不變，則以本卦的卦名義、卦辭、卦象作占。若有一爻變，則以該變爻之爻辭、爻象作占，而以本卦與之卦的卦辭（或卦名義）、卦爻象配合參考。若有一個以上之變爻，則應自下而上，以變爻之爻辭、爻象作占（最上者為終極結果，最重要），再結合本卦與之卦的卦辭（或卦名義）、卦爻象作參考。這樣得出的結果會比較準確。至於六爻皆變的筮例由於我還未遇到過，所以究應如何占斷，暫時尚難確定。

世上的事物紛繁複雜，千變萬化，而全本《易經》只得有限的六十四卦、三百八十六爻（《乾》、《坤》兩卦各有七爻），所以，有時測算不同的問題，會得到同一卦爻象，如何應對？倘若遇到這種情形，便要因應不同的對象、各別情況以及所問的問題作具體分析。

比如有位朋友打算物色一位業務合作夥伴，已經有了初步人選，但因為與其人相識未久，不知個性、品格如何，是否可靠，所以猶豫不決。結果筮得《艮》卦。我分析說：《艮》䷳，由兩個三畫之艮☶卦組成，艮為山（見《說卦》），故卦象是下山上山，即兩山重疊；而卦義為「止」（亦見《說卦》）。表示其人沉實、穩重、內向，而正由於此，令人有難以捉摸、莫測高深之感（卦辭「艮其背，不獲其身；行其庭，不見其人」，即此意）。但實際上，那人是安於本分、忠於職守、「思不出其位」的「君子」（艮卦《象》辭）。後果如所言。

另一次，朋友蔡小姐來電話，說她有位同事剛從外地公幹回港，在機場遺失了行李，十分焦急，故希望我幫忙測算一下，看最終能否尋回。結果又是筮得《艮》卦。這次的分析是：三畫之艮卦由上面一陽爻下面兩陰爻組成，外堅而中虛，正有行李之象，顯示他的行李箱被堆積如山的其他行李壓住了（上艮為山），所以卦辭說「不獲其身」、「不見其人」，但仍「无咎」。於是我回覆蔡小姐：行李未失，應能找到，不過要費些時間。過了一兩天，機場果然通知她的同事去領回行李。

以上例子說明，必須因應不同的事物、對象、情況對占筮結果作不同的解讀與分析，而不可膠固執一。古人所謂「易無達占」（董仲舒《春秋繁露》），也包含這方面的意思。

注釋

〔一〕張一方：《意念場、超心理學的三種研究方法和可能的三種新結果》。

《易經》常用語詞釋義

一、「元亨利貞」

（一）元：大（《廣韻》），特指最大、極大。甲骨文作，本義為首（人頭）；為首的也就是最大的。此字在《易經》中出現二十七次，所釋均同。故「元亨」就是極其順利。「元吉」就是極其吉利，即「上吉」，比「大吉」還勝一籌；打個通俗的比方，就如粵港酒樓的點心，除了小點、中點、大點外，還有「頂點」、「特點」一樣。

特別須要說明一下的是「元夫」這個詞。《睽．九四》：「睽孤，遇元夫，交孚。厲，无咎。」對元夫，今人有大丈夫、首領、兀夫（即受刖足之刑的跛子，聞一多說）等多種不同解釋，本人以往取《程傳》之說，釋為善士、善心男子。其實都不確切。元為極大，此指身材高大；夫是丈夫（《說文》），即男子漢：所以「元夫」當指「彪形大漢」。離家的旅人孤身在外，與此君驟然陌路相逢，又不相識，起初難免深懷疑慮，忐忑不安，故有危「厲」之感，經溝通建立互信（「交孚」）之後，始放下心來，知道「无咎」。

（二）亨：通（《集解》引子夏）。「亨」的古字，原指獻祭，受用（鬼神享用祭品）；或宴飲，致貢。此數者為人與鬼神、人與人溝通的手段，故引申指通達、暢順。此字在《易經》中出現四十七次，除三次（《大有・九三》、《隨・上六》、《升・六四》）外，均釋為「通」。

《大有・九三》：「公用亨于天子。」亨，通「享」、「饗」，宴飲。是說「公侯獲天子宴饗」。《隨・上六》：「王用亨于西山。」亨，通「享」，指享祀，獻祭。是說「周王向西山（即岐山）獻祭」。《升・六四》：「王用亨于岐山。」爻意亦同。

（三）利：吉（《廣韻》）。此指有利於、適宜於做某事。

（四）貞：卜問（《說文》），占問。甲骨文多見。如：「癸酉貞：日月又食。隹若？」（《甲骨文合集》第三三六九四片）「貞：庚申伐羌？」（《殷虛文字丙編》第七片）等等。《周禮・春官・太卜》「凡國大貞」，鄭玄注引鄭司農云：「貞，問也。國有大疑，問於蓍龜。」此字在《易經》中出現一百一十二次，除兩次（《旅・六二》、《旅・九三》）應釋為「正」之外（詳參本書《旅》卦之注譯），其他皆釋「占問」，作動詞。

二、釋「用」

「用」，甲骨文乃「桶」之初文（于省吾《釋林》），或說像骨版上有卜兆之形（谷衍奎《漢字源流字典》），表示可使用、施行之意。常作動詞，其後衍化為助動詞、介詞、連詞、助詞等。

「用」字在《易經》中出現六十次，除去一處異文（《升》卦辭），實為五十九次。基本用法可分為六類：

第一，獨立運用，作動詞，解作施為、行動、使用或任用等，可帶也可不帶賓語。全《易經》共有十例。如：

《乾》初九：「潛龍，勿用。」〔勿用：不要動，不可施為。用，《說文》：「可施行也。」王應麟《困學紀聞》：「凡《易》見於有為者皆言『用』。」〕

《師》上六：「大君，有命：開國（啟邦），承家；小人，勿用。」〔小人勿用：小民不得封賞、任用。〕

《泰》上六：「城，復于隍。勿用師，自邑、告命。貞，吝。」〔勿用師：不可用兵作戰。用，使用。周原甲骨：「弗用茲卜。」（H11：65）〕

第二，作動詞，讀為「同」，有聚合、統括之義。見《乾》卦用九爻和《坤》卦用六爻，全《易經》僅此兩例。

第三，作助動詞，釋「要」，置動詞前，與動詞合用。全《易經》共五例。如：

《屯》：「元亨，利貞。勿用有攸往。利建侯。」〔勿用有攸往：不要有所往。〕

第四，作介詞，用同「以」、「于（於）」等（按，用、以、為、于皆一聲之轉，故常可互通），與動詞配合，引介與動作行為有關的方式、工具、原因、對象、範圍等等。《易經》共二十九例。如：

《大過》初六：「藉用白茅。无咎。」（藉用白茅：用白茅草作襯墊。）

《益》六三：「益之，用凶事，无咎。有孚，中行告公，用圭。」（益之用凶事：由於凶禍之事而予人幫助。用，以，表原因。　中行告公用圭：在中途執珪稟告王公。用，以，表方式、工具、憑藉。）

《觀》六四：「觀國之光，利用賓于王。」（利用賓于王：利於作君王的賓客。用，于（於），表有關對象、範圍。）

第五，作連詞。《易經》有四例。如：

《復》上六：「迷復。凶，有災眚。用行師，終有大敗，以其國君凶，至于十年，不克征。」（用行師終有大敗：如果遣兵作戰，終會大敗。用，以，連詞，表假設關係。）

《蠱》六五：「幹父之蠱，用譽。」（用譽：因而得到稱譽。用，以，表因果關係。）

第六，作助詞，置動詞前，表動作之實施、進行，但本身無實義；有時兼起補足音節的作用。《易經》共有九例。如：

《蒙》初六：「發蒙。利用刑人，用說桎梏。以往，吝。」（利用刑人用說桎梏：有利於罪人解脫枷鎖。用，前一個為介詞，釋「于（於）」；後一個為助詞，表動作的實施、進行，本身無實義。）

《離》上九：「王用出征，有嘉，折首，獲匪其醜。无咎。」（漢帛《易》此爻無「用」字。）（王用出征：周王出征。用，助詞，表動作之實施、進行；這裏兼有補足音節的作用。可比較《詩．秦風．無衣》「王于興師」、《詩・周南・桃夭》「之子于歸」之「于」。）

《益》六二：「或益之，十朋之龜，弗克違。永貞，吉。王用享于帝，吉。」（王用享于帝：君王祭祀上帝。用，動態助詞，表示實施或進行某事。）

「用」字從獨當一面的動詞，到助動詞，到輔助性的介詞，再到連詞及無實義的助詞，反映了其動態逐漸減弱、詞義逐步虛化的過程。上古漢語好些虛詞就是通過這種「由實而虛」的途徑形成的。

三、說「孚」

（一）「孚」字集中體現周人的「重德」「崇信」思想

中華民族是講誠信、重道德的民族，這一傳統可上溯至周初，根深柢固，源遠流長。《周易》經文中的「孚」字，便集中體現了周人「重德」「崇信」的思想，是中華道德傳統的一個重要源頭，閃耀着千古不滅的華夏德性之光。

《易經》的「孚」（fú 俘）字，傳統上皆釋為「信」（見《易傳・雜卦》、《爾雅・釋詁》、《說文》及《周易集解》、《周易正義》等），主要指人的誠信，即誠實不欺的品德。但近大半世紀以來，隨着「疑古」之風的盛行，各種新見異說便紛起蜂出，引起釋讀之疑惑，對人們正確理解《易經》、深入闡發其精義妙理，造成一定的干擾、影響。

這諸多新見中，或把「孚」字釋為俘獲的「俘」，[一]或釋為懲罰的「罰」；[二]有人又解釋為「卦兆」、「徵兆」或占筮的「徵驗」之類，遂逐漸向殷商甲骨刻辭靠攏；到近年，便更多地集中指向於釋為「抱」、「覆」、「輔」、「保」等意思，指上天、神靈對人的輔助、庇祐，直接與甲骨卜辭中大量出現的「有又（祐）」、「有保」等用語等同起來。

這些意見，多從文字學角度着眼，在字形、音理甚至文例上往往會有所本，可供參考。但可惜較少顧及《易經》作為西周朝廷筮書，必然充分反映官方統治思想此一時代性的特點，未能結合周朝社會狀況以及文本整體內容去考察，所以得出來的結論，往往顧此而失彼，偏離當時社會主流思想意識形態，在西周歷史大環境中，總顯得扞格難通。

（二）「孚」字當釋為「信（誠信）」

王國維說：「中國政治與文化之變革，莫劇於殷周之際。……殷周之興亡，乃有德與無德之興亡，故克殷之後，尤兢兢以德治為務。」（王國維《殷周制度論》）並博採甲骨卜辭與六經文獻等上古資料，從多方面加以證明。其說頗有道理。因為商人在東，周人居西，雖長期有宗主、附庸關係，但本屬發展狀況不同的部族，所以商、周易代不純是一般改朝換代的政權更迭，而更多地是「舊制度廢而新制度興，舊文化廢而新文化興」（《殷周制度論》）的一場牽連甚廣的革命，人們的思想觀念和社會制度都發生了巨大變化。

商人篤信鬼神，並視皇天上帝為自己的宗族神靈，故一意仰仗上帝的護蔭庇祐，甲骨卜辭中祈盼「受又（祐）」、「受有又（祐）」、「有保」等辭句比比皆是，人處於相對倚賴的、被動的位置。但周人不同，他們不再單純希冀上天賜福，而更多地反求諸己，強調人的品德修養，以明德立信、「敬德保民」去順天行事，自求多福，相對澹化了神權色彩，人處於較積極、主動的地位。因為從武王伐紂、「小邦周」征服「大國殷」的過程中，他們認定：天命靡常，唯德是輔；黍稷非馨，明德惟馨；只有有德之人，才會獲得上天的眷顧、垂祐，而殷商就是因為「惟不敬厥德，乃早墜厥命」（《尚書．召誥》）的。所謂「湯武革命，順天應人」，這種天命觀，是「文武受命」滅商興周合理合法性的主要精神依據，因此被作為周人的官方思想不斷宣揚，並由此對泱泱中華數千年之歷史文化造成了長遠、重大、深刻的影響。

由於汲取了殷商敗德亡國的教訓，所以周人立國後十分重視德治。在他們念茲在茲、反覆強調的「德」之中，是否具有誠信（因而值得信賴，獲得擁戴）是一項十分重要的標準——對社會高層人士而言尤其如此。這些，對後來形成的儒家學派影響至鉅，故「吾從周」的孔子才會提出「民無信不立」（《論語．顏淵》）的著名教誡。《大學》亦云：「大學之道，在明明德，在親民，在止於至善。」「與國人交止於信。……道得眾則得國，失眾則失國，是故君子先慎乎德。有德此有人，有人此有土，有土此有財，有財此有用。德者，本也。」

凡此種種，都可見周人對「德」、對誠信是何等重視。《周易》既是召穆公虎為西周朝廷所著的筮書，所以必然充分滲透着這套官方的指導思想（這也是召公本人對之篤信不疑並躬行踐履的思想）。明乎此，便可知道，對《周易》中頻繁出現的「孚」字，必須回歸傳統智慧，解讀為強調修德立誠的「信」，才切近周人認為「天不可信，我道惟寧王（文王）德延」（《尚書．君奭》），主張「王其疾敬德，王其德之用，祈天永命」（《召誥》）的思想特點，才合符《周易》本經的原意。否則，便和殷商卜辭一味仰賴上帝保祐的模式差別不大了。

（三）「孚」字何以可解為「信」？

但「孚」字怎會解釋為「信（誠信）」？原來「孚」可讀為「符」（兩字聲同、韻近可通），意謂符合、相應。如：《未濟．上九》：「有孚、于飲酒，无咎。濡其首，有孚，失是。」（譯：「合符飲酒的規矩，沒有禍患。但（醉酒）淋濕了頭，雖合規矩，也失去正道。」）

而符合相應，在《易經》裏，又多指精神、心志上之契合感通，故引申為「信（誠信）」。對上天、神靈而言，是一心一意地虔誠信奉；就人際之間來說，便是同心同德，忠誠守信（自然也意味着互相信任）。如：《萃．六二》：「孚，乃利用禴。」（譯：「有誠信，大有利於行禴祭。」孚：信；此指對神靈的虔誠信奉。乃：大（《玉篇》）。」

總括而言，全《易經》「孚」字共出現四十二次（連卦名《中孚》），除三次（《大壯．初九》、《夬》、《姤．初六》）外，皆釋為符、信（作名詞，指誠信；作動詞，指信賴）或其引申義（如聲譽、威望等）。後者例如：《大有》六五：「厥孚交如，威如。吉。」〔譯：「他信譽昭著，又有威儀。吉利。」孚：信；此引申指信譽、威望。交如：顯明的樣子。交，讀為「皎」，明貌；如，形容詞詞尾。〕

至於另三例的「孚」字則有不同含義，它們不作「信」解，而以音同音近關係，分別讀為「復」（返回）、「俘」（俘虜）與「浮」（躁動不安）。詳情請參閱本書《易經》正文部分之相關注析。

注釋

〔一〕見李鏡池：《周易通義》（北京：中華書局，一九八一年）；高亨：《周易古經今注（重訂本）》（北京：中華書局，一九八九年）、《周易大傳今注》（濟南：齊魯書社，一九八八年）；周振甫：《周易譯注》（北京：中華書局，一九九一年）等。

〔二〕高亨：《周易古經今注（重訂本）》。

《易經》的倒裝句法

由於《易經》是韻文，所以常用詩歌句法，但詩歌句法與一般散文句法是有不同的（比如，詩句的詞序、語序可因應押韻或特殊表達效果的需要而隨意顛倒），[一]因此要正確理解文意，還須弄清句法特點，辨明句子的結構關係。否則容易誤解，誤譯。例如：

一、主謂倒裝

《乾》卦爻辭之「潛龍」、「見龍（在田）」、「飛龍（在天）」、「亢龍」、「見群龍」等，其實都是主謂倒裝句，應譯作：龍潛伏着；龍出現（在田野）；龍飛（到天上）；龍高飛遠舉；群龍一起出現，等等。但人們未明此理，所以各譯本多把「潛龍」譯為「潛伏的龍」；把「亢龍」譯為「亢進的龍」或「處在極高處的龍」；把「見群龍」譯為「看見許多龍」或「發現群龍」，等等。

《乾》卦爻辭的語序作此顛倒，主要是為了押韻：初爻「龍」、「用」（均東部）與二爻「龍」協韻；又五爻「龍」、上爻「龍」、用九爻「龍」協韻。周原甲骨刻辭有「龍見于莒」（H11:92）一句，【三】與《乾．九二》之「見龍在田」內容相仿，但由於句子獨用，不須協韻，所以沒有倒裝，正可作比較對照。

《詩經》作品也常用這種句法。例如：

1. 雝雝鳴雁，旭日始旦。（《北風．匏有苦葉》）

〔「鳴雁」，應為「雁鳴」，為與「旦」押韻而倒置。「呦呦鹿鳴」（《小雅．鹿鳴》）、「雞鳴喈喈」（《鄭風．風雨》）等便沒作這種倒置。〕

2. 七月流火，九月授衣。（《豳風．七月》）

〔「流火」，火星西流。為與「九月授衣」形成排偶句式而倒置。〕

二、賓語前置

在漢語中，「動詞＋賓語」是常見的句法形式，但在古代漢語中，賓語前置的情況也相當普遍，不過，那一般是有條件的，比如否定句中的代詞賓語或疑問句中的疑問代詞賓語便多前置（前置賓語加底線標示），例如：「我無爾詐，爾無我虞。」（《左傳・宣十五年》）「吾誰欺？欺天乎？」（《論語・子罕》）等等。如果是普通賓語前置，會加上助詞「維」（唯）以及由指代詞虛化而來的「之」、「是」等詞作形式標誌，例如：「豈無他人，維子之好。」（《詩・唐風・羔裘》）「將虢是滅，何愛於虞！」（《左傳・僖五年》）等等。而《易經》的賓語同樣有此情況，例如：

《坤》：「元亨，利牝馬之貞。」

〔利於占問雌馬的事。「牝馬」為賓語，用「之」作前置標誌。〕

但《易經》的普通賓語還有另一種情形，就是無條件直接前置者頗多。例如：

1.《小畜・上九》：「婦貞，厲。」

〔譯：「占問婦女的事，危險。」「婦」為賓語，直接置於動詞謂語「貞」之前。這句不能譯作「婦人占問」。而《恆・六五》：「貞婦人，吉。」便沒有前置。〕

2.《觀・六二》：「利女貞。」（《家人》卦辭同。）

〔譯：「利於占問女子的事。」「女」為動詞詞組「女貞」中的前置賓語。這句不能譯作「利於女子占問」。〕

3.《明夷・九三》：「不可疾貞。」

〔譯：「不可占問疾病。」即占問疾病則不吉。「疾」為前置賓語。而《豫・六五》：「貞疾，恆不死。」便沒有前置。〕

《易經》中類似的例子甚多，如「利艱貞」、「不利君子貞」、「幽人貞」、「安貞」、「居貞」、「永貞」、「旅貞」等等，都應作「賓語直接前置」的句子釋讀。

《詩經》也有這種句法。例如：

赫赫師尹，民具爾瞻。（《小雅・節南山》）

〔「民具爾瞻」，民眾都看着你。「爾」，你。「瞻」，視。〕

三、定語後置

定語，是放在名詞前面的修飾成分，所以「定語＋中心詞」是古今漢語的共同格式。但《易經》有的句子，定語卻跑到中心詞的後面。如：

1.《損・上九》：「弗損益之，无咎。貞，吉；利有攸往。得臣、无家。」

〔「得臣、无家」，即「得無家之臣」。定語後置。「臣」，奴僕的通稱。「家」，指家室。臣字入韻，故點斷。〕

以下兩例究應如何解讀，難倒了不少《易》學專家。但其實也是定語後置句，並無太大的特殊之處。

2.《旅・六二》：「旅即次，懷其資，得童僕貞。」

〔「得童僕貞」，即「獲得忠心的奴僕」。「童」，奴（《說文》）。「貞」，正（見《易・師・彖》），此指忠誠；作定語，修飾「童僕」。〕

3.《旅・九三》：「旅焚其次，喪其童僕（貞）。貞，厲。」

（前一貞字據楚簡《易》補，釋「正」。「喪其童僕貞」，即「失去他忠心的奴僕」，也是定語後置。後一貞字仍作「占問」解。）

《詩經》也有這種句法。如：

天命玄鳥，降而生商，宅殷土芒芒。（《商頌・玄鳥》）

（「芒芒」，廣大貌。為與「商」協韻而後置。《左傳・襄四年》：「芒芒禹跡，畫為九州。」便沒有倒置。）

注釋

〔一〕詳見周錫䪖：《中文寫作新視野——從實用寫作到文學創作》（香港：三聯書店（香港）有限公司，二〇〇七年），第三章「『詩歌句法』與文學創作」，四五—六五頁。

〔二〕載陳全方：《周原與周文化》（上海：上海人民出版社，一九八八年），一一四頁。

有關本書的若干說明

一、內容和方法

《易經》，即《周易》六十四卦卦形與卦爻辭，是草創於西周初（公元前十一世紀中），而著成於西周後期「共和」時代、具備百科全書體制的一本占筮書。它融貫古今資料，以當時新興的審美藝術形式（韻文），去反映和表達豐富的社會人生哲理、歷史經驗、政治觀念和生活智慧。由於時代久遠，索解為難，加以常用詩歌句法，故歷來歧見異說甚多。除《易經》的作者與寫定年代，各家各說，一直無法取得共識外，一些卦爻辭的斷句、解讀，也是眾說紛紜，莫衷一是，這些都大大妨礙了對《易經》與「易學」進行真正深入、科學的探索研究。有見及此，本人在論定《易經》作者與作年的基礎上，首次嘗試運用音韻、語法、義理、象數、考證、占筮多元結合的方式，並利用最新出土材料，對《周易》卦爻辭重新進行標點、釋義工作，糾正前人斷句、解讀之訛誤，希望藉此為《易經》的深入探索與現代應用提供較良好前提。

每卦分為原文和「譯」、「注」、「析」幾部分，有時兼舉「箋例」。務求言必有據，言之有物，貼近人生，關注現實。令讀者盡量按《易經》原貌去認識《易經》之餘，還可更有所得。

二、標點與韻讀

1. 古今各種《周易》讀本，斷句頗多訛誤，那原因，往往是因為未明其韻讀，故不依韻位而隨意點斷所致。由此亦影響到對文義的正確理解。本書的標點、釋義，除緊密結合用韻和句法情況外，還取得義理訓詁和象數分析的支持，有些並與箋例印證，因此相信較為合理、準確，可減少主觀隨意點斷所造成之誤讀、誤釋、誤譯。此為本書一大特點，敬希留意。若讀者發現有任何欠妥之處，歡迎賜教，以匡不逮。

2.《易經》韻位甚密，韻式多樣。筆者撰成之《易經韻讀》，與以往諸家均有不同，唯限於篇幅，未能納入本書，尚祈讀者見諒。但是，凡涉及斷句問題者，必以按語形式在注中扼要指出，以明依據。

3. 為便於討論，本書之上古音分部，按王力先生《詩經韻讀》所擬，並為徐中舒先生主編《漢語大字典》及唐作藩先生《上古音手冊》基本採用之古韻十一類三十部為據。表列如下：

	陰聲	入聲	陽聲
一	1. 之部 ə	2. 職部 ək	3. 蒸部 əng
二	4. 幽部 u	5. 覺部 uk	6. 冬部 ung
三	7. 宵部 ô	8. 藥部 ôk	
四	9. 侯部 o	10. 屋部 ok	11. 東部 ong
五	12. 魚部 a	13. 鐸部 ak	14. 陽部 ang
六	15. 支部 e	16. 錫部 ek	17. 耕部 eng
七	18. 脂部 ei	19. 質部 et	20. 真部 en
八	21. 微部 əi	22. 物部 ət	23. 文部 ən
九	24. 歌部 ai	25. 月部 at	26. 元部 an
十		27. 緝部 əp	28. 侵部 əm
十一		29. 盍部 ap	30. 談部 am

須要說明的是，有關擬音只是一家之言。誠如王力先生所說，古音擬測不可能完全反映上古的實際語音，但如果是合理的擬測，有可能反映上古的語音系統。【二】倘能如此，也已經不錯了。

《易經》協韻包括三種情形：第一，同部相協；第二，同類相協（陰陽入對轉），可稱通韻；第三，異類相協（主要元音相同，如陽 ang 與元 an；或元音相近而韻尾相同，如東 ong 與陽 ang；或元音相近，如之 ə 與幽 u 等），可稱合韻。由於上古用韻偏向比較寬鬆、隨意，所以《易經》中「合韻」的情況相當常見，與後世成熟的韻文（如唐詩宋詞等）有所不同。希讀者留意。

三、關於「筮例」

本書所附「筮例」，除個別引自古書（《左傳》）外，其餘均為近年的實占記錄，部分個案由李佩雯小姐及玄學專家陳宜頌女士提供，謹此深切致謝。至於「筮例」的分析，為筆者一得之見，附載書中，聊供參考，或可增加趣味。占斷之法，詳見《『神機妙算』說〈易〉占》中之有關說明。

四、占筮與「迷信」

有人認為，宗教便是迷信；《易經》主要為占筮之書，涉及對超自然力的信仰，所以也是迷信。

關於「宗教」的問題不擬在此深究，但有兩點可以肯定：第一，宗教依存於想象；第二，任何真誠的信仰，其最終目的都是為了安頓自己，濟助他人，達至和諧幸福、至善、完美的境界（儒稱「大同」，佛稱「極樂」，基督、天主教稱「天堂」，伊斯蘭教稱「天國」……），凡偏離或違背這一宗旨，以致戕生、害人者，便是「迷信」、「異端」，嚴重的可稱為「邪教」。所以，是否「迷信」，端視乎有無偏離或違背「完善自己，關愛他人，造福社會，和合世界」的理念或宗旨而定。《易》占的問題同樣如此。

五、「盡我努力，順其自然」

這是筆者的座右銘，希望能成為眾人的座右銘。因為人生意義與價值之實現，大抵不離於此。占筮預測，是以類似超驗的方式去順隨「天意」，體現「自然」，它提供的是某種趨勢或可能性，而能否成事，仍須看「人」的「努力」。所謂天時、地利、人和，三者缺一不可，因為「人」不僅與「天、地」息息相關，而且都同為構成「自然」總體之難以分割的一部分。宋人范成大詩云：「洪河萬里界中州，倒捲銀潢聒地流。列弩燔梁那可渡？向來天數亦人謀！」（《李固渡》）【三】他認為北宋淪亡是人為錯誤所致，而「天數」也即隱藏其中。這是充滿辯證的切中肯綮之言，至今仍有其啟發意義。相反，楚霸王項羽在烏江自刎前慨歎：「此天亡我，非戰之罪也！」說明他始終未悟天、人互動之理，最後的失敗當然也就無可避免了。

六、「變卦」和「改命」

於是，便會有「中途變卦」的情況發生。讀者試閱本書對世界杯足球賽西班牙隊奪冠前景的預測（見《家人》卦），當有所領悟。現代量子力學有著名的「測不準原理」，而《易》占之道也有「中途變卦」問題，可能都涉及更隱密（即暫時未能揭示）的深層原因。有待各位進一步去探求，尋索。

既然「卦」可以「變」，則「命」也能「改」，相信都有賴「人」的努力。

注釋

〔一〕王力：《詩經韻讀》（上海：上海古籍出版社，一九八〇年），四〇頁。

〔二〕見周錫䪖選注：《范成大詩選》（香港：三聯書店香港分店，一九八六年），六四頁。

釋《易》辭例

本書使用了詮釋《易經》的一些傳統術語，為便讀者，簡要說明如下：

一、關於卦

1. 經卦與別卦：三畫之卦稱為經卦，共八個，即乾☰、坤☷、震☳、巽☴、坎☵、離☲、艮☶、兌☱。六畫之卦稱為別卦，由八經卦兩兩重疊而成，共六十四個，本書特加書名號以作識別，如《乾》、《坤》、《屯》、《蒙》、《需》等等。

2. 陽卦與陰卦：奇數為陽，故爻畫為奇數之經卦稱陽卦，即乾、震、坎、艮四卦；其主爻為陽爻，其性剛。偶數為陰，故爻畫為偶數之經卦稱陰卦，共坤、巽、離、兌四卦；其主爻為陰爻，其性柔。

3. 內、外卦與下、上卦：每別卦中，在下之經卦稱內卦或下卦，在上之經卦稱外卦或上卦。先秦時代，內卦稱為貞，外卦稱為悔。

4. 反卦（古稱「錯卦」、「旁通」）：一別卦變為陰陽爻與之完全相反的另一卦。如《乾》䷀與《坤》䷁，《頤》䷚與《大過》䷛，《坎》䷜與《離》䷝，《中孚》䷼與《小過》䷽，便是反卦關係。

5. 倒卦（古稱「綜卦」、「覆卦」）：一別卦卦體迴轉一百八十度，六爻完全顛倒而成另一卦，稱「倒卦」。如《屯》䷂之倒卦為《蒙》䷃，《需》䷄之倒卦為《訟》䷅，《剝》䷖之倒卦為《復》䷗，等等（既反且倒者亦歸入「倒卦」範疇，如《泰》䷊與《否》䷋之類）。倒卦形成「反對之象」。在《易經》全部六十四卦中，除前述《乾》與《坤》等四對是以反卦關係相連外，其餘二十八對（五十六卦）皆以倒卦關係對對相連。此即孔穎達《周易正義》所說：「二二相耦，非覆即變。」覆，指倒卦；變，指反卦。

6. 本卦與之卦：在占筮活動中，如果出現變爻（又稱動爻），一卦便會變為另一卦。原來的卦體稱「本卦」，因爻變而形成的另一卦稱「之卦」（又稱「變卦」）。之，是去、往之意，這裏指卦爻的變化。如說「《小畜》䷈之《巽》䷸」，意思是《小畜》卦初爻變（由陽變陰），成《巽》卦。《小畜》是「本卦」，《巽》就是「之卦」。

7. 體：指卦體。如說「三居震體」或「三體震」，即指第三爻在震卦卦體（也就是震卦）中。

8. 互：指互卦，又稱互體。即每別卦中，由內、外卦之爻交互組成的新卦體。如二、三、四爻可組成一卦，三、四、五爻又可成一卦。此為先秦古法，故本書亦沿用。如析《屯·初九》云：「四體艮（三至五互艮）」，即指《屯》卦之三、四、五爻組成艮卦，而第四爻即在此卦體中。亦可簡稱「四體艮（三至五）」。

9. 卦象：指八經卦與六十四別卦所代表的事物、性狀，以及由卦與卦的關係衍生的意象。別卦由經卦重疊構成，故六十四卦卦象亦由八卦卦象構成。八卦與六十四卦所代表的事物、性狀，集中見於先秦《易傳》（尤其是《說卦》傳），故本書取象，即以《說卦》及其合理之引申為主，部分則根據其他《易傳》或卦形而來，亦有採自《左傳》、《國語》者。其餘漢人煩瑣蕪累之說，如伏象（覆象）、半象或強以爻變、卦變成象等等，一概「潛龍勿用」。

10. 十二消息卦：古人以《復》䷗、《臨》䷒、《泰》䷊、《大壯》䷡、《夬》䷪、《乾》䷀，《姤》䷫、《遯》䷠、《否》䷋、《觀》䷓、《剝》䷖、《坤》䷁等十二卦代表一年十二個月，此十二卦剛柔二爻的變化，體現陰陽二氣消長的過程；息為生長，消為散耗，故稱消息卦。前六卦為陽息陰消，表示陽氣從下往上逐漸增長，稱息卦；後六卦為陰息陽消，表示陰氣從下往上逐漸增長，稱消卦。

二、關於爻

1. 爻名、爻位、爻性：每卦初九、初六、九二、六二……上九、上六等等稱為爻名，或爻題。其中初、二、三、四、五、上標明六爻自下而上之位次，稱爻位。九、六標示爻性：九為老陽之數，代表陽爻，其性剛；六為老陰之數，代表陰爻，其性柔。

2. 陽位、陰位：初、三、五爻之位為陽位；二、四、上爻之位為陰位。

得位、失位：凡陽爻居陽位，或陰爻居陰位，稱得位，又稱當位、位當、位正、位正當、得正、得正位。凡陽爻居陰位，或陰爻居陽位，稱失位，又稱不當位、位不當、位不正、非其位、不正、失正、失其正。得位者有利，表示人之才能品德與其職務、地位、行事相稱；失位則反是。

3. 天位、地位、人位：《易傳》認為，六爻分為「天、地、人」「三才」，初、二爻象地，三、四爻象人，五、上爻象天。二爻屬陰位，故為「地位」；三爻屬陽位，故為「人位」，五爻屬陽位，故為「天位」。天位又是君位、尊位；地位又是臣位。

4. 上位、中位、下位；同位：初爻為下卦下位，二爻為下卦中位，三爻為下卦上位；四爻為上卦下位，五爻為上卦中位，上爻為上卦上位。故初、四爻，二、五爻，三、上爻，稱同位。

5. 得中與不中：在中位者稱中、得中、居中或處中。若陽爻居中位，稱剛得中；陰爻居中位，稱柔得中。不居中位者，稱不中。得中有利，表示能行正中之道；不中反是。這裏反映出古人「尚中」、貴中和的思想。

6. 中正與不中不正：陰爻居下卦中位（六二），或陽爻居上卦中位（九五），為得位得中，又稱居中得正，簡稱中正。陰爻居陽位又不在中位（如六三），或陽爻居陰位又不在中位（如九四），稱不中不正，或不中正。中正者有利；不中正者一般不利。

7. 承、乘、比、應、據：

承：一爻在他爻之下（多指陰爻居陽爻下），則此爻對在上之爻稱「承」。

乘、據：一爻在他爻之上，則此爻對在下之爻稱「乘」，或稱「據」。（陰爻居陽爻上多稱乘，陽爻居陰爻上多稱據。）

比：相鄰之爻有親密的協同、輔助關係，稱「比」。成「比」者多為陰、陽爻，如《履・九二》，上比於六三；《大有・上九》，下比於六五；等等。

應：指爻與爻間互相呼應（感應）的密切關係。相「應」者例屬同位之爻（稱應爻，如初、四爻，二、五爻，或三、上爻），一般為一陰一陽，亦偶有例外（見《中孚・九二》）。兩爻若互應，稱為相應、得應、有應或正應（當位而應）；反之，則稱為不應、失應、無應或敵應。得應有利，失應多不利。如《小畜・九三》，失應於上九，即三、上敵應，故產生負面結果。又若敵應而強行相應，亦產生負面效果，如《井・九二》、《姤・九五》等等。

以柔從剛：指陰爻在陽爻下；又稱承陽。為吉利之象，例如《蒙・初六》。

以柔乘剛：指陰爻居陽爻上。所為不順，為不利之象，例如《蒙・六三》。

8. 爻象：由爻性（陰陽、剛柔）與爻數（爻的位次）所制約而體現的事物之一定的性狀、意象，以及由爻與爻、爻與卦間的關係所衍生的意象。由於爻性本身亦由成卦時蓍草的數目決定（七、九為陽爻，八、六為陰爻），所以象、數實密不可分。

9. 變爻（又稱「動爻」）與不變爻（又稱「靜爻」）：以蓍草佈卦或擲錢成卦時，若所得數為七，稱少陽，所得數為九，稱老陽；所得數為八，稱少陰，所得數為六，稱老陰。老陽、老陰都是可變爻（即動爻），少陽、少陰都是不變爻（即靜爻）。

三、關於象數分析

根據卦象、卦位與爻象、爻數（位）而作出的推斷及分析，稱為象數分析。

引書簡稱

文中引書多用簡稱，為方便讀者覆核，查檢，茲列出相應的全稱如下：

楚簡《易》：戰國楚竹書《周易》（上海博物館藏，馬承源主編，濮茅左釋文）。

漢帛《易》：湖南省長沙馬王堆漢墓帛書本《周易》（一九七三年出土，馬王堆漢墓帛書整理小組釋文）。

帛《易傳》：長沙馬王堆漢墓帛書本《易傳》，包括《繫辭》、《二三子》、《易之義》、《要》、《繆和》、《昭力》等篇（陳松長、廖明春釋文）。

漢簡《易》：安徽省阜陽縣雙古堆漢墓《周易》殘簡（一九七七年出土）。

漢石經：漢熹平石經《周易》殘字。

唐寫本：敦煌唐人寫本《周易》殘卷（伯二五三〇、二五三二、二六一九、三六八三，斯六一六二）。

秦簡《歸藏》：湖北省江陵縣王家台秦墓竹簡《歸藏》（一九九三年出土）。

《易傳》：又稱十翼，包括《彖》（上、下）、《象》（上、下）、《文言》、《繫辭》（上、下）、《說卦》、《序卦》、《雜卦》等最早一批解《易》注《易》之作。一般認為撰於春秋至戰國時。

《釋文》：唐．陸德明《經典釋文》，內引子夏《易傳》、荀爽《九家集注》及薛虞、京房、馬融、鄭玄、荀爽、劉表、陸績、姚信、王肅、干寶、蜀才等由秦漢至唐諸家之傳、注。

《集解》：唐・李鼎祚《周易集解》，內引子夏《易傳》，《九家易》及馬融、鄭玄、荀爽、宋衷、虞翻、陸績、王弼、何晏、向秀、干寶、劉瓛、伏曼容、姚規、崔憬、侯果各家傳、注。

《正義》：唐・孔穎達《周易正義》，三國魏・王弼注，孔穎達正義。其中《繫辭》、《說卦》、《序卦》、《雜卦》為晉・韓康伯注。

《程傳》：宋・程頤《周易程氏傳》。

《本義》：宋・朱熹《周易本義》。

《經解》：清・朱駿聲《六十四卦經解》。

《尚氏學》：尚秉和《周易尚氏學》，有于省吾序。

《故事》：顧頡剛《周易卦爻辭中的故事》。

《新證》：于省吾《易經新證》。

《類纂》：聞一多《周易義證類纂》。

《雜識》：聞一多《璞堂雜識》。

《今注》：高亨《周易古經今注》、《周易大傳今注》。

《通義》：李鏡池《周易通義》。

《初稿》：屈萬里《周易集釋初稿》。
《溯源》：李學勤《周易經傳溯源》。
《易經新論》：周錫䪖《易經新論》。
《說文》：漢·許慎《說文解字》，清·段玉裁注。
《釋名》：漢·劉熙《釋名》。
《定聲》：清·朱駿聲《說文通訓定聲》。
《注箋》：清·徐灝《說文解字注箋》。
《疏證》：清·王念孫《廣雅疏證》。
《述聞》：清·王引之《經義述聞》。
《釋詞》：王引之《經傳釋詞》。
《平議》：清·俞樾《群經平議》。
《通釋》：清·馬瑞辰《毛詩傳箋通釋》。
《釋林》：于省吾《甲骨文字釋林》。
周原甲骨：陳全方《周原與周文化》。
《紀年》：方詩銘、王修齡《古本竹書紀年輯證》（修訂本）。

《管錐篇》：錢鍾書《管錐篇》。

《西周史》：楊寬《西周史》。

《西周史略》：【日】白川靜《西周史略》。

III 正文

一　乾

乾下乾上

乾：元亨，利貞。

【譯】《乾》卦：極其順利，利於占問。

【注】元：甲骨文作[illegible]，本義為首（人的頭部），引申指大（《廣韻》）、極大、最大。　亨：通（《集解》引子夏）。指通達、暢順。此字在《易經》中除三次（《大有·九三》、《隨·上六》、《升·六四》）外，均釋為通。　利：吉（《廣韻》）；此指有利於、適宜於做某事。　貞：卜問（《說文》），占問。甲骨文多見。此字在《易經》中除兩次（《旅·六二》、《旅·九三》）外，意義均同。

【析】〔卦名〕《乾》，代表「天」，因有周流不息的特性，故卦義為剛健（《彖》、《象》、《文言》、《序卦》、

《雜卦》）。漢帛《易》卦名作「鍵」，是「乾」的借字，上古音同韻部（元部）、聲母（群紐），故可相通。（詳參拙著《易經新論·說〈乾〉〈坤〉》。）全卦六爻皆陽，呈純陽至健之象。在「十二消息卦」中，為代表四月初夏、陽氣極盛之卦。

〔卦辭〕卦體上乾下乾，乾的卦象為天（《說卦》），而「天行健」（《象》），天道剛健，不停運轉，君子若能效法天道，自強不息，必大通順而無往不利，故曰「元亨，利貞」。

初九：潛龍，勿用。

【譯】（自下而上）第一位，陽爻：龍潛伏着，不要行動。

【注】初九：爻名，或稱爻題。初，指爻之位次，《易經》以初、二、三、四、五、上標明六爻自下而上之位次。九，標示爻性；九為老陽之數，代表陽爻，六為老陰之數，代表陰爻。以下同。　潛龍：即「龍潛」；主謂倒裝，甲骨文多這種句法。潛，謂伏藏於水中；漢帛《易》作「浸」，帛《易傳》作「寖」，音近字通，義亦相類。帛《易傳·二三子》：「孔子曰：龍寖矣而不陽，時至矣而不出，可謂寖矣。……故曰『寖龍勿用』。」　龍：傳說中的神異動物，有鱗爪，能興雲作雨，伸縮變化，「春分而登天，秋分而潛淵」（《說文》）；在這裏代表陽性事物，「喻陽氣及聖人」（《釋文》）。在中國，對龍作為神物的信仰起源甚早，至少可上溯至新石器時代，一九八七年發現的「華夏第一龍」——河南濮陽西水坡遺址出土的六千年前的三組蚌

塑龍虎圖，是有力的物證。　勿用：不要動，不可施為。用，《說文》：「可施行也。」王應麟《困學紀聞》：「凡《易》見於有為者皆言『用』。」　按，龍、用（均東部）協韻，並與其他各爻龍字協韻，故如此標點。

【析】初九為陽爻，故稱「龍」；爻位在下，故稱「潛」。此爻以陽剛居陽位，位正當，表示人之才德與地位相稱。爻辭說，聖人君子暫宜隱伏待時，不可輕舉妄動，故云「勿用」。《正義》：「聖人雖有龍行，於此時唯宜潛藏，勿可施用。」若占得此爻，宜韜光養晦，靜候時機，採取「遁世無悶」的策略和處事態度，而不可急於表現自己，或試圖有所行動。

九二：見龍、在田。利見大人。

【譯】第二位，陽爻：龍出現在田野。利於見貴人。（或利於貴人出現。）

【注】九二：爻名。九，代表陽爻；二，標明爻（自下而上）的位次。　見龍在田：即「龍見于田」，也是倒裝句法。見（xiàn現），通「現」，顯露，出現。在，同「于（於）」，介詞。周原甲骨：「龍見于莒（？）」（H11:92）　大人：有身份、地位的人，原指周天子，後泛指王侯、貴族；與「小人」相對而稱。　按，龍字入韻；又田、人（均真部）協韻。

【析】據《易傳》，六爻分為「天、地、人」「三才」，初、二爻象地，二爻屬「地」位，故稱「田」。此爻以陽居陰位，位不當，但處下卦之中位，所謂「剛得中」，表示有剛健之德，又能行中道，並且已離開初爻幽隱之地，由潛而顯，可以廣泛施惠於人，所以有「見龍在田」之象，為「利見大人」之佳兆。若占得此爻，意味或將得見「大人」，獲得好處；或自己會嶄露頭角成為「大人」，而為眾人所「見」。

九三：君子，終日乾乾，夕、愓若，厲，无咎。

【譯】 第三位，陽爻：君子整天孜孜不倦地努力上進，晚上也保持警覺，勤於自省，則縱遇危險，也沒有禍患。

【注】 君子：在西周晚期，可指王侯、公卿、大夫、士。 乾乾：孜孜不倦的樣子。《呂氏春秋．士容》「乾乾乎取捨不悅」高誘注：「乾乾，進不倦也。」 愓若：即愓然，保持警覺的樣子。愓，懼（《釋文》引鄭），怵愓（《集解》引王），言因憂懼而警戒；若，形容詞詞尾。 厲：危險。《文言》：「『君子，終日乾，夕，愓若，厲，无咎。』何謂也？子曰：『……故乾乾因其時而愓，雖危，无咎矣。』」在《易經》中，「厲」字共出現二十七次，意義相同。 无：無。《易經》有無之「無」均作「无」。楚簡《易》作「亡」，義同。 咎（jiù 救）：災（《說文》），病（《爾雅．釋詁》），禍殃；或過失，罪過（《廣韻》：「咎，愆也」）。如作動詞，則指追究過失，責備。全《易經》「咎」字共出現九十八次，意義不離於此。 按，乾（元部 an）、夕、若（均鐸部 ak）、厲（月部 at）協韻：元月通韻（陽入對轉）；鐸月合韻；又子（之部 ə）、咎（幽部 u）與四爻咎合韻，故如此標點。

【析】爻意說，有抱負、有作為的人無論何時，都應奮勵振作，勇猛精進，毫不懈怠，同時又提高警覺，保持清醒頭腦，經常策勵自己，尋找不足。朝乾是拚搏，奮進；夕惕是自警，自省。兩者結合，便可保持旺盛的勇氣、朝氣，臨危不亂，處變不驚，無往而不利。曾子云：「吾日三省吾身。」便是「夕惕」的表現之一。《升》卦上六爻：「冥升。利于不息之貞。」也有類似的含義，強調的都是「不息」，而不是「按時作息」，與「天行健，君子自強不息」的卦義正相呼應。

六爻分「天、地、人」「三才」，第三爻屬「人」位，故稱「君子」。此爻以陽居陽，位當，但處下卦之端，乃「多凶」之危地（《繫辭・下》：「三多凶，五多功」），幸得體性剛健，有「朝乾、夕惕」之美德，故仍可保「无咎」。

九四：或躍在淵，无咎。

【譯】第四位，陽爻：龍有時從深水躍出，沒有禍患。

【注】或：有的，可指人或其他事物；不定代詞。《詩・小雅・鶴鳴》：「魚在于渚，或潛在淵。」　在：同「于（於）」。　淵：深湖、深潭。

【析】初爻龍潛伏在淵中，二爻露出地面，到此時則向上騰躍，爭取更大的發展空間。四爻處上卦之始而不在中，立足未穩，乃「多懼」之地（《繫辭・下》：「二多譽，四多懼」）；而九四以陽居陰，位不當，是謂「不中不正」，意味進退未定，處於待變時刻：因而有「或躍在淵」之象。若占得此爻，宜取靈活因應的策略處事，可進則進，但不可勉強求進，若能「與時進退」，則可保「无咎」。

九五：飛龍、在天。利見大人。

【譯】第五位，陽爻：龍飛到天上。利於見貴人。

【注】飛龍在天：即「龍飛于天」，句式本與「龍戰于野」（《坤・上六》）同，但主謂倒裝。在，同「于」。　大人：注見二爻。按，龍字入韻；又天、人與四爻淵（均真部）協韻。

【析】九五以陽居陽位，又是上卦中位，全卦之「天位」、「君位」，以剛健中正而履尊位，如以聖人之德，居聖人之位，必可大有一番作為，並會像「雲從龍，風從虎」般，獲得眾人的信賴、擁戴。故呈「飛龍在天」之象，有「利見大人」之兆。若占得此爻，意味將飛黃騰達，並且大得人心，可以盡展生平抱負。

上九：亢龍，有悔。

【譯】最上位，陽爻：龍高飛遠舉，有悔恨、煩惱。

【注】亢（kàng 抗）龍：即「龍亢」，主謂倒裝，與初、二、五爻句法同。亢，義為高舉（《說文》段注），這裏作「高飛」解，意指飛至極高之處；為動詞。《文言》：「亢之為言也，知進而不知退，知存而不知亡，

知得而不知喪。」漢帛《易》作「抗」，義同。悔：悔恨（《說文》），懊惱。《繫辭．上》：「悔吝者，憂虞之象也。……言乎其小疵也。」全《易經》「悔」字共出現三十三次，意義相同。

【析】上九已過中，居卦之極，窮高易危，物極必反，加以陽居陰位，位不當，故呈「亢龍」之象，而顯「有悔」之兆。《象》云：「『亢龍，有悔。』盈不可久也。」《文言》：「窮之災也。」（窮，盡，走到極端。）皆此意。

若占得此爻，意味若缺乏相應的才德而居高位，又自以為是，未能任賢，脫離民眾，無人相幫，定會動輒得咎而陷於困境，生出無窮的懊悔。《文言》說：「上九曰：『亢龍，有悔。』何謂也？子曰：『貴而无位，高而无民，賢人在下位而无輔，是以動而有悔也。』」《二三子》：「孔子曰：『此言為上而驕下，驕下而不殆者，未之有也。』」便道出這種境況。

用九：見群龍，无首，吉。

【譯】統合眾陽爻的作用：群龍一起出現，沒有為首的。吉利。

【注】用九：《乾》卦特有之爻名。前人認為「總六爻純九之義，故曰『用九』」（《集解》引劉）。漢帛《易》作「迵九」。迵（dòng 洞）與用，皆東部字，高亨云：「用當讀為迵。迵，通也。……用九猶通九，謂六爻皆九也。」（《今注》）或謂「『用九』乃通述乾卦六陽之義」（黃沛榮《易學乾坤》）。按，《說文》云：

「迵，……從辵，同聲。」此處迵當讀為「同」，同亦有通義，但更有聚合、統括之義（《說文》：「同，合會也。」《同人》卦中之「同」，即用其意），所以「同九」的意思，主要應不在指六爻皆九，也不是通述《乾》卦六陽之義，而是表明，此爻乃統合全卦六陽爻的作用。因為依照傳統筮法，筮得《乾》卦，若六爻皆七，則六爻不變，而以卦辭占斷，若六爻皆九，則六爻俱變（稱為《乾》之《坤》。之，往，此指卦、爻之變），而以用九爻辭占斷，可見，本爻乃總諸老陽（九為老陽）之用，而非通述其義，故爻名「同九」。見群龍：即「群龍見」，主謂倒裝。見，通「現」。无首：沒有領頭的。首，首領。按，龍字入韻；又首（幽部 u）與上爻悔（之部 ə）合韻，故如此標點。

【析】六爻皆陽，故稱「群龍」。「无首」，是指諸爻在這裏都起同樣作用，並無主次之分。既各展其能，又同心協力，故「吉」。帛《易傳·易之義》：「易曰：『見群龍无首。』子曰：『讓善之謂也，君子群居莫亂首，善而治，何其和也。』」即闡發其意。按，本爻實際是以象喻手法，反映西周厲王被逐後，「共和」時期統治體制的特色，並對政局發展致以良好祝願。（請閱本書前文《〈周易〉成書於「共和」時代》）

按，全卦各爻由龍潛伏水中，到露出地面，到躍起半空，到飛到天上，再飛到極高處，順次取象，層次井然。

又，本卦除詠「天」之外，還以龍為象喻，描述了到作者時代為止的姬周王朝之整個興起、壯大、發展變化歷程：「潛龍」、「見龍」、「躍龍」、「飛龍」，從積蓄力量，潛忍待時，繼而漸露頭角，伺機發展，終於滅商立國，得以大展鴻圖，揚眉吐氣（以上相當於由早周至文、武、成、康階段）；之後盛極而衰，便漸走下坡，到厲王更因貪殘暴虐徹底走向反面，激起國人暴動，君主逃亡，姬周政權危在旦夕，眼看不保；終於「亢龍有悔」，要緊急調動統治集團全體之力挽救危亡（爻名「用九」即此意），建立「群龍无首」的「共和」體制，以穩定局勢，待度過危機，再重謀發展。而《乾》卦所以在六爻以外要特別增加「用九」一爻，原因正在於此。（《坤》卦之「用六」爻則由於對應關係，隨《乾．用九》之增而增。）

二 坤

坤下坤上

坤：元亨，利牝馬之貞。君子、有攸往，先迷，後得：主利。西南、得朋，東北、喪朋。安貞，吉。

【譯】《坤》卦：極其順利，利於占問雌馬的事。君子有所往，起先迷路，後來找到路：預示將獲利。往西南方能賺到錢，東北方會破財。占問是否平安，吉利。

【注】元：為首的，最大的。　亨：通。　牝（pìn聘）馬：雌馬。　貞：占問。　攸（yōu優）：所；助詞。　迷：失道（《彖》）。《韓非子．解老》：「凡失其所欲之路而妄行者之謂迷。」　主：本義為燈中火炷（《說文》），即燈火，燈火可照明，故引申為預示。　得：獲（《玉篇》）。　朋：古代貨幣單位，五貝為一

朋（《廣韻》），或云五貝為一系，兩系為一朋（王國維《說玨朋》）。《損·六五》：「或益之十朋之龜。」一說，朋，謂朋友。　喪：失（《釋文》引馬）；漢帛《易》作「亡」。　安貞：占問安否。《訟·九四》：「安貞，吉。」義同。　按，卦辭亨、貞、子、往、迷、得、利、南、朋、北、朋、貞、吉等字皆分別入韻：亨（陽部 ang）、貞（耕部 eng）、往（陽部）合韻。又子（之部 ə）、得（職部 ək）、南（侵部 əm）、朋（蒸部 əng）、北（職部）、朋（蒸部）協韻：之、蒸、職通韻（陰陽入對轉）；侵蒸合韻。又迷（脂部 ei）、利（質部 et）、吉（質部）與初爻至（質部）等通韻（陰入對轉）。故如此標點。

【析】〔卦名〕《坤》，原作《川》（見漢帛《易》，漢碑則作「巛」或稍變形，實皆為川字）。川，甲骨文作巛，「象有畔岸而水在中」（羅振玉《增訂殷虛書契考釋》），即江河「穿地而流」（《釋名·釋水》）之義，故代表地（包括原野、河川）。而水與陸，都有柔和、平順的特徵，故卦義為柔順。後寫作「坤」（川、坤，同屬上古音文部韻）。《坤》卦卦體由兩坤重疊而成，坤為地（《說卦》），地體不動，故至靜；六爻純陰，故至柔至順。在「十二消息卦」中，為代表十月初冬、陰氣極盛之卦。全卦各爻辭以簡潔妙麗之筆，描述了川原大地一年四季的不同景色和意象，是一闋「地母之歌」。

〔卦辭〕《坤》為地，地與天配合，順天而行，厚德載物，萬物賴之而生，故大通順。馬馳騁於地，雌馬與地同為陰性之物，故「利牝馬之貞」；此謂乘坐或販運雌馬，將會有利。《坤》性陰柔，不宜急進，須後發制人，故有「先迷，後得」之象。武王伐紂前，周邦處西，殷商在東，而周之西南面又多友好方國，故往「西南」可「得朋」而獲利；如往相反之「東北」方，便會「喪朋」失利（參《通義》）。《蹇》卦：「利西南，不利東北。」《解》卦：「利西南。」皆同此意。又，《坤》為地，其道至靜，故「安貞」則「吉」。

初六：履霜，堅冰，至。

【譯】（自下而上）第一位，陰爻：踩着霜，〔意味〕堅厚的冰層快出現。

【注】初六：爻名，或稱爻題。初，指爻之位次；六，標示爻性，六為老陰之數，代表陰爻。　履：踩踏。　按，霜與二爻方、三爻章（均陽部）等協韻；又冰（蒸部）與卦辭朋（蒸部）、二爻直（職部）等通韻（陽入對轉）；又至與卦辭吉、二爻利（均質部）等協韻，故如此標點。

【析】霜降，表明陰氣始凝，是深秋之象；結冰，是冬天之象。由履霜而知堅冰將至，是因為自然的變化發展規律如此。這亦說明，事物總有積漸而成的過程。《文言》謂：「積善之家，必有餘慶，積不善之家，必有餘殃。臣弒其君，子弒其父，非一朝一夕之故，其所由來者漸矣，……《易》曰：『履霜，堅冰至。』蓋言順（必然次序）也。」便是說明這一道理。

初爻在下，有「履」象；六爻分為「天、地、人」「三才」，初、二爻為地，陰氣始生地中，而成「霜」：故初六有「履霜」之象。若占得此爻，須有前瞻的眼光，善於察覺萌芽狀態的事象，做到見微知著，才可以防微杜漸，見幾而作。

六二：直、方、大，不習，无不利。

【譯】第二位，陰爻：（大地）平直、方正、廣大，就算未加熟習，也無所不利。

【注】直、方、大：地之「三德」（《正義》），即地之形質特點。按，《象》傳釋經文不及「大」字，或以為衍文（《雜識》、《今注》），但《文言》及漢帛《易》、帛《易傳》、漢簡《易》均有此字，且直、方、大分別入韻，故應存此字。　習：修習（《正義》），通曉。又，或讀為「慴」，懼也（《說文》）；意謂能如大地般具直、方、大之德即能無所畏懼。《孟子・公孫丑上》：「吾嘗聞大勇於夫子矣：自反而不縮（直，正義），雖褐寬博，吾不惴焉；自反而縮（直，正義），雖千萬人，吾往矣！」《二三子》引孔子曰：「尊威精白堅強，行之不可撓也，『不習』近之矣。」正闡明此意。這便是「夫子之言『大勇』」。　按，直（職部 ək）、習（緝部 əp）合韻；方與初爻霜、三爻章（均陽部）等協韻；又大（月部 at）、利（質部 et）合韻，故如此標點。

【析】「直、方、大」為地之德性。春天雪化冰消後，大地之形相特點便充分顯露出來。

二爻屬「地」位，以陰柔居陰位，且為下卦之中位，所謂居中得正，故充分顯示地之特性，而呈「无不利」之佳兆。若占得此爻，意味人如能效法大地「直、方、大」之德性，心存正直，行事端方，胸懷寬廣，則縱使暫時不熟悉環境或事務，亦可無往而不利。

六三：含章。可貞。或從，王事，无成，有終。

【譯】第三位，陰爻：蘊含文彩。適宜占問。有時從事王家事務，個人雖沒有甚麼成就，但事情有好結果。

【注】章：彩（《玉篇》）。　貞：占問。　或：有的，可指人或其他事物；不定代詞。　王事：王家之事、朝廷之事，如征戰、行役、出使等。　成：就（《說文》）；此指成就、成績。　終：止，完成。《易經》一般用「有終」指獲得圓滿之結局。　按，章（陽部）、從（東部 ong）合韻，並與二爻方、四爻囊（均陽部）等協韻；又貞、成（均耕部）協韻；事（之部 ə）、終（侵部 əm）合韻，故如此標點。

【析】坤為文（見《說卦》），故「含章」。這是描繪夏秋間萬物繁生、大地色彩斑斕的景象。

六三屬「人」位，故言人事；為陰爻，故言臣僕之事。此爻以陰居陽，位不當，所以「无成」。但坤性柔順而又蘊含文彩，故爻意又表明，在這個生氣蓬勃的季節，只須順時而行，把握機會，個人即使未能建立功業，但總體事務也會有所成。（比如一場球賽，自己雖沒有進球，但隊友進球，球隊打贏了，便是「无成，有終」。）

六四：括囊。无咎，无譽。

【譯】第四位，陰爻：結紮好袋口。沒有禍患，也沒有聲譽。

【注】括：結（《集解》引虞），關閉（《方言》）。囊：袋子。《詩・大雅・公劉》：「乃裹餱糧，于橐于囊。」咎：禍殃。譽：好名聲。《玉篇》：「譽，聲美也。」

【析】「括囊」是一幅秋收圖景：人們把從田野收穫的糧食裝進囊橐，捆紮起來。爻意又用固結囊口比喻閉關自守，自求多福——例如對外界緘默不語（以免禍從口出），或索性充耳不聞之類。那樣保護自己固然不易惹禍上身，但也不會受人稱讚，所謂不求有功，但求無過，是一種謹小慎微的處世態度。而孔子則把「封口」的要求集中指向「小人」。《二三子》：「孔子曰：此言箴小人之口也。小人多言多過，多事多患，……而不可以言，箴之，其猶『聒（括）囊』也。莫出莫入，故曰『无咎无譽』。」（按，原釋文標點稍有誤，此已更正。）箴（zhēn 針），謂縫合，禁閉。

坤為閉藏（《說卦》），為囊（《釋文》引九家），故有「括囊」之象。六四以陰居陰得位，但在上卦之始，而不在中，處可進可退的「多懼」之地，故僅得「无咎，无譽」。

六五：黃裳。元吉。

【譯】第五位，陰爻：黃色裙裳。極其吉利。

【注】黃裳：黃色下裳，為鮮麗、吉祥之服。古人以青、白、赤、黑、黃表東、西、南、北、中五方之色，黃為「地之色」（《說文》），又為「中之色」（《左傳・昭十二年》），即中央大地的顏色。漢帛《易》

裳作「常」，高亨云：常，大旗也，帝王所建（《今注》）。　元：極大，最大。　按，裳（陽部）與四爻囊（陽部）、譽（魚部），上爻野（魚部）、黃（陽部）等通韻（陰陽對轉）。

【析】本爻以「黃裳」喻指秋收後田野坦露的大片空蕩蕩的「黃土地」。又，《禮記・月令》載土神之祭：「其神后土。……其祠中霤，祭先心。天子居大廟大室，乘大路，駕黃騮，載黃旂，衣黃衣，服黃玉，食稷與牛。」爻意亦應與周天子這項隆重祭禮及其所用的服色、儀仗有關。

坤為布（《說卦》，以後凡見於《說卦》之象，一般不復注明），故為裳；黃為「中之色」，六五居上卦中位：故有「黃裳」之象。此爻中正柔順而處尊位，猶內裏穿着黃色吉祥之美服，而其文彩仍通達表見於外，所謂「黃中通理（理，文理）」（《文言》），是極吉之兆。因黃為「中之色」、「地之色」，故《易經》上、下卦之中爻（尤其陰爻）常見「黃」字。如《噬嗑・六五》之「黃金」等等。

按，若占得本爻，必須有「黃裳」內美之德，始能應「元吉」之兆；否則未必為吉。（見下〔筮例〕。）

上六：龍戰、于野，其血玄黃。

【譯】最上位，陰爻：天龍與地母交合，祂們的血色黑黃相混。

【注】戰：讀為「接」（見帛《易傳・二三子》及《說文・壬》）；此指兩性交合。　野：郊外（《說文》）；此泛指大地。　玄黃：天地混雜之色，「天玄而地黃」（《文言》）；玄，赤黑色（見《說文》）。一說，玄黃

讀為「泫潢」，血流多之貌（《今注》）。按，戰（元部an）、野（魚部）、黃（陽部）合韻，故這樣標點。

【析】雨過天晴，彩虹垂地，一派絢爛景象。在古人心目中，虹便是「龍」，代表天之陽氣；彩虹接地，意味天地交合。而「玄黃」之「血」，正指絢麗的虹彩與雲霓。甲骨文早有「虹飲于河」的記錄。《楚辭·天問》王逸注：「蜺，雲之有色似龍者也。」（蜺是虹的一種。）已直接把虹比喻為「龍」。《詩·鄘風·蝃蝀》：「蝃蝀在東，莫之敢指。」朱熹注：「蝃蝀，虹也。……蓋天地之淫氣也。」又《釋名·釋天》：「虹，攻也，純陽攻陰氣也。」皆可助理解本爻。

坤為地，上爻居外卦，有「野」象。《坤》為純陰之卦，至上六，窮陰極寒，急需陽氣灌注，於是便有「天龍接地」（彩虹垂野），天地交合，復生萬物之象，給厭厭無望的世界注入一支強心針。這正是「物極必反，窮則生變」此一哲理的形象說明。

用六：利永貞。

【譯】統合眾陰爻的作用：利於占問長遠前景。

【注】用六：《坤》卦特有之爻名。漢帛《易》作「迵六」。迵（dòng洞）與用，皆東部字，高亨云：「用當讀為迵。迵，通也。……用六猶通六，謂六爻皆六也。」（《今注》）按，《說文》云：「迵，……從辵，同聲。」此處迵當讀為「同」，同亦有通義，但更有聚合、統括之義，所以「同六」的意思，主要應不在指六

爻皆六，也不是通述《坤》卦六陰之義，而是表明，此爻乃統合全卦六陰爻的作用（參《乾．用九》）。因為依照傳統筮法，筮得《坤》卦，若六爻皆八，則六爻不變，而以卦辭占斷，若六爻皆六，則六爻俱變（稱為《坤》之《乾》。之，往，此指卦、爻之變），而以用六爻辭占斷，可見，本爻乃總諸老陰（六為老陰）之用，故爻名「同六」。 永：長（《說文》），久遠。 貞：占問。

【析】六爻俱陰，其勢旺盛，但盛極必衰，柔不能久，終變而為陽剛，故「利永貞」；就是說，其「利」在長遠之能變。《象》辭云：「用六『永貞』，以大終也。」陽為「大」，正闡明此意。帛《易傳．易之義》：「子曰：不柔則不靜，不靜則不安，久靜不動則沈，此柔之失也。」欲挽其失，必以陽剛濟之，故「十二消息卦」中，六爻全陰的《坤》䷁卦之後便接以「一陽初復」的《復》䷗卦，就是說明只有剛柔互補、動靜相生，方是保障大自然存續發展、生生不息之正道。

按，由全卦的爻辭看，作者顯然是有意識地按時間、季節順序，從秋、冬到春、夏，再周而復始，對大地風光作簡潔、生動的描繪，反映了早期農業社會的特色。可以說，《坤》卦無疑是一闋鏗鏘可誦的「地母」之歌。

〔筮例〕

春秋末期，「陪臣交叛」是魯國政局一大特色。魯昭公十二年（公元前五三〇年），魯國季平子執政，其家臣南蒯因私怨，圖謀叛亂，投靠齊國。將叛時，為防萬一，遂占一卦以定吉凶，結果筮得「《坤》䷁之《比》䷇」，即《坤》卦六五爻變，所以用該爻占斷，其辭曰：「黃裳。元吉。」南蒯以為大吉，喜不自勝，便拿去問子服惠伯：「即欲有事，何如？」子服惠伯答道：「忠信之事則可，不然必敗。……黃，中之色也；裳，下之飾也；元，善之長也。中不忠（內心不忠），不得其色；下不共（為下不恭），不得其飾；事不善，不得其極（不合乎中正的準則）」。何況《易》，不可以占險惡之事，忠、恭、善三美俱備，則「吉」可如筮；如忠、恭、善三者有缺，「筮雖吉，未也」。後南蒯果然失敗。（見《左傳．昭十二年》。）

由此可見，《坤．六五》的爻辭要連成整體去理解。也就是說，其「元吉」之貞兆是有條件的，不是無條件的。

三　屯

震下坎上

屯：元亨，利貞。勿用有攸往。利建侯。

【譯】《屯》卦：極其順利，利於占問。不要有所往。利於封立諸侯。

【注】元：極大，最大。　亨：通。　貞：占問。　用：要；助動詞。　攸：所；助詞。　往：《易經》此字多見，均為前往或外出之義。　建侯：冊封諸侯。《左傳．昭二十六年》：「昔武王克殷，成王靖四方，康王息民，並建母弟以蕃屏周。」《詩．魯頌．閟宮》：「乃命魯公，俾侯于東，錫之山川，土田附庸。」西周成、康之世是大封諸侯的時代。

【析】〔卦名〕《屯（zhūn 諄）》，有阻滯、困難之義（《彖》）；屯字甲骨文作[illegible]，金文作[illegible]，正象草木初生艱難之狀。又有積聚、滿盈之義（《象》、《序卦》），讀為 tún。卦體下震上坎，震為雷，坎為雲為雨，雲雷屯聚，充塞於宇宙間，雷雨交加，形成險難之象，似陰陽二氣初交、艱難孕育萬物的情景，故卦名為《屯》。此卦主要反映始創之艱，成就之難，並以求偶、求子與打獵等為喻，說明面對困難應採取的態度和方法。

〔卦辭〕《說卦》云：「雷以動之，雨以潤之。」春夏間雷雨並作，正「天造草昧」之時，適於萬物孳生長養，故「元亨，利貞」。又震為動為行，坎為險為陷，動乎險中，行即受困，故不宜有所往。震為善鳴，有號令四方之象，故又為君侯；雲雷積聚，雷雨大作之際，雜亂晦冥，似天下動盪不寧，此時宜確立強有力的統治，故「利建侯」。

若占得此卦，亦可理解為：在現代政府、企業、社團中，當事務繁多，頭緒紛亂之時，領導者不必事事親力親為，而可委派得力人員各司其職，指揮調度，則運作會較暢順。

初九：磐桓。利居貞。利建侯。

【譯】（自下而上）第一位，陽爻：徘徊不前。利於占問居處之事。利於封立諸侯。

【注】磐桓：徘徊。《正義》：「磐桓者，不進之貌。」

【析】初九陽爻得位，與六四剛柔相應，處震體，震為動，又前遇重陰（二、三），陰陽諧協，本利往；但險阻在前（上坎為險）：故有「盤桓」之象。四體艮（三至五互艮），艮為門闕，又為止，有居室之象，因而「利居貞」。又震為侯（參卦辭），初爻為震之主，得位，有應，故「利建侯」。

六二：屯如、邅如，乘馬、班如；匪寇，婚媾。女子，貞不字，十年乃字。

【譯】 第二位，陰爻：艱難地前進，駕着車馬雜沓而行，擠擠挨挨；不是寇盜，是來求婚的。女子占問不育，十年才生育。

【注】 屯如邅（zhān 氈）如：猶屯（迍）邅，雙聲聯綿詞；艱澀難行的樣子。如，形容詞詞尾。 乘（chéng）：乘坐，亦指駕馭。又讀剩（shèng），四匹馬拉的車。《詩．鄭風．大叔于田》：「叔于田，乘乘馬。」指駕馭一車駟馬。清．方玉潤云：「孔氏穎達曰：《易》稱『服牛乘馬』，俱是駕用之意。」（《詩經原始》卷五）

班如：擁擠難進的樣子，《尚氏學》：「言行列不前也。」班，一作「般」（《釋文》引鄭），旋也；漢帛《易》作「煩」，多而亂。 匪：通「非」；漢帛《易》作「非」。 寇：盜賊（名詞）；劫掠（動詞）。 婚媾（gòu 夠）：結為婚姻。媾，交互為婚姻（見《說文》），亦泛指結親。此據四爻意可知指求婚。 字：懷孕，生育。《說文》：「字，乳也。」段注：「人及鳥生子曰乳。」《集解》引虞：「字，妊娠也。」 按，屯、如、邅、如、馬、班、如、寇、媾、子、字、字等字皆分別入韻：屯（文部 ən）、邅（元部 an）、班（元部）合韻；如、如、馬、如（均魚部）協韻；寇、媾（均侯部）協韻；子、字、字（均之部）協韻，故如此標點。

【析】 下卦震為馬，六二陰居陰位，又為下卦中位，謂之居中得正，上與九五剛柔相應；但前遇重陰

（三、四），同性相斥，不利往，又下乘剛（據初九陽爻上），所為不順；而五體坎，坎為馬，為車，為「多眚」（多事故），又為險陷，故有「屯如、邅如」、「班如」、「不字」等困阻之象。坎又為寇盜，但因五與二應，故「匪寇，婚媾」。二至四互坤為女，震為反生（《說卦》），正符生育之象。

六三：即鹿无虞，惟入于林中。君子幾，不如舍。往，吝。

【譯】第三位，陰爻：追逐麋鹿，卻沒有虞人相助，就那樣闖進樹林中。君子與其窮追不捨，不如放棄。前去必遭困厄。

【注】即：就（《集解》引虞），靠近。　虞（yú 餘）：獵官。平日負責管理園囿禽獸，到狩獵時協助主人射獵。　惟：表方式，情態；副詞。　幾（jī 機）：通「既」，終，窮盡。《呂氏春秋．達鬱》：「寡人與仲父為樂將幾之。」許維遹《集釋》引俞樾：「幾與既通，……『將幾之』者，將終之也。」一說，幾訓危，危險。可備一解（吳國源《〈周易〉本經卦爻辭新證》）。　舍：通「捨」。　吝：通「遴（lìn）」。《說文》：「遴，行難也。……《易》曰：『以往遴。』」也泛指困難。《廣雅．釋詁》：「遴，難也。」也就是不順利。《繫辭．上》：「悔吝者，憂虞之象也。……言乎其小疵也。」此字在《易經》中出現二十次，均作「行難」或遭遇困厄解，其可憂的程度比「悔」稍輕。　按，虞、舍（均魚部）、往（陽部）通韻（陰陽對轉）；又中（侵部 əm）、幾（微部 əi）、吝（文部 ən）協韻：侵微合韻；微文通韻（陰陽對轉），故如此標點。

【析】既不熟悉情況，又無人相助，如果單憑一股勇氣盲目亂闖，那就很難不以失敗告終。本爻說的是打獵，做其他事情也一樣。

震為足為行，三至五互艮，艮為黔喙（黑嘴獸），又為木，故有「即鹿」、「入林」之象。六三陰居陽位，又不在中位，不中不正，且與上六無應，而居艮體，艮為止，因此若勉強前行，必自取困辱，故「不如舍」。

六四：乘馬、班如，求婚媾。往，吉，无不利。

【譯】第四位，陰爻：駕着車馬擁擠行進去求婚。前往，吉利，沒有不利。

【注】乘馬班如：注見二爻。　婚媾：見二爻。　按，馬、如（均魚部）、往（陽部）通韻（陰陽對轉）；又吉、利（均質部）協韻，故如此標點。

【析】六四居坎體，坎為馬，為車，為「多眚」（多事故），又為險陷；下與初九剛柔相應，但為三、二兩爻所阻（同性相斥）：故有「乘馬班如」難行之象。但此爻位當，又以柔從剛，承九五之陽，既與初爻正應，為求婚而去，定可成功，故「吉，无不利」。

按，據二、四爻情況可知，同是「婚媾」，前者指五來應二，後者指四往應初，而皆為求婚、迎親（即男求女）之意，並不因爻為陽便指迎親，爻為陰便指嫁女。準此類推，《賁・六四》、《睽・上九》之「匪寇，婚媾」含義也一樣。

九五：屯其膏。小貞，吉；大貞，凶。

【譯】第五位，陽爻：屯積那脂膏。占問小事，吉利；占問大事，凶險。

【注】屯（tún 豚）：聚（《廣雅．釋詁》），積聚。　膏：肥（《說文》）；指肥肉或膏油，《易經》兩見（參《鼎．九三》）。

【析】積聚脂膏可能為潤滑車軸；亦可喻斂財自肥，施恩不廣。五為君位，此爻陽剛居中得正，下應六二，但處坎體中，坎為隱伏，又為水為膏油，故有「屯膏」施恩不廣之象。若占得此爻，占問小事尚「吉」，大事（祭祀、征伐等）則「凶」。

上六：乘馬、班如，泣血、漣如。

【譯】第六位，陰爻：駕着車馬擁擠行進，車上的人兒哭得血淚漣漣。

【注】乘馬班如：注見二爻。　血：指悲痛的淚水。李陵《答蘇武書》：「戰士為陵飲血。」李善注：「血，即淚也。」　漣如：淚流不斷的樣子；如，形容詞詞尾。　按，馬、如、如（均魚部），班、漣（均元部）等，分別協韻。

【析】此爻描繪求婚成功，用馬車接載新娘歸去的情景。坎為馬，為陷，又為水為淚；上六以陰柔處《屯》難之終，坎險之極，乘剛（據九五上），所為不順，進則無所往，而下亦無與應（與六三失應），孤立無助，進退失據：故「乘馬班如，泣血漣如」，極度憂傷。這是黎明前的黑暗，正是最艱險、嚴峻之時，倘能咬緊牙關，堅持下去，則光明的轉機當亦不遠。故《象》曰：「『泣血漣如』，何可長也。」若占得此爻，凶中藏吉，就看你如何自處。

〔筮例〕

一九九六、九七年間，香港樓價急升，地產市道大旺，有兩位原做成衣出口生意的朋友相約轉行，擬合股投資房地產。為穩妥計，遂先卜一卦，結果占得《屯．六三》爻（《屯》䷂ 卦六三爻動，成《既濟》䷾），有「君子幾，不如舍。往，吝」之辭。再從卦爻象看：《屯》卦由下震上坎組成，三爻處震體，位於「多凶」之地（《易．繫辭》：「三多凶，五多功」）；又居坤（二至四）、艮（三至五）之中，據《說卦》傳，坤為地，艮為門闕，有樓宇象：樓房震動不安，殊非佳兆。而其之卦《既濟》又有「初吉，終亂」之辭，可見結局必然不妙。

其中一位於是當機立斷，改變初衷，忍手不幹；而另一位則果於自信，仍然獨力入市，並且大手投資。不久，亞洲金融風暴襲來，樓價大跌，那位仁兄手上的樓盤全部淪為負資產，弄得焦頭爛額，十分狼狽。果真是「行不得也哥哥」。

四　蒙

坎下艮上

蒙：亨。匪我，求童蒙，童蒙，求我。初筮，告；再三，瀆，瀆，則不告。利貞。

【譯】《蒙》卦：順利。不是我求蒙昧無知的孩子，是蒙昧的孩子來求教於我。首次占筮，神靈告之結果；再兩次、三次重複占筮，便是褻瀆神靈，神靈被褻瀆，當然不會告之結果。利於占問。

【注】亨：通。　匪：非。　童蒙：年幼無知者。《左傳·僖九年》孔穎達疏：「蒙謂闇昧也，幼童於事多闇昧，是以謂之童蒙。」　告：漢帛《易》、漢石經均作「吉」，若然，則「瀆」失韻，恐非是。　筮（shì噬）：用蓍草占卦。　瀆（dú讀）：輕慢不敬。　按，亨（陽部ang）、蒙（東部ong）、蒙合韻；又我（歌部）、我、

笠（月部）通韻（陰入對轉）；告（覺部 **uk**）、瀆（屋韻 **ok**）、瀆、告合韻，故如此標點。

【析】〔卦名〕《蒙》，義為覆蓋，又指暗昧難明（《正義》、《本義》），由蒙字本義女蘿（見《說文》）引申而來；蒙通萌，故兼喻幼稚無知（《序卦》）。卦體坎下艮上，艮為山，為止，坎為水，為險，山下有險，情況不明，故遇險而止；山下出泉，其源被山遮蔽，其水則不知所往，均有蒙昧未明之意。但更可能是表現混沌初開時山從水出，即滄海變桑田之狀。《屯》卦象天地始分絪縕孕育的情景，而《蒙》為其倒卦，狀萬物初生時的「萌芽」、「鴻蒙」景象，故卦名為《蒙》。

〔卦辭〕艮為少男，坎為隱伏，故稱「童蒙」。九二剛得中，六五柔得中，上、下卦中爻剛柔相應，有相「求」之意；「童蒙求我」，說明孺子可教，故「亨」通。又童蒙可泛指愚昧無知之人，愚昧之人才會再三筮問同一問題而瀆犯神靈。明乎此理，便利於占問。

初六：發蒙。利用刑人，用說桎梏。以往，吝。

【譯】（自下而上）第一位，陰爻：啟發愚蒙。有利於罪人解脫枷鎖。如果前往，有困厄。

【注】用：前一個為介詞，釋「于（於）」；後一個為動態助詞，表實施、進行某事。（參本書前文《〈易經〉常用語詞釋義》第二節「釋『用』」）　刑人：受刑毀傷之人，指罪人。《禮記·曲禮上》：「刑人不在君側。」　說：通「脫」。《集解》引干：「說，解也。」　桎梏（**zhìgù** 窒固）：拘囚腳和手的刑具。《釋文》：「在

足曰桎，在手曰梏。」 以：表假設。 按，蒙（東部 ong）、往（陽部 ang）合韻；人（真部 en）、吝（文部 ən）合韻；梏與卦辭告（均覺部）等協韻，故如此標點。

【析】愚昧容易犯法，故啟發愚蒙有利於使人免陷法網，而犯法者也易於減刑獲釋。初六柔居卦下，有「物始生而蒙」之象，故須「發蒙」。此爻以陰居陽位不當，處坎體中，坎為矯輮，為法律，為桎梏；上承九二之陽，意味能以正確態度用法：故「利於刑人脫桎梏」。與四無應，不利前行，故「以往，吝」。若占得此爻，利於訟獄之事，而不利出行。

九二：包蒙，吉。納婦，吉。子克家。

【譯】第二位，陽爻：包容愚蒙，吉利。娶妻，吉利。兒子能夠當家。

【注】婦：匹配（《正義》），指妻子。 克家：能夠當家。克，能。《正義》：「能克荷家事。」一說，能成家。家，娶妻（《類纂》）。

【析】此爻陽剛得中，下比初六，陰陽相得，有「包蒙」之象。上應六五，五體坤（三至五），為「婦」；又前遇重陰（三、四），利往：故「納婦吉」。坎為中男為「子」，二為坎之主爻，乘、承皆陰，陰陽諧協；且上應於五，五體艮，有家居之象（參《屯．初九》）：故「子克家」。

六三：勿用取女。見金，夫，不有躬。无攸利。

【譯】第三位，陰爻：不要娶女子。見到錢財，丈夫會喪命。無所利。

【注】取：通「娶」。　金：指代女方陪嫁之財禮（《今注》）。　不有躬：楚簡同；漢帛《易》「不」前有「其」字，疑衍文。躬，身（《說文》）。　按，女、夫（均魚部），金、躬（均侵部）分別協韻，故如此標點。諸本多斷作「見金夫，不有躬」（《正義》、《集解》、《本義》、《尚氏學》、《通義》等等），並把「金夫」釋為「武夫」，或「有錢的男子」，皆非是。又，聞一多疑夫乃矢之誤，躬乃弓之誤，訂作「見金矢，不有弓」（《類纂》）。若然，則矢（脂部）雖可與利（質部）協（陰入對轉），但「女」、「弓」均無着落，當亦非是。

【析】六三為「女」；此爻陰居陽位，不中不正，以柔乘剛，所為不順，故「勿用取女」。爻處坎險之終，居「多凶」之地，雖與上九有應，但前遇重陰（四、五），同性相斥，故「无攸利」。上九居艮體，艮為堅故為「金」；三體坎，坎為隱伏；二至四互震，震為長男故為「夫」：如三不顧四、五爻之阻，亟欲上應「見金」，則「夫」將隱伏不見，故呈「夫不有躬」之凶象，蓋亦愚蒙之過。

六四：困蒙。吝。

【譯】第四位，陰爻：困於蒙昧。有困厄。

【析】此爻處《蒙》卦之中，又居同性二陰（三、五）間，遠離剛明有實德之陽爻，因呈「困蒙」之象；

下與初爻失應：故「吝」。

六五：童蒙。吉。

【譯】第五位，陰爻：〔像〕童真的小孩。吉利。

【注】童蒙：指幼稚純真、無機心的小孩（參卦辭）。

【析】艮為少男，為「童蒙」。此爻以柔居上卦之中位、尊位，而能承上九之陽，又與九二剛柔相應，猶如出身優裕、地位尊貴，但柔順、謙遜、主動「求我」的「童蒙」，應是「孺子可教」的大可造之材，故「吉」。

上九：擊蒙。不利為寇，利禦寇。

【譯】最上位，陽爻：擊破愚蒙。不利於侵掠他人，利於抵禦他人的侵掠。

【注】寇：注見《屯・六二》：「匪寇，婚媾。」

【析】此爻以陽剛居卦之極，位不當，而下據群陰，有「擊蒙」之象。居艮止之末，又有堅強防禦之態勢；下應六三，表示上下同心；而三體坎，坎為盜：故「利」於化敵為友，同心「禦寇」，抗擊外敵；而「不利」於寇掠別人，變友為敵。

若占得此爻，無論做人、處事、求學、營商，都只宜取穩守策略，不宜主動「出擊」。要善於團結眾人，一致對外；不可侵人利己，惹起爭端。

〔筮例〕

二〇〇二年世界杯足球決賽周大戰方酣之際，中國隊於分組賽中由於連輸兩場（對哥斯達黎加，零比二；對巴西零比四），肯定已出線無望，六月十三日為第三場，對土耳其。國人不求其勝，僅望至少能進一球，取得最低限度之「零的突破」。開賽前，筮問能否入球，得《蒙》卦初六、上九爻。初六為：「發蒙。利用刑人，用說桎梏。以往，吝。」意味在「啟蒙」（首度出征世界杯決賽周）之戰中，至現階段已解除一切束縛，可放開手腳作賽，但儘管如此，似乎依然征行不利。上九曰：「擊蒙。不利為寇，利禦寇。」顯示倘要「鑿破鴻濛」（取得得分或入球的零的突破），則只宜取守勢，不宜取攻勢，取攻勢會無所獲。而卦象所見：下卦坎（代己方）為水為險，上卦艮（代對方）為山為堅；立於險地，以柔攻堅，亦難有勝算。結果中國隊臨場採用對攻戰術，果然以零比三敗北。一球不進，令人氣結。

五　需

乾下坎上

需：有孚，光亨。貞，吉。利涉大川。

【譯】《需》卦：胸懷誠信，無往不順利。占問，吉利。利於涉渡大河。

【注】孚（fú俘）：信。楚簡《易》同作「孚」；漢帛、漢簡《易》均作「復」，當為孚之近音借字。　光：楚簡、漢帛《易》同。通「廣」（《釋詞》）。一說為「元」之誤（《雜識》），非。「光亨」，指廣泛通達（亨，通）。　涉：渡水。《說文》：「涉，徒行厲水也。」即蹚水過河。段注：「引申為凡渡水之稱。」　大川：大江河。《書．禹貢》「大川」孔傳：「四瀆。」孔穎達疏：「四瀆謂江、河、淮、濟也。」「涉大川」比喻涉險難，成大事。《書．君奭》：「今在予小子旦，若游大川，予往，暨汝奭其濟。」

【析】〔卦名〕《需》，義為等待（《彖》、《正義》等）；需字甲骨文作[illegible]，像人遇雨沾濕身體，停留守候之狀（所謂「雨留人」），又有濡濕、潤澤之義。卦體下乾上坎，乾為天，「天行（道）健」，故健於行，坎為水為險，遇險在前，剛健之行者即停留等待，以免陷沒；又乾為天，坎為雲，雲上於天，將待時而降雨：故卦名為《需》。

〔卦辭〕九五陽剛居中得正，處天位、尊位、君位，而九二居下卦之中位，所謂雙剛得中，同德互應，如人剛健而行正中之道，故「有孚，光亨。貞，吉」。上坎為水為「川」，下乾為行，剛健之行者不盲目涉險，懂得待時而渡之理，故「利涉大川」。若占得此卦，意味君子須保持心中誠信，從容等待，一旦時機成熟，便可成就事業（「涉大川」）。

初九：需于郊，利用恆。无咎。

【譯】（自下而上）第一位，陽爻：守候在郊野，利於有恆心。沒有禍患。

【注】需：停留等待。《說文》：「需，須也。遇雨不進，止須也。」段注：「須，待也。」　用：于（於）。

恆：常（《說文》），長久。

【析】初爻有「郊」象。此爻陽剛得位，與四有應，但前遇重陽（二、三），同性相斥，不利往，加以離坎險甚遠，故「利」於「恆」居久處「于郊」，而不宜冒險犯難而行，以免招惹災禍。

九二：需于沙。小有言，終吉。

【譯】第二位，陽爻：守候在沙地。稍有不滿、怨責之言，最後吉利。

【注】需：停留等待。　沙：一作「沚」（《釋文》引鄭），水中小塊陸地。　小有言：楚簡、漢帛《易》小作「少」。《易經》中的「有言」，多指怨謗、指責或爭拗的話。如《訟．初六》：「不永所事。小有言，終吉。」《明夷．初九》：「主人有言。」一說，言同「辛」，通愆（qiān），過失，災禍（《類纂》）；若然，則類近於「咎」（《廣韻》：「咎，愆也」），而此句可譯為「稍有不利」。可備一解。下同。

【析】沙地，漸近於水（坎）險。九二失應於五，前遇陽（九三），同性相斥，不利往，故「需于沙」。以陽居陰，位不當；處乾體，乾為言（《釋文》引九家），二至四互兌，兌為口舌：故「有言」。此爻居乾之中位，有剛健之質，能行正中之道，故僅「小有言」而「終吉」。

九三：需于泥，致寇至。

【譯】第三位，陽爻：守候在泥灘，招致寇盜到來。

【注】致：招引。《漢書．公孫弘傳》「致利除害」顏注：「致，謂引而至也。」

【析】泥灘，在水險之旁。三得位，鄰於坎，坎為水為險，故三「需泥」而不進。坎又為盜，三、上相應，而「致寇至」。

六四：需于血。出自穴。

【譯】第四位，陰爻：守候在河溝。從洞穴裏出來。

【注】血：通「洫」，溝（《尚氏學》）。 穴：土室（《說文》），即地洞或窰洞，當時人們所居。《繫辭．下》：「上古穴居而野處。」

【析】此陰爻得位，居坎體，坎為溝瀆，故「需於洫」。二至四互兌，兌上缺，有「穴」象，四處兌口，故「出自穴」（參《尚氏學》）。此爻得位，承、乘皆陽（五、三），又下應於初，陰陽諧協，故應為佳兆。

九五：需于酒食。貞，吉。

【譯】第五位，陽爻：安待於酒食中。占問，吉利。

【注】需于酒食：指在飲食中安然等待。

【析】坎為水故為「酒」；兌（二至四）口入坎，有飲食之象。此爻陽剛居中得正處尊位，雖與下無應，但乘、承皆陰（四、上爻），陰陽諧協，故可以飲食宴樂，從容等待。為「吉」兆。

上六：入于穴。有不速之客三人來。敬之，終吉。

【譯】最上位，陰爻：走進洞穴。有三位未經邀請的人士突然到來。敬而遠之，終於吉利。

【注】不速之客：不請自來的客人。速，召（《釋文》引馬），招請。

【析】此爻下應九三，三體兌（二至四），有「穴」象（參四爻），故「入于穴」。三又體乾，乾為人，三、上相應，故「三人來」。上六柔居正位，又與下有應，雖處坎險之極，會有不測之事發生，但只須謹慎對待，便終獲吉祥。

〔筮例〕

一九九八年七月，亞洲金融風暴期間，香港樓價大跌，但當時尚未落至谷底。恒基地產公司推出「新都城」樓盤發售，而市場承接力不明，遂以中等價位某千元一呎開售。初時市場反應不俗。不料突有南豐、新地、信和三大地產商中途殺出，先後推出新樓盤，並以大幅減價方式爭奪客戶，一時市場氣氛大變，銷情緊張，激鬥難免。是跟隨減價促銷還是站穩腳跟，我行我素？的確煞費運籌。結果恒基堅持不減，最後仍能取得較理想之銷量。及後到了八月，恒生指數再創新低，股壇風聲鶴唳，樓市亦隨之跌至面目全非了。

當「新都城」推出時，有人曾作預測，占得《需》卦上六爻。及後回頭細味爻辭：在樓市「入于穴」初陷困境之際，該樓盤發售，果然「有不速之客三人來」，但發展商採取「敬而遠之」，而非割價對撼的市場策略，終有「吉」的結局。確是信不信由你。

六　訟

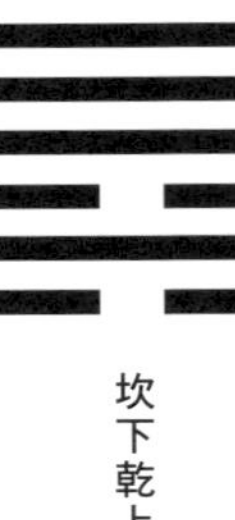

坎下乾上

訟：有孚，窒，惕。中吉，終凶。利見大人，不利涉大川。

【譯】《訟》卦：胸懷誠信，保持戒懼。中途吉利，最後凶險。利於見貴人，不利於涉渡大河。

【注】孚（fú俘）：信。　窒：借為「恎（dié疊）」，恐懼（《類纂》）。　惕：怵惕，警戒。《乾·九三》：「夕惕若。」　利見大人：楚簡、漢帛《易》均作「利用見大人」。按，窒、吉（均質部et）、人（真部en）、川（文部ən）協韻：質真通韻（陽入對轉）；真文合韻，故如此標點。

【析】〔卦名〕《訟》，義為因不和而爭辯（《正義》、《雜卦》、《本義》），並訴之於公（《釋文》）。卦體上乾下坎，乾剛而坎險，上剛意欲箝制其下，下險圖謀算計其上，遂引致不和而爭訟；又上乾為天，下坎為水，天象（例如日月）西行，水流東注，「天與水違行」（《象》），兩者背道而馳，恰如人之性情彼此乖戾，必易引致爭訟，故卦名為《訟》。

〔卦辭〕五、二爻雙剛得中，如人剛健而懷正中之德，故有「孚」象。下坎為憂，故「窒，惕」。能「有孚」而「窒，惕」，則雖有爭拗，中段仍「吉」。但上九過剛，居卦之極，有終極其訟、相爭不止之象，而爭訟一成，必致兩敗俱傷，就算強行取勝，也不能長久安定，故「終凶」。「大人」，指九五，剛健中正居尊位，足以評斷是非曲直，故「利見」之。下坎為水為險，以乾剛臨險陷，卻不能持需待之道，等候時機，同心濟渡，反而「天水違行」，忿恚相爭，那樣必易生不測，故「不利涉大川」。本卦與《需》為倒卦，形成「反對之象」，《需》言「利涉大川」，此則「不利涉」，皆和卦名義有關。可見卦名、卦辭同出一源。

初六：不永所事。小有言，終吉。

【譯】（自下而上）第一位，陰爻：不能完成所做的事。稍有怨謗之言，最後吉利。

【注】永：長（《集解》引虞），久遠；不永，即有始無終。首句楚簡《易》作「不出御事」，意為「不出來處理政事」。　有言：注見《需・九二》。

【析】此爻以柔居坎險之初，位不當；而上應於四，四體巽（三至五），巽為不果，故「不永所事」。四又體乾，乾為言，故「有言」。但初爻以柔從剛，又與上有應，陰陽諧協，故僅「小有言」而「終吉」。

爭訟者若筮得此爻，控辯雙方或會庭外和解。

九二：不克訟，歸而逋。其邑人三百戶，无眚。

【譯】第二位，陽爻：不能贏得訴訟，回去後便逃亡。他采邑裏的數百戶人家，沒有災禍。

【注】克訟：勝訴。克，勝。訟，「爭也，言之於公也」（《釋文》）。逋（bū 晡）：逃（《集解》引荀）。邑：人聚居之處，甲骨文作[illegible]，有土地、人民；此特指貴族領主的封地。三百：虛數。楚簡《易》作「三四」。眚（shěng 省）：災（《釋文》引馬）。按，逋、戶（均魚部）協韻，故如此標點。《正義》、《通義》、《今注》諸本所斷有誤。

【析】九二陽剛為坎險之主爻，雖欲爭訟，但居陰失位，又與上無應，故「不克訟」。坎為隱伏，故「逋」。與二爭訟者為五，五體乾，乾為人（參《需．上六》），五居中得正，故「邑人無眚」。

六三：食舊德。貞，厲；終吉。或從王事，无成。

【譯】第三位，陰爻：享用舊有的祿位、恩榮。占問，危險；最終吉利。有時從事王家事務，沒有成就。

【注】食：猶言「享」（《本義》）。德：惠（《玉篇》），恩德、祿位。或：有人（時）；不定代詞。王事：注見《坤．六三》：「或從王事，无成，有終。」

【析】乾為德（見《乾．文言》），三與上應，故「食舊德」。本爻以陰居陽，不中不正，處坎險之端，故危「厲」、「无成」。二至四互離，離為戈兵，有「從王事」征戰之象。此爻上承乾陽，又居巽體（三至五），巽為順，有謙遜之德，且與上九剛柔相應，故終獲吉祥。

若占得此爻，意味不能光「吃老本」，應思再展新猷。但暫時不宜從事公務。

九四：不克訟，復，即命，渝。安貞，吉。

【譯】第四位，陽爻：不能贏得訴訟，回去後，聽從判令，加以改變。占問是否平安，吉利。

【注】不克訟：注見九二。　復：返回。　即：靠近，從；這裏指順從。《書．金縢》：「今我即命于元龜。」此字在《易經》中出現五次，意義略同。　命：指判決之結果、要求。　渝：變（《集解》引虞）；此或指不再興訟。　安貞：占問安否。　按，訟（東部）、渝（侯部）通韻（陰陽對轉）；命（真部 en）、貞（耕部 eng）、吉（質部 et）協韻：真質通韻（陽入對轉）；真耕合韻，故如此標點。

【析】九四剛而不中，下據六三之柔，有好強爭訟之意，但以陽居陰失位，故「不克訟」。處巽體（三至五），巽為遜順，又為風、為雞，「時至而鳴」，故為號令，因而有「即命，渝」之象。此爻下應於初，若能渝變不爭，自可得「吉」。

九五：訟，元吉。

【譯】第五位，陽爻：訴訟，極其吉利。

【注】元：最大。

【析】此爻陽剛中正居尊位，公平正直，無所偏倚，評斷合理，故「訟，元吉」。若占得此爻，只要據理而訟，必獲勝訴。

上九：或錫之鞶帶，終朝三褫之。

【譯】最上位，陽爻：有人賞賜給他官服革帶，一朝之內，又屢次把它剝奪。

【注】或：代詞；此指王侯之類當權者。　錫：通「賜」（《釋文》），漢帛《易》即作「賜」。　鞶（pán盤）帶：寬大的皮腰帶，為大夫以上的服飾。　終朝：早晨；表示短時間內。《釋文》引馬：「旦至食時為終朝。」一說，由早至晚一整天。三：虛數，表示多。　褫（chǐ恥）：剝奪。　按，錫（錫部）、褫（支部）通韻（陰入對轉）；之、之協韻，故如此標點。楚簡《易》首句作「或錫鞶帶」，脫「之」字。

【析】乾為君，又為衣（《釋文》引九家），故「或錫之鞶帶」。上九以陽剛居《訟》卦之極，下應六三，意味將強行爭訟到底，並會勝訴，因而有命服「鞶帶」之賜。但此爻以陽居陰失位，表示無理而取勝，故所得旋亦失之，不能長久保有；而三居巽體（三至五），巽為進退、不果：因有「終朝三褫」之象。卦辭所謂「終凶」，便是指這樣一種結果。

七　師

坎下坤上

師：貞丈人，吉，无咎。

【譯】《師》卦：占問貴人之事，吉利，沒有禍患。

【注】丈人：猶長老（《本義》）；本一作「大人」（《集解》引子夏），與《困》：「貞大人，吉，无咎」同。不論丈人或大人，均指德高望重，有身份、地位的人，這裏當指軍中統帥。

【析】〔卦名〕《師》，義為「眾」（《彖》、《序卦》等），指眾人、民眾，又指軍隊、兵眾。卦體坎下坤上，坤為地，坎為水，呈地中有水，廣大容眾之象；又九二唯一陽爻居下卦之中，似將領，上下諸陰爻順而從之，似兵眾；而九二以剛居下用事，六五以柔居上任用之，有君主命將出師之象，故卦名為《師》。

〔卦辭〕下坎為險，上坤為順，九二以陽剛居下卦中位，與上卦中爻六五剛柔相應，說明統帥率師雖兵行險道，但能順君情，適民意，故「吉」而「无咎」。

初六：師出、以律。否臧，凶。

【譯】（自下而上）第一位，陰爻：軍隊出兵須嚴守紀律。若軍紀廢弛，凶險。

【注】師：軍旅（《集解》引何）。《詩．秦風．無衣》：「王于興師。」以：按照，憑藉。律：法（《正義》）；指軍紀。一說指樂律，《周禮．春官．大師》：「大師執同律以應軍聲，而詔其吉凶。」否臧（zāng 髒）：不善；指「失律」（《象》）。否，楚簡、漢帛《易》均作「不」；臧，善（《說文》）。按，出、律（均物部）協韻，故點斷。

【析】本爻居卦初，為《師》之始，出師之道，應有好的開端，故必須嚴格遵守軍紀，反之則凶。下坎為法律（《集解》引九家），初六以陰居陽，位不當，與上無應，故有「否臧」失律之「凶」象。

九二：在師中，吉，无咎。王三錫命。

【譯】第二位，陽爻：在軍隊中，吉利，沒有禍患。君王數次頒下嘉獎命令。

【注】師：軍隊。三：虛數，表示多。錫：通「賜」。《訟．上九》：「或錫之，鞶帶。」命：爵命，

封賞之命令。《集解》李鼎祚案：「《周禮》云：一命受職，再命受服，三命受位。是其義也。」按，中（冬部 ung）與咎（幽部 u），吉（質部 et）與命（真部 en）分別通韻，故如此標點。

【析】九二陽剛得中，為眾陰所歸依，陰陽諧協，猶如將帥在軍中，深受部下擁戴，故「吉，无咎」。上應五，五為「王」（參〔卦名〕）；二至四互震，為鳴為言：故有「王三錫命」之象。

六三：師，或輿尸。凶。

【譯】第三位，陰爻：軍隊有人用車子載運屍體。凶險。

【注】或：有的人；有時。代詞。輿：車。此作動詞，謂用車子裝載。《本義》：「輿尸，謂師徒撓敗，輿尸而歸也。」尸，同「屍」。按，師、尸（均脂部）協韻，故點斷。

【析】六三陰居陽位，不中不正，既凌乘九二之剛，才弱志強，所為不順，又與上無應，若強行出師，單打獨鬥，必遭挫敗；而且體處坎險，坎為輿，為血卦：故有師出無功，「輿尸」而返之「凶」象。

六四：師，左次。无咎。

【譯】第四位，陰爻：軍隊退防駐守。沒有禍患。

【注】左次：古尚右，左有卑退之意，故「左次」即「退舍」（《本義》），退駐。次，駐留。《左傳·莊

三年》：「凡師一宿為舍，再宿為信，過信為次。」一說，左次謂在左邊駐紮（《通義》）。按，師、次（均脂部）協韻，故點斷。

【析】六四位不中，鄰於坎險，又與初爻失應，孤立無助；居坤體，「坤以藏之」（《說卦》）：故有「左次」之象。幸此爻居陰得正，故亦「无咎」。

六五：田有禽，利執言。无咎。長子，率師；弟子，輿尸。貞，凶。

【譯】第五位，陰爻：打獵獵得禽獸，利於捕獲俘虜。沒有禍患。長子統率軍隊，次子用車子載運屍體。占問，凶險。

【注】田：獵（《集解》引荀）。《恆．九四》：「田无禽。」　禽：鳥獸之總名（《白虎通．田獵》）；又為「擒」古字，指獵獲。　執：捉拿，拘捕（見《說文》）。　言：讀為「訊」，俘虜。金文《兮甲盤》：「折首執訊。休，亡愍。」與此語意詞例並同，古人視田獵所逐之獸，與戰時所攻之敵無異，田而獲禽，猶戰而執訊，爻辭謂田事多獲，為軍中殺敵致果之先兆（見《類纂》）。　弟子：指次子。《國語．吳語》：「孤敢不順從君命，長弟許諾。」韋昭注：「長，先也；弟，後也。」　輿尸：注見三爻。　按，子字入韻，故點斷。

【析】六五居上卦之中位、尊位，與下卦中爻九二剛柔相應，故「有禽」、「利執」、「无咎」；二體震（二至四），為雷，「動萬物者莫疾乎雷」（《說卦》），故有用武、征伐、田獵之象。二為震主爻，震為長男，居師中統領眾陰，故「長子率師」。二又為下坎主爻，坎為中男，又為輿，為血卦；而六五以陰居陽，位不正，猶如才不稱其職，以致用人失當；故又有「弟子輿尸」之「凶」象。

上六：大君，有命：開國（啟邦），承家；小人，勿用。

【譯】最上位，陰爻：國君頒佈命令：或封諸侯建邦國，或立大夫領采邑；小民不得封賞、任用。

【注】大君：天子（《正義》），一國之君；猶《書．冏命》之「丕后」。楚簡《易》作「大君子」，漢帛《易》作「大人君」。此詞於《易經》凡三見，義同。　命：爵命（《正義》），封賞之命令。　開國：始建邦國。楚簡《易》作「啟邦」，是。漢時避劉邦諱改「邦」為「國」。　承家：承受采邑。承，受（《集解》引虞）；家，此指卿大夫的食邑。《集解》引宋：「開國，謂析土地以封諸侯。」「承家，立大夫。……因采地名，正其功勳，行其賞祿。」　小人：指庶民，平民百姓。　用：使用，任用。周原甲骨：「弗用茲卜。」（H11:65）《象》云：「『大君有命』，以正功也；『小人勿用』，必亂邦也。」　按，君（文部 ən）、命、人（均真部 en）合韻；又邦（東部 ong）、家（魚部 a）、用（東部 ong）合韻，故這樣標點。

【析】此爻位當，在坤之上位，坤為順，故順之極；又居《師》卦之終，正軍隊論功行賞之時。下比五，為「大君」；五應於二，二體震（二至四）為「命」（參二爻），故「大君有命」。坤為地，故有「啟邦」「承家」之象。上（爻）之應爻在三，三以陰居陽失位，且乘剛，為「小人」；今上不應三：故「小人勿用」。

八 比

坤下坎上

比：吉。原筮，元、永貞，无咎。不寧方來，後夫凶。

【譯】《比》卦：吉利。再次占筮，筮問重大、長遠的情況，沒有禍患。不馴服的方國來朝，遲到的凶險。

【注】原：再（《爾雅．釋言》）。《書．洪範》：「立是人作卜筮，三人占則從二人之言。」 元、永貞：楚簡、漢帛《易》同。元，最大。永，長遠。此辭又見《萃．九五》。 不寧方：不馴服的邦國。方，商、周時邦國之稱，甲骨文多見。《毛公鼎》有「不廷方」，《詩．大雅．韓奕》有「不庭方」，指不來朝會的邦國，《周禮．考工記．梓人》有「不寧侯」，指「不朝於王所」的諸侯，義皆相近。 後夫：後到的人。《國語．魯語》：「昔禹致群神於會稽之山，防風氏後至，禹殺而戮之。」即類似故事。這裏乃指周夷王「烹殺齊侯」

之事（參本書前文《〈周易〉成書於「共和」時代》）。

【析】〔卦名〕《比》，義為親附、親近（《序卦》），輔助（《彖》）。九五陽剛居中得正處尊位，上下眾陰爻親附追隨；又卦體坤下坎上，坤為地，坎為水，地上有水，「地得水而柔，水得地而流」（《集解》引子夏），呈互相親比之象，故卦名為《比》。此卦以「親比」為主題，重點闡述天子與諸侯、朝臣的關係以及結盟、交友的原則與後果。

〔卦辭〕九五陽剛中正履君位，眾陰親附相輔，有一人撫萬國、四海仰一人，而「不寧方」（指初爻）亦歸順來朝之象，故「吉」、「无咎」。「後夫」，指最上爻，因為「比之无首」（上六爻辭），故「凶」。本卦說明，對王朝屬下的各地諸侯、方國，應當恩威並用，一方面，要光明正大（「顯比」），待之以誠（「有孚盈缶」），而另方面，對桀驁不馴、懷有二心者，又要嚴加懲處，絕不手軟（「不寧方來，後夫凶」），以鞏固王權，維護國家統一，進而順利發展。

初六：有孚。比之，无咎。有孚，盈缶，終來，有它。吉。

【譯】（自下而上）第一位，陰爻：胸懷誠信。親輔他，沒有禍患。誠信多得溢滿盆，不馴服的方國也終於來朝。吉利。

【注】比（舊讀 bì 避）：親輔（《本義》）。 有孚（fú 俘）盈缶（fǒu 否）：為比喻之辭。孚，誠信；缶，

瓦器。「誠信充實於內，若物之盛滿缶中也」（《程傳》）。或，孚讀為「寶」（近音借字），則句意為「盛有滿盆珍寶」。它：甲骨文像蛇形，即蛇字，引申指禍害。《說文》：「它，蟲也。上古草居患它，故相問無它乎。」這裏比喻頑劣成性，平日經常違抗中央政權的「不寧方」。按，孚、咎、孚、缶（均幽部 u）與之、來（均之部 ə）合韻；又來與吉（質部 et）合韻，故如此標點。

【析】上卦中爻九五，與下卦中爻六二剛柔相應，有「孚」象。下卦坤，「坤厚載物」（《坤·象》），故為釜亦為「缶」。初爻以陰居陽失位，與四敵應，為「有它」之象，正似非我族類、桀驁難馴的「不寧方」，但現在連此「不寧方」也終來親比於「有孚」之九五：故「吉」而「无咎」。

六二：比之、自內。貞，吉。

【譯】第二位，陰爻：從內部去輔助他。占問，吉利。

【注】按，之（之部 ə）、內（物部 ət）、吉（質部 et）合韻，故點斷。

【析】此爻居陰得位，又是下卦中位，可謂柔順中正，上與九五剛柔相應，有自內（下卦為內）而外（上卦為外）加以親比之象，故「吉」。

六三：比之、匪人。

【譯】第三位，陰爻：親附壞人。

【注】比：親近，輔助。 之：此用同「於」（《釋詞》）；介詞。 匪人：非其人，不好的人，不仁不義之人。匪，通「非」，楚簡、漢帛《易》均作「非」。《詩．小雅．四月》：「先祖匪人？胡寧忍予！」《通釋》：「人當讀如『仁者人也』之人。」 凶：《釋文》引王肅本有此字。 按，之與二、四爻之「之」協韻，故點斷。

【析】此爻陰柔而不中正，所承（六四）、乘（六二）、應（上六）者亦皆為陰爻，沆瀣一氣，呈「比之匪人」之象。應為「凶」兆。

六四：外比之。貞，吉。

【譯】第四位，陰爻：從外部去輔助他。占問，吉利。

【注】外比之：漢帛《易》同。楚簡《易》作「亡不利」。

【析】上卦為「外」。六四處上卦，以陰居陰得正，又上承九五，有親比賢者之象，故「吉」。

九五：顯比。王用三驅，失前禽。邑人，不誡。吉。

【譯】第五位，陽爻：光明正大地相親附。君王網開一面，從三面包圍驅趕禽獸，讓前面的野獸逃脫了。村邑的人不感驚怕。吉利。

【注】顯：光明（《爾雅》、《廣雅》）。用：助詞，表動作之實施、進行，在此無實義。楚簡無此字。三驅：從三面驅趕；或三（數）度驅趕（均見《正義》）。失：《說文》段注：「逸去為失。」禽：鳥獸的總稱。邑：此指村鎮之類。誡：讀為「駭」（《平議》），驚也（《說文》）。按，比（脂部）、人（真部）、吉（質部）協韻（陰陽入對轉），故「人」字點斷；又禽（侵部 əm）、誡（職部 ək）合韻。

【析】此爻有王者之風：一陽居尊，剛健中正，上下五陰皆前來親附，似君臨天下，大得人心的統治者、領導人。其施政亦光明正大，故有網開一面「失前禽」以及「邑人不誡」之象。占得此爻，自是「吉」兆。

上六：比之，无首。凶。

【譯】最上位，陰爻：親附他，丟了腦袋。凶險。

【注】比之：楚簡、漢帛《易》、漢石經、漢簡《易》均無「之」字，但《集解》本、通行本及《象》辭皆有。按，之（之部 ə）與首（幽部 u）合韻；而「比之，无首」與初爻「比之，无咎」，兩者在內容與句式上都顯然有對照呼應關係，故應以有「之」為是。

【析】爻處上位，在親附九五的眾陰中，以本爻為最後，即卦辭所謂「後夫」。坎為隱伏，上爻為「首」，故「无首」。此爻以陰柔居卦之極，勢危而又下失其應，且以柔乘剛（據九五上），所為不順，因此呈「凶」象。

〔筮例〕

二〇〇〇年十月二十七日，距美國大選正式投票前十天，預測其總統選舉結果。為民主黨戈爾筮得《比》卦之六二爻，共和黨小布殊得《未濟》卦九二、六三、上九爻。投票在十一月七日進行，兩人得票極為接近，在決定性的佛羅里達州，因「問題票」甚多，戈爾要求以人手重點而掀起連場官司，直到十二月十二日，聯邦最高法院裁定重點違憲，才由小布殊宣佈取得最後勝利。現在看來，占筮所得跟整個選舉過程、結局相當吻合。試析如下：

《比．六二》云：「比之自內。貞，吉。」此爻以陰柔居陰位，又是中位，可謂柔順中正，上與九五剛柔相應，有自內（下卦為內）而外（上卦為外）加以親比、輔佐之象。戈爾挾兩任副總統之聲勢，得總統克林頓、全白宮以及自己家人傾力助選，勝算甚高，正符此象。最後雖以獲「選舉人」票較少而落敗，但實際所得選民總票數卻遠超於小布殊，可謂雖敗猶榮。所以布殊雖是「憲法總統」，而戈爾卻是「民意總統」，因此仍算是「吉」。可惜此爻前臨二陰（六三、六四），同性相斥，不利往，所以終於功虧一簣。（布殊情況分析見《未濟》卦。）

九　小畜

乾下巽上

小畜：亨。密雲不雨，自我西郊。

【譯】《小畜》卦：順利。陰雲密佈，沒有下雨，從我西郊而來。

【析】〔卦名〕《小畜》，義為小有所蓄（《雜卦》、《正義》），即略有積聚。畜，同蓄，本亦作「蓄」，積也，聚也（《釋文》）。又義為畜養其小者；畜，養也（《釋文》引鄭）。上下五陽，畜止一陰，故為小畜。又義為以小畜大，以陰畜陽（《程傳》、《本義》）。下乾為陽卦，上巽為陰卦，以陰畜陽，陰小陽大，故為以小畜大。因此卦名為《小畜》。

〔卦辭〕卦體下乾上巽，乾為健，巽為遜，內剛健而外謙遜；而二、五陽爻分居下、上卦之中位，猶君子能行正中之道：故「亨」通。巽為風，乾為天，二至四互兌，兌為澤為水，水上於天，成「雲」，為風吹散，故「不雨」。兌為西方之卦，故「自我西郊」。若占得此卦，意味一切準備就緒，蓄勢待發，但尚未施行。

初九：復自道，何其咎？吉。

【譯】（自下而上）第一位，陽爻：從原路返回，又有何禍患？吉利。

【注】復：反（《雜卦》）。何其咎：猶「无咎」。其，語助詞，無義。

【析】初爻陽剛得位，居乾始，乾為「道」，又為健為行（參《需》），故「復自道」。與六四剛柔相應，意味具沉實穩重之德，而外有奧援，故無咎而「吉」。

九二：牽復，吉。

【譯】第二位，陽爻：牽着（牲畜）返回，吉利。

【注】牽：拉，挽。《說文》：「牽，引前也。從牛，象引牛之縻也。」

【析】爻處乾體，乾為健行；乾又為馬，二至四互兌，兌為羊：故有「牽復」之象。本爻居陰失位，與上無應，但陽剛得中，故返回則「吉」。

九三：輿說輹。夫妻反目。

【譯】第三位，陽爻：車輪脫掉綁固車軸的繩索。夫妻反目失和。

【注】輿：車子。漢帛《易》作「車」。說：通「脫」。輹（fù腹）：捆綁伏兔與車軸使牢固的繩索，又名車軸縛（《說文》）。一本作輻（fú福），指連結車輞和車轂的直條。按，輹、目同部（均覺部）協韻，《左傳·僖十五年》：「車說（脫）其輹。」故應以作「輹」為是。

【析】離（三至五）外堅中虛，有「輿」象；三之應爻在上，上九體巽，巽為繩；因三不應上：故「輿脫輹」。下乾陽卦為「夫」，上巽陰卦為「妻」，又為「多白眼」；九三雖得位，但剛而不中，且三、上敵應：故「夫妻反目」。若占得此爻，宜平心靜氣，深自斂抑，爭取緩和矛盾；否則，必至拆夥收場。

六四：有孚。血，去惕出。无咎。

【譯】第四位，陰爻：胸懷誠信。憂傷遠離。沒有禍患。

【注】孚（fú俘）：信。血：當作「恤」，憂也（《釋文》引馬）。惕：讀為「逖」，遠（《說文》）。漢帛《易》作「湯」，漢簡《易》作「易」，皆讀為「逖」（近音借字）。《渙·上九》：「渙其血，去逖出。无咎。」與此同。按，孚、咎（均幽部）協韻，血（質部et）、出（物部ət）合韻，故如此標點。

【析】此陰爻得位，與下有應，故「有孚」。而上承九五，以柔從剛，陰陽諧協，所以憂懼消除，得進抵順境。

九五：有孚，攣如。富以其鄰。

【譯】第五位，陽爻：胸懷誠信，密切關聯。由於他鄰居的關係致富。

【注】攣（luán 鑾）如：緊密關連、繫念不絕的樣子。《釋文》引馬：「攣，連也。」又引子夏：「作『戀』，云，思也。」如，形容詞詞尾。　以：因。一說，及（《集解》引虞），連及，故《象》云：「不獨富也。」則句意為「帶挈他的鄰居一起致富」。

【析】九五陽剛居中得正處尊位，下乘陰（六四），志意得行，陰陽諧協，故「有孚」。居巽體，巽為繩，故「攣如」。四乃巽之主爻，巽為利，五孚於四，因此「富以其鄰」。若占得此爻，宜聯同他人攜手創業，那樣做，將有好結果。

上九：既雨，既處，尚德載。婦貞，厲。月幾望，君子征，凶。

【譯】最上位，陽爻：下過雨，雨停了，還得到車子乘載。占問婦人的事，危險。接近月中時，君子出行，凶險。

【注】既：已（《集解》引虞）。　處：止（《平議》）。　尚：還。　德：通「得」。漢帛《易》、漢簡

《易》、《集解》本均作「得」。 載：乘（《說文》）。 幾（jī機）望：近月中，即望日之前。幾，近（《集解》引虞），本一作「近」（《釋文》引子夏），漢石經亦作「近」，漢帛《易》作「幾」。「望，月滿之名也，月大十六日，小十五日」（《釋名・釋天》）。 征：行。

【析】《小畜》以陰畜陽，終於畜久成雨。上九居卦之極，失位，又與下無應，故雖雨止天晴，且有車子乘載，仍然出行有礙，不論婦人、男子，均有「厲」、「凶」不吉之兆。可見若占得此爻，總以家居或靜處為宜。《象》云：「『君子征，凶』，有所疑也。」「疑」應讀為「礙」。（疑、礙上古音同屬之部、疑母，可通。）唐人詩：「出門即有礙，誰謂天地寬！」可作本爻注腳。

〔筮例〕

二〇〇八年奧運會主辦權誰屬？將在二〇〇一年七月十三日，於俄京莫斯科舉行的國際奧委會一百一十二次大會上，由近百個奧委會委員投票決定。是次參加角逐申辦的城市共有五個：巴黎、多倫多、伊斯坦布爾（土耳其）、北京和大阪（日本）。事前有人為法、中、日三個城市的勝算分別作預測。為法國巴黎筮得《小畜》九三、上九爻。九三為：「輿說（脫）輹。夫妻反目。」說明內部步調不一，分歧嚴重。上九為：「婦貞，厲」；「君子征，凶」。簡直「寸步難行」！結果當日第一輪投票，大阪首先出局；而巴黎在九十六票中僅得十五票，居五城之四，只比大阪稍好一點，連陷入財政困境的伊斯坦布爾（十七票）也不如。到第二輪投票，已直接由中國奪得過半數支持而勝出。巴黎此次以大比數落敗，說明連歐洲陣營也有好些委員不支持她。可能這就是所謂「脫輹」，「反目」的徵驗吧？而從卦體看，也是「密雲不雨」、未竟全功之象（參卦辭之「析」），所以巴黎最後落空。

十　履

兌下乾上

履：〔履，〕虎尾，不咥人。亨。

【譯】《履》卦：踩着老虎尾巴，不咬人。順利。

【注】參考楚簡《易》之《艮》卦例，本卦卦辭首字可能因與卦名相同，傳抄時被省去，今補上。以下《否》、《同人》、《艮》三卦情況與此同。　咥（dié疊）：咬噬（見《釋文》引馬、鄭）。　按，履（脂部ei）、尾（微部ai）、人（真部en）協韻：脂真通韻（陰陽對轉）；脂微合韻，故如此標點。

【析】〔卦名〕《履》，義為踐履（《彖》、《正義》等），踩踏，行走；動詞。又為鞋履，名詞。再由具體而抽象，引申指所作所為。諸義分見於各爻辭中。又，卦義為禮（《序卦》），即人所履之道；取上天下澤

（乾為天，兌為澤），尊卑有序之象，故卦名為《履》。漢帛《易》此卦名《禮》。

〔卦辭〕卦體下兌上乾，乾純陽至健，有「虎」象；兌為悅，在乾後，猶和悅躡剛強之後，故有「履虎尾，不咥人」之象。又兌為澤，乾為天，上天下澤，秩序井然；而九五陽剛居中得正履尊位，如君主帶給天下安寧，故「亨」。

初九：素履，往。无咎。

【譯】穿着素白的鞋子前去。沒有禍患。

【注】素履：素白色的鞋。履，鞋。《周禮·天官·屨人》有「素屨」，不加文飾，即素履。

【析】初九陽剛得位，居《履》之初，而與上無應，於是摒棄浮華，不受外界干擾影響，只以平常心行其素願。能夠如此，定然「无咎」。若占得此爻，意味以平實、簡樸、坦誠的方式待人處事，自可安然無恙地達致成功。

九二：履道、坦坦。幽人、貞吉。

【譯】走在寬廣平坦的大路上。占問隱者或囚徒之事，吉利。

【注】坦坦：平易之貌（《正義》）。　幽人：幽居、隱退之人，亦可引申指低調處世的人；或指幽閉、

幽囚之人。　按，道與初爻咎（均幽部）協韻；又坦（元部 an）、人（真部 en）、吉（質部 et）協韻：真元合韻；真質通韻（陽入對轉），故如此標點。

【析】九二陽剛得中，近比六三，陰陽諧協；三體巽（三至五），巽「其究為躁卦」，即震（震為決躁），震為足，為大塗（大路），故「履道坦坦」。但二失位，又與上無應，只宜謙退自持，幽獨守正。故「幽人貞」則「吉」。

六三：眇能視，跛能履。履，虎尾，咥人。凶。武人，為于大君。

【譯】瞎掉一隻眼睛看東西，〔怎看得清；〕瘸了一條腿走路，〔怎走得穩。〕踩着老虎尾巴，老虎咬人。凶險。武夫當了國君。

【注】眇（miǎo 渺）：一目小（《說文》），指一目失明，或弱視。　能：《集解》本作「而」，連詞。　履：踐踏，行走。　咥：咬噬。　武人：勇武之人，武士，軍人。　為于大君：猶「為大君」。為（wéi 圍），做，充當。「于」，介詞，表動作對象，可有可無，甲骨文多此例，如「來于祖乙」又可作「來祖乙」等。此以「武人為大君」影射厲王暴政。（詳參本書前文《〈周易〉成書於「共和」時代》第四節）　大君：天子，一國之君。《師．上六》：「大君有命。」　按，視、履、履（均脂部 ei）、尾（微部 əi）、人（真部 en）、人、君（文部 ən）協韻：脂真、微文分別通韻；又脂微合韻，故如此標點。

【析】本爻位不當，體兌，為毀折，有「眇」、「跛」之象。然又體離（二至四），離為目為明，故「眇能視」；上卦乾為健行，三爻應於上九，故「跛能履」。乾又為虎（參卦辭），六三躡乾之後，故呈「履虎尾」之象。三居離體（二至四），為甲冑戈兵，有「武人」象；而三應於上，上九體乾，為君：故「武人為于大君」。

此爻不中不正，以柔乘剛（據陽爻上），所為不順，猶非其才卻處其位，居其職，逞其能，故必不能勝任，終見害己害人而已，前途必定凶險。剛愎自用的武人充當國君，其厄有似於此。

九四：履，虎尾，愬愬。終吉。

【譯】踩着老虎尾巴，怕得瑟瑟發抖。最後吉利。

【注】愬愬（sè sè 嗇嗇）：恐懼貌（《釋文》引子夏）。

【析】此爻亦不中不正，躡九五之後，有「履虎尾」之象。但剛居柔位，體巽（三至五），能懷謙和戒懼之心，又下比六三，陰陽諧協，志意得行，故終獲吉祥。

九五：夬履。貞，厲。

【譯】穿破了鞋子。占問，危險。

【注】夬（guài 怪）：決也（《集解》引干），分決，破裂。

【析】所謂「踏破鐵鞋」。九五陽剛居中得正履君位，正擬大展拳腳，但乘、承皆陽（四、上爻），同性相斥，又下失其應，缺乏輔助、調協、制衡，遂至剛決過甚，陷入「夬履」的危機。此爻給自以為是、一意孤行的掌權者敲響警鐘。

上九：視履，考祥。其旋，元吉。

【譯】審視所作所為，考察吉凶徵兆。返回去，極其吉利。

【注】履：踐行，引申指所作所為。祥：吉凶的徵兆。旋：還（《廣雅》），返。元：最大。按，履（脂部）、吉（質部）通韻（陰入對轉）；祥（陽部 ang）、旋（元部 an）合韻，故如此標點。

【析】上九處《履》之終，可回顧以往之行事，而察其善惡吉凶休咎，故「視履，考祥」。本爻以陽居陰失位，但與六三有應，三為陽位，故返回則最吉。

若占得此爻，意味大功告成，須止步回頭，不可再盲目前闖。

十一 泰

乾下坤上

泰：小往，大來。吉，亨。

【譯】《泰》卦：小的去，大的來。吉祥，順利。

【析】〔卦名〕《泰》，義為通（《序卦》、王弼注），異常通順暢達。卦體下乾上坤，乾為陽為天，坤為陰為地，地氣上騰於天，天氣下降於地，成天地相交之象。天地陰陽二氣氤氳交接，意味有變化發展，而萬物通暢，故卦名為《泰》。在「十二消息卦」中，為代表正月初春、陽氣漸盛之卦。

〔卦辭〕下乾，上坤，乾為陽為「大」，坤為陰為「小」，自上而下稱「來」，自下而上稱「往」，故「小往，大來」。下卦為內，上卦為外，乾又為健為君子，坤又為順為小人，卦象內陽外陰，內健外順，內君子而外小人，表明君子道長，小人道消，故「吉，亨」。

初九：拔茅茹，以其彙。征，吉。

【譯】（自下而上）第一位，陽爻：連根拔茅草，牽引及同類。征行，吉利。

【注】茹（rú如）：茅根（《集解》引虞）。以：及，連及。彙：類（《正義》），種類。征：遠行；或征伐。按，茹（魚部a）、彙（歌部ai）與卦辭往、亨（均陽部ang）等協韻：魚陽通韻（陰陽對轉）；魚歌合韻；故應這樣標點。或作「拔茅，茹以其彙」（《周易全譯》），或作「拔茅茹，以其彙征」（《周易全解》）者，皆非是。

【析】初爻在下，故以根莖為言。此爻得位，與六四有應，四體震（三至五），震為動，故「拔」；震為萑葦，有「茅」象；又為足，有「茹」象；四又體坤，坤為眾，故為「彙」。初爻有意向上，因而有拔茅草連根相牽一大片之象。初與四應，乾為健行（參《需》），故「征」行則「吉」。

九二：包荒，用馮河，不遐遺。朋亡。得尚、于中行。

【譯】第二位，陽爻：葫蘆空又大，用來渡河，不可拋棄。丟失了錢。在中途會得人相助。

【注】包：讀為匏（páo刨），葫蘆（《類纂》、《今注》）。古代把掏空的葫蘆瓜曬乾，用其殼作浮水的

工具。　荒：虛，空（《詩．大雅．桑柔》毛傳）；大（《詩．周頌．天作》毛傳）。　馮（píng憑）河：徒涉（《爾雅．釋訓》）。馮，陵，超越。《詩．小雅．小旻》：「不敢馮河。」　不遐：不可，上古常語。遐，見紐魚部；可，溪紐歌部，皆牙音，韻母亦近，故可通假。《詩．大雅．抑》：「不遐有愆。」　遺：失，棄。　朋：朋貝，古代貨幣；一說謂朋友。參《坤》卦：「東北，喪朋。」　尚：祐助（《爾雅．釋詁》、《述聞》）；一說，匹配（王弼注）。按，尚，通黨，朋輩；此指伴侶，或志同道合、熱心相助之人，作動詞則解為祐助。此詞在《易經》共出現四次，另見《坎》、《豐．初九》、《節．九五》，義同。　中行（háng杭）：猶中路、中道，指道路中間；或半路中途。行，道路。《復．六四》：「中行獨復。」　按，荒、亡、尚、行（均陽部）協韻；河（歌部ai）、遺（微部əi）合韻，故應如此標點。諸本斷句、釋義多有誤。

【析】九二陽剛得中，與六五有應，五體坤，為川為河（參《坤》），故有「馮河」之象。下乾為金，二失位，體兌（二至四），兌為毀折，故「朋亡」。三至五互震，為大塗（大路），五居上卦中位，故曰「中行」；二與五應：故「得尚于中行」。

如占得此爻，會先失而後得，失小而得大。

九三：无平，不陂；无往，不復。艱貞，无咎，勿恤。其孚，于食、有福。

【譯】第三位，陽爻：沒有平地而不起伏的，沒有前行而不返回的。占問艱難的事，沒有禍患，不必耽憂。只要保持誠信，定有飲食之福。

【注】陂（pō坡）：傾（《集解》引虞），斜，不平。復：返。艱：難（《爾雅・釋詁》）。貞：占問。恤：憂（《集解》引虞）。其：連詞；表條件。孚：信。食：指飲食、俸祿等。按，平、貞（均耕部 eng）、恤（質部 et）合韻；陂（歌部 ai）、往（陽部 ang）合韻；復（覺部）、咎、孚（均幽部）通韻（陰入對轉）；食、福（均職部）協韻，故如此標點。

【析】九三陽剛得位，與上六剛柔相應，故「孚」。二至四互兌，為口，有「食」象。乾純陽至健，故為「福」。三處乾末，已居《泰》之半，行將向《否》方轉化，因而出現由「平」而「陂」，由「往」而「復」種種波折，但結果仍佳，故得「无咎」而「有福」。

若占得此爻，會遇到些困難曲折，只要堅定信心，秉持美德，自有後福。

六四：翩翩。不富、以其鄰。不戒，以孚。

【譯】第四位，陰爻：飄飄然四處遊逛。由於他鄰人的關係而不能致富。不加防範，而輕信於人。

【注】翩翩：飛翔貌。喻指漫不經心、天真無知的樣子；或輕佻儇薄的態度。以：因。或釋為「及」、連及，則句意為「不帶挈他的鄰居一起致富」。戒：戒備、提防。以：而；連詞。孚：信。按，翩、鄰（均真部），富、戒（均職部）分別協韻，故應如此標點。諸本斷句多誤。

【析】爻辭活畫出一個涉世未深、輕信別人的小青年的形象；或一個儇薄輕佻、無所用心的貴介公子的形象。本爻體震（三至五），震為動為飛，故「翩翩」。又體坤，坤虛無陽，故「不富」（《集解》引虞）；前臨重陰（五、上），同性相斥；又以柔乘剛，所為不順；而二至四互兌，兌為毀折，故「不富、以其鄰」。雖陰柔得位，與九二孚應，但《泰》已過其半，如不引起警覺，很易招致損失。

占得此爻，須小心擇鄰，交友，慎防有人妨害正道，造成你的損失。

六五：帝乙，歸妹。以祉，元吉。

【譯】第五位，陰爻：帝乙嫁女。有福氣，極其吉利。

【注】帝乙：又稱文武帝乙（見周原甲骨H11:1），商紂王之父，與西伯姬昌（周文王）同時。　歸妹：嫁女。歸，女子出嫁；妹，少女的通稱（王弼注）。按，《詩．大雅．大明》：「文王初載，天作之合。……文王嘉止，大邦有子，大邦有子，俔天之妹。文定厥祥，親迎於渭。」有人認為，詩中描寫的文王娶於大邦（商）的情景，正就是「帝乙歸妹」之事（《故事》）。　以：有。《楚辭．九辯》：「君之門以九重。」　祉（zhǐ止）：福。　元：最大。　按，乙、吉（均質部 et）與妹（物部 ət）、祉（之部 ə）合韻，故如此標點。

【析】六五柔得中履尊位，居震體（三至五），震為君侯，有「帝乙」之象；震又為行為「歸」；五應於二，二體兌（二至四），為少女：故「帝乙歸妹」。二又體乾，乾純陽至健，故為福「祉」。上下卦中爻剛柔相應，故「元吉」。（按，九二「得尚於中行」，正指六五，兩爻顯見有互應之處。）

上六：城，復于隍。勿用師，自邑、告命。貞，吝。

【譯】最上位，陰爻：城牆倒塌在外壕裏。從城中傳來命令：不可遣兵作戰。占問，有困厄。

【注】復：通「覆」。　隍（huáng 皇）：護城的外壕。《說文》：「隍，城池也；有水曰池，無水曰隍。」　師：軍隊。　邑：此指都城。　告命：《集解》引九家：「告命者，……宣佈君之命令也。」　吝：難。

按，城、貞（均耕部 **eng**）、隍（陽部 **ang**）合韻；師（脂部）、命（真部）通韻（陰陽對轉）；邑（緝部 **əp**）、吝（文部 **ən**）合韻，故如此標點。

【析】坤為地，為河川（參《坤》），有城池之象；本爻下應九三，三體兌（二至四），為毀折：故「城復于隍」。震（三至五）為君侯，為言為「命」（參《師．九二》）；兌（二至四）為口為「告」，故「自邑告命」。坤又為眾為「師」；上六居陰得位，又與三有應，但《泰》已至極，《否》將來臨，故宜守不宜攻，因有「勿用師」之命令。如占得此爻，要有面對較大困難的心理準備。

〔筮例〕

何女士八十一歲，入住廣州芳村某醫院，因肺、腎衰竭，已不能進食，僅靠輸液維持。主治醫生說最多捱不過當天（二〇〇一年八月三日）下午，囑親屬準備後事。有人即時在病人牀前起卦，得《泰》六五爻。辭為：「帝乙、歸妹。以祉，元吉。」嫁女為喜事；此爻柔得中履尊位，與下有應。《象》辭謂「中以行願」，是說能按正中之道實現自己的願望。對女士顯然為吉兆。故斷定何氏至少當天應可無事。果然當天無礙，而且直到八月十五日何氏尚在醫院（當然仍需靠輸液維持）。後來因未再跟進，不知情況如何。

十二　否

坤下乾上

否：〔否〕之匪人。不利君子貞。大往，小來。

【譯】《否》卦：讓壞人為非作惡。不利於占問君子之事。大的去，小的來。

【注】否（pǐ痞）：由閉塞不通，引申為惡劣、不善（參《鼎・初六》「利出否」）；此用作動詞，指作惡，幹壞事。　之：用同「於」；這裏表被動。　匪人：注見《比・六三》：「比之匪人。」

【析】此卦可能如《履》卦般，因卦辭首字與卦名相同而省去，今補上。

〔卦名〕《否》，義為阻隔、閉塞（《釋文》、《序卦》、《本義》等）；壞劣、不善。與《泰》成「倒卦」，義亦相反。卦體下坤上乾，坤為陰為地，乾為陽為天，天氣上升而不下降，地氣下沉而不上升，天地隔絕，陰陽二氣互不交接，萬物凝滯不通，亦猶君臣、官民上下阻隔，則邦國難以治理，天下必亂，所以卦名為《否》。在「十二消息卦」中，為代表七月初秋，暑往寒來、陰氣漸盛之卦。

〔卦辭〕下坤為內卦，上乾為外卦，乾為剛為君子，坤為柔為小人，卦象內陰外陽，內柔外剛，內小人而外君子，表明小人道長，君子道消，「匪人」弄權於內，為非作惡，故「不利君子貞」。乾又為陽為「大」，坤又為陰為「小」，自下而上稱「往」，自上而下稱「來」，故「大往，小來」。若占得此卦，君子宜暫時韜光自晦，有所不為，不可為追求名利、權位，而與壞人沆瀣一氣。

初六：拔茅茹，以其彙。貞，吉，亨。

【譯】（自下而上）第一位，陰爻：連根拔茅草，牽引及同類。占問，吉祥，順利。

【注】拔茅茹，以其彙：注見《泰．初九》。

【析】初爻在下，故以根莖為言。此爻以陰居陽，失位，然處《否》之初，其惡未顯，且與九四剛柔相應，故仍「吉，亨」。本爻與《泰．初九》成「反對之象」，而爻辭基本相同，可互參。

六二：包承。小人吉，大人否。亨。

【譯】第二位，陰爻：包裹俎肉。小人吉利，大人不吉。順利。

【注】包：裹（《廣雅．釋詁》）；本或作「苞」（《釋文》），義同。 承：通「脀（zhēng 蒸）」，放在鼎、俎（盛祭品之器物）中的熟肉（《今注》）。 否（fǒu 缶）：不（《說文》）。漢帛《易》、漢簡《易》均作「不」。

【析】六二居下卦中位，有「包」象；二至四互艮，艮為獸畜，有肉象，故「包承」。此陰爻得位，上應九五，陰為小人，故「小人吉」。當《否》之時，陰長陽消，小人得志，對九五「大人」而言自然「不吉」；幸而六二居中得正，能行中正之道，故結果仍「亨」通。

六三：包羞。

【譯】第三位，陰爻：包裹美食。

【注】羞：美味的食物。甲骨文作以手持羊會意。《周禮．天官．膳夫》鄭玄注：「羞，有滋味者。」

【析】三爻在全卦之中位，亦有「包」象（參《易學乾坤》）；居艮體（二至四），艮為獸畜，為肉食，故有「包羞」之象。此爻陰居陽位，不中不正，但與上九有應，其爻辭內容與六二相近，故應當也是否中帶亨之兆。

九四：有命。无咎。疇離祉。

【譯】第四位，陽爻：有命令頒下。沒有禍患。同儕也一起得福。

【注】命：命令。《師·上六》：「大君有命，啟邦承家。」　疇（chóu籌）：類（《集解》引九家），指同僚、同伴等。一說，誰（《爾雅·釋詁》）：疑問代詞。問誰人可得福祉。　離（lì麗）：通「麗」；附（《集解》引九家），得到。　祉：福。

【析】爻體巽（三至五），巽為「命」（參《訟·九四》）。上卦乾，純陽至健，為福「祉」。至此，《否》已過中，行將轉勢，而本爻失位，幸與初六有應，又下據群陰，陰陽諧協，故「无咎」。「疇離祉」，指下三陰共蒙受上乾之福祉。

九五：休否。大人吉。其亡，其亡，繫于苞桑。

【譯】第五位，陽爻：制止壞人作惡。貴人吉利。快滅亡了，快滅亡了！（國家命脈已危危乎，就如）繫於桑樹叢的枝條上。

【注】休：息（《釋文》），使停止。　否（pǐ痞）：此指壞人及其惡行（參卦辭）。　其：副詞，表將然。　苞（bāo包）桑：叢生之桑。苞，草木叢生貌。《詩·唐風·鴇羽》：「肅肅鴇行，集于苞桑。」

【析】由於壞人當道，國家已瀕臨滅亡邊緣，王朝命脈就如繫於叢桑的枝條上那樣「岌岌乎殆哉」，所以必須撥亂反正，終止壞人的統治。爻意與厲王末年的形勢密切相關（詳見本書前文《〈周易〉成書於「共和」時代》第四節）。

《否》至於五，行將終盡，故呈「休否」之象。此爻陽剛中正履尊位，為「大人」，下應六二，故「吉」。九五體巽（三至五），巽為木為「桑」，又為繩為「繫」；五居上卦中位，有「包（苞）」象，故「繫于苞桑」。巽又為風為隕落，故有「其亡」之懼。

上九：傾否。先否，後喜。

【譯】最上位，陽爻：徹底推翻作惡的壞人。起先情況不妙，後來喜獲成功。

【注】傾：覆（《集解》引侯），翻倒。　否：前者讀否（pǐ痞），指壞人、惡行；後者讀否（fǒu缶），注見二爻。　喜：功成則「喜」。

【析】上九剛居卦極，有力「傾」覆其「否」。《否》已盡則《泰》將來，故呈「後喜」之兆。此爻居陰失位，故「先否」；下應於三，故「後喜」。本爻當指厲王的虐政終被推翻，「共和」體制成功建立。與九五爻意一脈相連。

十三　同人

離下乾上

同人：〔同人、〕于野。亨。利涉大川。利君子貞。

【譯】《同人》卦：在野外〔聚集眾人〕。順利。利於涉渡大河。利於占問君子之事。

【注】同：合會（《說文》），聚集；《詩·豳風·七月》：「二之日其同，載纘武功。」引申為協同、和合。　野：邑外謂之郊，郊外謂之牧，牧外謂之野（《爾雅·釋地》）。　涉大川：喻涉險難，成大事（參《需》卦）。　按，人（真部 en）、川（文部 ən）、貞（耕部 eng）合韻；野（魚部）、亨（陽部）通韻（陰陽對轉），故這樣標點。

【析】參楚簡《易》之《艮》卦例，此卦卦辭首兩字可能因與卦名相同，傳抄時被省去，今補上。

〔卦名〕《同人》，義為聚集眾人；進而和同於人，令彼此志同道合，團結一致（《序卦》、《雜卦》、《正義》）。卦體下離上乾。乾為天，離為日，有天日同明之象；又離為火，天體在上，火亦向上，取向相同；九五陽剛居中得位，六二陰柔居中得位，上下卦中爻剛柔相應，意味上下同心，故卦名《同人》。

〔卦辭〕卦中唯六二一陰，上下五陽與之相友善，有「同人」聚眾之象。下離為內卦，上乾為外卦，離為文明，乾為剛健，內文明而外剛健，合乎君子之道，故「亨」通，「利君子貞」。剛健則能行，同心則易濟，故「利涉大川」。《二三子》：「孔子曰：此言大德之好遠也。……和同者眾，以濟大事，故曰『利涉大川』。」

初九：同人、于門。无咎。

【譯】（自下而上）第一位，陽爻：在門前聚集眾人。沒有禍患。

【注】門：指王門。《周禮．地官．大司徒》：「若國有大故，則致萬民於王門。」鄭注：「大故，謂王崩及寇兵也。」　按，人（真部 en）、門（文部 ən）合韻，故點斷。

【析】初爻在下，稱「門」；二爻稱「宗」，漸次深入。下卦離為戈兵，有軍旅之象；本爻陽剛得位，近比六二，陰陽諧協，故「同人于門。无咎」。

六二：同人、于宗。吝。

【譯】第二位，陰爻：在宗廟聚集眾人。有困厄。

【注】宗：祖廟（《說文》）。　吝：困難，不順利。　按，人（真部 en）、吝（文部 ən）合韻，故點斷。

【析】《春秋．莊八年》杜注：「治兵於廟，習號令。」正義：「治兵，習戰也。」爻辭說在宗廟前行「大蒐」之禮（參《西周史》），是出兵前的檢閱與演練。《二三子》：「孔子曰：此言其所同唯其室人而已，……故曰貞『吝』。」

二為離之主爻，離體外堅中虛，有宗廟象；離又為戈兵，故「同人于宗」。二至四互巽，巽為不果，故「吝」。

九三：伏戎于莽，升其高陵。三歲不興。

【譯】第三位，陽爻：在叢莽中埋伏軍隊，登上那高丘。數年不興兵。

【注】戎：兵（《說文》）；指武器，或軍隊。　莽：草叢（《說文》）。又叢木（《釋文》引鄭）。　升：漢帛《易》作「登」。　陵：山丘，高地。　三歲：數年。三為虛數。　興：起（《集解》引虞）。

【析】「三歲不興」，說明敵強我弱，只能固守，不敢揮軍進擊。下卦離為戈兵，二至四互巽，巽為隱伏，又為草木，故有「伏戎于莽」之象。巽又為高，三至五互乾，乾為行，故「升其高陵」。此爻陽剛得位而不中，與上無應，且前臨重陽（四、五），同性相斥，頻頻遇敵，故有「三歲不興」之象。

若占得此爻，宜隱忍以待時，方為上策。

九四：乘其墉，弗克攻。吉。

【譯】第四位，陽爻：登上那城牆，卻不發動進攻。吉利。

【注】乘：升，登（《釋名》）。　墉（yōng 庸）：城牆（見《說文》）。　弗：不。　克：能（《爾雅·釋言》），原指客觀可能；這裏表主觀意願。

【析】巽（二至四）為高故為「墉」，爻居巽末，故「乘其墉」。巽又為不果，故「弗克攻」。此爻不中不正，與下無應，欲和同於二，又為三所阻，故若不勉強行事，居高臨下，「引而不發」，則可得「吉」。《孫子》云：「不戰而屈人之兵，上之上者也。」有類於此。

九五：同人，先號咷，而後笑。大師，克相遇。

【譯】第五位，陽爻：眾人起初嚎啕大哭，後來破涕為笑。大軍終能勝利會師。

【注】同人：所聚集之眾人。　號咷（háo táo 豪逃）：啼呼（《釋文》）。　師：眾；此指軍隊。　克：能。

按，人（真部）、師（脂部）通韻（陰陽對轉）；咷、笑（均宵部 ô）、遇（侯部 o）合韻，故這樣標點。

【析】九五陽剛居中得正處尊位，下應六二，有同心之象，但中間為四、三兩剛爻所阻，未易和同；而二至四互巽，巽為風，為雞，有「號」象：故「先號咷」。巽又為「笑」，離為電為明，亦有笑象；因五、二正應，終能「相遇」，故有「後笑」之象。乾、離皆為人，離又為甲胄、戈兵，故稱「大師」。

若占得此爻，將會反敗為勝，轉禍得福，先悲後喜。

上九：同人、于郊。无悔。

【譯】最上位，陽爻：在郊外聚集眾人。沒有悔恨、煩惱。

【注】同人于郊：似指祝捷致祭，猶《詩．大雅．皇矣》所寫戰後「是類是禡」之「師祭」（參《通義》）。

【析】爻居上位，故曰「郊」，偏遠之謂。上九以陽剛居《同人》之極，意味極度同心，所以「无悔」。

按，全卦言師旅、征戰之事，強調舉國齊心協力。從備戰演練開始，到凱旋祝捷結束。「門」、「宗」、「陵」、「墉」、「郊」，取象由近及遠，爻位亦由下而上，層次井然。

十四　大有

乾下離上

大有：元亨。

【譯】《大有》卦：極其順利。

【注】元：最大。　亨：通。

【析】〔卦名〕《大有》，義為極多，指廣大包容，所有者多（《序卦》、《雜卦》、王弼注）；又為大豐收、大富有（《公羊傳．宣十六年》，《集解》引姚）。有，多、豐足。卦體上離下乾，離為火為明，乾為天，呈火在天上，光明普照四方之象，也是無所不包之意；又卦體六五一陰處尊位、君位，而上下五陽與之剛柔相應，有廣納兼容之象，故卦名《大有》。

〔卦辭〕下卦乾為剛健，上卦離為文明，內剛健而外文明。有此剛健文明之德，能順天應時而行，必定無往不通，無所不順，故「元亨」。

初九：無交害，匪咎。艱則无咎。

【譯】（自下而上）第一位，陽爻：不互相為害，便不成禍患。遭遇艱難也沒有禍患。

【注】交：交互。《左傳·隱三年》：「周鄭交惡。」杜預注：「兩相疾惡。」　匪咎：不成其咎。匪，非；咎，災害，禍患。　則：而（《釋詞》）；連詞。

【析】初九陽剛得位，而失應於四，雖無「交利」，亦無「交害」。只要艱貞自守，自可得「无咎」。

九二：大車、以載，有攸往，无咎。

【譯】第二位，陽爻：用大車乘載，有所往，沒有禍患。

【注】大車：大夫之車。《公羊傳·昭二十五年》：「《禮》，天子大路，諸侯路車，大夫大車，士飾車。」一說，牛車（《正義》）。　載：乘（《說文》），乘坐；又運（《廣韻》），裝運。　按，車（魚部）、往（陽部）通韻（陰陽對轉）；載（之部 ə）、咎（幽部 u）合韻，故這樣標點。

【析】九二上應六五，五體離，離外堅中虛，有「車輿」象（參《小畜·九三》），故「大車以載」。本爻陽剛得中，而位不當，但與上有應，故前往可得「无咎」。

九三：公用亨于天子，小人弗克。

【譯】第三位，陽爻：公侯獲天子宴饗，小民不可能。

【注】用：助動詞，表動作的實施、進行。《離・上九》：「王用出征。」 亨：通「享」、「饗」，宴飲（《釋文》引干）。一說，獻（《釋文》引京），致貢（《今注》）；則句意為「公侯向天子朝貢」。 弗：不。 克：能。

【析】本卦諸陽皆應於六五，五為君為天子；三為臣，得位，處兑體（三至五），兑為口：故「公用亨于天子」。

九四：匪其彭。无咎。

【譯】第四位，陽爻：文彩斐然，聲容美盛。沒有禍患。

【注】匪：通「斐」，文彩貌。《詩・衛風・淇奧》：「有匪君子。」毛傳：「文章貌。」 其彭（bāng 邦）：猶彭彭，聲容壯盛的樣子。《詩・魯頌・駉》：「有驪有黃，以車彭彭。」毛傳：「彭彭，有力有容也。」其，助詞，無義，如《詩・邶風・擊鼓》：「擊鼓其鏜」之其。

【析】此爻以陽居陰，位不當，與下無應，然處上卦離之始，離為文明，故有「匪其彭」之象。六五柔居君位，四以剛處其下，能謙恭自抑，故「无咎」。

六五：厥孚交如，威如。吉。

【譯】第五位，陰爻：他信譽昭著，又有威儀。吉利。

【注】厥：其；第三人稱代詞。孚：信。交如：顯明的樣子。交，讀為「皎」，明貌（《今注》）；如，形容詞詞尾。威如：威嚴的樣子。

【析】全卦以六五一陰獨居尊位、君位，上下五陽爻皆敬而應之；五居離體，離為明：故「厥孚交如」。五為君，故「威如」。

若占得此爻，當會左右逢源，十分吉利。

上九：自天，祐之。吉，无不利。

【譯】最上位，陽爻：上天庇祐他。吉祥，無所不利。

【注】祐：助（《說文》），神助（《廣韻》）。楚簡、漢帛《易》作「右」。《詩·周頌·我將》：「維天其右之。」按，天（真部）、吉、利（均質部）通韻（陽入對轉）。

【析】上九陽剛居《大有》之極，雖失位，與下無應，但近比六五，陰陽相得；五為天位、君位，得其相助：故「自天祐之。吉，无不利」。

〔筮例〕

《左傳·僖二十五年》：「秦伯師於河上，將納王。狐偃言於晉侯曰：『求諸侯莫如勤王。諸侯信之，且大義也。繼文之業而信宣於諸侯，今為可矣。』……公曰：『筮之。』筮之，遇《大有》䷍之《睽》䷥（按，即《大有》三爻變，故以之為占）。曰：『吉。遇「公用亨于天子」之卦。戰克而王饗，吉孰大焉。』」

晉侯，指晉文公；王，指周襄王，當時因變亂正逃亡在外。狐偃勸晉文公出兵「勤王」，認為既可救助王室，又可得諸侯的擁戴，一舉兩得。占筮結果是：因戰勝而受到周王的宴饗款待；為吉兆。可見本卦九三爻辭應釋作被動句而非主動句，與「王用亨于西山」（《隨·上六》）、「王用亨于岐山」（《升·六四》）、「王用享于帝」（《益·六二》）等不同。

十五　謙

艮下坤上

謙：亨。君子有終。

【譯】《謙》卦：順利。君子有好結果。

【注】亨：通。　有終：有圓滿結果，有好結局（參《坤．六三》）。

【析】〔卦名〕《謙》，義為謙遜，退讓（《彖》、《序卦》、《雜卦》等）。卦體上坤下艮。坤為地，艮為山，山在地底，有以高下卑，降己升人之象；又地中有山，為卑下中蘊含崇高之象，故卦名為《謙》。

〔卦辭〕謙下退讓，先人後己，以此態度待人接物，必然受益，所在皆通，獲得好結果，故「亨。君子有終」。

初六：謙謙。君子，用涉大川，吉。

【譯】（自下而上）第一位，陰爻：非常謙虛。君子以〔此態度〕涉渡大河，吉利。

【注】謙謙：謙而又謙。形容詞重疊，表示程度加深。 用：以；介詞，表方式、憑藉。 按，子（之部 ə）、川（文部 ən）合韻，故如此標點。

【析】初爻居卦下，為「謙」；下卦艮二陰承陽，亦為「謙」：故「謙謙」。二至四互坎，坎為水為「大川」，初爻臨此水險，而有謙謙之德，必可安然涉渡，故呈「吉」兆。

六二：鳴謙。貞，吉。

【譯】第二位，陰爻：有聲望而又謙虛。占問，吉利。

【注】鳴：通「名」（《廣雅·釋詁》），有名氣。

【析】此爻柔居中得正位，有中正之心，與謙遜之德正相一致；上承九三，以柔從剛，三體震（三至五），為善鳴，故有「鳴謙」之「吉」象。

九三：勞謙。君子有終，吉。

【譯】第三位，陽爻：有功勞而又謙虛。君子有好結果，吉利。

【注】勞：功。《周禮．司勳》：「事功曰勞。」　有終：注見卦辭。

【析】九三體坎（二至四），坎為勞；又甘居眾陰爻下，呈「謙」象，故「勞謙」。以陽居陽，位當，有「君子」之象；下卦艮為止為終，三爻處艮末，故「君子有終」。與上六剛柔相應，故「吉」。

六四：无不利。撝謙。

【譯】第四位，陰爻：無所不利。樂於助人而又謙虛。

【注】撝：讀為「為」，施也（《廣雅．釋詁》），有施行、施予之意。《老子》：「為而不恃。」謂有施於人，而不居德自恃，與此「撝謙」意同（參《今注》）。

【析】本爻居陰得位，兼處坎體（二至四）、震體（三至五），坎為勞，震為動為行，均有「撝」象；又下比於三，上承於五，有樂於助人、謙而自處之象，故「无不利」。

六五：不富、以其鄰。利用侵（寢）伐，无不利。

【譯】第五位，陰爻：由於鄰人的關係不能致富。利於停止攻伐，無所不利。

【注】不富以其鄰：參《泰．六四》。　用：于（於）。　侵：《釋文》引王廙作「寢」，止息。疑是。《左傳．莊二十九年》：「凡師，有鐘鼓曰伐，無曰侵，輕曰襲。」孔疏：「鳴鐘鼓以聲其過曰伐，寢鐘鼓以入其

竟（境）曰侵，掩其不備曰襲。」按，富字入韻，故點斷。

【析】若近鄰有不是，也應以和為貴，不可輕啟戰端。須知「兵者是凶器，聖人不得已而用之」也。五體坤，坤虛故「不富」；此爻位不當，且乘、承皆陰（四、上爻），同性相斥；又鄰於坎（二至四），坎為盜：故「不富以其鄰」。但柔得中處尊位，居震體（三至五），震為雷為動，有用武象；而五不應二（同為陰爻），孤立無助，且鄰於坎，坎為陷，故「利用寢伐」。與《大畜・九三》「曰閑輿衛」之文意、爻象有相類之處，可互參。

上六：鳴謙。利用行師，征邑國。

【譯】最上位，陰爻：有聲望而又謙虛。利於出兵，征討（不義的）城邑、邦國。

【注】鳴謙：注見二爻。　利用：楚簡《易》作「可用」。　行師：遣兵作戰；師，軍隊。　征：征伐。《書・胤征》孔傳：「奉辭伐罪曰征。」　邑：此指城邑，或卿大夫的封地。　國：指諸侯國。　按，末句楚簡《易》作「征邦」，漢帛《易傳・繆和》作「征國」，均無「邑」字。

【析】前面一直積極主張要虛懷禮讓，樂助他人，功成不居，以和為貴……到此爻終於出手，但嚴格限於「奉辭伐罪，征討不義」，說明對罪惡絕不姑息手軟，所以，這不但沒有違背「謙謙」之德，而且令「君子」的人格更趨完整，達到更理想的境界。

上六柔得位，居《謙》卦之極，下應九三；三體震（三至五），震為善鳴：故有「鳴謙」之象。上卦坤為眾為「師」，又為地為「邑國」；震為「行」，兼有用武之象；今三、上相應：故「利用行師，征邑國」。

〔筮例〕

二〇〇〇年，正是「科網股」炙手可熱，走俏全球，形成股票市場「逢網必升」的熱浪之際。香港先有Tom.com在一九九九年底於創業板掛牌上市（編號八〇〇一），因有長（實）和（黃）系之強大後盾，所以立刻哄動全城，逾四十五萬散戶參與認購，「入票」站前人海瀾翻，全港多處交通為之阻塞。結果超額認購六百七十倍，集資八億七千六百萬港元，並創出股價立刻連翻數倍的神話。不久，另一實力雄厚的「新意網」（編號八〇〇八）亦獲准上市。眼看唾手可得的發財機會，人們又豈肯輕易放過，於是，城中又掀起另一番搶購新股的熱潮。有朋友見此情景，便筮一卦，得《謙．六五》，因有「无不利」之語，於是也不甘後人，積極入票認購該股。殊不料，有另一科網股亦已由聯交所批准上市，幾乎同時推出，遂分散了市面資金，大大削弱了「紅盤」效應。結果上市之後，新意網股價僅升數元（不足一倍），旋即慢慢回落，後來更跌穿招股價。經此一役，朋友才恍然醒悟，原來「不富以其鄰」，「利用寢伐」，應當如此理解。

十六 豫

坤下震上

豫：利建侯，行師。

【譯】《豫》卦：有利於封立諸侯，行軍作戰。

【注】建侯：冊封諸侯。《屯》：「利建侯。」 師：軍隊。《謙．上六》：「利用行師，征邑國。」

【析】〔卦名〕《豫》，義為和樂安逸（《序卦》，《釋文》引馬，《正義》等）；而走向極端，則變為驕縱或怠惰，故《雜卦》曰：「豫，怠也」。秦簡《歸藏》卦名作「介」，若釋為止（《詩．甫田》「攸介攸止」鄭箋），則義近安樂；如釋大（《爾雅．釋詁》），則義近驕縱。卦體上震下坤。震為雷，坤為地，有雷出地奮之象。雷聲震野，驚嚇萬方，顯得驕橫自大；但雷既出地震動，萬物被陽氣而生，皆安逸和樂而懶洋洋，故卦名為《豫》。本卦卦辭取強橫盛大之意，而各爻辭則多與豫樂有關。

〔卦辭〕震為君侯（參《屯》卦），又有用武之象（參《師·六五》），而坤為師眾，為順；上下卦陰陽相孚，順勢而動，故「利建侯，行師」。

初六：鳴豫，凶。

【譯】（自下而上）第一位，陰爻：有聲望而耽於逸樂，凶險。

【注】鳴：名（參《謙·六二》）。　豫：樂（《爾雅·釋詁》），怠（《玉篇》）。

【析】初爻上應九四，四體震，為善鳴，又為動，有作樂之象，故「鳴豫」。此爻陰居陽位，位不當，欲往應四，而前遇重陰（二、三），同性相斥，為其所阻，故「凶」。

六二：介于石，不終日。貞，吉。

【譯】第二位，陰爻：僵硬如石，不滿一天。占問，吉利。

【注】介：或作「砎」（《釋文》），硬也（《廣韻》）。又，介或釋舍止（《詩·甫田》鄭箋），則爻意謂躺在石上休憩，縱然不滿一天，也很寫意。可備一解。　于：如。

【析】二爻體艮（二至四），艮為石，為堅，有「介于石」之象；而承、乘皆陰（三、初爻），同性相斥，又與上無應，故「不終日」。但以柔居中得正，所以「吉」。

《老子》云：「飄風不終朝，暴雨不終日。」可知待人處事，必須剛柔並濟，既講原則，又要靈活變通，始能收到良好效果；若永遠堅持強硬、僵化的不妥協態度，缺乏靈活性，到頭來只會處處碰壁而已。又或者，做人整天繃着面孔，老是機械式、緊張兮兮地過生活，有何樂趣？故云「介于石，不終日」。《繫辭．下》云：「子曰：『……介如石焉，寧用終日，斷可識矣。君子知微知彰，知柔知剛，萬夫之望。』」正中其意。若占得此爻，領會這一道理，自能趨「吉」避凶。

六三：盱豫，悔；遲有悔。

【譯】第三位，陰爻：大清早便尋歡作樂，會悔恨；其後再生悔恨。

【注】盱（xū虛）：一作「旴」，通「旭」，日始出（《釋文》引姚），指清晨。一說，「睢盱而豫，悔亦生焉」（王弼注），睢盱為「喜悅之貌」（《正義》）。漢簡《易》盱字作「歌」，楚簡《易》作「可」，可與歌韻同（歌部）聲近（溪、見旁紐），故可相通；則句意為歌詠作樂。《二三子》：「卦曰：『盱予（豫），悔。』孔子曰：此言鼓樂而不忘德也。……」與王注、簡《易》意相近。　遲：晚（《廣雅．釋詁》）。　有：通「又」。悔而又悔，表示極度懊悔。

【析】爻辭說因過早耽於逸樂而生重重悔恨。《管子．形勢》云：「曙戒勿（忽）怠，後穉（遲）逢殃。」

謂早晨怠惰，則暮夜遭殃。忽猶怠，遲猶暮（聞一多說）。正取其意。三爻居艮體（二至四），艮為止，有「逸豫」意。但其位不中不正，且與上無應，所以「悔」而又「悔」。一說，此謂豫樂應適時，早、遲皆有悔，「三位非中，故云」（《初稿》）。

九四：由豫，大有得。勿疑，朋盍簪。

【譯】第四位，陽爻：遊獵作樂，大有所獲，不必疑惑。朋友會聚一起。

【注】由：讀為「逐」，追也（《說文》），此指馳逐田獵之事。由、逐通韻（陰入對轉），均舌音，故可通假；《大畜·九三》「良馬逐」，楚簡《易》作「良馬由」，可證。又，另本由作「猶」，猶豫，疑也（《釋文》引馬）；楚簡《易》作「猷」，意同。　大有得：所得甚豐。有，多，豐足（參《大有》）。　盍（hé 合）：合（《集解》引虞）。　簪：《集解》引侯：「朋從大合，若以簪簪（zān）之固括也。」此爻一陽貫五陰，故以束髮為喻。　按，另本簪作「戠」（zhì 志），聚會也（《集解》引虞）；得（職部）、疑（之部）、戠（職部）通韻（陰入對轉），故從音韻看，「戠」字似更可取。又，《釋文》引鄭云：「簪，速也。」可釋為「朋友迅速會合」。而漢帛《易》簪作「讒」，意謂勿疑朋友串同說自己壞話，也可備一解。簪、戠、讒等字皆以音近互通。

【析】上卦震，有田獵之象（參《師·六五》），又為動，有作樂象。四又體艮（二至四），艮為手，為取；下卦坤，坤為眾；四為《豫》卦之主，是卦中唯一陽爻，體剛心直，志不疑惑，上下五陰爻順而附之，陰陽諧協，故呈「大有得」、「勿疑」、「朋盍簪」之象。

六五：貞疾，恆不死。

【譯】第五位，陰爻：占問疾病，長久不會死去。

【注】恆：常，長久。　按，疾（質部）、死（脂部）通韻（陰入對轉），故應如此標點。或以「疾恆」連讀，釋為病久（如《周易古經今注》、《通義》等）者非是。

【析】病而不死，自然也算得上是可「樂」之事。

六五以柔乘剛（九四），所為不順，處坎體（三至五），坎為病，因有「疾」象。但爻居中位、尊位，能行正中之道，而上卦震為反生，故「恆不死」。

上六：冥豫。成有渝。无咎。

【譯】最上位，陰爻：夜裏尋歡作樂。功成復生變故。沒有禍患。

【注】冥：幽（《說文》），夜晚。　有：又（楚簡《易》）。　渝：變（《集解》引虞）。

【析】六三「盱豫」，上六「冥豫」，一早一晚，相對而言。上卦震，為動，有作樂之象。此爻處《豫》

卦之極，而下失其應，雖有「成」，但日夜貪圖享樂，不思進取，其成功亦勢難持久；居震體，震為動，為變，故「成有渝」。但上爻居陰得位，故「无咎」。

若占得此爻，暫可無患，但長此以往，慎防「死於安樂」。

十七　隨

震下兌上

隨：元亨，利貞。无咎。

【譯】《隨》卦：極其順利，利於占問。沒有禍患。

【注】元：最大。亨：通。貞：占問。

【析】〔卦名〕《隨》，義為跟從，追隨（《彖》、《序卦》等）。卦體下震上兌。震陽卦，兌陰卦，震為動，兌為悅，震處兌下，即剛來下柔，動而喜悅，有樂於相隨之象；又震為長男，兌為少女，有男女相從之象；又震為春天之卦，兌為秋天之卦，春秋相繼，有季節循環之象，故卦名為《隨》。又，卦義為隨宜（《繫辭・下》韓注）。兌為澤，震為雷，澤中有雷，即雷隱藏於澤中，意味隨時之所宜，或動或息；正如人也應日出而作，日入而息，故卦名為《隨》。

〔卦辭〕下卦為內，上卦為外，內外二卦陰陽相得，動而喜悅，如男女相從，又像四季循環，生生不已，所以「元亨，利貞。无咎」。

初九：官有渝。貞，吉。出門交，有功。

【譯】（自下而上）第一位，陽爻：館舍又再毀壞。占問，吉利。出門與人交往，有成效。

【注】官：古「館」字（俞樾《兒笘錄》），《釋文》引蜀才本作「館」。　有：又（楚簡《易》）。　渝：變。《豫．上六》：「成有渝」。此指傾圮毀壞。　交：交往，結交。《論語．學而》：「與朋友交而不信乎？」　功：成（《爾雅．釋詁》），謂成績，效果。　按，交字入韻，故點斷。

【析】因館舍損壞，被迫出門，可算隨機而動，果然有所獲。

初爻位當，雖與四無應，然近比六二，陰陽相得，故「吉」。下卦震，為動，為變；二至四互艮，艮為門闕，為「館」，故呈「館有渝」之象。震又為行為「出」；初爻前遇重陰（二、三），陰陽相「交」，必合，故「出門交，有功」。

六二：係小子，失丈夫。

【譯】第二位，陰爻：綁住小孩，走失了漢子。

【注】係：縛（《集韻》）。　小子：小孩子。《詩．大雅．板》「小子蹻蹻」孔疏：「小子是幼弱無知之稱，以其不可教誨，故謂之小子。」　丈夫：指成年男子。《廣雅．釋親》：「男子謂之丈夫。」按，小子、丈夫，似皆指俘虜。

【析】小子、丈夫均指陽爻：初爻在下，為「小子」；四、五在上，為「丈夫」。六二居中得正，下乘剛（初九），故「係小子」；上應五，但為同性之三所阻，故「失丈夫」。若占得此爻，將會有得有失，唯得者小而失者大。

六三：係丈夫，失小子。隨有求，得。利居貞。

【譯】第三位，陰爻：綁住漢子，走失了小孩。追蹤前去搜尋，會得到。利於占問居處的事。

【注】隨有求，得：楚簡《易》作「隨求，有得」。隨，從（《釋文》），逐（《廣雅．釋詁》）。求，索（《玉篇》），搜尋。　按，夫（魚部 a）、子（之部 ə）、求（幽部 u）、得（職部 ək）協韻：之魚合韻；之幽合韻；之職通韻（陰入對轉）。

【析】此爻以陰居陽失位，不中不正，又與上無應，但承陽（九四），故「係丈夫」；而下乘陰（六二），同性相斥，為其所阻，遂失初爻之「小子」。三體艮（二至四），為手，為「求」；又體巽（三至五），為利；前遇重陽（四、五），利往，故「隨有求」可「得」。但爻既失應於上，雖前去會有所得，總以家居安定為宜。

九四：隨有獲。貞，凶。有孚，在道、以明，何咎？

【譯】第四位，陽爻：追蹤前去會有所獲。占問，凶險。胸懷誠信，在路上結盟，又有何禍患？

【注】獲：得（《廣雅．釋詁》）。　孚：信。　明：讀為「盟」（《新證》），在神前盟誓。《釋名．釋言語》：「盟，明也，告其事於神明也。」　按，孚、道、咎（均幽部）協韻，故如此標點。

【析】四體艮（二至四），為手，又體巽（三至五），為繩，為利，故有「獲」象。此爻以陽居陰，位不當，下失其應，又處兌體中，兌為毀折，故「凶」。但親比於兩陰（二、三），陰陽相得，故有「孚」信、「盟」約之象，而得無咎。艮為徑路，故曰「在道以明」。又，或釋孚為「俘」，指俘虜，則獲指捕獲。可備一說。

九五：孚于嘉，吉。

【譯】第五位，陽爻：親和應合於好人、好事，吉利。

【注】孚：讀為「符」，指符合、相應。　嘉：美（《說文》），善（《爾雅．釋詁》）。這裏指美善之人或事，作名詞。　又，孚或讀為「俘」，指俘獲，則「嘉」為方國或地名。句意謂在嘉地有俘獲。可備一解。

【析】九五陽剛中正處尊位，下應六二，亦居中得正，故有「孚」於「嘉」美之「吉」象。

上六：拘係之，乃從維之。王用亨于西山。

【譯】最上位，陰爻：拘捕捆綁他們，然後連成一串。君王向西山獻祭。

【注】拘：執（《廣韻》），捉住。係：縛。乃：然後（《釋詞》）。從：隨後，接着。維：繫（《廣雅·釋詁》），連結。按，首二句帛本同，楚簡《易》作「係而拘之，從乃維之」。王：周人自文王姬昌、武王姬發起稱王。用：動態助詞。亨：通「享」，指享祀。西山：指岐山，漢簡《易》作「支山」。在今陝西省境，為周民族重要發祥地；在周都豐、鎬以西，故稱。《升·六四》：「王用亨於岐山（漢簡《易》作「支山」）。」可見周人向有岐山之祭，以示不忘所自。《詩·周頌·天作》篇便是祭祀岐山的樂歌（詳拙著《詩經精讀》，香港：三聯書店（香港）有限公司，一九九八年）。

【析】郭沫若《中國古代社會研究》云：本辭「似言用人牲供祭……『拘係之』與『從維之』之『之』，非上文之小子即丈夫」。這種用活人獻祭的儀式，甲骨文多見，十分殘忍。

上爻得位，但前無可「隨」，又下失其應，遂親比於五、四。五體巽（三至五），巽為繩，故有「係」、「維」之象。上六處兌口，為「享」；五居君位，為「王」；四體艮（二至四），為山，兌為西方之卦，故「王用亨于西山」。

十八　蠱

巽下艮上

蠱：元亨。利涉大川。先甲三日，後甲三日。

【譯】《蠱》卦：極其順利。利於涉渡大河。從甲日前三日，到甲日後三日。

【注】甲：指甲日。商、周曆法，每年有十二個月（另有閏月），每月三旬，每旬十日，以天干甲、乙、丙、丁、戊、己、庚、辛、壬、癸作代表。甲前三日即辛日、壬日、癸日，甲後三日即乙日、丙日、丁日。《通義》云：「從辛日到丁日共七天。周人占時日都說七日，與殷人卜旬不同。」一說，甲前三日即辛日，甲後三日即丁日，皆為行事之吉日（《漢書．武帝紀》元鼎五年詔、《述聞》）。

【析】〔卦名〕《蠱（gǔ古）》，其字通「故」（《疏證》），義為事（《序卦》，《集解》引荀）；又特指淫亂或敗壞之事（《釋文》，《集解》引伏），故《左傳・昭元年》云：「女惑男，風落山，謂之《蠱》。」卦體上艮下巽。艮為山，巽為風，山下有風，物皆散亂；又巽為長女，艮為少男，有「女惑男」之象，故卦名為《蠱》。

而亂極則思治，故卦義又為整飭治理其事（見《雜卦》及韓注）。艮為止，屬陽卦，性剛；巽為遜，屬陰卦，性柔；上剛而靜止，下柔而謙遜，正便於發號施令，進行治理，故卦名為《蠱》。

〔卦辭〕巽下艮上，陰陽相孚，謙遜靜止，天下大治，故「元亨」。九二剛得中，六五柔得中，兩中爻剛柔相應，意味上下同心；而三至五互震，震為行，二至四互兌，為澤為水，故「利涉大川」。「先甲」「後甲」，當為行事之吉日。

初六：幹父之蠱。有子考，无咎。厲，終吉。

【譯】（自下而上）第一位，陰爻：整治父親的事業。有兒子這樣聰明能幹，沒有禍患。危險，最終吉利。

【注】幹（gān干）：正（《集解》引虞），謂整飭治理；此指繼承（父業）並予以整頓。一說，謂匡正淫亂之事。下同。《管錐篇》云：「幹蠱」乃辨事、理事、了事之意，宋以後始有訓為「蓋父之衍」者。　蠱：事。　考：通「巧」，能也（《廣韻》）。漢帛《易》作「巧」，可從。一說，讀為「孝」（《新證》、《通義》）。

按，考、咎（均幽部）協韻，故應如此標點。或斷作「有子，考无咎」（如《正義》、《本義》、《今注》、《管錐篇》等）者，非是。

【析】「幹父之蠱」，是說子承父業。故《象》傳云：「意承考（父親）也。」繼承父業而有因有革，實難一帆風順，往往須經艱難曲折，始得成功，故本爻呈先「厲」後「吉」之兆。初爻失位，與上無應，故危「厲」。但處巽體，巽為遜為順；又上承重陽（二、三），以柔從剛，猶子承父業，上合其志，故「終吉」。

九二：幹母之蠱。不可貞。

【譯】第二位，陽爻：整治母親的事業。不能占問。

【注】幹：正。　蠱：事。　不可貞：不可以占問，即占問之事不可行。

【析】此爻陽剛得中，能行正中之道；居巽體，巽為女，有「母」象，故「幹母之蠱」。惜以陽居陰位不當，欲上應五，又為同性之三所阻，故「不可貞」。

九三：幹父之蠱。小有悔，无大咎。

【譯】第三位，陽爻：整治父親的事業。稍有悔恨、煩惱，沒有大禍患。

【注】幹父之蠱：注見初爻。

【析】三居震體（三至五），震為男，有「父」象。此爻剛而不中，與上無應，故「小有悔」。但履得其位，且處巽體，巽為遜，又近比重陰（四、五），剛柔相得，志同道合，故能「幹父之蠱」而終「无大咎」。

六四：裕父之蠱。往，見吝。

【譯】第四位，陰爻：光大父親的事業。前去，會遭困厄。

【注】裕：寬（《釋文》引馬），開（《廣雅．釋詁》），謂拓展，光大。　蠱：事。　見吝：被困難所阻厄。見，表被動；吝，困難，不順利（參《乾．九三》）。　按，蠱（魚部）、往（陽部）通韻（陰陽對轉），故如此標點。

【析】四體震（三至五），有「父」象。此爻得位，故「裕」。但與下無應，而前遇陰（六五），同性相斥，不利往；又處艮體，艮為止，故欲「裕父之蠱」，而「往」必「見吝」。同時亦意味，若不「往」則無咎（因位當而能止）。

若占得此爻，只宜維持現狀，不可大事拓展。

六五：幹父之蠱，用譽。

【譯】第五位，陰爻：整治父親的事業，因而得到稱譽。

【注】幹、蠱：注見初爻。　用：以；連詞。　譽：稱（《說文》），讚美。

【析】三至五互震，有「父」象；本爻柔得中處尊位，與下有應，又上承陽（上九），合德同心；震為名（參《謙．六二》），故意味「幹父之蠱」而獲讚「譽」。

上九：不事王侯，高尚其事。〔凶。〕

【譯】最上位，陽爻：不去事奉王侯，保持他高尚的志行。〔凶險。〕

【注】事：前者為動詞，奉也（《玉篇》）。《論語．學而》：「事君能致其身。」後者為名詞，指所行之事（包括行為、志節等）。按，漢帛《易》作：「不事王侯，高尚其德。兇（凶）。」侯（侯部）、凶（東部）協韻（陰陽對轉），爻象亦合，故「凶」字宜補。

【析】上九之應爻在三，三體震（三至五），震為王侯（參《屯》卦），今上不應三；而又下據六五，五為尊位、君位，故「不事王侯」。此爻以陽剛居卦極，有高踞物表、傲視權貴、對世俗鄙夷不屑之象，故曰「高尚其事」。但處高則危，加之以陽居陰，位不當，又下失其應，所以結果為「凶」。

若占得此爻，真正有德之士在潔身自愛、不趨附權貴的同時，宜大智若愚，遁世無悶，以免遭無謂犧牲。

十九　臨

兌下坤上

臨：元亨，利貞。至于八月有凶。

【譯】《臨》卦：極其順利，利於占問。到了八月會有凶險。

【析】（卦名）《臨》，義為監臨，君臨（《說文》、《正義》、《程傳》）。臨字金文作[illegible]，象人俯視眾物之形，有居高視下，君主治理臣民之意。漢帛《易》、漢簡《易》此卦均名《林》，「林，君也」（《爾雅·釋詁》），義正相因。卦體上坤下兌，坤為地，兌為澤，澤上有地，地勢高而澤勢低，呈居高臨下之象；又坤為順，兌為悅，在上者柔順以撫民，在下者和悅地承受，為長治久安的格局，故卦名為《臨》。又卦義為大（《序卦》，《集解》引鄭）；人君故大，並取陽氣自下而上逐漸壯大之象。又義為施惠，賜予（《雜卦》）。

在「十二消息卦」中，為代表十二月深冬之卦。

〔卦辭〕此為陽息之卦，陽氣漸長至二；卦體下悅而上順；九二剛得中，六五柔得中，上下卦中爻剛柔相應，故極暢順，利於占問。到八月，成《觀》䷓（參「十二消息卦」），即《臨》之倒卦，為消卦，意味陽氣已衰減過半而陰氣漸長，盛勢難以持久，故「有凶」。

初九：咸臨。貞，吉。

【譯】（自下而上）第一位，陽爻：以感化方法治民。占問，吉利。

【注】咸：讀為「感」（《集解》引虞，王弼注）。　臨：統治，治理。《書．大禹謨》：「臨下以簡，御眾以寬。」

【析】此爻位當，表示君主意志行為合乎正道；又與四剛柔相應，四體坤，為眾為民，故「咸臨。……吉」。

九二：咸臨，吉，无不利。

【譯】第二位，陽爻：以溫和的手段治民，吉利，無所不利。

【注】咸：讀為「諴」，和也（《說文》），用溫和政策治民則吉，如《書．無逸》謂：「咸和萬民。」《召

誥》：「其丕能諴于小民。」（參《通義》）一說，咸，殺戮，甲、金文象以斧砍物之形，如《書．君奭》：「咸劉厥敵。」《逸周書．世俘》：「則咸劉商王紂。」咸劉猶殺戮（見《今注》）。按，由「殺戮」之義可引申指嚴刑峻法，如《象》傳云：「『咸臨，吉，无不利。』未順命也。」因下民未順從君命，故須以嚴刑峻法治之。

【析】此爻陽剛得中，表示能行中道；前臨眾陰，陰陽諧協，又與六五剛柔相應：故「咸臨，吉，无不利」。

六三：甘臨，无攸利。既憂之，无咎。

【譯】第三位，陰爻：以拑制的高壓手段治民，沒有好處。既已為此憂慮，沒有禍患。

【注】甘：讀為「拑（qián鉗）」（《通義》、《今注》），脅持（《說文》），專制。一說，甘，美（《說文》），甜美，句意謂以甜言蜜語治民。 攸：所。

【析】六三以陰居陽，不中不正，下乘剛（九二），所為不順，又與上六無應，故「甘臨，无攸利」。幸得良知未泯，及後尚能自覺其非，有糾正之意（二至四互震，為動為變），故「无咎」。（按，此爻若由陰變陽，則成《泰》卦，故《象》云：「『既憂之』，『咎』不長也。」）

占得此爻，若能及時覺悟改正，則無害，或縱有害亦為時不久，遺患未深。

六四：至臨，无咎。

【譯】第四位，陰爻：親力親為治理民眾，沒有禍患。

【注】至：（親自）到來。

【析】此爻位當，下與初九剛柔相應，自外（卦）而內（卦）曰來，故有「至臨」之象而「无咎」。《詩·小雅·節南山》：「弗躬弗親，庶民弗信。」與此意合。

六五：知臨，大君之宜。吉。

【譯】第五位，陰爻：以明智之道治民，是國君應做的事。吉利。

【注】知：同「智」。大君：天子，一國之君（見《師·上六》）。宜：當也（《玉篇》），事也（《爾雅·釋詁》）；指適當的事，應為之事。

【析】六五柔得中處尊位、君位，與下卦中爻九二剛柔相應，有知人善任、舉措得宜之象，故曰「知臨」。為「吉」兆。

上六：敦臨，吉，无咎。

【譯】最上位，陰爻：以敦厚之道治民，吉利，沒有禍患。

【注】敦：敦厚（《集解》引荀），謂誠懇，厚道。《老子》十五章：「敦兮其若朴。」河上公注：「敦者，質厚。」

【析】此爻位當，居卦之極，以柔厚臨下，與初爻「咸臨」等呼應，可謂始終如一，故「吉」而無害。

按，本卦言統治術。縱觀諸爻所列各種治民方法及有關評議，除「甘臨」為「无攸利」之外，其他「感臨」、「誠臨」、「至臨」、「智臨」、「敦臨」都是「吉」或「无咎」，可見作者主張實行寬容明智的德治、仁政，而反對專橫暴虐的霸道、苛政。和《觀》卦結合，便構成了「共和」時期之秉國者在汲取時局與歷史的重大經驗教訓之後，為延續及鞏固西周王朝命脈而提出的，試圖遠承周初敬德重民傳統並再加發展的一套施政理念，一份治國藍圖。

二十 觀

坤下巽上

觀：盥而不薦，有孚，顒若。

【譯】《觀》卦：以酒灌地迎神而不奉獻祭品，胸懷誠信，神情肅穆。

【注】盥（guàn貫）：同祼，澆酒於地以迎神。《集解》引馬：「盥者，進爵灌地以降神也。」　薦：無牲的普通祭禮。《穀梁傳．桓八年》范甯集解：「無牲而祭曰薦，薦而加牲曰祭，禮各異也。」　孚：信。顒（yóng）若：嚴正之貌（《正義》）；若，形容詞詞尾。

【析】〔卦名〕《觀》，義為觀察，省視（《象》、《序卦》、《程傳》）。卦體上巽下坤，三至五互艮。巽為風，坤為地，艮為視（參《艮》卦）；風行地上，遍及諸物，有君主遊歷周覽，省視四方，觀察民情，進行教化之象。又卦義為昭示於人，讓人觀覽而仰求（《彖》、《雜卦》）；觀，示也（《國語．周語》「觀兵」韋注）。巽為遜，坤為順、為民，上遜下順，九五陽剛中正處君位，有王者以中正之道昭示天下，為臣民共仰之象，故卦名為《觀》。《臨》䷒與《觀》䷓為倒卦，義亦相關：前者（《臨》）闡述治國的方針、理念，是大原則、大方向；本卦則談一些具體的方式、方法、策略。

在「十二消息卦」中，為代表八月仲秋，陰氣漸盛，陽氣衰減過半之卦。

〔卦辭〕「盥而不薦，有孚，顒若。」祭祀時能有如此虔敬的態度，則祭禮雖簡，奉獻雖薄，仍能得到神靈之歆饗、福祐，蓋「黍稷非馨，明德惟馨」（《左傳．僖五年》），神之所饗，在其誠敬也。《萃．六二》、《升．九二》之「孚乃利用禴」，皆同此意。本卦三至五爻互艮，艮為門闕，有宗廟、祭祀之象。二、五爻皆居中得正，又剛柔相應，故「有孚」。

初六：童觀。小人无咎，君子吝。

【譯】（自下而上）第一位，陰爻：童稚的觀察。小人沒有禍患，君子有困厄。

【注】童：稚也（《釋文》引鄭）。　觀：諦視（《說文》），觀覽。　小人：指身份地位低的人，如庶民之類。　君子：在西周時代指身份地位高的人，如天子、諸侯、公卿大夫之類。　吝：困難，不順利。

【析】此爻失位，與上無應，前遇陰，同性相斥，又處《觀》卦之始，故孤陋寡聞，所見淺近，有「童觀」

之象。如為一般小民百姓尚無妨，若「君子」如此，則必然不利，故「吝」。

六二：窺觀。利女貞。

【譯】第二位，陰爻：從門隙中偷偷觀察。利於占問女子的事。

【注】窺：從縫隙或隱僻處偷看。《集解》引虞：「竊觀稱窺。」《說文．窺》徐諧繫傳：「視之於隙穴也。」　貞：占問。

【析】窺觀，意味所見淺狹（所謂「一孔之見」）；又可表示以非常態的方式行事。如占問女子之事，則事情可獲得成功。二、五正應，五體艮（三至五），艮為門，又為視，故有「窺觀」之象。此爻以柔居中，得位，處坤體，坤陰為女，故「利女貞」。

六三：觀我生，進退。

【譯】第三位，陰爻：觀察、瞭解我的子民百姓狀況，決定進退行止。

【注】生：通「姓」（《定聲》），甲、金文有「多生」、「百生」、「萬生」，即多姓、百姓、萬姓；此指治下之民眾。九五《象》曰：「『觀我生』，觀民也。」　進退：指人的進用、貶退，或政策的頒佈、施行、修訂、終止等。

【析】這是對各級統治官員的要求，也是正確的治理方法與「為官之道」。此爻失位，不中不正，但與上九有應，上卦巽為進退，下卦坤為眾為臣民，三至五互艮，為視，故有「觀我生，進退」之象。

六四：觀國之光，利用賓于王。

【譯】第四位，陰爻：觀覽國家的榮光，利於作君王的賓客。

【注】國之光：指國家的榮耀、風采，如政教業績、風俗優長等等。《書．立政》：「以覲文王之耿光。」用：于（於）。 賓于王：為君王之賓。賓，客（《玉篇》），此作動詞。

【析】要作王者的顧問、嘉賓，就必須瞭解國家的整體狀況。這是對朝廷高官、國家政要的要求。六四居陰得位，處坤（二至四）、艮（三至五）二體，坤為地為國，艮為視，故「觀國之光」。近比九五，以柔承剛，五為君位，故「利用賓于王」。若占得此爻，利於仕進，或作居高位者的上賓（如顧問、高級參議之類）。

九五：觀我生。君子无咎。

【譯】第五位，陽爻：觀察、瞭解我的臣民狀況。君子沒有禍患。

【注】我生：指本國臣民。生，參三爻。

【析】九五陽剛處尊位、君位，有王者之象，故此爻是專門對君主而言，與三、四爻不同。

此爻居中得正處尊位，與下卦中爻剛柔相應，故「君子无咎」。五居艮體（三至五），為視，下卦坤為眾為臣民，故有「觀我生」之象。

上九：觀其生。君子无咎。

【譯】最上位，陽爻：觀察其他國族臣民百姓的狀況。君子沒有禍患。

【注】其生：指其他國族的臣民（如殷民以及周邊邦國的民眾）。

【析】除瞭解本國國情與民情，還必須瞭解殷民動態及周邊方國的情況（類似今人之所謂須具備「國際視野」），只有知己知彼，方能長治久安。最後兩爻都是談為君之道。

此爻陽剛失位，居卦之極，但與六三有應，故「君子无咎」。三居艮體（三至五），為視，下卦坤為眾為臣民，故有「觀其生」之象。

二十一　噬嗑

噬嗑：亨。利用獄。

【譯】《噬嗑》卦：順利。利於獄訟之事。

【注】亨：通。　用：于（於）。　獄：訴訟。《周禮．秋官．大司寇》：「以兩劑禁民獄。」鄭玄注：「獄，謂相告以罪名者。」

【析】〔卦名〕《噬嗑（shìhé 誓合）》，義為咀嚼食物（《象》、王弼注、《雜卦》）。噬，用牙齒咬嚼，食；嗑，合口。引伸為會合，或與人相應合（《序卦》及韓注，《程傳》）。又比喻刑法，「凡上下之間有物間隔，當須用刑法去之，乃得亨通」（《正義》）。又比喻市場交易活動（《繫辭．下》及韓注）。卦形外剛中虛，似頤口之象，九四像頤中有物，分隔上下，當噬而去之，故卦名《噬嗑》。

〔卦辭〕卦體上離下震。上陰卦，下陽卦，剛柔相配，軟硬兼施，故「亨」通。離為電為明，震為雷，電閃雷鳴，明察有威，有似審裁公正，執法嚴明，故利於斷案決獄或訴訟之事。

初九：屨校，滅趾。无咎。

【譯】（自下而上）第一位，陽爻：套着枷鎖，遮沒了雙腳。沒有禍患。

【注】屨（jù巨）：貫（《集解》引虞），指穿戴，套上。　校（jiào教）：木囚（《說文》），木製的囚人刑具，所謂桎梏。《集解》引干：「『屨校』，貫械也。」　滅：沒（《小爾雅·廣詁》），淹沒，或掩沒。《大過·上六》：「過涉滅頂。」指淹沒；此則為掩蓋，遮沒。　趾：足也（《釋文》）。漢帛《易》、漢石經等作「止」，甲骨文止字象足部之形。

【析】震為足為「趾」，初爻在下亦有「趾」象；初之應爻在四，四體坎（三至五），坎為堅木，為桎梏，震沒坎下，呈「屨校，滅趾」之象。今初、四失應，意味難以行動，猶幸以陽居陽得位，故「无咎」。

六二：噬膚，滅鼻。无咎。

【譯】第二位，陰爻：啃咬肥肉，遮沒了鼻子。沒有禍患。

【注】噬：齧（王弼注），咬嚼，食。　膚：肉（《廣雅．釋器》），禽獸的肉（《正字通》），更特指肥肉（《釋文》引馬：「柔脆肥美曰膚。」）　滅：掩沒。

【析】「噬膚，滅鼻」為狼吞虎咽的模樣。本卦形似頤口，中四爻均在口內，皆稱「噬」；下卦震，有用武、刑傷之象，故亦為「噬」為「滅」；二至四互艮，艮為肉（參《否．六三》），為「膚」，又為「鼻」；此爻以陰柔凌乘初九陽剛，所為不順，故「噬膚，滅鼻」。《集解》引侯：「乘剛，噬必深，噬過其分，故『滅鼻』也。」猶幸柔居中得正位，故「无咎」。

六三：噬腊肉，遇毒。小吝，无咎。

【譯】第三位，陰爻：啃咬乾肉，中毒。有小困厄，沒有禍患。

【注】腊（xī昔）肉：腊又作「昔」，乾肉（《說文》）。《釋文》引馬：「晞於陽而煬於火曰腊肉。」　毒：指霉變所生毒素；或箭毒（《集解》引虞）。

【析】下卦震，為「噬」（見二爻），二至四互艮，艮為堅為肉故為「腊肉」。居坎體（三至五），坎為疾為「毒」；此爻以陰居陽失位，故「遇毒」而致「小吝」。但以柔承剛（九四），又與上有應，陰陽諧協，故終得「无咎」。

九四：噬乾胏，得金矢。利艱貞，吉。

【譯】第四位，陽爻：啃咬帶骨的乾肉，得到銅箭頭。利於占問艱難之事，吉利。

【注】胏（zǐ子）：肉帶骨（《玉篇》）。　金矢：銅箭頭。因射獵而留在獸體中者。《書・舜典》「金」孔疏：「古之金、銀、銅、鐵總號為金。」　艱：難。

【析】四處頤口中，為頤中之硬物，體艮（二至四），為肉，為堅，故稱「乾胏」；艮又為「金」（參《蒙・六三》），而三至五互坎，為蒺藜，上卦離為戈兵，均有「矢」象，故有「噬乾胏」而「得金矢」之象。此爻失位，與下無應，處坎體，坎為陷為「艱」；但上比於五，又下履重陰（三、二），陰陽諧協，故「利艱貞」而「吉」。

六五：噬乾肉，得黃金。貞，厲。无咎。

【譯】第五位，陰爻：啃咬乾肉，得到黃銅（箭頭）。占問，危險。沒有禍患。

【注】黃金：指黃銅箭鏃。句意與九四「噬乾胏，得金矢」略同。

【析】五處頤口中，有「噬」象；下比於四，四體艮（二至四），為「乾肉」，為「金」（見四爻）；五居上卦中位，黃為「中之色」（參《坤・六五》）：故有「噬乾肉，得黃金」之象。此爻位不當，且與下無應，又未離坎險，故「厲」。但柔得中履尊位，終亦「无咎」。

上九：何校，滅耳。凶。

【譯】最上位，陽爻：擔戴着枷鎖，遮沒了耳朵。凶險。

【注】何：同「荷」；擔，負。漢帛《易》作「荷」。校：桎梏。滅：沒。

【析】離為木，三至五互坎，坎為耳，木在耳上，有「何校，滅耳」之象。此爻以陽剛居卦極，失位，下據六五，侵慾特強；雖應於三，而三體坎，為險陷，故結局是「凶」。

二十二　賁

離下艮上

賁：亨。小利有攸往。

【譯】《賁》卦：順利。稍有利於前往。

【注】亨：通。　小利：稍為有利。　攸：所。

【析】〔卦名〕《賁（bì庇）》，義為文飾（《序卦》，《釋文》引鄭、王）。全卦六爻的「賁」字都有修飾、文飾之意。卦體上艮下離。艮為山，離為火，山下有火，文彩相輝映；又離為日，屬天文，艮為山，為石，屬地文，天地二文交互修飾；上艮為陽卦為剛，下離為陰卦為柔，剛柔相雜，亦有文飾之象，故卦名為《賁》。

一說，《賁》為無色（《雜卦》）；取日落山下，猶《明夷》之象（《尚氏學》）。

〔卦辭〕上下卦剛柔交錯，陰陽相孚，故「亨」通。但柔在內（卦）而剛在外（卦），故僅得「小利」而已。

三至五互震，震為足，為動，有「往」象。

初九：賁其趾。舍車而徒。

【譯】（自下而上）第一位，陽爻：文飾他的腳。捨棄車子步行。

【注】賁：飾也（《說文》），美也（《廣雅．釋詁》）；文飾則美。　趾：漢簡《易》作「止」；足，腳（參《噬嗑．初九》）。　舍：通「捨」。　徒：步行（《說文》）。

【析】初爻處下，為「趾」；下卦離為火為明，有文彩之象，故「賁其趾」。離又為車（參《小畜．九三》）；初應於四，四體震（三至五），震為足為行，故「舍車而徒」。本爻陽剛得位，與上有應，應為吉兆。

六二：賁其須。

【譯】第二位，陰爻：文飾他的鬍鬚。

【注】須：古「鬚」字。

【析】三至上有口頤之象，二在其下，為鬚；離為文，故「賁其須」。鬍子經修飾，更顯年青有活力。此爻居中得正，承、乘皆陽，陰陽諧協，應為吉兆。

九三：賁如，濡如。永貞，吉。

【譯】第三位，陽爻：彩飾鮮明而潤澤。占問長遠前景，吉利。

【注】賁如：有文彩的樣子；如，形容詞詞尾。　濡（rú儒）如：潤澤的樣子。《詩．鄭風．羔裘》：「羔裘如濡。」毛傳：「如濡，潤澤也。」　永：長久。

【析】初、二爻描寫人的容飾，三、四爻描寫車馬的容飾。三體坎（二至四），坎為車，為馬，離為文，故「賁如」；坎又為水，故「濡如」。此爻陽剛得位，居上下三陰間，得其文飾與潤澤，更顯神采奕奕，鮮亮無匹，故「永貞，吉」。

六四：賁如，皤如，白馬翰如。匪寇，婚媾。

【譯】第四位，陰爻：彩飾鮮明而多樣，白馬跑得飛快。不是寇盜，是來迎親的。

【注】皤（pó婆）如：漢帛《易》作「蕃如」，盛多的樣子；如，形容詞詞尾。　翰如：如飛一般；翰，疾飛。《詩．大雅．常武》：「王旅嘽嘽，如飛如翰。」孔疏：「翰，是飛之疾者。」　匪寇，婚媾：注見《屯．

六二、六四》。

【析】由初爻至此，當為描述男方大隊人馬盛飾前往女家迎親的情景。四居震體（三至五），震為玄黃，故「賁如」；為蕃鮮，故「蕃如」；又為白馬，為健行，故「白馬翰如」。此爻以柔乘剛，所為不順；又體坎（二至四），坎為盜，故起初惹人猜疑。但四得位，與初九剛柔相應，所以終於得成美事。

六五：賁于丘園，束帛戔戔。吝，終吉。

【譯】第五位，陰爻：結綵文飾山園，僅有五匹絲帛的財禮。有困厄，最終吉利。

【注】丘園：女方所居之處（《今注》）。　束：五匹（《釋文》引子夏）。　戔戔（jiāng jiāng 箋箋）：少貌（《本義》）。一說，委積、盛多貌（虞翻等說）。

【析】爻辭反映求婚納徵之日，女方結綵以飾家園，男方則以「玄纁、束帛、儷皮」（《儀禮．士昏禮》）作聘禮的情形。大概女家嫌少，故須費一番周折，但最終可締結姻緣。五體震（三至五），震為玄黃，有「賁」象；上艮為山，為果蓏，為堅多節之木，有「丘園」之象，故「賁於丘園」。本爻位不當，與下無應，故「吝」。但居上卦中位、全卦尊位，又承上九之陽，故「終吉」。

上九：白賁，无咎。

【譯】最上位，陽爻：用白色去文飾，沒有禍患。

【析】陽剛處《賁》之極，物極必反，故由繁彩艷飾復歸於純素，而呈「白賁」之象。此爻位不當，與三失應，但下據重陰（五、四），大為得志，故「无咎」。

若占得此爻，宜及時作自我調節，返樸歸真，便可免災禍。

以股市為例，當大市過熱狂升，與企業實際盈利嚴重脫節時，政府便往往使出加息的手段，令位高勢危的股市及時降溫，重納正軌。其實不但股市如此，任何國家的經濟要獲得可持續發展，也必須如此：在增長過速、達至「非理性亢奮」時，便要用各種方法作出適當的調節，令其「軟着陸」。中國近年一度實行的「宏觀調控」，以及現在對金融、地產市場不時進行的「微調」，都是成功的例子。

經濟如是，政治、軍事、文化、藝術等等的發展也無不如是：它們的鐘擺不可能永遠只偏向某一邊。看來，本爻的《易》理實放之四海而皆準。

二十三　剝

坤下艮上

剝：不利有攸往。

【譯】《剝》卦：不利於有所往。

【析】〔卦名〕《剝》，義為剝落，毀爛，銷蝕（《釋文》引馬，《正義》，《集解》引鄭，《雜卦》）。本卦諸爻之「剝」字均同此意。取五陰消陽，陽氣衰落將盡之象，此時萬物凋零，僅餘一點生機；又下坤為地，上艮為山，山附於地，猶高附於低，貴附於賤，賢附於不肖，意味小人道長，君子道消，故卦名為《剝》。漢簡《易》諸「剝」字均作「仆」，音近可通；或讀為「撲」，擊打，義亦相類。在「十二消息卦」中，為代表深秋九月之卦。

〔卦辭〕坤為順，艮為止，當「剝」之時，君子當順時而止，靜觀其變，等候轉機，切忌不自量力盲目行動，以招禍患，故「不利有攸往」。

初六：剝牀、以足，蔑。貞，凶。

【譯】（自下而上）第一位，陰爻：徹底毀掉牀腳。占問，凶險。

【注】以：猶「之」（王弼注）。　蔑：通「滅」，盡（《說文》）；《釋文》引荀作「滅」。一說，蔑借為「夢」，蔑貞即夢占（《通義》、《今注》）。　按，牀與卦辭往（均陽部 **ang**），本爻蔑（月部 **at**），二爻牀、辨（元部 **an**）、蔑等協韻：陽元合韻；元月通韻（陽入對轉），故如此標點。

【析】毀掉牀腳，即毀壞根基，這無論是對國家、社會、家庭、個人，都極為不利。本卦卦形似牀，初爻在下，為「足」。而柔不當位，與上無應，故「凶」。

六二：剝牀、以辨，蔑。貞，凶。

【譯】第二位，陰爻：徹底毀掉牀板。占問，凶險。

【注】以：猶「之」。　辨：借為「牑」，牀板（《集解》引崔，《今注》）。

【析】由牀足漸剝毀至上方之牀板。牀已無板，不能坐臥，猶行事無所倚恃，無人相助，定難以成功。

此爻居中得正，但與上無應，又處眾陰間，同性相斥，故仍是「凶」。

六三：剝。无咎。

【譯】第三位，陰爻：（逐漸向上）毀壞它。沒有禍患。

【注】剝：通行本作「剝之」，但古本多無「之」字（見《釋文》），帛書本、漢石經本、唐寫本（伯二五三〇）同。按，剝（屋部）與初爻足（屋部）、凶（東部），二爻凶，四爻凶，五爻寵（東部）通韻（陽入對轉），故應以無「之」字為是。

【析】陰續以消陽，有「剝」象。此爻位不當，但與上九剛柔相應，表示雖處被剝之時，仍得人相助。故「无咎」。

六四：剝牀、以膚。凶。

【譯】第四位，陰爻：毀掉牀席。凶險。

【注】以：之。　膚：皮（《玉篇》）；此喻牀上的席子（見《集解》引崔）。　按，牀（陽部）、膚（魚部 a）與五爻魚等通韻（陰陽對轉）。

【析】人本坐臥於牀上，現在連牀席都剝壞，已逼近人身，造成威脅。此陰爻當位，但與下無應，而承、乘皆陰，同性相斥，故「凶」。

若占得此爻，表示禍患已逼近眼前。

六五：貫魚，以宮人寵。无不利。

【譯】第五位，陰爻：用穿魚般按順序的方式寵幸宮人。無所不利。

【注】全句讀為「貫魚以寵宮人」。貫魚：用草繩穿魚。貫，穿（《釋文》）。宮人：指後宮妃嬪。寵：愛。按，魚（魚部 a）、寵（東部 ang）合韻，並與四爻膚（魚部）等協韻，故「魚」字點斷。

【析】此陰爻居中處尊位，上承陽，下領眾陰，使之如「貫魚」之有序，輪流當夕，「進御」於君王，不會造成混亂、矛盾，故「无不利」。《周禮．九嬪》注：「凡群妃御見之法，……女御八十一人當九夕，世婦二十七人當三夕，九嬪九人當一夕，三夫人當一夕，后當一夕，亦十五日而遍云。」可見，「宮人」是按身份貴賤高低的次序，每夜或九人，或三人，或一人，輪流進御的。

上九：碩果，不食。君子，得輿；小人，剝廬。

【譯】最上位，陽爻：〔留下〕大的果實不吃。君子得到車子；小人拆毀廬舍。

【注】碩：大（《說文》段注）。輿：車。漢帛《易》、《集解》本作「車」。廬：草屋（《荀子．正名》

注）。漢帛《易》作「蘆」。按，果（歌部 ai）、輿、廬（均魚部 a）合韻；食（職部）、子（之部）通韻（陰入對轉），故如此標點。

【析】艮為果蓏；剝至於極，僅剩一陽，有「碩果」幸存之象。上九陽剛為君子，與下有應，下卦坤為大輿（車），故「君子得輿」，表示蒙賞賜，或受愛戴。艮又為門闕、廬舍，正受陰氣之侵蝕，陰為小人，故「小人剝廬」。

若占得此爻，衰頹、困厄中開始顯露轉機；利於君子而不利小人。

〔筮例〕

二〇〇三年七月三十一日，澳門黃先生問：摩托車在家門口樓梯底被盜，能否尋回？筮得《剝》卦上九爻。辭曰：「碩果不食。君子得輿，小人剝廬。」表明失車尚在（「碩果」仍存），而且可以尋回；因上九應於六三，下卦坤為輿為車，又為河川（參《坤》卦），故「君子得輿」，當在水流附近。三天後，那輛失車果然在離所居大廈不遠處的河邊找到。

二十四 復

震下坤上

復：亨。出入，无疾。朋來，无咎。反復、其道，七日、來復。利有攸往。

【譯】《復》卦：順利。出外、回家都不會生病。朋友來訪，沒有禍患。沿着同一道路返回，七天便會回來。利於有所往。

【注】朋：友。一說，朋貝，錢財。 反復：返回。反，同「返」；復，返（《爾雅·釋言》）。 七日：周人占時日都說七日，與殷人卜旬不同（參《蠱》）。 按，入（緝部əp）、疾（質部et）、來（之部ə）、咎（幽部u）、復（覺部uk）、道（幽部）、日（質部）、復協韻：緝、質、之合韻；幽覺通韻（陰入對轉）；

又之幽合韻，故如此標點。

【析】〔卦名〕《復》，義為返，返回本始（《雜卦》，《釋文》，《集解》引何，王弼注）。本卦六爻之「復」字均同此意。取陽剛返初爻，陽氣從下開始復蘇之象，所謂「冬至一陽生」；又卦體下震上坤，震為雷，坤為地，雷在地中，乃陽氣初復之時，準備重新萌動，故卦名為《復》。與《剝》為倒卦，義亦相反。在「十二消息卦」中，為代表仲冬十一月之卦。

〔卦辭〕陽剛返回本始，故「亨」通。震為雷為動為行，坤為地為順，雷在地中，動以順行（隨順天道而行動），故「出入」、往來，皆得「无疾」、「无咎」，並利於出行。

初九：不遠復，无祇悔。元吉。

【譯】（自下而上）第一位，陽爻：出門不遠便返回，沒有大悔恨。極其吉利。

【注】復：返。　祇（qí其）：大（《繫辭．下》韓注）。通行本作「祗」，今從《集解》、唐寫本（伯二五三〇）。　元：最大。

【析】震為行；此爻得位，與上有應，前臨眾陰，陰陽諧協，利往，尤宜「不遠」而「復」；一陽初生於下，意味陽氣漸長，前途無量，故「无祇悔。元吉」。

六二：休復。吉。

【譯】第二位，陰爻：喜滋滋地回來。吉利。

【注】休：美（《爾雅·釋詁》）；喜（《廣雅·釋詁》）。

【析】此爻居中得位，柔順中正，但與上無應，且前臨眾陰，同性相斥，不利往；乃親比於初爻，陰陽相得，故「休復」而「吉」。

六三：頻復。厲。无咎。

【譯】第三位，陰爻：皺着眉頭回來。危險。沒有禍患。

【注】頻：通「顰」，皺眉頭。《釋文》引鄭作「顰」。

【析】此爻居下震之終，處多凶之地，不中不正，與上無應，又居眾陰間，同性相斥，故「頻復」而「厲」。尚幸能臨危知返，故「无咎」。

六四：中行，獨復。

【譯】第四位，陰爻：中途獨自返回。

【注】中行（háng 杭）：半路中途；或道路中間。行，道（《爾雅·釋宮》）。

【析】此爻位當，居全卦之中央，故稱「中行」。處群陰間，而獨與初爻相應，故言「獨復」。有獨善其身，或不隨大流、自行其是之意。並非凶兆。

六五：敦復。无悔。

【譯】第五位，陰爻：被催迫而返回。沒有悔恨煩惱。

【注】敦：迫（見《詩．小雅．北門》「王事敦我」《釋文》引《韓詩》）。

【析】此陰爻失位，與下無應，且乘、承皆陰，同性相斥，有「敦復」之象。但處上卦中位，又是全卦尊位、君位，故亦「无悔」。

上六：迷復。凶，有災眚。用行師，終有大敗，以其國君凶，至于十年，不克征。

【譯】最上位，陰爻：因迷路而返回。凶險，有災殃。如果遣兵作戰，終會大敗，連同其國君也陷於凶險，以至十年不能征戰。

【注】災眚（shěng 省）：災禍。眚，災。　用：連詞，表假設關係。　以：及，連及。　至于：漢帛《易》無「于」字。　克：能夠。　按，凶（東部 ong）、眚（耕部 eng）、師（脂部 ei）、凶、年（真部 en）、征（耕部）協韻：東耕合韻；脂真通韻（陰陽對轉）；又真耕合韻，故如此標點。

【析】本爻柔居《復》卦之終，前無去路，下失其應，故「迷」。淩乘六五，所為不順，有如違抗君命，但又質弱難勝，故殃及國君而「凶」。其應爻在三，三體震，為征伐（參《謙・六五》），今三、上敵應，故有「行師大敗」、「不克征」之象。若占得此爻，意味「復」已告終，待向它方轉化。

二十五　无妄

震下乾上

无妄：元亨，利貞。其匪正，有眚。不利有攸往。

【譯】《无妄》卦：極其順利，利於占問。那些品行不端的會有禍殃。不利於有所往。

【注】元：最大。　亨：通。　匪：漢簡、帛《易》作「非」。　眚（shěng省）：災。　攸：所。　按，亨（陽部ang）、貞、正、眚（均耕部eng）、往（陽部ang）合韻，故如此標點。

【析】〔卦名〕《无妄》，義為不謬妄，不胡為（《序卦》、《象》、《釋文》）；妄，亂也（《說文》）。卦體上乾下震。乾為天，震為雷，呈天下雷行，或天威下行之象，物皆震怖自律，故不敢謬妄胡為。

又，卦義為無望，妄，猶望（《釋文》引馬、鄭、王）；《史記·春申君列傳》作「毋望」。而無望，既可理解為毫無希望（《雜卦》：「《无妄》，災也」）；亦可解為出於望外，即在期盼、意想之外（《史記正義》：「無望謂不望而忽至」）。本卦各爻辭中的「无妄」，正分別含有這兩種完全不同的意思。

一說，卦義為不亡，即不消失，不滅亡；「妄，亡也。謂雷以動之，震為反生，萬物出震」，故无亡（《集解》引虞）。而秦簡《歸藏》卦名作《毋亡》，漢簡《易》作《无亡》，似與之相合。按，楚簡《易》作《亡（无）忘》，釋不遺忘，又另是一義。

〔卦辭〕下震為動，上乾為健，動而能健；而九五陽剛居中得正處尊位，與下卦中爻六二剛柔相應，故「元亨，利貞」。上乾下震，天威下行，「匪正」者必有災，妄行者必招禍。又震為決躁，躁動於內（卦），欲外往，則阻於乾剛（震、乾皆為陽卦），故「不利有攸往」。

初九：无妄，往，吉。

【譯】（自下而上）第一位，陽爻：已無希望，前去，吉利。

【注】无妄：無望，沒有希望。按，妄、往（均陽部）協韻，故點斷。楚簡《易》無「往」字，但本爻與上九爻內容對應，若如彼則既失韻，又失相應之旨，故應有「往」字。

【析】爻辭謂此處已經無望，必須離開，另謀出路，才會有轉機。震為行為往，初爻陽剛得位，乃震之主（爻），前遇二陰，陰陽諧協，故「往，吉」。《彖》傳所謂：「『无妄』之『往』，何之矣？天命不祐，行矣哉！」當指此。

六二：不耕穫，不菑畬，則利有攸往。

【譯】第二位，陰爻：不能耕種，收穫，不能墾荒，治田，（在那種情況下，）則利於有所往。

【注】不耕穫：漢帛、漢簡《易》同。楚簡《易》作「不耕而穫」，衍「而」字。按，「而」為周代新興虛詞，西周後期出現，尚較罕用，至東周方流行，楚簡《易》於本爻及《隨．上六》、《大畜》、《漸．九三》諸卦爻辭中均添一「而」字，為今本與帛本所無，疑為傳抄過程所增。菑（zī茲）：一年之田；此作動詞，指開荒田。畬（yú餘）：三年之田；此作動詞，指治熟田。按，一詞名、動兩用是上古漢語常見現象，甲骨文多見，如「魚」又可指捕魚，「田」又可指田獵，等等。

【析】爻意承初（爻）而來。「不耕穫，不菑畬」，意味天災嚴重，土田龜裂，顆粒無收，已陷於絕望之境，唯一出路，就是往外逃荒，另謀生計，故曰「利有攸往」。《雜卦》云：「《无妄》，災也。」漢儒多以此為大旱之卦，當與初、二兩爻有關。此爻居震、艮（二至四）二體，震為動，艮為手，有力耕勞作之象；但艮又為止，故「不耕穫，不菑畬」。震為行，此爻柔順中正，與上有應，由內（卦）而外（卦）稱「往」，故「利有攸往」。

六三：无妄之災——或繫之牛，行人之得，邑人之災。

【譯】第三位，陰爻：意外的災禍——有人拴住他的牛，過路人把牠牽走了，村邑的人卻遭殃。

【注】无妄：無望，此指在意想之外。　或：有人，某人；不定代詞。　繫之牛：繫其牛。之，義同「其」。《睽·上九》：「先張之弧，後說（脫）之弧。」　行人之得：行人得之。之，指代牛。　邑：人聚居之處；此指村鎮。　按，災、牛（均之部）、得（職部）、災通韻（陰入對轉）。

【析】過路人「順手牽牛」，村中人因有嫌疑而受到搜查、盤詰種種滋擾，故稱「无妄之災」。三爻不中不正，居震之終，處多凶之地（參《乾·九三》），遂致動盪不寧，飛來橫禍。艮（二至四）為「黔喙」（黑嘴獸），有「牛」象，巽（三至五）為繩，「繫」之；震為行、行人，艮為手，故「行人之得」；艮又為居所、邑人，震為刑殺，故「邑人之災」。

九四：可貞，无咎。

【譯】第四位，陽爻：占問的事可行，沒有禍患。

【注】可貞：可以占問，即占問的事可行。《蠱·九二》「不可貞」，即指占問的事不可行。

【析】此爻居乾之初，有剛健之德，雖位不當，下無以應，但據於重陰（三、二），陰陽相得，故「可貞，无咎」。

九五：无妄之疾，勿藥，有喜。

【譯】第五位，陽爻：意外的疾病，不須吃藥，自會痊癒。

【注】无妄之疾：無緣無故得來的疾病。无妄，無望，指在意料之外，不期而至。有喜：謂病癒。喜，指喜慶之事；楚簡《易》作「菜」，音近可通。

【析】此爻陽剛中正居尊位，下應之六二爻亦居中得正，實正派之極；但乘、承皆陽，同性相斥，有「疾」象，所以會意外得病。不過，即使有「无妄之疾」，也可不藥而癒。巽（三至五）為笑（參《同人·九五》），故「有喜」。

上九：无妄，行，有眚，无攸利。

【譯】最上位，陽爻：已無希望，前行，有災禍，無所利。

【注】无妄：注見初爻。眚：災。攸：所。按，妄、行（均陽部）、眚（耕部）合韻。故點斷。

【析】初爻「无妄」而往則吉，此爻反是，何故？蓋因時、位有不同。乾為健行，但上九以陽居陰，位不正，又凌乘九五之剛，且居卦之極，已到窮盡之時，再前「行」必走向反面。卦辭所謂「其匪正有眚，不利有攸往」者，即指此。

若占得此爻，表明正處於進退兩難之境，情況相當不妙。權衡利弊，兩害取其輕，暫宜堅忍以待。

二十六　大畜

乾下艮上

大畜：利貞。不家食，吉。利涉大川。

【譯】《大畜》卦：利於占問。不在家裏吃飯，吉利。利於涉渡大河。

【注】不家食：漢帛《易》同。楚簡《易》作「不家而食」，衍「而」字（說見《无妄·六二》）。

【析】〔卦名〕《大畜》，義為大量積聚，或大量畜養。畜，養，積聚（參《小畜》）。《釋文》：「本又作『蓄』，……義與《小畜》同。」漢帛《易》卦名為《泰蓄》。下卦乾為天，性剛健，上卦艮為山，性篤實，人之才性剛健篤實，則所蓄能大，其品德與才學日有進境，充實而顯光輝，故卦名為《大畜》。又，卦義為畜養其大者（《本義》、《尚氏學》）。乾陽為大，艮在上止而畜之；而爻辭中之馬、牛、豕均為大牲畜，故名《大畜》。

〔卦辭〕下乾為健，上艮為止，「大畜」之人，既健而能止，表明行事磊落正派，不胡作妄為，故「利貞」。又乾為天，喻國君，艮為山，比賢人，內、外卦中爻剛柔相應，喻君能尚賢、禮賢、用賢；賢人見用於朝，自然「不家食」，既不食於家，必然出行在外；而乾為健行，三至五互震，震為足亦為行，二至四互兌，兌為澤為水，加以二、五相應，上下同心，故有「利涉大川」之象。

如占得此卦，宜加強才德修養，不斷充實自己，以備出為世用，成就大業。

初九：有厲，利已。

【譯】（自下而上）第一位，陽爻：有危險，利於〔及時〕停止。

【注】厲：危險。　已：止（《廣韻》）。楚簡、漢帛《易》均作「巳」，古巳、已為一字，此當讀為「已」。

【析】此爻位當，上應六四，但前遇重陽（二、三），同性相斥，故「有厲」；四體艮，艮為止，故切不可冒進，宜及時停止。

九二：輿說輹。

【譯】第二位，陽爻：車輪脫掉綁固車軸的繩索。

【注】輿：車。楚簡、漢帛《易》作「車」，下同。 說：通「脫」。 輹（fù腹）：綑綁車身與車軸使牢固的繩索，又名車軸縛（《說文》）。楚簡作「复」，漢帛《易》作「緮」，均借字。一本作「輻」（fú福），亦非是。《左傳．僖十五年》：「車說（脫）其輹。」 按，輹與三爻逐、四爻牿同部（均覺部）協韻。

【析】九二以陽居陰，位不當，處兌體（二至四），兌為毀折；上應六五，五體震（三至五），震為車（見《國語．晉語》）；又體艮，艮為止，故有「輿說輹」不能行進之象。與《小畜．九三》「輿說輹，夫妻反目」同屬不吉之兆。

九三：良馬逐。利艱貞。曰閑輿衛。利有攸往。

【譯】第三位，陽爻：駿馬奔馳競逐。利於占問艱難的事。停止戰備行動。利於有所往。

【注】逐：楚簡《易》作「由」，近音借字（參《豫．九四》）。 艱：難。 曰：語首助詞，無義。《困．上六》：「曰動悔。」帛《易傳．昭力》引作「闌輿之衛」，無「曰」字。《集解》本與《釋文》引鄭本則作「日」，鄭釋為「日習車徒」（每天訓練士兵熟習駕車防衛的本領）。應非是。 閑：闌（王弼注），礙止（《玉篇》、《集韻》），漢帛《易》作「闌」，阻攔，義並同。 輿衛：言兵車攻防之事，指武備；衛，護也（王弼注）。

【析】乾為良馬，又為健行，故「良馬逐」。三居乾之末，位當，有剛健之德；又體兌（二至四），兌為毀折，故「利艱貞」。三至五互震，震為雷為動，有用武之象，然三不應上，故宜「閑輿衛」，止息武事，與《謙．六五》「利用寖伐」相類，可互參。震為行，三為震之主爻，前遇重陰，陰陽諧協，故「利有攸往」。

若占得此爻，問艱難之事則有利；出行亦有利；又宜停止戰備，止息干戈。

六四：童牛之牿。元吉。

【譯】第四位，陰爻：小牛綁上護角的橫木。極其吉利。

【注】童：楚簡《易》作「僮」（《說文》引《易》同）。牿（gù梏）：牛角上所加橫木，用以防止小牛以角觸物傷人，並自傷其稚嫩之角。《釋文》引九家本以及《集解》本均作「告」，《說文》：「告，牛觸人，角箸橫木，所以告也。」這裏用作動詞。全句是賓語前置句，意為「牿童牛」。「之」是助詞，作前置賓語（童牛）的形式標誌。一說，「牿」讀為「角」（《尚氏學》），用作動詞，則「之」是助詞，起補足音節兼加強語氣作用，「童牛之角」猶「童牛角兮」，謂小牛開始露出頭角。亦通。元：最大。

【析】小牛加牿，意味牛隻逐漸長大，已冒出角來，是畜養有成的表現，故上吉。四體艮，艮為少陽，又為牛（參《无妄．六三》），故稱「童牛」；艮為堅木，又為止，故有「童牛之牿」之象。此爻位當，與下有應，故「元吉」。

六五：豶豕之牙。吉。

【譯】第五位，陰爻：小公豬長出了牙齒。吉利。

【注】豶（fén 墳）豕：「未劇之豕」（俞正燮《癸巳存稿》），即公豬；一說，謂小豬。　之：語助詞，有補足音節兼加強語氣作用。　牙：此作動詞。

【析】豶豕出牙，說明豬漸長大，和四爻一樣，都是畜養有成的表現，故「吉」。上艮為「黔喙」（黑嘴獸），有「豕」象；五爻居中處尊位，其應爻在二，二體兌（二至四），兌為口故為「牙」；今五與二應，猶豬隻長出牙齒。

上九：何天之衢。亨。

【譯】最上位，陽爻：蒙受上天的洪福。順利。

【注】何（hè 賀）：擔負，承受。　衢（qú 渠）：讀為「祜」，厚福。《詩·小雅·信南山》：「受天之祜。」（又見《小雅·桑扈》與《大雅·下武》。）衢（群母，魚部）、祜（匣母，魚部）韻同音近，故可相通。

【析】上九一陽居上位，有「天」象，又有背象（艮為背），故承受天之福祜。下履重陰（五、四），陰陽諧協，志意得行，故「亨」通。

按，本卦名為《大畜》，四、五爻皆暢談畜養有成之事，表達由衷的喜悅之情，最後以感恩的話歸美上蒼，結束全卦。恰如西方宗教的祈禱文或讚美詩，常會用「哈利路亞」之類的讚頌之詞，把榮耀歸於上帝一樣。

二十七　頤

震下艮上

頤：貞，吉。觀頤，自求口實。

【譯】《頤》卦：占問，吉利。觀察面頰，﹝體會保養之道，﹞要自己求取食物。

【注】頤（yí移）：面頰，腮幫（《說文》、《本義》）；又養也（《集解》引鄭）。　口實：頤中物（《集解》引虞），指食物、口糧。

【析】﹝卦名﹞《頤》，義為養，講保養之道（《序卦》、《雜卦》、《彖》）。卦體似口腔之形，而下震為動，上艮為止，有咀嚼進食之象，故卦名為《頤》。

﹝卦辭﹞頤可養人，故「吉」。看到腮幫子，便想到要自己動手尋找食物，不能倚賴別人；但病從口入，所以也應當注意節制飲食：這才是正確的保養之道。卦體上艮為山，比賢人貴人，下震為雷，為號令為刑法，山下有雷，像貴人發號施令，嚴刑執法，所以還須謹慎言語，以免禍從口出。如是則既養生，又養德。

初九：舍爾靈龜，觀我朵頤。凶。

【譯】（自下而上）第一位，陽爻：撇開你靈驗的龜，看着我鼓動腮幫子。凶險。

【注】舍：通「捨」。 靈龜：古人認為老龜可通靈，故用龜甲占卜，稱靈龜；其肉亦可吃。 朵頤：指張口說話；或動口咀嚼。朵，動（《釋文》）。

【析】本卦形似口，此爻如下顎，又位震之初，震為動，故有「朵頤」之象。古人重卜筮，認為凡事應用蓍龜決疑，不可只信人言，否則會有凶險；而另方面，自己放着好東西不吃（龜肉可吃），卻垂涎別人的食物，是不安本分，或貪婪的表現，故「凶」。此爻得位，上應六四，前遇重陰（二、三），陰陽諧協，本利往，而四體艮，有「龜」象；今初爻不往應四（「舍爾靈龜」），僅自求多福，「觀我朵頤」，故呈凶兆。

六二：〔曰〕顛頤，拂經，于丘（北）頤。征，凶。

【譯】第二位，陰爻：向下方求養，不正常，轉而向上求養。出行，凶險。

【注】顛：倒。《鼎．初六》：「鼎顛趾。」楚簡、漢帛《易》前有「曰」字，為語詞。 頤：養。 拂：

違（《釋文》）；或作「弗」（漢簡《易》，《釋文》引子夏），不。　經：常（《玉篇》）。　丘：楚簡、漢帛《易》均作「北」，是。北，即背，乖違（《注箋》），指反方向；這裏指上位之爻。　征：行。　按，頤、頤（均之部）協韻；又經、征（均耕部）協韻，故應如此標點。諸本多有未當。

【析】六二居中得正，與六五無應，本宜安於本位，「自求口實」，但彼欲下比於初爻，或往依上九，以從陽求養，此等皆非正道；而往上求養，更前遇重陰，同性相斥，為其所阻，故「征，凶」。

六三：拂頤。貞，凶。十年，勿用。无攸利。

【譯】第三位，陰爻：不能自養。占問，凶險。十年內不可有為。無所利。

【注】拂：漢簡《易》作「弗」。　勿用：不可施為。《乾．初九》：「潛龍，勿用。」　按，貞（耕部 eng）、年（真部 en）、利（質部 et）協韻：耕真合韻；真質通韻（陽入對轉）；又凶、用（均東部）協韻，故如此標點。

【析】此爻失位，不中不正；承、乘皆陰，同性相斥，故無法自養。處下卦之終，震動之極，欲與上九相應，而為四、五二陰所阻，故「十年，勿用」，「凶」，無所利。

六四：顛頤，吉。虎視眈眈，其欲逐逐。无咎。

【譯】第四位，陰爻：向下求養，吉利。老虎緊緊盯着，牠的慾望異常強烈。沒有禍患。

【注】顛頤：注見六二。　眈眈（dāndān 擔擔）：盯視有神的樣子。　逐逐：心煩貌（《集解》引虞），有迫不及待之意。

【析】此爻位當，下應於初，故「顛頤」則「吉」。艮為虎，為視（參《艮》）；「虎視」二句，比喻願望之迫切、強烈。此非壞事，故「无咎」。

六五：拂經。居貞，吉。不可涉大川。

【譯】第五位，陰爻：不正常。占問居處的事，吉利。不要涉渡大河。

【注】拂經：反常，不正常。後面當隱含「于北頤」之意（參六二爻）。拂，漢簡《易》作「不」。　涉大川：參《需》卦。

【析】此爻以柔居中處尊，但位不當，且與下無應，不能養人，反須仰承於上九以賴其養，故屬違反常理。但其居中處尊位，卻能以柔承剛，有謙順之德，所以安「居」則「吉」。又二至四互坤，有「川」象（參《坤》卦），本爻失應於二，故「不可涉大川」。若占得此爻，宜家居，不宜遠行；不宜幹大事：宜靜不宜動。

上九：由頤。厲，吉。利涉大川。

【譯】最上位，陽爻：追求保養。危險，但仍吉利。利於涉渡大河。

【注】由：讀為「逐」，追也（《說文》）。參《豫・九四》：「由豫。」 頤：養。

【析】陽剛居卦之極，失位，居高勢危，故「厲」；但畢竟一陽踞上，下乘眾陰，故「吉」。二至四、三至五皆互坤，坤為「川」；本爻下應於三，三體震（下卦），震為行，故「利涉大川」。若占得此爻，宜於出門遠行；或冒險犯難，幹一番事業。

二十八　大過

大過：棟橈。利有攸往。亨。

【譯】《大過》卦：棟樑彎折。利於有所往。順利。

【注】棟：房屋之主樑。　橈（náo 撓）：曲（《釋文》）。　攸：所。

【析】〔卦名〕《大過》，義為大為超越常分（《正義》、《程傳》），指太過分或超常態的行為；過，度（《說文》），經過，越過。又指大的失誤或過錯（《序卦．正義》）；過，誤（《廣雅．釋詁》），差失。卦體上兌下巽。兌為澤，巽為木，有水淹沒木之象。一方面表示水已大大超過正常的水位，另方面意味着發生了重大事故，如水災、沉船之類，故卦名《大過》。

〔卦辭〕卦體上下二陰，中間四陽，中強而本、末皆弱，不勝負荷；又下巽為木，上兌為毀折，故有「棟橈」之象。樑棟彎折，也是大失誤、大過錯，房子有倒塌的危險，宜迅速離開險境；而乾（二至四，三至五）為健行，故利往。又二、五均陽剛得中，能行正道，故「亨」通。若占得此卦，意味危中有機，關鍵在乎要善於把握和及時處理。

初六：藉用白茅。无咎。

【譯】（自下而上）第一位，陰爻：用白茅草作襯墊。沒有禍患。

【注】藉（jiè借）：古代舉行祭祀、封侯或朝聘等典禮時，用來放在下面承托祭品或禮品的襯墊物。白茅：一種茅草。以白茅作墊，取其芳潔。

【析】下卦巽，有謙遜之德；初爻柔居巽始，承眾陽，更顯謙順禮讓，猶如以柔軟的白茅襯墊祭品，故「无咎」。

九二：枯楊生稊。老夫得其女妻。无不利。

【譯】第二位，陽爻：乾枯的楊樹再發新芽。老漢娶得他的年輕妻子。沒有不利。

【注】稊（tí啼）：通「荑」，草木重生的嫩芽。漢帛《易》作「荑」。女：少、小，稚嫩。故嫩桑稱「女

桑」（見《詩・豳風・七月》）。

【析】本爻與五爻大概都是卦義所指的超越常規之「過分行為」。下巽為木；九二陽剛得中而失位，與上無應，似「枯楊」、「老夫」，遂親比於初六，如得少女為妻，因而再萌生機，故「无不利」。

九三：棟橈。凶。

【譯】第三位，陽爻：棟樑彎折。凶險。

【注】棟橈：注見卦辭。

【析】三、四、上爻內容是卦義所指的「大失誤、大過錯」。三、四爻處全卦中央，有如房屋主樑。九三與上六相應，而三體巽，巽為木，上體兌，兌為毀折；三爻乘、承皆陽，同性相斥，無人相助，故有「棟橈」之「凶」象。

九四：棟隆。吉。有它，吝。

【譯】第四位，陽爻：棟樑高拱。吉利。發生意外變故，有困厄。

【注】隆：高（《小爾雅・廣詁》），聳起。　它：古蛇字；泛指禍害。

【析】棟橈高聳，沒有倒塌之虞，故「吉」。三、四處全卦中央，似棟橈。四應於初，初體巽，為木，為高；下有高木支撐，故「棟隆」而不橈。但此爻失位，且乘、承皆陽，同性相斥，故「有它，吝」。

九五：枯楊生華。老婦得其士夫。无咎，无譽。

【譯】第五位，陽爻：乾枯的楊樹開花。老婦嫁得個年青丈夫。沒有禍患，也沒有聲譽。

【注】華：古花字。　士：少男（黃生《義府》），指未婚之青年男子。《詩·邶風·匏有苦葉》：「士如歸妻，迨冰未泮。」　无咎，无譽：參《坤·六四》。

【析】「士夫」指本爻。此爻陽剛中正居尊位，故「无咎」；但失應於下，故亦「无譽」。遂親比於上六，上六陰柔處卦之極，衰弱如老婦，故有「老婦得其士夫」之象。上爻下應於三，三居巽末，巽為木，故以「枯楊」為喻。

上六：過涉，滅頂。凶。无咎。

【譯】最上位，陰爻：在不當的地方蹚水過河，被水淹過頭頂。凶險。沒有禍患。

【注】過：誤（《廣雅·釋詁》）；此指選址失當（參《述聞》）。　涉：徒行厲水（《說文》），即蹚水過河。　滅：沒（《小爾雅·廣詁》），淹沒。

【析】上六以柔居卦之極，質弱難勝，下乘眾陽，實難控御；而兌為澤水，三至五互乾，乾為人，為首，淹沒於兌水中，故有「過涉，滅頂」之「凶」象。但此爻位當，又與九三剛柔相應，顯示終有救援，故「无咎」。

〔筮例〕

張先生七十多歲，重病（前列腺癌，已轉移；血尿）入院，已不能起牀，進食，醫院發出病危通知。家人求問吉凶安危。筮得《大過》九五、上六爻。五爻為「枯楊生華」，似有轉機，但不會長久，故稱「无咎，无譽」。上六「過涉，滅頂」，自是凶兆；但此爻得位，有應，意味將獲救援。綜觀兩爻，暫時應無生命危險；但病情嚴重，恐難康復。從卦象看，下卦巽為隕落、寡髮，有老人象，上卦兌為毀折，亦非吉兆。筮問時為二○○三年六月三十日。結果病人果然度過危險期，精神轉佳，可以起牀，進食。可惜只是「枯楊生華」，曇花一現。遷延一段時間後，終於九月十六日去世。

二十九　坎

坎下坎上

習坎：有孚維心。亨。行、有尚。

【譯】《坎》卦：胸懷誠信，心意相通。順利。前行有人相助。

【注】習坎：或疑「習」字涉初六爻辭而衍（《今注》）。然《彖》、《象》傳及漢帛《易》均有此字。可能卦名實原作「習坎」；習，重（《彖》）。孚：符；由胸懷誠信而相互感通。維：此用同「于」，作介詞。《墨子．非攻》：「通維四夷。」《益．九五》：「有孚惠心。……有孚惠我德。」意仿此，可參。尚：祐助；又讀為「黨」，指親族、夥伴、朋輩，或志同道合、熱心相助之人。參《泰．九二》：「得尚、于中行。」按，亨、行、尚（均陽部）協韻，故點斷。

【析】〔卦名〕《坎》，義為陷坑、土牢，引申作陷沒，險難（見《序卦》、《釋文》、《類纂》等）；再引申為勞苦（《說卦》），秦簡《歸藏》此卦名「勞」，正符斯義。卦體二坎相重，似幽閉之土牢，又有險難倍增之象，故卦名為《習坎》。

〔卦辭〕儘管險難重重，歷盡艱辛，但一切仍會順利，因既有誠信之德，又有同心之伴侶與你偕行。卦體雙剛得中，上、下卦均一陽爻處二陰爻之間，剛柔相協，外虛內實，呈彼此胸懷誠信而心志相通之象，似同心之行侶，故「亨。行、有尚」。

初六：習坎。入于坎窞。凶。

【譯】（自下而上）第一位，陰爻：坑中有坑。落入深坑中。凶險。

【注】習：重（《釋文》），疊。一說，通「襲」，入也（《類纂》）。窞（dàn 旦）：坑中之坑，指深坑，幽閉之牢獄。聞氏《類纂》云：坎窞為疊韻連語，猶窖牢，古時繫人之獄，鑿地為之；入於坎窞即入獄。

【析】初爻以柔處下，失位，與上無應，有「入于坎窞」，被重重陷沒，出頭無日之象。故為「凶」兆。

九二：坎，有險。求小得。

【譯】第二位，陽爻：陷坑有危險。有所求，會稍有所得。

【注】小：漢帛《易》作「少」。按，坎、險（均談部）協韻，故點斷。

【析】二為下坎之主爻，位不當，上無應，故「坎有險」。但陽剛得中，能行正中之道，且乘、承皆陰，陰陽諧協，故「求」仍可「小得」。

六三：來之坎，坎險，且枕。入于坎窞，勿用。

【譯】第三位，陰爻：來到這陷坑，坑既險又深。落入深坑中，無可施為。

【注】之：此。甲骨文、《詩經》多見。枕：通「沈」，深（《平議》）。坎窞：注見初爻。用：可施行。按，坎、險、窞（均談部）協韻，故如此標點。

【析】此爻陰柔而不中正，與上無應，陷於上下二坎重險之中，動彈不得，無法施為。若占得此爻，有將會身陷囹圄之凶兆。

六四：樽酒、簋，貳用缶，納約自牖。終无咎。

【譯】第四位，陰爻：一樽酒，一碗飯，加個瓦盆盛載，從窗戶送進簡單的食物。最終沒有禍患。

【注】簋（guǐ軌）：黍稷器（《集解》引虞）；古代盛黍稷等食物的器具，多為圓碗形，或帶方座。貳：益（《說文》段注、《廣雅·釋詁》），增加。用：以。缶（fǒu否）：瓦器（《說文》），盆類。納：入

（《廣雅・釋詁》），送入。古文字納作內，《說文》云：「內，入也；自外而入也。」 約：儉（《廣雅・釋言》），少（又《釋詁》。一說，取（《類纂》）。 牖（yǒu有）：窗。以地窖為獄，唯見其牖，殷商牢獄稱牖（羑）里，或以此（《類纂》）。 按，酒、簋、缶、牖、咎（均幽部）協韻，故應如此標點。諸本斷句多誤，唯《本義》引晁氏云：「先儒讀『樽酒簋』為一句，『貳用缶』為一句。」（按，原見《釋文》引舊讀。）最近正確。然酒字未點斷，顯出韻位，仍欠完善。

【析】雖有牢獄之災，但終無咎害。此爻處兩坎重險之間，與下無應，有如人被囚禁於土牢，須「納約自牖」。爻體震（二至四），震形似盛器，故有「樽、簋、缶」之象，坎為水為酒，故曰「樽酒」。艮（三至五）為手為「納」，又為門闕為「牖」，故「納約自牖」。四爻位當，上承九五，以柔從剛，故終得「无咎」。

九五：坎不盈，祇既平。无咎。

【譯】第五位，陽爻：陷坑未填滿，小丘已剷平。沒有禍患。

【注】祇（zhī支）：借為「坻（chí池）」，小丘（《釋文》引鄭）。

【析】欲以小山之土去填平陷坑，但坑深土少，難以填滿；不過已盡人事，所以無患。五為坎之主爻，陷於陰中，故「不盈」。艮（三至五）為丘，沒於坎坑，呈「既平」之象。此爻陽剛中正居尊位，且乘、承皆陰，陰陽諧協，故「无咎」。

上六：係用徽纆，寘于叢棘，三歲不得。凶。

【譯】最上位，陰爻：用繩索綑綁，關在牢獄裏，數年不能獲釋。凶險。

【注】係：縛。　徽纆（mò墨）：繩索；三股合為一股曰徽，二股合一曰纆（《釋文》引劉）。　寘：同置。　叢棘：指代監獄。古代監獄周圍種滿荊棘，以防逃逸（見《正義》）。　三：虛數。　不得：謂不得出獄（《集解》引虞）。因用四言句押韻而省去「出」（或意思相近的）字。爻辭以纆、棘、得（均職部）協韻。

【析】坎為叢棘，為桎梏，為法律，有囚繫之象。上爻以柔居《坎》險之極，乘剛，所為不順，且與下無應，勢窮力孤，難以支持，故「凶」險。

三十　離

離下離上

離：利貞。亨。畜牝牛，吉。

【譯】《離》卦：利於占問。順利。飼養母牛，吉利。

【注】畜：養（《集解》引虞）。牝（pìn 聘）：雌性的（獸畜）。

【析】〔卦名〕《離》，義為附麗（《彖》、王注）；又為光明（《象》、《正義》）。卦體上離下離。離為火，為日，為明，有大光明之象；而上下兩離，又如日月附麗於天，故卦名為《離》。秦簡《歸藏》此卦名《麗》，同為附麗、附着之意。漢帛《易》作《羅》，義為網羅，字通「離」、「罹」，有遭逢之意，義亦相關。

〔卦辭〕兩明前後相繼，光耀不絕，普照四方，故「利貞。亨」。二、五爻以陰柔之質，附着中正之位，利陰柔之物，而離為牝牛，故「畜牝牛，吉」。

初九：履錯然。敬之，无咎。

【譯】（自下而上）第一位，陽爻：步履莊重。恭敬對待他，沒有禍患。

【注】錯（入聲）然：敬慎之貌（《集解》引王）。或釋飾金閃光的樣子，錯，用金塗飾（見《說文》）；則句意為：鞋子金光閃閃，尊敬他，沒有禍患。

【析】初爻在下，為「履」；此爻得位，居離之始，離為文明，故有「錯然，敬之」之象。爻與上無應，而近比六二，陰陽相得，所以「无咎」。

六二：黃離。元吉。

【譯】第二位，陰爻：黃色附麗其上。極其吉利。

【注】離：通「麗」（《說卦》），附麗。一說，黃離即黃鸝、黃鶯，鳥名。

【析】古以黃為貴重、吉祥之色，又為「中之色」（參《坤．六五》），六二以柔居中得正，承、乘皆陽，陰陽諧協，猶物體塗上鮮麗華貴的黃色，所以上吉。

九三：日昃之離，不鼓缶而歌，則大耋之嗟。凶。

【譯】第三位，陽爻：太陽斜掛天邊，如不敲擊瓦盆唱歌，那麼老人便要嗟歎傷心。凶險。

【注】昃（zè 仄）：太陽偏西。　離：麗，附着，懸掛。　鼓：敲打。　缶（fǒu 否）：盛酒的瓦器，「秦人鼓之以節歌」（《說文》）。李斯《諫逐客書》：「夫擊甕叩缶，……真秦之聲也。」　大耋（dié 疊）：指高壽的人。耋，七、八十歲之年紀（《釋文》引馬、王）。　嗟：憂歎（《正義》）。　凶：一本無此字（《釋文》）。

【析】離為日；爻處離之末，有「日昃」、「大耋」之象。日落西山，表示時日無多，老人易觸景傷情，故須安常自樂，否則長吁短歎，有損身心健康，後果不妙。離體外堅中虛，有「缶」象；三至五互兌，兌為口，故為「歌」，為「嗟」。此爻得位而不中，與上無應，前遇陽，同性相斥，故呈「凶」兆。

九四：突如，其來如，焚如，死如，棄如。

【譯】第四位，陽爻：突然出現，蜂擁而來，焚燒呀，殺戮呀，把屍體和物件到處拋棄。

【注】突如：突然而出。漢帛《易》作「出如」；漢簡《易》作「其出如」。突，「犬從穴中暫出」（《說文》）。如，用於詞後或句後，相當於「然」或「焉」；綴於詞後者為詞尾，表形貌或狀態（如《屯·六二》：「乘馬班如」），用於句後者為助詞，表語氣（如本爻）。　焚：燒（《廣雅·釋言》）。

【析】描寫一場軍事突襲的情景，慘烈逼真。巽（二至四）為風，其行甚疾，故「突如，其來如」；離為火，為戈兵，兌（三至五）為毀折，故「焚如，死如，棄如」。此爻失位，與下無應，乘陽（九三），同性相斥，故有此凶象。

六五：出涕、沱若，戚、嗟若。吉。

【譯】第五位，陰爻：涕淚滂沱地哀傷悲歎着。吉利。

【注】涕：淚（《廣雅．釋言》）。沱若：淚流多的樣子。若，形容詞詞尾，為「如」一音之轉，作用相同。《詩．陳風．澤陂》：「涕泗滂沱。」戚：憂（《廣雅．釋詁》），悲傷。嗟：歎。若：同如、焉，此作助詞，表語氣。參九四爻。按，涕（脂部）、吉（質部）與四爻死（脂部）、棄（質部）協韻（陰入對轉）；沱、嗟（均歌部 ai）、若（鐸部 ak）、若合韻，故如此標點。

【析】此爻以柔居尊而位不正，下失其應，故憂懼如此。離為目，三至五互兌，兌為澤為水，故「出涕沱若」；兌為口，五居兌口，故「戚，嗟若」。然承、乘皆陽（四、上爻），附麗於兩陽中，陰陽相孚，故仍「吉」。

上九：王用出征，有嘉，折首，獲匪其醜。无咎。

【譯】最上位，陽爻：周王出征，傳來捷報，斬首之外，還抓獲他們一批俘虜。沒有禍患。

【注】用：助詞，表實施、進行某事。此字漢帛《易》無，楚簡殘缺。　有嘉：有喜慶之事。嘉，美（《說文》）。又，嘉或為方國、地名。參《隨．九五》：「孚于嘉，吉。」　折首：斬首。折，斷（《說文》）。金文《虢季子白盤》：「折首五百，執訊五十。」　匪其：猶「彼其」，指代詞；匪，通「彼」。《詩經》多見，如《王風．揚之水》：「彼其之子。」　醜：類（《集解》引虞）。《詩．小雅．出車》：「執訊獲醜。」鄭箋：「醜，眾也。」朱傳：「徒眾。」

【析】離為甲胄、戈兵，有用武殺伐之象。此剛爻處《離》之極，遠瞻明察（離為明，為目），威震四方，雖失位，無應，然下比六五，陰陽相得，故「无咎」。

按，全《易經》和「盜賊」有關的卦爻辭共十一例，每例都必有坎☵象（《易傳．說卦》：「坎為盜」）。但《離》卦並無坎象，只有離象（離為火，為戈兵，喻指用武殺伐），由此推知，它描述的應不是普通的盜匪劫掠，而是一場兩軍對壘的激烈戰事：己方遭受突然襲擊，損失慘重。而《離．上九》反映的大概就是針對敵方的大規模報復反擊吧。

三十一　咸

艮下兌上

咸：亨，利貞。取女，吉。

【譯】《咸》卦：順利，利於占問。娶女子，吉利。

【注】取：通「娶」。　按，亨（陽部）、女（魚部）協韻（陰陽對轉），故點斷。

【析】〔卦名〕《咸》，義為感，相感應（《彖》、《荀子·大略》、《序卦》等）；咸，讀為「感」。又義為速（《雜卦》及韓注，《集解》引虞），迅速；感應則速。楚簡、漢帛《易》卦名均作「欽」，與「咸」音近可通。卦體上兌下艮。兌為陰卦，艮為陽卦，柔上剛下，二氣相感應；又兌為少女，艮為少男，兌為悅，艮為止（性篤實），男方誠愨篤實地仰求，女方喜氣洋洋而下應，有男女相感之象；又兌為澤，艮為山，山上有澤，澤性下潤，而山體上承，虛懷容受，亦彼此感應，故卦名為《咸》。

按，咸又讀為「摵」，即撼字，搖也，動也。感為心動（《說文》：「感，動人心也」），撼為形動，其義相因。本卦諸爻辭之「咸」皆讀為「撼」，有男女愛撫、親吻之意。

〔卦辭〕上下卦陰陽諧協，而六爻亦兩兩（初與四，二與五，三與上）剛柔相應，故「亨，利貞」。艮男求兌女，女悅而應之，呈婚姻之象，故「取女，吉」。

初六：咸，其拇。

【譯】（自下而上）第一位，陰爻：撫弄她的足大指。

【注】咸：讀為「撼」，動。下同　拇（mǔ母）：足大指（《釋文》引馬、鄭）。　按，各爻咸字協韻，又咸（侵部 əm）、拇（之部 ə）合韻，故點斷。

【析】艮為手，又為指，初爻在下，有足趾象，故「咸其拇」。又，動其足趾，亦可釋為有打算出行之意（見《象》辭）。此爻以陰居陽，位不當，而上應於四，故有動其足指，打算出行之意，故《象》云：「『咸其拇』，志在外也。」但艮為止，爻居其始，又前遇陰，同性相斥，實宜靜不宜動。

六二：咸，其腓。凶。居，吉。

【譯】第二位，陰爻：撫弄她的小腿。凶險。居家，吉利。

【注】腓（féi肥）：小腿肚；此泛指小腿。　按，咸（侵部 əm）、腓（微部 əi）合韻；又居（魚部）與三爻股（魚部）、往（陽部）等協韻（陰陽對轉），故如此標點。

【析】腓在足趾以上，為二爻之象；下卦艮為手，故「咸其腓」。又，動其小腿，亦可有打算出行之意。此陰爻得位居中，與五有應，然處艮止之體，故宜靜不宜動，若強行前往必「凶」；如安於本位，上承九三之陽，則「吉」。若占得此爻，宜安居不宜出門，出行會有禍殃。

九三：咸，其股。執，其隨。往，吝。

【譯】第三位，陽爻：撫弄她的大腿，把捉她的小腿。前往，有困厄。

【注】股：髀（《說文》），大腿。　執：執持。　隨：指相隨大腿而動的小腿。參《艮・六二》：「艮其腓，不拯其隨。」　吝：困難，不順利。　按，咸（侵部 əm）、執（緝部 əp）、吝（文部 ən）協韻：侵緝通韻；侵文合韻；又股（魚部 a）、隨（歌部 ai）、往（陽部 ang）合韻，故如此標點。

【析】爻居巽體（二至四），巽為股，股處腓上，故三爻有股象；而下卦艮為手，故「咸其股」。此爻陽剛得位，與上有應，但處艮止之終，且為四、五二陽所阻，若強行前往，必然不利，如止於原位，下比重陰

（初、二爻），自會安然無事，故有「執隨」之象。若占得此爻，意味出門會有阻滯，而勉強前往將遇到麻煩。

九四：貞，吉，无悔。憧憧、往來，朋從，爾思。

【譯】第四位，陽爻：占問，吉利，沒有悔恨煩惱。朝思暮想，錢財歸聚於你啊。

【注】无悔：通行本作「悔亡」，此從楚簡《易》改。悔、來、思（均之部）協韻，應是。　憧憧（tóngtóng）：意不定（玄應《一切經音義》引《說文》）；此為思念不絕的樣子。晉・左芬《離思賦》：「夜耿耿而不寐兮，魂憧憧而至曙。」　朋：指朋貝，古代貨幣（參《坤》）；一說朋友。　從：隨行（《說文》）；或指隨從者，追隨者。　爾：你。　思：句末語助詞。又，或釋「思」為動詞，「爾思」為賓語前置，如《詩・檜風・羔裘》：「豈不爾思，勞心忉忉。」則末兩句意為：賓朋都魂牽夢縈地惦念着你。又，「思」楚簡《易》作「志」，則為「意願」之意。　按，憧、從（均東部）協韻，故點斷。

【析】此爻與初爻有應，故「吉，无悔」。居乾體（三至五）、巽體（二至四），乾為健行，巽為進退，故呈「往來」之象。巽又為「近利市三倍」（《說卦》），故得「朋」。

九五：咸，其脢。无悔。

【譯】第五位，陽爻：撫弄她的肩背。沒有悔恨、煩惱。

【注】脢（méi 梅）：背肉（《說文》）。 按，咸（侵部 əm）、脢、悔（均之部 ə）合韻，故點斷。

【析】背在頭之下身之上，可當五爻之位；而五與二應，二居艮體（下卦），艮為手，故「咸其脢」。此爻陽剛中正居尊位，雖下應於二，惜為同性之三、四所阻，故僅得「无悔」，未為大吉。

上六：咸，其輔、頰、舌。

【譯】親吻她的牙齒、面頰、舌頭。

【注】輔：上牙牀骨；此泛指牙齒。《左傳·僖五年》：「輔車相依，唇亡齒寒。」杜注：「輔，頰輔；車，牙車。」即指上、下牙牀骨。《艮·六五》：「艮其輔。」可參。 頰：面旁（《說文》）。 按，咸（侵部）、頰（緝部）通韻（陽入對轉），輔（魚部 a）、舌（月部 at）合韻，故如此標點。

【析】頭在背之上，故上六言及「輔、頰、舌」等屬頭部之物；此爻下應九三，而三居艮體（下卦），艮為手，故「咸其輔、頰、舌」。又，動其輔、頰、舌，亦有搖唇鼓舌，大放厥辭之意（見《象》辭），因爻處兌端，兌為口舌，主言語。此爻位當，下應於三，但以柔乘剛，所為不順，且居《咸》卦之極而不處中，實易以口舌招尤，所以雖未言吉凶，也宜提高警覺。

按，本卦諸爻由下而上順次取象，內容似描述男女親撫、交歡之過程，與卦名、義相應合。

〔筮例〕

郭小姐借款予人，對方逾期未還，又無任何表示。二〇〇三年七月十八日筮問：該款能否收回？得《咸》卦九四爻。辭曰：「吉，无悔。」表示有好結果。當事人「憧憧、往來」，繫念此事，爻象是「朋從、爾思」，錢財將向你而來。說明會「得財」而非「破財」。果然該「債仔」於七月二十四日自動向郭小姐歸還全部欠款。

三十二　恆

巽下
震上

恆：亨，无咎，利貞。利有攸往。

【譯】《恆》卦：順利，沒有禍患，利於占問。利於有所往。

【注】利有攸往：此句通行本與漢帛《易》有，而楚簡《易》無。據韻讀，亨（陽部ang）、貞（耕部eng）、往（陽部）可互協，其義理亦與象數相合（見下），故應以有此句為是。

【析】〔卦名〕《恆》，義為長久、持久，純一其德，始終不變（《彖》、《雜卦》、《序卦》、《繫辭》、《易之義》等）。卦體上震下巽，震為陽卦，為長男，巽為陰卦，為長女，剛上而柔下，猶夫婦同心持家，故能恆久；又震為雷，巽為風，雷風互動，風發雷奮，相得而益彰，故可恆久；又巽為順，震為動，順而動，乃天長地久之道，因此卦名為《恆》。《咸》䷞是其倒卦，義亦相反：《咸》的卦義為感，感應則速，故又為迅疾、短促。兩者恰成鮮明對照：《恆》卦希望天長地久，《咸》卦只在乎曾經擁有。

〔卦辭〕上下卦陰陽諧協，而六爻皆兩兩（初與四，二與五，三與上）剛柔相應，暢達無礙，故「亨，无咎，利貞。利有攸往」。

初六，浚恆。貞，凶。无攸利。

【譯】（自下而上）第一位，陰爻：持久深挖。占問，凶險。無所利。

【注】浚（jùn 俊）：深（《釋文》），挖之使深，常指疏浚河牀或井牀。　恆：久（《集解》引侯）。

【析】初爻居下，一開始即求深窮底，物何以堪？此爻以陰居陽，位不當，上應九四，前遇重陽（二、三），本利往，現在卻「浚」而不往，「恆」居不當之位，故「凶。无攸利」。

九二：悔亡。

【譯】第二位，陽爻：悔疚消除。

【析】此爻陽剛得中，但以陽居陰，位不當；上應六五，卻為三、四兩爻所阻（同性相斥），不利往；若能靜安其位，持守中道，則「悔亡」。

九三：不恆，其德，或承，之羞。貞，吝。

【譯】第三位，陽爻：不能長保其德行，有時會蒙受恥辱。占問，有困厄。

【注】恆：久。　德：德行（《乾·文言·正義》），品格行為。　或：有（時、人）；代詞。　承之羞：猶「承其羞」。承，受（《說文》）。之，代詞；楚簡《易》作「其」。羞，恥、辱（《廣雅·釋詁》）。　吝：困難，不順利。　按，恆（蒸部 ǝng）、德（職部）、承（蒸部）、貞（耕部 eng）協韻：蒸職通韻（陰入對轉）；蒸耕合韻，故如此標點。

【析】此爻得位，與上有應，但承、乘皆陽，來往受阻，故「吝」。乾（二至四）為德，三居下卦之終，巽為風為進退，有「不恆其德」之象，致招「蒙羞」之後果。《論語·子路》：「子曰：『南人有言曰：「人而無恆，不可以作巫醫。」善夫！「不恆其德，或承之羞。」』」乃直接引此爻辭，聯繫近年出土的帛書《易傳》，可見孔子確曾精研《周易》，「韋編三絕」之說，並非虛語。

九四：田无禽。

【譯】第四位，陽爻：打獵沒有獵得禽獸。

【注】田：獵。參《師·六五》：「田有禽。」

【析】上震為動為武，有田獵之象；四失位，欲下應於初，卻為同性之三、二所阻；初體巽，為鸛為

「禽」，故「田无禽」。若占得此爻，意味勞而無獲。

六五：恆，其德。貞婦人，吉；夫子，凶。

【譯】第五位，陰爻：能長保其德行。占問婦女的事，吉利；占問男子的事，凶險。

【注】夫子：指男士。按，恆（蒸部）、德（職部）、子（之部）與上六爻恆（蒸部）協韻（陰陽入對轉）；又人（真部）、吉（質部）協韻（陽入對轉），故如此標點。

【析】六五陰爻喻女性。此爻柔得中居尊位，與九二剛柔相應，下臨重陽（四、三），陰陽諧協，通利暢達；二體乾（二至四），為德，故「恆其德。貞婦人，吉」。反之，九二陽爻喻男子，居巽體，巽為不果；欲上應五，卻為同性之二、三所阻，故貞「夫子，凶」。

若女子占得此爻，只要「恆其德」，便可得吉。若男子占得此爻，必須隨機應變，不可膠固執一，否則將有災殃。

上六：振恆。凶。

【譯】最上位，陰爻：持久震蕩。凶險。

【注】振：通「震」，震動。《集解》本作「震」。　恆：久。

【析】上爻得位，下應於三，但以柔居上震之極，質弱難勝，因有「振恆」不安之象。不停震動則破壞力強，不安故呈「凶」兆。

〔筮例〕

親友欲送子女赴海外留學，待定去向。首先筮問加拿大，得《豫》卦六三、六五爻，未符理想（釋見前）；於是再問英倫如何。結果得《恆》之初六、六五爻。初六為「凶」，《象》辭說：其凶之故在「始求深也」，即一開始把目標定得太高。言下之意是，最好先不要追求入讀牛津、劍橋之類的一級名校。六五是：「恆，其德。貞婦人，吉；夫子，凶。」五居兑體（三至五），兑為少女，下應二，體乾（二至四），乾為德，為健行，故只要保持良好德行，並且有毅力和耐性，則女子會吉利。於是決定送女兒負笈英國，並就讀較僻遠外郡的大學。先打好基礎，再求深造。

三十三　遯

艮下乾上

遯：亨。小利貞。

【譯】《遯》卦：順利。稍有利於占問。

【析】〔卦名〕《遯》，義為隱退，避讓（《雜卦》，《集解》引鄭，《釋文》）；字又作「遁」（《釋文》）。卦體上乾下艮。乾為天，喻君子，艮為山，比小人，天下有山，山勢欲上侵天，猶小人勢盛，君子暫作退避，以免其害；又卦體二陰消陽，陰氣漸長至二（陰長至三則為《否》），陽氣日漸消殞，君子當及時遁避，始得亨通，故卦名為《遯》。在「十二消息卦」中，為代表盛夏六月之卦。

〔卦辭〕九五陽剛中正居尊位，六二柔得位得中，上下卦中爻剛柔相應，故「亨」通。陽為大，陰為小，陰氣漸長，故「小利」。

初六：遯尾，厲。勿用有攸往。

【譯】（自下而上）第一位，陰爻：最後才隱遁，危險。不要有所往。

【注】尾：後（《廣雅．釋詁》），隨後。

【析】既然太遲隱遁有危險，還是不走為妙。

初爻在下，稱「尾」。巽（二至四）為入，有「遯」隱之象，初在其後，故「遯尾」。此爻以陰居陽，位不當，欲上應四，而為同性之二所阻，故「厲」。處艮體，艮為止，故「勿用有攸往」。

六二：執之，用黃牛之革，莫之勝，說。

【譯】第二位，陰爻：用黃牛皮繩綑綁，沒有人受得了，擺脫為妙。

【注】執之：楚簡《易》無「之」字。執，通「縶」（《新證》），拴，綑。《詩．小雅．白駒》：「縶之維之。」　革：去毛的獸皮（見《說文》）；此指皮繩。　勝（平聲）：任，能擔當，禁受。《夬．初九》：「往，不勝。」　說：讀為「脫」或「挩」（《今注》）。　按，之（之部）、革（職部）、勝（蒸部）協韻（陰陽入

對轉），故如此標點（廖明春先生曾撰文主要從義訓角度辨此爻標點，結論相同）。除高亨先生《今注》外，諸本多以「莫之勝說」為一句，實誤。

【析】希望擺脫過分的束縛，求得自由。本爻以此闡明「遯」隱的真義。

下卦艮為牛（參《无妄．六三》），黃為中之色（參《坤．六五》），二爻居中，故曰「黃牛」；巽（二至四）為繩，艮為手，為止，有「縶」象。而六二居中得正，上應九五，前遇陽，利往；又居巽體，巽為入，為「遯」，故宜於逃逸。可見其義理與象數正相一致，證明這樣標點是正確的。

九三：係遯，有疾，厲。畜臣妾，吉。

【譯】第三位，陽爻：羈留隱遯者，有病，危險。畜養男女奴僕，吉利。

【注】係：綑綁，維繫；本或作「繫」（《釋文》），字通。　畜：養（《廣雅．釋詁》）。　臣妾：泛指奴僕。《書．費誓》：「臣妾逋逃。」孔傳：「役人賤者，男曰臣，女曰妾。」楚簡《易》作「臣妾」，漢帛《易》作「僕妾」。

【析】爻處艮體，艮為手，為止，巽（二至四）為繩，為隱遯，以手執繩，繫而止之，故有「係遯」之象。此爻與上無應，且前遇重陽，同性相斥，故「有疾，厲」。但陽剛得位，下履重陰（初、二），陰陽相得，故「畜臣妾吉」。占得此爻，不宜挽留去意已決的賢能之士。只宜培養新秀，或訓練下屬、助手，以圖再舉。

九四：好遯，君子，吉；小人，否。

【譯】第四位，陽爻：喜歡隱遯，君子吉利；小人〔不好遯，故〕不吉。

【注】好：愛好（《玉篇》）。否：通「不」。按，子、否（均之部）協韻；又吉（質部）、人（真部）通韻（陽入對轉），故如此標點。

【析】爻辭謂君子好遯，所以吉；小人不好遯，故不吉。九四陽爻為君子，初六陰爻為小人。四體乾，有剛直之德，又居巽（二至四），巽為入，為遯；下應於初，但為同性之三所阻，故此爻安守其位，及時隱伏，有「好遯」之意。初爻失位，居艮止之體，前遇陰，同性相斥，未能應四，與之共同進退，故「否」而不吉。若占得此爻，利君子不利小人。

九五：嘉遯。貞，吉。

【譯】第五位，陽爻：讚美隱遁。占問，吉利。

【注】嘉：美（《正義》），此指稱許。《書．大禹謨》：「嘉乃丕績。」

【析】此爻陽剛中正居尊位，與下卦六二剛柔相應；二體巽（二至四），有「遯」象，九五「嘉」美之，兩者聲氣相通，故「吉」。

上九：肥遯，无不利。

【譯】最上位，陽爻：遠走高飛而隱遁。無所不利。

【注】肥：通「飛」；本或作「飛」（李富孫《易經異文釋》引陸希聲本）。張衡《思玄賦》：「利飛遯以保名。」

【析】此爻位不當，與下無應，而陽剛居《遯》之極，又處乾之終，乾為行健，正好高飛遠引，無罣無礙，故飛遯「无不利」。（按，《象》云：「肥遯，无不利。无所疑也。」「疑」應讀為「礙」，與《小畜·上九·象》「有所疑也」、《升·九三·象》「无所疑也」之「疑」同。）

三十四　大壯

乾下震上

大壯：利貞。

【譯】《大壯》卦：利於占問。

【析】〔卦名〕《大壯》，義為大者壯盛（《彖》、王注、《正義》）。大，指陽爻；壯，健，盛。陽爻漸長，已至於四，意味陽氣壯旺，陰氣衰弱。又，義為威猛強盛，或壯大堅牢（《象》、《釋文》、《本義》等）。卦體上震下乾。震為雷，乾為天，雷在天上，聲威甚壯；而乾為剛，震為動，剛強以動，亦聲勢壯盛，故卦名《大壯》。在「十二消息卦」中，為代表仲春二月、陽氣始盛之卦。

另，卦義為受傷。壯，傷也（《釋文》引馬，《集解》引虞），讀為「戕（qiāng 槍）」。因傷而止，故本卦又有停止之義（見《雜卦》、《序卦》）。諸爻強欲前進者多見不吉。〔卦辭〕陽剛勢強，陰柔漸衰，正道方興而小道將滅，故「利貞」。

初九：壯于趾。征，凶。有孚。

【譯】（自下而上）第一位，陽爻：傷了腳。征行凶險。返回去。

【注】壯：通「戕」，傷。 趾：足、腳（參《噬嗑·初九》）。 征：遠行；或征伐。 有孚：漢帛《易》、漢簡《易》作「有復」；孚，通復（孚，古音並母、幽部；復，並母、覺部，兩者陰入對轉，故得音近借用）。復，返回。

【析】初爻處卦始，有「趾」象。此爻得位，但與九四無應，且前遇重陽（二、三），同性相斥，阻阨重重，故有傷足「征，凶」之象。若占得此爻，出行（或出征）會有危險；如已在路途，宜盡速返回。

九二：貞，吉。

【譯】第二位，陽爻：占問，吉利。

【析】此爻陽剛得中，能行正道，與上卦中爻六五剛柔相應，故「吉」。

九三：小人用壯，君子用罔。貞，厲。羝羊，觸藩，羸其角。

【譯】第三位，陽爻：小人逞其強力，君子不可如此。占問，危險。公羊觝觸籬笆，牠的角被絆住，（進退兩難）。

【注】用：以；表憑藉，倚恃。　壯：健（《廣雅·釋詁》），多力。　罔：無（《釋文》引馬、王），表否定。君子用罔，猶言「君子否」。罔，漢帛《易》作「亡」，義同。　羝（dī低）羊：公羊。　藩：籬（《釋文》引馬）。　羸（léi雷）：又作「縲」、「纍」或「累」（均見《釋文》），纏繞，牽絆。《姤·初六》：「羸豕孚蹢躅。」一說，羸，毀敗（《程傳》、《纂義》），缺折。　按，羊與壯、罔（均陽部）等協韻，故點斷。

【析】爻辭表明，欲恃「壯」而冒進、莽行者，有如羝羊觸藩，必惹一身麻煩；這是對「君子」的告誡，提醒。九三陽剛為君子，上六陰柔為小人。三得位，但承、乘皆陽，欲與上六相應，為同性之四所阻；上爻欲下應三，亦為同性之五所阸，故「貞，厲」。又上震為竹為萑葦，有藩籬象；兌（三至五）為羊，又為毀折；下乾為健行；三處下卦之端，有「角」象，故「用壯」而行，如「羝羊觸藩」，結果「羸其角」，進退兩難，無法脫身。按，本卦與《遯》為倒卦，此爻與《遯·九四》成反對之象，故皆有「君子」、「小人」出現，義頗相因。

九四：貞，吉。悔亡。藩決，不羸；壯於大輿之輹。

【譯】第四位，陽爻：占問，吉利。悔疚消除。籬笆撞破了，羊角沒被絆住；〔終於〕撞向大車的輪輻而受傷。

【注】決：開裂（《本義》、《今注》）。　壯：通「戕」，傷。　輿：車。漢帛《易》作「車」。　輹（fù腹）：此通「輻」，本又作「輻」（《釋文》），連接車轂和車輞的直條。　按，決（月部）、羸（歌部）與三爻之厲（月部）、藩（元部）等協韻（陰陽入對轉），故如此標點。

【析】此爻位不當，下無應，但前遇重陰（五、上），陰陽諧協，利往，故「吉。悔亡」。上震為藩籬；兌（三至五）為羊，又為毀折；乾（二至四）為健行，故「藩決，不羸」。又震為車（《國語．晉語》），故「壯於大輿之輻」。若占得此爻，意味起初獲得成功，但恃「壯」而銳進，終必「戕」傷。為先吉後凶之兆。

六五：喪羊于易。无悔。

【譯】第五位，陰爻：在路邊走失了羊隻。沒有悔恨煩惱。

【注】喪：失；漢帛《易》作「亡」，逃也（《說文》）。　易：《釋文》引陸作「埸，謂疆埸也」；《廣雅．釋詁》：「埸，界也。」指田地、道路的邊界；又為道路之別名（見《玉篇》）。一說，易為邦國名，殷商之先公王亥曾客居有易，從事畜牧，後亥為有易之君所殺，而喪其牛羊；爻辭即指其事。《旅．上九》「喪牛于

易」亦同。（見《故事》、《今注》、《溯源》。）

【析】震為大塗（大路）；三至五互兌為羊，為毀折，故有「喪羊于易」之象。本爻以陰居陽，位不當，但得中處尊，與下有應，故雖「喪羊」，仍可「无悔」。

上六：羝羊，觸藩，不能退，不能遂。无攸利。艱，則吉。

【譯】最上位，陰爻：公羊觝觸籬笆，欲退不能，欲進不得。無所利。但經歷艱難，便可獲吉祥。

【注】羝羊觸藩：注見三爻。　遂：進（《集解》引虞）。　艱：難。　按，艱（文部）與退、遂（均物部）協韻（陽入對轉），故點斷。

【析】爻居震之終，兌（三至五）處其下，震為藩，為行，兌為羊，故有「羝羊觸藩」之象。但已至卦極，進無可進，欲下應於三，又為同性之五所阻，故一時進退兩難。不過，由於此爻得位，與下為正應，只要艱貞自守，必將苦盡甘來，故終呈「吉」兆。

三十五　晉

坤下離上

晉：康侯，用錫馬，蕃庶，晝日三接。

【譯】《晉》卦：康侯由於受賜之良馬眾多，一天之內連戰皆捷。

【注】康侯：指周武王之弟康叔，名封，其始封地在康，故稱康叔，亦稱康侯，後於成王時徙封於衛，受賜頗多（《故事》、《今注》）；今存世禮器有《康侯簋》等。一說，泛指安康之諸侯（《集解》引虞荀）。　用：以；表原因。　錫：通「賜」。　蕃庶：眾多。蕃，多（《釋文》）；庶，眾（《爾雅．釋詁》）。一說，蕃庶即蕃殖；則句意為「康侯用受賜之良馬蕃殖」。　晝日：一晝間（《正義》）。　三接：猶三捷。三，表示多；接，通「捷」，勝（《釋文》引鄭）。《詩．小雅．采薇》：「一月三捷。」一說，接謂交配；三接，

多次配種（《通義》）。　按，侯（侯部o）、馬、庶（均魚部a）、接（盍部ap）合韻，故如此標點。

【析】〔卦名〕《晉》，義為進（《序卦》、《彖》、《正義》），上升、前進。卦體離上坤下，離為日為明，坤為地，有日出地而升天，光明漸盛之象，故卦名為《晉》。

〔卦辭〕上離為日，喻君主，下坤為順，喻大臣；艮（二至四）為手，為「賜」，坤為眾，坎（三至五）為馬：有天子至明在上，公侯謙順於下，故賞賜良馬眾多之象。而離為日為晝，又為甲冑、戈兵，有用武、殺伐之象，故「晝日三接」。

初六：晉如，摧如。貞，吉，〔悔亡。有〕孚，裕，无咎。

【譯】（自下而上）第一位，陰爻：前進，退守。占問，吉利，悔咎消除。內懷誠信，心胸寬廣，沒有禍患。

【注】晉：進（《彖》傳）。　如：助詞，猶「焉」（參《離·九四》）。　摧：退（《釋文》）。　悔亡有孚裕：今本原作「罔孚裕」，《說文》引作「有孚裕」，漢帛《易》作「悔亡復（孚）浴（裕）」，疑皆有錯漏。因初、二兩爻辭形式相仿，類似排偶關係，句子長短應大致相當，故特結合韻讀、義理與象數情況，試補正原文並加標點如上。孚，誠信。裕，寬容（《疏證》）。　按，如、如（均魚部）、亡（陽部）協韻（陰陽對轉）；又孚、咎與二爻愁（均幽部）等協韻，故這樣標點。

【析】初爻上應九四，故「吉」、「悔亡」、「有孚」；但為同性之二、三所阻，因呈「晉如，摧如」之象。

爻居下坤之始，雖失位，但能「厚德載物」（《坤．象》），故「裕，无咎」。

六二：晉如，愁如。貞，吉。受茲，介福，于其、王母。

【譯】第二位，陰爻：前進，發愁。占問，吉利。從他祖母那裏受此洪福。

【注】如：注見初爻。　愁：變色貌（《釋文》引鄭），憂也（《說文》）。　茲：此。　介：大（《集解》引虞）；「大福，謂馬與蕃庶之物是也」（又引九家）。　王母：祖母（見《爾雅．釋親》），即文王之母大任（《今注》）。一說指母親；王，尊大之稱（《新證》）。　按，茲（之部 ə）、福（職部 ək）、其、母（均之部）協韻（陰入對轉）；又與如（魚部 a）、如、吉（質部 et）合韻，故如此標點。

【析】二爻失應於五，前遇坎（三至五），坎為憂，為心病，故「晉」則「愁如」。但此爻居中得正，處坤體，坤為母，為順，為容（參初爻），故可受「王母」之大福而得「吉」。若占得此爻，會有一時之憂，但最終將獲得祐助而蒙福。

六三：眾允，悔亡。

【譯】第三位，陰爻：眾人一起前進，悔疚消除。

【注】允：通「䢘」（《尚氏學》、《通義》），升進（《說文》）。《升．初六》：「允升。大吉。」一說，允，

信（《集解》引虞）；句謂「為眾所信」（《本義》）。亦通。

【析】三居坤體，坤為眾，為順；此爻失位，但與上有應，且承陽（九四），利往，故呈「眾允」之象而「悔亡」。

九四：晉如，鼫鼠。貞，厲。

【譯】第四位，陽爻：像田鼠般瞻前顧後地前進。占問，危險。

【注】如：像；動詞。 鼫（shí石）鼠：田鼠，好食禾稼（《今注》）。本又作「碩鼠」（《釋文》引子夏），義同。《詩．王風．碩鼠》：「碩鼠碩鼠，無食我黍！」 按，如、鼠（均魚部）協韻，故點斷。

【析】瞻前顧後，首鼠兩端，便是田鼠行進的模樣。四居上卦之始，為艮（二至四）、坎（三至五）之主爻，艮為鼠，坎為隱伏，為盜，故呈竊食「碩鼠」疑慮顧盼之象。此爻失位，不中不正，處「多懼」之地（見《繫辭．下》），故「厲」。

若占得此爻，切忌貪多務得，又三心兩意，優柔寡斷，否則將有危險。

六五：悔亡。失、得，勿恤。往，吉，无不利。

【譯】第五位，陰爻：悔疚消除。不必顧慮得失。前去，吉利，無所不利。

【注】失得：本又作「矢得」（見漢帛《易》、《釋文》、《集解》）；意謂誓得（虞說），或得箭（馬、王肅說）。恤：憂。《泰．九三》：「无咎，勿恤。」按，亡、往（均陽部）協韻；失、恤、吉、利（均質部）協韻，故如此標點。

【析】六五以陰居陽失位，下無應，本有「悔」，然柔居中處尊位、君位，在離明之體，為離之主爻，光耀四海，所謂「南面嚮明而治」（《說卦》），故可「悔亡」、「勿恤」。且承上九之陽，陰陽相得，故「往，吉，无不利」。

上九：晉其角，維用伐邑。厲？吉？无咎？貞，吝。

【譯】最上位，陽爻：挺進其鋒銳，用來攻打城邑。危險？吉利？還是無禍？占問結果是：有困厄。

【注】角：此喻指精銳的前鋒部隊。與《姤．上九》「姤其角」句式同。一說，角謂角鬥、較量（《通義》），作動詞。維：發語詞，無義。用：以；表憑藉。

【析】爻居上位，有「角」象。離為戈兵、征伐（參《離．上九》），下坤為地，故為城邑；上爻下應於三，故「維用伐邑」。但剛居卦極，位不當，過乎銳進，雖據陰，有應，具若干有利條件，而強攻則必「吝」。「厲？吉？无咎？」為事前考量的幾種可能結果，而「吝」則是占筮的正式結果。若占得此爻，須審時度勢，量力而為，不可急功近利，冒失行事，企圖一蹴而就，否則將會陷於困境。

三十六　明夷

離下坤上

明夷：利艱貞。

【譯】《明夷》卦：利於占問艱難的事。

【析】〔卦名〕《明夷》，義為光明受傷，猶日蝕，喻賢者見抑；夷，傷（《雜卦》韓注，《集解》引鄭）。又義為光明熄滅；夷，滅，明入地中，則明滅（《集解》）。又義為晦藏其明（《彖》）；闇主在上，明臣在下，不敢顯其明智（《正義》）。卦體上坤下離，離為日，坤為地，呈日入地中之象，故卦名為《明夷》。與《晉》為倒卦，《晉》卦為日出，本卦為日落，適成反對之象。

一說，明夷為鳥名，讀為「鳴鶇」，即「叫喚着的鵜鶘」（《通義》）；或讀為「鳴雉」，明通「鳴」，夷通「雉」，即山雞（《今注》）。

按，明夷在初、二、三、四爻取「鳴雉」之義，與西周昭王、穆王南征事以及古代之「鳥占」習俗有關（詳見本書前文之《〈周易〉成書於「共和」時代》第二節）；五、上爻則取「明入地中」之義。

〔卦辭〕卦體外坤內離，離為明，坤為順，呈「內文明而外柔順」之象。能以柔順自晦其明德，於危難中不改其度，如周文王、箕子般善處逆境，故「利艱貞」。

初九：明夷，于飛，垂其、〔左〕翼；君子，于行，三日、不食。有攸往，主人、有言。

【譯】（自下而上）第一位，陽爻：鳴雉飛行時，垂下牠左邊的翅膀；君子在路途，數天沒進食。有所往，接待的主人有怨言。

【注】明夷：在此應為鳥名，讀「鳴雉」。　于：原為動詞，有往、在等義，後意義虛化，常置於動詞前，表動作的進行態，如「于歸」、「于飛」等，《詩經》多見。　垂其翼：漢帛《易》作「垂其左翼」，當據加。《詩．小雅．鴛鴦》：「鴛鴦于飛，……戢其左翼。」　攸：所。　有言：有怨責、不滿之言。《需．九二》：「小有言，終吉。」一說，言通「愆」，過失，災禍（《類纂》）。　按，夷（脂部 ei）、飛（微部 əi）合韻；其（之部 ə）、翼（職部 ək）、子（之部）、日（質部 et）、食（職部）、人（真部 en）協韻：之職通韻（陰

入對轉）；之質合韻；真質通韻（陽入對轉）；又行、往（均陽部 **ang**）、言（元部 **an**）合韻，故如此標點。

【析】初爻處離體，離為雉，上應四，四體震（三至五），為動為飛（參《泰·六四》），故「明夷于飛」。此陽爻得位，為「君子」，與上有應，故有「于行」之象。但四又體坎（二至四），坎為險陷，為病傷；體震，震為食（參《噬嗑·六二》）；今或為傷病所困，或為險陷所阻，故又呈「垂翼」、「不食」之象。震又為雷為善鳴，故「主人有言」。

若占得此爻，意味雖然可達到目的，但中途阻滯甚多，到達後又會受人責備，過程不太愉快。

六二：明夷，夷于左股。用拯馬，壯，吉。

【譯】第二位，陰爻：鳴雉傷了左腿。如果駕馭車馬，馬匹強壯，則吉利。

【注】夷：後一夷字讀為「痍」，傷，為箭所傷（《類纂》）。　用：以；連詞，表假設關係。漢帛《易》有此字，楚簡殘缺。參《渙·初六》：「用拯馬，壯，吉。〔悔亡。〕」　拯：又作抍、承（見《釋文》），此讀為「乘」（《通義》）；乘馬，指乘坐、駕馭車馬。參《屯·六四》：「乘馬、班如。」　按，夷（脂部）、吉（質部）協韻（陰入對轉）；又股、馬（均魚部）、壯（陽部）協韻（陰陽對轉），故應如此標點。諸本多誤。

【析】離為雉，又為戈兵，為矢，有射獵之象；二體坎（二至四），坎為蒺藜，亦有矢象，又為病傷，故「明夷夷于左股」。坎又為美脊（強健）、亟心（敏捷）之馬；二爻居中得正，承、乘皆陽，陰陽諧協，故「用拯馬，壯，吉」。

九三：明夷，〔夷〕于南狩。得其大首。不可疾貞。

【譯】第三位，陽爻：鳴雉在南征狩獵中被射傷。獵獲那大頭怪獸。不利於占問疾病。

【注】後一夷字據漢帛《易》補。　南狩（shòu獸）：猶南征。狩，打獵，又可指征伐（《正義》），《史記·周本紀》：「昭王南巡狩不反，卒於江上。」《左傳·僖二年》：「昭王南征而不復。」　大首：大頭野獸；此指揚子鱷。中國特有的揚子鱷（或稱作鼉）早在殷商甲骨文裏已有記載，主要就分佈在長江中下游一帶，頭特大而身小（相對來說）是其重要體型特徵，故稱「大首」。昭王南征不復，卒於漢水，是葬身鱷魚之吻，故周穆王要為父王報仇，在南伐時途經江漢，便殺鱷浮屍，「駕黿鼉以為梁」。（詳見本書前文《〈周易〉成書於「共和」時代》）　可：猶「利」（《類纂》）。

【析】離為雉，又為南方之卦；離與震（三至五），皆有用武、射獵之象，震又為行；坎（二至四）為矢，為傷，故「明夷夷于南狩」。三處離端，有「首」象；又居坎，而坎為「下首」，下通夏，大也，即「大首」（《新證》）。此爻得位，與上有應，前遇重陰，通利暢達，故南征有獲。三為坎之主爻，坎為病，故不利疾病之占。

若占得此爻，問出行、征伐、田獵有利，問疾病則不利。

六四：〔明夷，夷〕于左腹；獲明夷之心，于出門庭。

【譯】第四位，陰爻：鳴雉左腹受傷；在走出門口時，射中鳴雉的心。

【注】首句通行本作「入于左腹」，此據帛《易》增改。左腹，心所在。　獲：射中。《儀禮．鄉射禮》鄭玄注：「射者中則大言『獲』。獲，得也。」　門庭：宅院門。庭，堂階前（《玉篇》）。

【析】四爻下應於初，初體離，離為雉，為腹，又為射獵為矢；二至四互坎，坎為矢，為傷：故有鳴雉傷腹之象。坎又為心，四得位，有應，故「獲明夷之心」；離體外剛中虛，似居室，三至五互震，震為行為「出」，四在離外，故有「出門庭」之象。爻意指厲王南征時射殺鳴雉，挖心祭祀亡父（昭王）。

六五：箕子，之明夷。利貞。

【譯】第五位，陰爻：箕子蒙難，自晦其明。利於占問。

【注】箕子：商之賢臣，諫紂王，被貶為奴，於是被髮佯狂，又被紂王囚禁，至周武王滅紂，始釋其囚（見《書．洪範》）。　之：助詞，有加強語氣作用。　明夷：晦其明（《彖》）；夷，滅。　按，子字入韻，故點斷。

【析】五之應爻在二，二體離，為日為明；今五、二敵應，故呈「明夷」之象。六五既與下無應，且承、乘皆陰，同性相斥，亦只宜自晦其明，不可妄動。此爻柔得中，居尊位，故若能晦明而不動，安於其位，則

「利貞」。

上六：不明，晦。初，登于天，後，入于地。

【譯】最上位，陰爻：光線不明，天色晦暗。太陽起初升上天空，後來落入地底。

【注】登：升進（見《爾雅．釋詁》、《說文》段注）。　按，明（陽部 **ang**）、初（魚部 **a**）、地（歌部 **ai**）協韻：魚陽通韻（陰陽對轉）；魚歌合韻，故如此標點。

【析】本爻高踞《明夷》之極，意味已屆晝夜交替、光明消失、日薄西山的時刻。上六柔居卦極，得位，與三有應，三體離，離為日為明；上欲應三，然為五、四兩陰所阻，故呈「不明，晦」的景象。《集解》引侯果曰：「『初登于天』，謂明出地上，……喻陽之初興也；『後入于地』，謂明入地中，晝變為夜，晦暗之甚。……此之二象，言《晉》與《明夷》，往復不已。」此爻以天象喻人事，既有「夕陽無限」之歎，同時也表明由微而著，盛極則衰，是事物遷變的自然法則，所以也無須過分感傷。

三十七　家人

家人：利女貞。

【譯】《家人》卦：利於占問女子的事。

【析】（卦名）《家人》，闡明家人相處之道與持家之理（《正義》、《程傳》）。卦體上巽下離。巽為入，離為居室（參《明夷．六四》），有入乎家中之象；又巽為風，離為火，風自火出，風火相生，似家人相依相成；九五陽爻居陽位，又為外卦之中位，六二陰爻居陰位，又為內卦之中位，兩者居中得正，剛柔相應，似男主外，女主內，家中男女位正；又離為明，巽為遜，有修明於內而謙遜於外之象，似持家之道：故卦名為《家人》。

〔卦辭〕上巽、下離皆陰卦，二、四兩陰為主爻，皆得正位，承陽，又分別有應，故「利女貞」。

初九：閑有家，悔亡。

【譯】（自下而上）第一位，陽爻：在家中預設防範，悔疚消除。

【注】閑：闌，防也（《釋文》引馬），指遮攔，防範。　有：通「于（於）」（聲同韻通，故可通假），作介詞，引入動作處所。《萃》卦「亨，王假有廟」及《萃．九五》「萃有位」之「有」，皆與此同。

【析】初爻得位，與上有應，故「悔亡」。離體外剛中虛，有「家」室象；此爻處離之始，為其外廓，故稱「閑」。

六二：无攸遂，在中饋。貞，吉。

【譯】第二位，陰爻：沒有錯失，在家中主持家務。占問，吉利。

【注】攸：所。　遂：通「隊」，古「墜」字，失，落（《今注》、《通義》）。　中饋（kuì 匱）：相對野饋而言，指在家中之饋。饋，食（《釋文》），料理飲食之事；此泛指操持家務。

【析】下離為「家」（見卦辭）；此爻柔居中得正位，有婦女「在中」主事之象。上應九五，又承九三，柔順謙遜，無所失墜。故「吉」。

九三：家人嗃嗃，悔，厲，吉。婦子嘻嘻，終吝。

【譯】第三位，陽爻：家人關係嚴肅冷峻。有悔恨、煩惱，危險，但〔後來〕吉利。妻子兒女嘻嘻哈哈，終有困厄。

【注】嗃嗃（hèhè 鶴鶴）：嚴（《集解》引侯），嚴酷（《正義》），嚴厲（《本義》）。厲：危。嘻嘻：笑聲（《釋文》引馬）。吝：困難，不順利。

【析】三居離之外廓，有防閑之象，故「嗃嗃」。此爻失應於上，但位當，乘、承皆陰，陰陽諧協，故雖有「悔，厲」仍「吉」。其應爻在上，上體巽，巽為女，為號為笑（參《同人．九五》），故「婦子嘻嘻」。今三、上敵應，而二至四互坎，坎為險陷，三在險中，故「終吝」。若占得此爻，是吉是吝，端看如何持家而定。如果治家嚴格，可能會引起一時的怨怒，甚至造成關係緊張，但長遠而言，終會令家庭敦睦，子女成材，有好結果；假如放任自流，疏於防範管教，表面似乎融洽熱鬧，但最後便很可能不利。當然，在今天的社會，於嚴格要求之外，還要善於引導；在保持家長尊嚴的同時，也要講究民主：這是現代家庭更高的要求。

六四：富家，大吉。

【譯】第四位，陰爻：令家庭富裕，大吉。

【注】富家：使家富。

【析】六四位當，為巽之主爻，巽為「近利市三倍」；四又為離（三至五）之主爻，離為家（參卦辭）：故有「富家」之象。此陰爻與下有應，且承、乘皆陽（五、三），暢達諧協，故「大吉」。

九五：王假有家。勿恤，〔往，〕吉。

【譯】第五位，陽爻：君王駕到家中。不必憂慮，〔前去，〕吉利。

【注】假（gé格）：通「格（各）」；至，到達。金文《免毁》：「王各于大廟。」《萃》：「王假有廟。」可參。有：通「于（於）」。恤：憂。往：據漢帛《易》補。按，家（魚部）、往（陽部）通韻（陰陽對轉）；恤、吉（均質部）協韻，而爻象亦合，故應有「往」字。

【析】九五陽剛居中得正，處王者之尊位，六二亦居中正之位，兩中爻剛柔相應，故「往，吉」。上巽為入，下離為家（參卦辭），五應於二，故「王假有家」。

上九：有孚，威如。終吉。

【譯】最上位，陽爻：胸懷誠信，又有威儀。最終吉利。

【注】孚：信。　威如：威嚴的樣子。《大有．六五》：「厥孚交如，威如。」

【析】陽剛居《家人》之極，為全家之長；處巽體，巽為雞，雞知時，故「有孚」；巽為號令（參《訟．九四》），故「威如」。此爻雖失位，無應，但因「有孚，威如」，故亦終能得「吉」。

〔筮例〕

黃先生為餐廳東主，他所聘用的廚師被清潔女工控告性騷擾。問官非之事。筮得《家人》九三爻。辭曰：「家人嗃嗃，悔，厲，吉。婦子嘻嘻，終吝。」餐館員工猶如一個大家庭，老闆便是家長。男男女女終日嘻嘻哈哈，家規不嚴，結果終於出事；「家長」亦難辭其咎。最後法庭判女工得直，廚師被罰之餘，東主也受到牽累。

〔又〕

二〇〇二年世界杯足球決賽周十六強賽事，於六月十五日下午燃起戰火。是日中午，先為巴西、意大利、英、德、西班牙幾支強隊作預測。為巴西占得《兑．六三》，意大利得《未濟．六三》，英格蘭得《渙．九二》，德國為《鼎》之初六、九四；西班牙最佳，筮得《家人》之九五、上九，兩爻皆呈「吉」兆。五爻「君王駕到家中」，已顯王者氣派；上爻更明言「心想事成，威風八面」（「有孚」），可指符合相應）。看來捧杯大有希望。（六月十五日記。）

順利闖入八強後，與南韓爭奪四強席位，結果六月二十二日一戰，西隊在佔盡優勢的情況下，於下半場和加時先後攻入兩球，本已勝出，卻竟因球證「誤判」（有意偏幫？）全部作廢，遂以零比零完場，最後憑互射十二碼決勝而敗於對手。賽後，舉世輿論嘩然，普遍認為「勝方應是西班牙隊」，而國際足協也承認「有球證犯上了一至兩個嚴重的錯誤」（《明報》二〇〇二年六月二十四日A9版）。但限於「遊戲規則」，賽果卻無法改變！「天意」如此？抑人謀鬼謀？錄此存照，留以俟知者。

然而轉念一想，所謂「天意」，無非是指終極結果似非由當事人有意識的行為直接造成而已，卻並不排除「無意識」地造成，或「間接造成」，或「其他人」造成，等等等等。所以，還是南宋詩人范成大說得對：「向來天數亦人謀！」（《李固渡》）他認為北宋之亡，固屬天命難違，但也是當權者舉措失誤所致。因為「人」不僅不是「自然」的對立物，而且還是構成「天意」不可或缺並最「能動」的一部分，故「天數」有時就體現在「人謀」之中。那位曾叱吒風雲、不可一世、最後卻走投無路的楚霸王項羽在烏江自刎前慨歎：「此天亡我，非戰之罪也！」說明他始終不悟天、人互動之理。

由於西班牙隊「中途變卦」，遂直接影響同一賽區已殺入四強之德國隊以及另一賽區巴西隊之最終結局。果然德隊勝南韓（如對西班牙，則恐難過關），將與巴西爭奪冠軍。於是，巴、德兩隊的前景便須重作估計。

（見《鼎》卦。）

三十八　睽

兌下離上

睽：小事吉。

【譯】《睽》卦：小事吉利。

【注】小事：「國之大事，在祀與戎」（《左傳．成十三年》），其餘即小事。

【析】〔卦名〕《睽（kuí葵）》，義為乖，背離，特指離家在外（《序卦》、《雜卦》）；又為乖異、相違（《彖》、《象》、《正義》）。睽字本義為「目不相聽」（《說文》），即目不相從，「二目不同視」（段注），亦乖離之義。漢帛《易》卦名為《乖》，字通。卦體上離下兌。離為火，兌為澤，火動向上，澤動向下，互相背離；又離為中女，兌為長女，共居一室，而志向各異，故卦名為《睽》。與《家人》為倒卦，義亦相反。

事吉」。〔卦辭〕上卦六五柔得中處尊位，與下卦中爻九二剛柔相應，君陰而臣陽，陰為小，得陽之應，故「小

初九：悔亡。喪馬，勿逐，自復。見惡人，无咎。

【譯】（自下而上）第一位，陽爻：悔疚消除。丟失馬匹，不用追尋，自己會回來。看見醜惡之人，沒有禍患。

【注】喪：失。逐：追（《說文》）。楚簡作「由」，讀為「逐」（音近通假，參《豫．九四》）。復：返。惡：指形殘貌醜，或品行差劣。《尚書．洪範》：「五曰惡。」孔傳：「惡，醜陋。」又《廣韻》：「惡，不善也。」《孟子．公孫丑》：「不與惡人言。」按，亡（陽部）、馬（魚部）通韻（陰陽對轉）；逐、復（均覺部）、咎（幽部）通韻（陰入對轉），故如此標點。

【析】失馬自回，見惡人亦無害，故曰「悔亡」。初爻失應於四，四體坎（三至五），坎為馬，故「喪馬」。前遇陽（九二），同性相斥，不利往，故「勿逐」。離（二至四）為目，兌為巫，為毀折，故有「見惡人」之象。初爻居陽得位，只要蓄勢待時，暫勿輕舉妄動，便可「无咎」。

九二：遇主、于巷。无咎。

【譯】第二位，陽爻：在巷子裏遇到主人家。沒有禍患。

【注】主：指招呼食宿的居停主人。　巷：里巷，胡同；直為街，曲為巷。　按，主（侯部）、巷（東部）為韻（陰陽對轉），故點斷。

【析】離體中虛，有里巷之象；二爻上應六五，五居尊位、君位，為「主」，故「遇主于巷」。但二失位，前逢坎（三至五），坎為險陷，表明出行會有阻滯，故僅得「无咎」。

六三：見輿曳，其牛掣，其人天、且劓。无初，有終。

【譯】第三位，陰爻：看見車子被拖行，那牛起勁地拉，那人額上刺字，鼻子割掉。開頭不妙，最後有好結果。

【注】輿：車；楚簡與漢帛、簡《易》均作「車」。　曳（yè夜）：牽，引（《玉篇》）。　掣（chè徹）：拽，拉。《釋名．釋姿容》：「掣，制也，制頓之使順己也。」《說文》引作「觢（shì士）」，段注：「二角皆豎。」乃牛使勁用力之貌。　天：「顛」的本字，頭頂，額部；此指在額上刺字的刑罰，「黥（jīng京）額為天」，又稱墨刑。　劓（yì異）：「割鼻為劓」，古代酷刑之一。　有終：見《坤．六三》。　按，天（真部）、劓（脂部）為韻（陰陽對轉），故點斷。

【析】此為離家之旅人於路途所見：一「刑徒」正趕着牛在吃力地拉車。坎（三至五）為輿，為曳，離（二至四）為牛，有牛拉車之象。離為戈兵，下兑為毀折，坎為血卦，故又有「黥、劓」刑傷之象。此爻位不當，故「无初」；與上有應，而前遇陽（九四），利往，故「有終」。若占得此爻，意味起初十分艱難，最後終達目的。

九四：睽孤，遇元夫，交孚。厲，无咎。

【譯】第四位，陽爻：離家旅人孤單之際，遇到個彪形大漢，互相信任。危險，沒有禍患。

【注】睽：乖（《序卦》），外（《雜卦》）；指離家在外。　元夫：彪形大漢。元，最大，極大，此指身材高大；夫，丈夫（《說文》），男子漢。一說，元通「兀」，刖足曰兀，兀夫，斷足之人，即初九之「惡人」（《類纂》）。　交孚：謂同德互信。交，交互。《大有．初九》：「无交害。」孚，信。　按，孤、夫（均魚部）協韻；孚、咎（均幽部）協韻。

【析】九四居陰失位，有「睽孤」之象。坎（三至五）為男為「夫」，離（二至四）為見為「遇」；四爻乘、承皆陰，陰陽諧協，故有「遇元夫，交孚」之象。雖與下無應，且處坎險之體而得「厲」，但終可「无咎」。

六五：悔亡。厥（登）宗，噬膚。往，何咎？

【譯】第五位，陰爻：悔疚消除。走進宗廟吃肉。前去，又有甚麼禍患？

【注】厥：楚簡《易》作「陞」，漢帛《易》作「登」，皆升進之義。宗：祖廟。噬（shì逝）膚：吃肉。見《噬嗑．六二》。按，亡、膚、往協韻；宗、咎協韻，皆陰陽對轉。

【析】在宗廟吃肉，當有喜慶之事（如祭祀、宴饗之類），故「往」而无咎。六五柔居中處尊位，承、乘皆陽，陰陽諧協，故「悔亡」。五處離體，離外實內虛，有宗廟象；離又為大腹，為鼈、蚌，有「膚」象；下應二，體兌，為口，有「噬」象；五與二應，故「登宗，噬膚」，「往」可無咎。

上九：睽孤，見豕負塗，載鬼一車。先張之弧，後說之弧。匪寇，婚媾。往，遇雨，則吉。

【譯】最上位，陽爻：離家旅人孤單之際，看見有頭豬背上全是泥巴，又有輛車載滿鬼魅。起初拉開他的弓戒備，後來放下他的弓。那些人不是寇盜，是來迎親的。前去，遇雨便會吉利。

【注】睽：注見四爻。豕負塗：豕背有泥（《集解》引虞）。負，以背載物；塗，泥，爛泥巴。一說，「負塗」讀為伏途（楚簡《易》）。之：其。《无妄．六三》：「或繫之牛。」弧：弓（《廣韻》）。《繫辭．下》：「弦木為弧。」按，後弧字或作「壺」（見漢帛、簡《易》、《釋文》、《集解》等），則句意為先是張

弓搭箭戒備，後解壺送酒水歡迎。說：通「脫」，弛放。匪寇，婚媾：注見《屯・六二、六四》、《賁・六四》。按，孤、塗、車、弧、弧、雨（均魚部）、往（陽部）協韻（陰陽對轉）；又寇（侯部）、媾（屋部）協韻（陰入對轉），故如此標點。

【析】鬼，是指迎親隊伍的化妝塗飾，或與圖騰形象有關。孤單的旅人起初彎弓搭箭，是以為遇上強盜，後知誤會，遂弛放其弓。此爻以剛居《睽》之極，失位，有「睽孤」之象。下應於三，三至五互坎，坎為豕，為溝瀆故為泥塗，又為車，為弓；下卦兌為巫似「鬼」；而上卦離為目為見，故有「見豕負塗，載鬼一車」及「張弧」、「脫弧」之象。坎又為盜，有「寇」象，但三與上應，故「匪寇，婚媾」；一場虛驚，終告消釋。坎為水為雨，《說卦》云「雨以潤之」，故「遇雨則吉」。或曰，「豕負塗」為將雨之象（《類纂》）。可參。

三十九　蹇

蹇：利西南，不利東北。利見大人。貞，吉。

【譯】《蹇》卦：利西南方向，不利東北方向。利於見貴人。占問，吉利。

【注】大人：有身份地位的人，指王侯貴族、高官之類。　貞吉：諸本有，楚簡《易》無。按，人（真部 en）、貞（耕部 eng）、吉（質部 et）協韻：真質通韻（陽入對轉）；真、耕合韻，而爻象亦合（見下），故應以有「貞吉」為是，楚簡脫漏。

【析】〔卦名〕《蹇（jiǎn 剪）》，義為險阻艱難（《彖》、《序卦》、《正義》、《程傳》）。卦體上坎下艮。坎為陷為險，艮為止，有險難在前，止而不進之象；又坎為水，艮為山，山是岩險，水為阻難，山上有水，彌增險艱，故卦名為《蹇》。

〔卦辭〕蹇的本義為跛（《說文》），跛足則難行，是以引申為難。蹇故不宜登山涉水，須遇險而止。按《說卦》，西南是坤位，坤為地，地勢平順，東北是艮位，艮為山，山勢高危，跛蹇者自然「利西南，不利東北」。又，武王伐紂前，周邦處西，殷商在東，而周之西南面又多友好方國，故往「西南」則有「利」；往「東北」則「不利」。又卦中九五陽剛得中居尊位、君位，有「大人」之象，與下卦中爻六二剛柔相應，故「利見大人」。上下卦剛柔分中而當位，故占問得「吉」。

初六：往蹇，來譽。

【譯】（自下而上）第一位，陰爻：前往遭遇險難，歸來受到稱讚。

【注】蹇：難。　譽：稱（《說文》），讚揚。漢帛《易》作「輿」，車也；謂坐車而回。

【析】此爻居艮止之始，失位，與上無應，前遇坎（二至四），坎為陷，若勉強前往，必陷於險，故「往蹇」。若返回本位，等待時機，反有成功機會，故「來譽」。

六二：王臣蹇蹇，匪躬之故。

【譯】第二位，陰爻：君王的臣僕飽歷險難，不是為自己的事。

【注】臣：漢帛《易》作「僕」。臣、僕，奴僕的通稱（注見《遯·九三》）。蹇蹇：疲累難行之貌。《二三子》：「孔子曰：『王臣蹇蹇』者，言其難也。」匪躬之故：意謂乃為國事而非為私事奔波勞瘁。匪，通「非」，楚簡、漢帛《易》作「非」。躳，自身。故，事（《廣雅·釋詁》）；又釋因由（見《說文》段注），《詩·小雅·采薇》：「不遑啟居，玁狁之故。」此句楚簡《易》作「非今之古（故）」。《二三子》引孔子曰：「『非今之故』者，非言獨今也，古以狀也。」謂此情況自古而然，非獨今天如此。

【析】此爻柔得中，當位，上應於五，五居君位，故二為「王臣」；二至四互坎，上卦亦為坎，二往應五，須歷重坎，坎為險陷，難上加難，故有「王臣蹇蹇」辛勞之象。若占得此爻，須多歷艱難，但終無過失、禍患。

九三：往蹇，來反。

【譯】第三位，陽爻：前往遭遇險難，歸來境況相反。

【注】蹇：難。　反：覆（《說文》），顛倒。此指變為相反情況。

【析】此爻前遇坎，坎為險陷，故「往蹇」。處艮體，艮為止；而陽剛得位，與上有應，且乘、承皆陰（二、四），陰陽諧協，故宜「來」歸於本位，止而不往。

六四：往蹇，來連。

【譯】第四位，陰爻：前往遭遇險難，歸來安車代步。

【注】蹇：難。　連：通「輦（niǎn 攆）」（《集解》引虞，又《通義》），用人拉的車；此用作動詞，指坐輦。

【析】六四失應於初，而居重坎之中，坎為險，故行「往」則「蹇」。但此爻位當，且承、乘皆陽（五、三），陰陽諧協；而坎為輿為曳，有「輦」象，故歸「來」本位可安然乘「輦」。若占得此爻，意味先難後順；或出行難，而返回順。

九五：大蹇，朋來。

【譯】第五位，陽爻：遭遇重大險難（或貴人遇險難），朋友齊來相助。

【注】朋：楚簡《易》作「不」，音近通假。

【析】九五陽剛處上坎之中，得位居尊，陽為大，坎為險難，故有「大蹇」之象。此爻乘、承皆陰，下應六二，群陰畢至，陰陽諧協，故又有「朋來」之象。若占得此爻，雖會遇困境，然大得友人之助。

上六：往蹇，來碩。吉，利見大人。

【譯】最上位，陰爻：前往遭遇險難，歸來大有所獲。吉利，利於見貴人。

【注】碩：大；此指碩果，即大的成果。《剝．上九》：「碩果不食。」

【析】上爻居《蹇》難之極，處坎險之終，前無去路，強「往」必「蹇」。而此陰爻得位，又下應於三；三為陽爻，體艮，陽為大，艮為果蓏，有碩果之象，故若「來」歸則可得「碩」果。三又體離（三至五），離為明為見，五居尊為「大人」；上爻應於三而比於五，故有「利見大人」之「吉」象。

四十　解

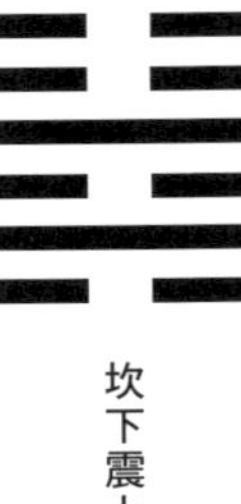

坎下震上

解：利西南。无所往，其來復，吉；有攸往，夙，吉。

【譯】《解》卦：利西南方向。沒有前往的目標，就返回，吉利；如有前往的目標，及早動身，吉利。

【注】復：返。　攸：所。　夙（sù肅）：早。　按，復、夙（均覺部）與初爻咎（幽部）協韻（陰入對轉），故如此標點。

【析】〔卦名〕《解》，義為舒緩，消釋，解放（《彖》、《序卦》、《正義》、《程傳》）。卦體上震下坎，震為雷，坎為水為雨，雷雨並作，天地開解，草木舒放萌發；又震為動，坎為險，外震而內險，動於險外，意味擺脫險境，患難消除，故卦名為《解》。

〔卦辭〕《解》為《蹇》之反，舒緩放散，化鬱脫難。按《說卦》，西南是坤位，坤為地，地勢平順，正合「解」之道，故「利西南」；而武王伐紂前，周邦處西，殷商在東，周之西南面又多友好方國，故對周人來說，往「西南」則有「利」。又，五為上卦中爻，前遇陰（上六），同性相斥，為其所阻，故「无所往」；如果「復」其本位，柔得中則「吉」。二為下卦中爻，剛得中，處離體（二至四），離為明，有「夙」象；二與五剛柔相應，故早「往」則「吉」。

初六：无咎。

【譯】（自下而上）第一位，陰爻：沒有禍患。

【析】此爻上應四，前遇陽（九二），利往；惜以陰居陽失位，故僅得「无咎」。

九二：田，獲三狐，得黃矢。貞，吉。

【譯】第二位，陽爻：打獵，獵得好些狐狸，得到金黃箭頭。占問，吉利。

【注】田：獵。楚簡《易》作「畋」。　三：表示多。孔穎達《正義》：「三為成數，舉三言之，搜獲備盡。」　黃矢：銅箭頭，其色金黃，故稱。參《噬嗑·九四》：「得金矢。」　按，田（真部）、矢（脂部）、吉（質部）協韻（陰陽入對轉），故如此標點。

【析】既有獵獲，又得藏於獸體的銅矢（當時屬貴金屬），所以為吉。爻居坎體，坎為弓矢，為陷，為狐，有「田獲狐」之象。二至四互離，離為戈兵，亦為「矢」；二為下卦中爻，黃為「中之色」（參《坤·六五》）：故有「得黃矢」之象。此爻陽剛得中，與上有應，故「吉」。

六三：負且乘，致寇至。貞，吝。

【譯】第三位，陰爻：揹着東西乘車，招致強盜到來。占問，有困厄。

【注】負：以肩背載物。《睽·上九》：「見豕負塗。」　乘：坐車。　貞吝：諸本有，楚簡《易》無。按，乘（蒸部 əng）、貞（耕部 eng）、吝（文部 ən）協韻，而爻象亦合（見下），故應以有「貞吝」為是，楚簡脫漏。

【析】古代「小人」負物，「君子」乘車；現在卻既負物又乘車，其物之貴重可知，自然惹人注目，所以招致寇盜到來（參高亨說）。《繫辭·上》：「子曰：慢藏誨盜，冶容誨淫。《易》曰：『負且乘，致寇至。』盜之招也。」正指此。本爻暗含「鬆懈」之意，是卦名《解》的衍生義。

六三承陽，有「負」象；處坎之末，坎為車，故有「乘」車之象。又三至五互坎，坎為盜，故「致寇至」（自上而下為至）。此爻以陰居陽，位不當，與上無應，故「吝」。

九四：解而拇，朋至，斯孚。

【譯】第四位，陽爻：放開你的腳步（前行），朋友自會到來和你應合。

【注】而：與爾、汝同屬古泥紐字，互通；第二人稱代詞。楚簡、漢帛《易》均作「其」。 拇（mǔ母）：足大指（《釋文》引陸）；指代腳。 斯：語氣助詞，有加強肯定作用。漢帛《易》作「此」。 孚：讀為「符」，符合、相應。

【析】上震為足為行，四爻居震始，有「拇」象；前遇重陰（五、上），陰陽諧協，通達暢順，利往，故「解而拇」。本爻位不當，但與初爻有應，且承、乘皆陰，陰與陽為「朋」，故初、三、五、上諸爻均與四爻親和應合，有「朋至，斯孚」之象。卦辭「利西南」，《彖》言，預示「往」而「得眾」（西南為坤位，坤為眾），正符此爻之象（參《尚氏學》）。

六五：君子，維有解，吉。有孚于小人。

【譯】第五位，陰爻：君子解開了束縛，吉利。合符小民百姓的願望。

【注】君子：指貴族士大夫。 維：繫物之繩索（見《說文》桂馥義證）。《隨・上六》「拘係之，乃從維之」之「維」乃動詞，此為名詞。 有：助詞，無義。《詩・邶風・泉水》：「女子有行。」 孚：符合、相應（參四爻）。 小人：指小民百姓。

【析】君子解除小人的某些束縛（如放寬限制，給予某些自由或利益之類），自會得到他們的支持、擁戴，這當然吉利。六五柔得中居尊位，有「君子」之象；坎為盜，九二為坎之主爻，故為「小人」；而上震為雷，下坎為雨，雷行雨下，有君子施恩澤於小人之象；今五與二應，故「有孚于小人」。

上六：公用射隼于高墉之上，獲之。无不利。

【譯】最上位，陰爻：王公在高高的城牆上射鷹，射中了。無所不利。

【注】用：助詞，表實施、進行某事。參《屯》卦。　隼（sǔn 筍）：又稱鶻，鷹類猛禽。　墉（yōng 慵）：城牆。　獲：射中，獵得。參《明夷・六四》。

【析】震為公侯（參《屯》卦），有用武、射獵之象（參《師・六五》）；震又為鵠，大鳥也，因有「隼」象；而上爻居卦極，正處「高墉」之位，故「公用射隼于高墉之上」。此爻以陰居陰位當，雖失應於三，而下履重坎（下卦坎，三至五互坎），坎為險，動於險外，脫離險境，揮斥無不如意，故「獲之。无不利」。按，《繫辭・下》云：「《易》曰：『公用射隼于高墉之上，獲之。无不利。』子曰：『隼者，禽也。弓矢者，器也。射之者，人也。君子藏器於身，待時而動，何不利之有？動而不括（閉塞、阻滯），是以出而有獲，語成器而動者也。』」所強調的是「先利其器」與「把握時機」二者，着重點有所不同。因為按爻辭原意，它啟示於人們的是：必須先確定恰當的目標（獵射猛禽），選好有利的地點、位置（「于高墉之上」），然後再展開行動，才會取得成功（「獲之」）。

四十一　損

兌下艮上

損：有孚，元吉，无咎，可貞。利有攸往。曷之用二簋？可用享。

【譯】《損》卦：胸懷誠信。極其吉利，沒有禍患，占問的事可行。利於有所往。兩碗食物用來幹甚麼？可用來祭祀。

【注】孚：信。　曷：何（《集解》引崔）。　簋（guǐ軌）：古代盛黍稷等食物的器具，多為圓碗形。　享：獻祭。　按，孚、咎、簋（均幽部）協韻，故應如此標點。《集解》、《正義》、《本義》諸本斷作「曷之用，二簋可用享」，非是。

【析】〔卦名〕《損》，義為失（《序卦》），減損（《釋文》、《正義》、《本義》），取損下益上之象。卦體上艮下兌。艮為山，兌為澤，山下有澤；三至五互坤，坤為地：損澤之土，益山之高，故山在地之上，澤在地之下。又以卦爻言，由《泰》（䷊）卦損其下卦上畫之陽，益其上卦之上畫（即九三陽爻與上六陰爻互易），即成此卦，故卦名為《損》。

〔卦辭〕上艮為陽卦，下兌為陰卦，六爻亦兩兩剛柔相應（初與四、二與五、三與上），故「有孚，元吉，无咎，可貞。利有攸往」。二至四互震，形似盛器，故稱「簋」（參《坎・六四》），有「享」象；兌為口，形亦似簋，也有「享」獻之象（參《隨・上六》）。《正義》云：「明行『損』之禮，貴乎誠信，不在於豐。」故「二簋可用享」。

初九：巳事遄往，无咎。酌損之。

【譯】（自下而上）第一位，陽爻：〔遇到〕祭祀的事情迅速前往。沒有禍患。祭品可減少些。

【注】巳：通「祀」；《集解》本作「祀」，虞注：「祭祀。」于氏《新證》：「『祀事』周人恆語。《楚茨》：『祀事孔明。』」　遄（chuán 傳）：速（《集解》引虞）。　酌：酒。《禮記・曲禮》：「清酒曰酌。」此指代祭品。

【析】「遄往」表示誠意，這是原則性，故須強調；祭品的數量多寡反而不那麼重要，故可靈活處理。爻辭之意可與《萃・六二》、《既濟・九五》互參。

初爻上應於四，四體震（二至四），似簋，為享；兌亦為享，有祭祀之象（參卦辭），又為澤為水，有酒象；震又為足為行，故「巳事遄往」。初九得位，與四應，然為同性之二所阻，故僅得「无咎」。

九二：利貞。征，凶。弗損益之。

【譯】第二位，陽爻：利於占問。征行，凶險。不要減損或增益它。

【析】九二陽剛得中，能行正中之道，故「利貞」。上應於五，又前遇重陰（三、四），本利往，然此爻失位，兼處震（二至四）、兌之體，震為行，有征伐之象（參《師·六五》），兌為毀折，意味行則毀折，故呈「征，凶」之兆。若占得此爻，宜「弗損益之」，即維持現狀，固守中道，方可得「利」。

六三：三人行，則損一人；一人行，則得其友。

【譯】第三位，陰爻：三人同行，會損折一人；一人獨行，會得到他的朋友。

【析】本卦由《泰》（䷊）「損下益上」轉化而來，損其下卦上畫之陽，益其上卦之上畫，就是說，原來下卦乾之三陽，已損一陽成兌；而三居震體（二至四），震為行，故曰「三人行，則損一人」。其已成上卦上畫之陽者（上九），則下乘重陰（五、四），陽與陰為友，故「一人行，則得其友」。若占得此爻，宜於一人獨力任事。

六四：損其疾，使遄有喜。无咎。

【譯】第四位，陰爻：減輕他的疾病，令迅速痊癒。沒有禍患。

【注】遄：迅速。　有喜：謂病癒。喜，指喜慶之事（參《无妄．九五》）。

【析】四爻承、乘皆陰（五、三），同性相斥，故有「疾」象；幸與九二剛柔相應，可「損其疾」。四得位，體震（二至四），震為笑，故有「喜」象。其疾既可迅速治癒，自然「无咎」。

六五：或益之，十朋之龜，弗克違。元吉。

【譯】有人贈給他價值十朋的大寶龜，不可推卻。極其吉利。

【注】或：有（人）；代詞。　益：增加（《廣雅．釋詁》）；此指饋贈。一說，讀為「錫」，賜予（《類纂》）。　十朋：極言貴重。朋為上古貨幣單位，十貝為朋，十朋即百貝（注見《坤》）。　克：能夠。　違：背（《玉篇》）；此指逆人之好意。　按，之、龜（均之部）協韻，故點斷。

【析】上艮內柔外剛有龜象（《集解》引侯），艮又為手，故「益」以「龜」。古人用龜卜，龜越老越大則越靈，《書．大誥》云：「用甯王（文王）遺我大寶龜，紹（卜問）天明（命）。」可見其珍貴。六五柔居中處尊位，與下卦中爻九二剛柔相應，又能虛己待人，仰承上九之剛，陰陽諧協，故得靈龜之贈而有極吉之兆。

上九：弗損益之，无咎。貞，吉；利有攸往。得臣、无家。

【譯】最上位，陽爻：不要減損或增益它，沒有禍患。占問，吉利；利於有所往。會獲得單身的奴僕。

【注】得臣无家：即「得無家之臣」，為定語後置句。臣，奴僕的通稱（見《遯．九三》），漢帛《易》作「僕」。家，指家室。屈萬里云：據金文，西周錫臣多以家計，故臣一般指有家之奴隸（《初稿》）。按，貞（耕部 eng）、吉（質部 et）、臣（真部 en）協韻：真質通韻（陽入對轉），真耕合韻；又往（陽部 ang）、家（魚部 a）通韻（陰陽對轉），故如此標點。

【析】上九陽剛居《損》之極，處艮體，艮為止，故不宜作出增減變動。下履重陰（五、四），而應於三，陰陽諧協，大為得志，故「貞，吉；利有攸往」。三至五互坤，坤為臣，上爻據其上，而艮為手，故有「得臣」之象。

若占得此爻，最好不要作出變動、調整（如部門擴張、合併或裁員之類），而出行（包括向外發展）會有所得。意味「損極則益」，將有新的機會到來。

四十二　益

䷩

震下巽上

益：利有攸往。利涉大川。

【譯】《益》卦：利於有所往。利於涉渡大河。

【析】〔卦名〕《益》，義為增加、補足（《序卦》、《釋文》、《正義》等），獲益（《繫辭》），或相助益（《象》、《程傳》）；與《損》為倒卦，義亦相反。卦體由《否》（䷋）卦損其上卦初畫之陽，益其下卦之初畫，即九四陽爻與初六陰爻互易而成，有損上益下之象；又下卦震，震為雷，上卦巽，巽為風，風烈則雷迅，雷激則風怒，兩相裨益；又上巽為遜順，下震為動，順理而動，必可得益，故卦名為《益》。

〔卦辭〕下震為陽卦，上巽為陰卦，而諸爻亦兩兩剛柔相應（初與四、二與五、三與上），故「利有攸往」。又巽為木，為風，震為行，二至四互坤，坤為大川（參《坤》），乘風駕木（船、筏）而行，故「利涉大川」。

初九：利用為大作。元吉，无咎。

【譯】（自下而上）第一位，陽爻：利於大興土木。極其吉利，沒有禍患。

【注】用：于（於）。　為大作：進行大規模興作。作，指建築之事（《通義》、《今注》）。如《詩．鄘風．定之方中》：「作于楚宮。」又《小雅．鴻雁》：「百堵皆作。」（《大雅．緜》：「百堵皆興。」）皆指興建宮室居所。周原甲骨：「其又（有）大作。」（H11:12）一說，「作」謂耕作（《集解》引虞，《尚氏學》）。　元：最大。

【析】初九得位，上應六四，前遇重陰（二、三），陰陽諧協，暢達無礙；而震為動，初乃震之主爻，有「大作」之象，故「利用為大作。元吉，无咎」。

六二：或益之，十朋之龜，弗克違。永貞，吉。王用享于帝，吉。

【譯】第二位，陰爻：有人贈給他價值十朋的大寶龜，不可推卻。占問長遠前景，吉利。君王祭祀上帝，吉利。

【注】或益之十朋之龜，弗克違：注見《損·六五》。　永：長（《説文》），久遠。《坤·用六》：「利永貞。」　用：動態助詞，表示進行某事。　享：祀（《廣雅·釋言》）。《隨·上六》：「王用亨（享）于西山。」

【析】此陰爻居中得正，與上卦中爻九五剛柔相應，故「永貞，吉」。五體艮（三至五），艮為龜（參《損·六五》），又為手，二與五應，故有被「益」以「龜」之象。下卦震，為君侯為「帝」（參《泰·六五》），又有享祀之象（參《損》）；五居尊位為「王」，今五、二相應，故「王用享于帝，吉」。按，《益》為《損》之倒卦，《益·六二》與《損·六五》適成反對之象，爻辭亦類同，可互參。

六三：益之，用凶事，无咎。有孚，中行告公，用圭。

【譯】第三位，陰爻：因凶禍之事而予人幫助，沒有禍患。胸懷誠信，在中途執珪稟告王公。

【注】益：助益。　用：以；前一字表原因，後一字表方式、手段、憑藉。　凶事：指喪亡、災荒、寇亂等重大不幸事件。　孚：誠信。　中行（háng 杭）：半路中途，或道路中間。行，道路。　圭：又作珪（《伯二五三二》），古玉器名，古代貴族執以為信，在朝聘、祭祀、喪葬等禮儀場合用之。《論語·鄉黨》：「執圭，鞠躬如也。」包咸注：「為君使以聘問鄰國，執持君之圭。」　按，益、之、事、咎、孚、公、圭皆入韻字，故如此標點。

【析】六三以陰居陽失位，且承、乘皆陰，同性相斥，呈「凶事」之象。但此爻與上有應，故受「益」，

「无咎」，「有孚」。三處全卦之中，體震，為大塗（路），故稱「中行」；震又為善鳴，有言說相告之象；又為玉，有「圭」象；二、三、四諸陰爻一起上承九五，五居尊位為公侯，故「中行告公，用圭」。

若占得此爻，宜對遭逢不幸者施以援手。

六四：中行告公，從。利用為依遷國。

【譯】第四位，陰爻：在中途稟告王公，王公聽從。利於為殷商遷移封國。

【注】中行：注見六三。用：于（於）。依：讀為「殷」，指殷商，爻辭似指周公東征之事（《新證》、《通義》）：武王伐紂後，仍封紂子武庚於殷都統領殷遺民，到武王崩，武庚叛，成王命周公東征平亂誅殺武庚，以殷虛為衛國，改封殷宗室微子啟於商丘，國號宋。「為依遷國」蓋指此事。或釋：依，倚靠；句意謂「利於作為遷移國都時的倚仗」。《左傳・隱六年》：「我周之東遷，晉鄭焉依。」國，首都，京城。屈原《九章・哀郢》：「出國門而軫懷兮。」依，漢帛《易》作「家」。

【析】六四得位，居全卦之中；下應於初，初體震，震為大塗（路），為「告」（參三爻）；四又上承九五，以柔從剛，五居尊為公侯，故有「中行告公，從」之象。上卦巽為入，為「遷」；坤（二至四）為地，為「國」；四得位，有應，故「利用為依遷國」。

九五：有孚惠心。勿問，元吉。有孚惠我德。

【譯】第五位，陽爻：胸懷誠信，心意相通。不須占問，極吉無疑。合於我的德行（意謂彼此同心同德）。

【注】孚：符；因胸懷誠信而相互感通。　惠：甲骨文作叀，通維、惟；此作介詞，猶「于」。《坎》：「有孚維心，亨。」句意仿此，可參。

【析】九五陽剛居中得正，履尊位、君位，與下卦中爻六二剛柔相應，且下乘重陰（四、三），陰陽諧協，暢達無礙，大為得志；而二至四互坤，坤為順：意味上下相「孚」，無往而不順，故呈「元吉」之佳兆。

上九：莫益之，或擊之。立心勿恆，凶。

【譯】最上位，陽爻：無人幫助他，卻有人打擊他。如立志不夠堅定，凶險。

【注】或：有（人）。　勿：無（《正義》）。　恆：常，長久。

【析】陽剛居《益》卦之極，失位，雖下應六三，但為同性之五所阻，孤立無助；而三至五互艮，艮為手，故有「莫益，或擊」之象。又爻居巽末，巽為進退，為不果，故呈「立心勿恆」之象，為「凶」兆。若占得此爻，意味「益」極則「損」，形勢正向不利方面轉化。際此關鍵時刻，必須堅定意志，增強信心，準備持之以恆，迎接命運的挑戰，而不可三心兩意，患得患失，否則前景將非常不妙。

四十三　夬

乾下兌上

夬：揚于王庭，孚號。有厲，告自邑。不利即戎。利有攸往。

【譯】《夬》卦：稱頌〔戰績〕於君王之朝廷，俘虜號哭着。有危急軍情自邊邑來報告。不利於出兵接戰。利於有所往。

【注】揚：稱揚，使彰顯。金文《令簋》：「令敢揚皇休（美）。」　王庭：「百官所在之處」（《正義》），漢帛《易》作「王廷」。　孚：俘的本字，甲、金文多見，如：「克孚二人。」（《殷墟文字甲編》三九三三片）此作名詞，俘虜。　號（háo 嚎）：大聲哭叫，呼喊。　厲：危險；此指敵人入侵消息。此句猶甲骨文所云：「有祟！……允有來艱（災難）自西。沚瞀告曰：『土方征於我東鄙，𢦏（傷害）二邑，𢀛方亦侵我西鄙

田。』」（《甲骨文合集》六〇五七片正面）　按，此句或斷作「孚號有厲」，則「有厲」當為聲音淒厲之意。有，助詞，猶《詩．檜風．羔裘》「日出有曜」之「有」，無義。　邑：此指邊地城邑。　即：就，靠近。戎：兵器；指代軍隊或戰爭。

【析】〔卦名〕《夬（guài怪）》，猶決，缺，取上缺之形；義為決斷，斷然處置，消除（《彖》，《集解》引鄭，王弼注等），取五剛決一柔之象；陽氣漸長至於五，剩一陰爻苟延殘喘，眾剛爻斷然處置之，意味君子道長，小人道消。《尚氏學》引王育云：夬即古玦字，乃「似環而有缺」之玉佩，寓意決裂、決絕，卦體即象其形。故全卦多言爭戰之事。又，義為分決，潰決（《序卦》，《集解》引陸，《程傳》）。卦體上兌下乾。兌為澤，為水，乾為天，澤上於天，決而潤下；或水氣上天，決降成雨，意味君子當施恩德於眾人，故卦名為《夬》。在「十二消息卦」中，為代表暮春三月，陽氣大盛之卦。

〔卦辭〕上卦兌為口舌，下卦乾，三至五亦互乾，乾為言，故有「揚」、「號」、「告」之象；乾又為君主：故「揚于王庭」。兌又為毀折，故有「厲」、「不利即戎」之象。又乾為健行，故利往。

初九：壯于前趾，往，不勝。為咎。

【譯】（自下而上）第一位，陽爻：傷了腳趾，前去，支持不了。有禍患。

【注】壯：通「戕」，傷。《大壯．初九》：「壯于趾。征，凶。」　前趾：當指腳趾。趾，漢帛《易》作

「止」，本義為足、腳；此「前趾」，指足之前部，即腳趾。　勝（平聲）：任（《說文》），指承擔，禁受。或釋為戰勝，則句意為不能取勝。　為：有（《釋詁》）。

【析】初爻在下，有趾象；此爻得位，但與四無應，又前遇重陽（二、三），同性相斥，阻阨甚多，故「壯于前趾。往，不勝」。若勉強前去，必有災禍。

九二：惕號，莫夜有戎。勿恤。

【譯】第二位，陽爻：警覺呼叫，入夜有敵軍來襲。不必憂心。

【注】惕：戒懼（參《乾．九三》）。楚簡《易》作「啻」，通「惕」，或讀為「啼」。號：叫，呼喊。　莫：同「暮」。　戎：軍隊，戰事。《同人．九三》：「伏戎于莽。」　恤：憂（《說文》）。

【析】九二體乾，乾為言，有「號」象。此爻以陽居陰失位，與上無應，且承、乘皆陽，同性相斥，前後受敵，故呈「莫夜有戎」驚懼不安之象。但爻居中位，意味能行正中之道，只要提高警惕，終會有驚無險，所以不必躭憂。

九三：壯于頄，有凶。君子，夬夬、獨行，遇雨，若濡。有慍，无咎。

【譯】第三位，陽爻：傷了面頰，有凶險。君子獨個兒急急行走，碰到下雨，淋得濕透。雖然令人不快，總算沒有禍患。

【注】壯：傷。頄（qiú求）：面顴（《玉篇》）。夬夬（juéjué決決）：孤獨貌。或借為「趹趹」，急行貌（《今注》）。若：漢帛《易》作「如」，動詞。濡（rú如）：漬（《廣雅．釋詁》），霑濕（《集韻》），浸濕。慍（yùn蘊）：怒（《說文》），生氣。楚簡《易》作「厲」。按，子、夬、雨皆入韻字，故點斷。

【析】九三應於上六；上爻居卦之極，有「頄」象，又處兌口，而兌為毀折，故呈「壯于頄」之「凶」象。三體乾，乾為君子，又為行，此爻承、乘皆陽，同性相斥，故呈「君子獨行」無偶之象。乾為天，三、上相應，上卦兌為澤為水，水氣上天，決降成雨，故「遇雨，若濡」，淋得濕透。但此爻位當，且與上正應，故雖有不快，也終得「无咎」。

九四：臀无膚，其行、次且。牽羊，悔亡。聞言、不信。

【譯】第四位，陽爻：臀部沒塊好肉，他走起路來趔趔趄趄。「牽羊〔歸順〕會令悔疚消除。」聽起來這話靠不住。

【注】臀（tún豚）：屁股。膚：肉（《廣雅》）。「臀无膚」為受刑或受傷之象。次且（zījū）：本又作「趑趄」；《釋文》引王：「行止之礙也。」即行走困難的樣子。牽羊：表示歸順、投降。《左傳．宣十二年》：「楚子圍鄭，克之，……鄭伯肉袒牽羊以逆。」杜注：「肉袒牽羊，示服為臣僕。」楚簡《易》作「喪

羊」。　信：誠實可靠。「聞言不信」，即「聞不信之言」，定語後置，句式同《損．上九》：「得臣無家。」「不信」，楚簡作「不冬（終）」。《詩．鄭風．揚之水》：「無信人之言，人實不信。」　按，膚（魚部 a）、行（陽部 ang）、且（魚部）、羊（陽部）、亡（陽部）協韻（陰陽對轉）；又亡與言（元部 an）、信（真部 en）等合韻，故如此標點。

【析】四居上卦始，有「臀」象。三至五互乾，乾為行；此爻陽居陰位，不中不正，且乘、承皆陽，同性相斥，故呈「无膚」難行之象。上卦兌為羊，故「牽羊」。兌又為言，此爻失應於下，是以「聞言不信」。

九五：莧陸，夬夬、中行。无咎。

【譯】第五位，陽爻：山羊蹦蹦跳跳，獨在路中迅跑。沒有禍患。

【注】莧：當為萈（huán），「山羊細角者」（《今注》引《說文》）。　陸：騰躍。《莊子．馬蹄》：「馬翹尾而陸。」《釋文》引司馬彪注：陸，「跳也。」　夬夬：注見三爻。　中行（háng 杭）：道路中間。　按，莧（xiàn 現），楚簡、漢帛《易》同，菜名；陸，楚簡作「𦬊」，釋「𡴭」，菌類。則句意為：莧、陸孤零零地長在路中。　按，陸（覺部 uk）、咎（幽部 u）通韻（陰入對轉），夬（月部 at）、行（陽部 ang）合韻。

【析】全卦多寫戰爭情景，此爻卻閃出個山羊蹦跳迅跑的鏡頭，與人們傷殘纍纍、驚恐叫號的場面形成對照，那可能真是當日戰場的實景，但更應是文章高手運用一張一弛藝術技巧的表現。

上兌為羊；三至五互乾，乾為健行；九五陽剛得中，故有「莧陸，夬夬中行」之象。此爻居中得正，但與下無應，故僅得「无咎」。

上六：无號，終有凶。

【譯】最上位，陰爻：忘記呼喊，終有凶險。

【注】无：楚簡《易》作「忘」。號：叫，呼喊。

【析】上六居兌口，有「號」象；「忘號」就是失去警覺。此爻以陰柔居卦之極，下乘眾陽，為其所「決」，形勢窮蹙，不得久長，而兌又為毀折，故「終有凶」。

【筮例】

中辦二〇〇八年奧運會的城市共有五個：（法國）巴黎、（加拿大）多倫多、（土耳其）伊斯坦布爾、北京和（日本）大阪。到底花落誰家，由誰主辦？已在二〇〇一年七月十三日國際奧委會大會上經表決見分曉。事前有人為法、中、日三個城市的勝算分別作預測。結果為日本大阪筮得《夬》卦初、二、三爻。初爻已聲言「壯于前趾，往，不勝」，表明出師不利。但大阪作為現代化的日本古城，環保甚佳，景色優美，不乏有利條件，儘管競爭對手甚強，因二爻得正中之道，故仍可以「勿恤」。可惜三爻呈「凶」兆，「獨行遇雨」，淋得濕透；

而《夬》卦卦象恰為「眾剛決一柔」。果然大阪於首輪投票即率先出局，落得個「斯人獨憔悴」（《夬》卦初、二、三爻變，成《萃》）的下場。不過，日本已辦過一九六四年夏季奧運以及一九七二、一九九八年冬季奧運，這次由另一個亞洲國家——中國奪得主辦權，也不算太失面子，所以「有慍，无咎」。

四十四　姤

姤：女壯，勿用取女。

【譯】《姤》卦：女子（比男子）強壯，不要娶女子。

【注】勿用取女：又見《蒙．六三》爻辭。取，同「娶」；本又作娶（《釋文》、《集解》）。

【析】〔卦名〕《姤（gòu 夠）》，本又作「遘」（《釋文》引薛、鄭），通「媾」，義為遭逢，相遇，或男女結合（《彖》，《雜卦》，《集解》引鄭）。此與《夬》為倒卦，義亦相反。取一陰遇五陽，或一陰始生，天地相遇之象；卦體上乾為陽卦，下巽為陰卦，有陰陽媾合之象；又上下卦皆陽剛居中得正，猶君得剛正之臣，臣遇中正之君；又乾為天，巽為風，天下有風，無物不遇，人君亦效此而誥命四方，故卦名為《姤》。

在「十二消息卦」中，為代表仲夏五月，陰氣始生之卦。

〔卦辭〕下巽為陰卦，上乾為陽卦，陰陽相遇，有婚姻之象。而巽為長女，故「女壯」。此卦一陰消陽，陰氣始生於下，逐漸以柔變剛，意味久之必女壯而傷男，終難相處，故「不可娶」。

初六：繫于金柅。貞，吉。有攸往，見凶。羸豕孚，蹢躅。

【譯】（自下而上）第一位，陰爻：繫在絡絲車的金屬腳架上。占問，吉利。有所往，顯露凶兆。發情的豬被縛着，躁動難前。

【注】柅（nǐ 你）：絡絲柎（《廣韻》），即絡絲車腳架，「安絡器下，以防欹側，似足」（《尚氏學》）。見：讀為「現」，呈現。羸（léi 雷）：通「累」（《釋文》引陸），牽纏，拘繫。孚（fú 浮）：讀為「浮」，務躁（王弼注），躁動不安。蹢躅（zhízhú 直逐）：以足擊地，徘徊不前。

【析】以縛着的豬為喻，說明求偶時不可冒失躁進，否則不利。

初爻體巽，巽為繩，又為伏（《雜卦》），有「豕」象；近比於二，體乾（二至四），為金，故「繫于金柅。貞，吉」，而不宜有所往。巽又為躁卦，為進退，故「羸豕孚，蹢躅」。

此爻一陰初生，位不當，卻與上有應，故豬雖被拘繫，而蹢躅前進，卻是必然，「喻陰雖微，後必長也」（《尚氏學》）。這是發展規律，人力難抗。

九二：包有魚，无咎。不利賓。

【譯】第二位，陽爻：廚房裏有魚，沒有禍患。不利於婚嫁。

【注】包：通「庖」，本又作庖（《釋文》），下同。魚：古喻匹配，象徵婚姻（見聞一多《詩經通義·汝墳》）。賓：此讀為「嬪（pín 頻）」（《通義》），嫁女。

【析】家中有魚，足以自給，毋須就食於人，故「不利賓」。九二陽剛得中，下據初爻，陰陽相孚：「在中稱包」，「魚謂初陰，巽為魚」（《集解》引虞。按，巽為伏，有魚象），故「包有魚，无咎」。然此爻失位，與上無應，且前遇重陽（三、四），同性相斥，故不利婚嫁進行。

九三：臀无膚，其行、次且。厲，无大咎。

【譯】第三位，陽爻：臀部沒塊好肉，他走起路來趔趔趄趄。危險，但沒有大患。

【注】臀无膚，其行次且：注見《夬·九四》。《姤》為《夬》之倒卦，本爻與《夬·九四》成反對之象，爻辭亦有呼應。按，膚（魚部 a）、行（陽部 ang）、且（魚部）、厲（月部 at）協韻：魚陽通韻（陰陽對轉）；魚月合韻，故如此標點。

【析】巽為股，三居巽末，有「臀」象。三又體乾（二至四、三至五均互乾），乾為行，但此爻失應於上，而乘、承皆陽，同性相斥，故呈「无膚」難行之象。猶幸以陽居陽得位，故雖「厲，无大咎」。

九四：包无魚，起凶。

【譯】第四位，陽爻：廚房沒有魚，出現凶兆。

【注】包：通「庖」。　起凶：類似「見凶」、「有凶」。

【析】爻意亦與婚姻有關。四居全卦之中，故稱「包」（參《易學乾坤》），魚指初爻，喻匹配（見九二），四應於初，但為二、三兩陽所阻，故「无魚」。本爻以陽居陰失位而「起凶」。

按，《姤》為《夬》之倒卦，《姤》之初六、九四，與《夬》之上六、九三各成反對之象，故《夬》上六、九三云「終有凶」、「有凶」，《姤》初六、九四則曰「見凶」、「起凶」，兩相呼應，義亦近同。

九五：以杞包瓜，含章。有隕自天。

【譯】第五位，陽爻：用杞柳籃子載瓜，含有文彩。有隕星從天上掉下。

【注】杞（qǐ起）：杞柳，落葉灌木，生於水邊，枝條柔軟，可編織籃、筐以載物。　含章：又見《坤・六三》爻辭。章，花紋，文彩。參《坤・六三》。　隕（yǔn允）：墜落。《左傳・莊七年》：「星隕如雨。」

【析】「以杞包瓜」可能亦與婚事之儀禮有關。全句似描述籌辦或舉行婚禮時，有隕石從天而降。

下巽為木為「杞」，上乾為圜為「瓜」，五居中得正，有「包」象；乾為大赤，故「以杞包瓜，含章」。乾又為天，五居天位，巽為風，有隕落之象，天下有風，故「有隕自天」。本爻未言吉凶，今以其象觀之：

五、二敵應，卻欲強行相應（「以杞包瓜」、「有隕自天」皆以五應二），必定凶多吉少。

上九：姤其角。吝，无咎。

【譯】最上位，陽爻：碰觸到它的邊角。有困厄，但無禍患。

【注】姤：通「遘」，遭逢。 角：此當指隕石之稜角。《晉．上九》：「晉其角。」 吝：難。

【析】乾為首，陽剛在上，有「角」象。隕石下墜，令婚禮暫時受阻，猶幸並未造成甚麼大的損害，故曰「吝，无咎」。

四十五　萃

坤下兌上

萃：亨。王假有廟。利見大人。亨，利貞。用大牲，吉。利有攸往。

【譯】《萃》卦：順利。君王駕臨宗廟。利於見貴人。順利，利於占問。用大牲畜祭祀，吉利。利於有所往。

【注】亨：通。楚簡、漢帛《易》與《集解》本均無首「亨」字。　假：通「格」，至，到。金文《免簋》：「王各（格）于大廟。」　有：于（於）。楚簡、漢帛《易》即作「于」。參《家人．九五》：「王假有家。」　用：專指殺牲以祭。甲骨文多見，如：「癸卯卜，王侑于且（祖）乙，二牛用。」（《甲骨文合集》三〇一片）　大牲：牛（《集解》引鄭）；以全牛祭祀，古又稱太牢。

【析】〔卦名〕《萃》，義為聚集（《彖》、《序卦》）。卦體上兌下坤。兌為悅，坤為順，九五陽剛居中得正處尊位，眾陰喜悅順從來聚；又兌為澤，坤為地，澤上於地，意味水潦積聚，故卦名為《萃》。

又義為病（「萃」讀為「瘁」）。下坤為迷，上兌為毀折，巽（三至五）為隕落，故有「瘁」象。爻辭中的「萃」字均讀為「瘁」。

〔卦辭〕言周王至宗廟祭祀（似為治病消災祈福），一切順暢如意。九五陽剛中正居君位，為王，為大人；二至四互艮，艮為門闕，有廟象；三至五互巽，巽為入，故「王假有廟。利見大人」。下坤為牛為「大牲」。九五剛得位得中，六二柔得位得中，上、下卦中爻剛柔相應，暢順諧協，故「亨」通、「利貞」、「利有攸往」。

初六：有孚，不終，乃亂，乃萃，若號，一握為笑。勿恤。往，无咎。

【譯】（自下而上）第一位，陰爻：講信用卻有始無終，以至昏亂病倒，而哭喊呼叫，（忽然又）破涕為笑。不須憂慮。前去，沒有禍患。

【注】孚：誠信。　乃：表承接。　亂：指心志迷亂。　萃：通「悴」、「瘁」；憂，病（《今注》、《通義》）。《象》云：「『乃亂乃萃』，其志亂也。」　若：而。若、乃、而，一音之轉，常可互通。　號：注見《夬》：「孚號。」　一握：猶「咿喔」、「嗌喔」、「喔咿」，笑聲；《韓詩外傳》七：「喔咿而笑之。」（參《類

纂》、《通義》）漢帛《易》作「一屋」，義同。　恤：憂。

【析】爻辭描述一個缺乏誠信者如何變得精神失常，但認為不足為慮而妨礙他往。初爻上應於四，但為同性之二、三所阻，且以陰居陽失位，故「有孚，不終」。四體巽（三至五），為隕落（參《姤．九五》），下卦坤為迷，故有「亂、萃」等反常之象。巽又為「號」、為「笑」（參《同人．九五》）；而上卦兌，為口，亦有號、笑之象，故「若號，一握為笑」。二至四互艮，艮為徑路，初與四應，故可「勿恤」而「往」。

六二：引吉，无咎。孚，乃利用禴。

【譯】第二位，陰爻：長久吉利，沒有禍患。懷着誠信，大有利於行禴祭。

【注】引：長（《爾雅．釋詁》）。　乃：大（《玉篇》）。《革》：「已日，乃孚。」　用：于（於）。　禴（yuè躍）：古祭名，或作「礿」，通「瀹」，謂「瀹煮新菜以祭」，行於夏季（唐蘭《論周昭王時代的青銅器銘刻》），「四時之祭省者也」（《集解》引王），是一種不用大牲的儉約祭禮。《左傳．隱三年》：「苟有明信，澗溪沼沚之毛，蘋蘩薀藻之菜，筐筥錡釜之器，潢汙行潦之水，可薦於鬼神，可羞於王公。……昭忠信也。」《升．九二》：「孚，乃利用禴。」與此同，可參。　按，孚與咎（均幽部 u）、禴（藥部 ôk）為韻，故點斷。

【析】爻辭意謂，若舉行祭祀，中心誠信較祭品之豐厚與否更為重要。所謂「禮，與其奢也寧儉」（《論語．八佾》）；「黍稷非馨，明德惟馨」（《左傳．僖五年》）等等，皆此意。二爻居中得正，又與上卦中爻九五剛柔相應，有「孚」誠之象，故「引吉，无咎」。處坤體，坤為吝嗇，故「利」於「禴」。

六三：萃如，嗟如，无攸利。往，无咎；小吝。

【譯】第三位，陰爻：病倒了，悲歎着，無所利。前去，沒有禍患；有小困厄。

【注】萃：通「瘁」；病。如：猶「焉」；語助詞（參《離·九四、六五》）。

【析】六三失位，不中不正；處坤體，坤為迷；又體巽（三至五），巽為風為號，又為隕落（參《姤·九五》），故有「萃如，嗟如」之象而「无攸利」。前遇重陽（四、五），陰陽諧協，故「往，无咎」。然此爻失應於上，故終有「小吝」。

九四：大吉，无咎。

【譯】第四位，陽爻：大吉，沒有禍患。

【析】四應於初，下乘重陰（三、二），陰陽諧協，故「大吉」；但以陽居陰失位，故最終只得「无咎」。

九五：萃有位，无咎，匪孚。元、永貞，悔亡。

【譯】第五位，陽爻：在職任上憂勞得病，沒有禍患，但未能建立威信。占問重大、長遠的情況，悔疚消除。

【注】萃有位：猶《詩・小雅・北山》：「或盡瘁事國。」萃通「瘁」，病；有，于（於）；位，職位。 匪：通「非」。漢帛《易》作「非」。 孚：信。 元、永貞：注見《比》：「元、永貞，无咎。」

【析】上兌為毀折，巽（三至五）為隕落，故有「萃」象。而九五陽剛居中得正處尊位，與下卦中爻六二剛柔相應，又近比上六，陰陽諧協，故「无咎」、「悔亡」。但往應二時，卻為同性之四所阻，故有「匪孚」之象。

上六：齎咨，涕洟。无咎。

【譯】最上位，陰爻：悲傷歎息，涕淚交流。沒有禍患。

【注】齎咨（qízī齊資）：猶咨嗟，「嗟歎之辭」（《釋文》），「悲聲怨聲」（又引馬）。 涕洟（yí夷）：眼淚和鼻涕。《釋文》引鄭：「自目曰涕，自鼻曰洟。」此用作動詞。 按，咨、洟協韻（均脂部），故點斷。

【析】柔居卦極，勢窮力蹙，以柔乘剛（九五），所為不順，失應於下，孤立無偶；處兌之終，兌為口，又為澤，故有「齎咨，涕洟」之象。但此爻得位，故終可「无咎」。

四十六　升

巽下坤上

升：元亨。用（利）見大人，勿恤，南征，吉。

【譯】《升》卦：極其順利。利於見貴人。不必憂慮，南征，吉利。

【注】用：或作「利」（《釋文》），漢帛《易》也作「利」，當據改。　恤：憂。　征：出征；或遠行。南征指向南方用兵。《左傳・僖四年》：「昭王南征而不復。」其後西周穆王、夷王、厲王、宣王時都曾有南征之舉，見《竹書紀年》及《詩・大雅》之《江漢》、《常武》等，西周銅器也有好些記述南征「伐楚」的銘文。在《易經》裏，《明夷》與此卦皆明確言及「南征」，所記都是西周中、後期的史事。可見《易經》非著成於周初。

【析】〔卦名〕《升》，義為升高，登上（《彖》、《序卦》、《正義》）；上進，增益（《彖》，《集解》引鄭、荀，《程傳》）。漢帛《易》卦名作《登》，爻辭升亦作「登」；漢簡《易》同。卦體上坤下巽，坤為地，巽為木，地中生木，有從微而著、積小成大、日漸增高之象，故卦名為《升》。全卦記述周王一次登祭岐山，為南征與其他國事祈求福祐的過程。

〔卦辭〕下卦巽為遜，上卦坤為順，謙遜而柔順，故「元亨」。下卦中爻九二與上卦中爻六五剛柔相應，五居尊位、君位，故「利見大人，勿恤」。巽為東南之卦，坤為西南之卦，三至五互震，震為行，故「南征，吉」。

初六：允升，大吉。

【譯】（自下而上）第一位，陰爻：升進，大吉。

【注】允：讀為「䢘」，進也（《說文》引《易》）。《晉・六三》：「眾允，悔亡。」一說，允，信然之辭（即果然），甲骨卜辭與事實相符每言允，如「允有來艱」、「癸亥允雨」之類（《新證》）。則句意為果然升進。升：上（《集解》引鄭），登（《正義》）。《同人・九三》：「升其高陵。」

【析】此指開始登山。初六以柔順居下，前遇兩陽（二、三），陰陽諧協，利往，故「允升，大吉」。

九二：孚，乃利用禴。无咎。

【譯】第二位，陽爻：懷着誠信，大有利於行禴祭。沒有禍患。

【注】孚，乃利用禴：注見《萃・六二》。《升》與《萃》為倒卦，此同位之爻辭亦互有關連。　按，孚（幽部 u）與禴（藥部 ôk）、咎（幽部）合韻，故點斷。

【析】此爻與上卦中爻六五剛柔相應，有「孚」象，故「无咎」。五體坤，為吝嗇，故「利」於「禴」。

九三：升虛邑。

【譯】第三位，陽爻：登上山上的城邑。

【注】升：登上。　虛邑：建在山上的城邑。虛，大丘（《說文》）。《詩・鄘風・定之方中》：「升彼虛矣。」

【析】祠廟建於城中，故先進入山城。三爻得位，體震（三至五），為行；與上六剛柔相應，又前遇重陰（四、五），陰陽諧協，暢達無礙；下巽為高為「虛」，上坤為地為「邑」，故有「升虛邑」之象。《象》謂「升虛邑，无所疑也」，「疑」當讀為「礙」。可見應為吉兆。

六四：王用亨于岐山。吉，无咎。

【譯】第四位，陰爻：君王祭祀岐山。吉利，沒有禍患。

【注】用：助詞，表動作之實施、進行。亨：通「享」；享祀，獻祭。岐山：在今陝西省境，為周民族重要發祥地，故周人向有岐山之祭。參《隨・上六》：「王用亨于西山。」

【析】此爻點出登高之處和致祭對象，明示《升》卦的主題。四爻得位，居坤之始，坤為順；三至五互震，震為君侯、為「王」（參《屯》），為享（參《損》），卦形並有「山」象；二至四互兌，亦為「享」（參《隨・上六》），故有「王亨岐山」之象。

六五：貞，吉。升階。

【譯】第五位，陰爻：占問，吉利。登上台階。

【注】升：登上。階：台階，又特指殿階（見《說文》）。

【析】進入祠廟，沿着台階登進。上坤為地，有「階」象；三至五互震，震為行；五居中位、尊位，又與下卦中爻九二剛柔相應，故有「升階」得志之象。

上六：冥升。利于不息之貞。

【譯】最上位，陰爻：黑夜登高。利於占問不倦進取、辛勞工作之事。

【注】冥（míng明）：暗，夜。《豫・上六》：「冥豫。」　息：休（《廣雅・釋言》）。《乾・象》：「君子以自強不息。」《正義》：「君子之人，……自強勉力，不有止息。」

【析】晚上仍登山祀禱，可見是何等虔誠，努力。能發揚奮勵振作、提高警覺、永不言休、無時稍懈的「天行」精神，當然有利於南征和國家各項工作的順利進行。

坤為黑，為迷，有「冥」象；爻居《升》之極，坤之端，意味升進不已，「進而不息，故雖冥猶升也」（王弼注）。此爻得位，下應九三，三體震（三至五），為動，為行，故「利于不息之貞」。

又，此爻亦可釋為：「利於不育的占問。」《集解》引荀：「陰用事為消，陽用事為息。」息，生也（《集韻》），「言物滋息塞滿也」（《釋名》）。坤為女，震（三至五）為生，上爻下應於三，故「利于不息之貞」。（參《屯・六二》：「女子貞不字，十年乃字。」）

四十七　困

坎下兌上

困：亨。貞大人，吉，无咎。有言、不信。

【譯】《困》卦：順利。占問貴人之事，吉利，沒有禍患。有些話聽來不可靠。

【注】大人：有身份、地位的人。　有言、不信：有不信之言。信，誠實可靠。參《夬·九四》：「聞言、不信。」　按，亨（陽部 ang）、人（真部 en）、吉（質部 et）、言（元部 an）、信（真部）協韻：陽、元、真合韻；真質通韻（陽入對轉），故如此標點。

【析】〔卦名〕《困》，義為窮厄委頓，陷於困境（《序卦》、《象》、《釋文》、《正義》）。卦體上兌下坎。兌為陰卦，坎為陽卦，兌在坎上，意味陽剛為陰柔所掩，局處困境；又坎為月，二至四互離，離為日，兌為毀折，有日月難圓（明）之象；又坎為水，兌為澤，水在澤下，澤中無水，則萬物枯槁，落入困境，故卦名為《困》。

〔卦辭〕下卦九二、上卦九五爻均陽剛得中，卻同為六三、上六陰柔所掩；但下坎為險，上兌為悅，險中能悅，雖困而不失其常態，有君子之風，故「亨」通。全卦雙剛得中，猶大人得正中之道，故「貞大人，吉，无咎」。上兌為口，下坎為水，故又有誇誇其談，口沫橫飛，「有言不信」之象。

初六：臀困于株木，入于幽谷，三歲不覿。〔凶。〕

【譯】（自下而上）第一位，陰爻：屁股受刑杖，被關進監牢，數年不見蹤影。凶險。

【注】臀（tún豚）：屁股。　困于株木：為株木所困。株木，指代刑杖（《今注》、《通義》）；株，樹榦（《說文》徐鍇繫傳）。此為被動句式。　幽谷：幽暗的深谷；喻暗無天日的監獄（《今注》、《通義》）。　覿（dí敵）：見（《爾雅．釋詁》）。　凶：此字通行本無，據漢帛《易》補。按，木、谷、覿（均屋部）、凶（東部）為韻（陽入對轉），而爻象亦合，故以有「凶」字為是。

【析】初爻在下，有「臀」象（參《夬．九四》）；此陰爻失位，處坎體，坎為律，又為叢棘、桎梏，故為刑法、「株木」；又為險陷、隱伏，故為「幽谷」，有牢獄之象；而初爻上應於四，但為坎險所阻，局處坎底，故有「臀困于株木，入于幽谷」之「凶」象。四體離（二至四），為見，今初爻難以應四，故「不覿」。

三年，言時間長久。

九二：困于酒食，朱紱方來。利用享祀。征，凶。无咎。

【譯】第二位，陽爻：因吃喝過度而不適，穿大紅祭服的人剛好來到。利於舉行祭祀。征行，凶險。沒有禍患。

【注】困于酒食：受酒食困擾，如過飽及醉酒等。《論語．子罕》：「不為酒困。」　朱紱（fú弗）：深紅色的祭服。紱，蔽膝，為祭服服飾，縫於長衣之前；又或為綬（《廣雅．釋器》），繫官印的絲帶。此「朱紱」指代整套服裝。周朝天子、公卿皆朱紱，各國諸侯、大夫皆赤紱（參《正義》、《今注》）。色深為朱，色淺為赤（《禮記．月令》孔疏）。　方：剛。　用：于（於）。　征：遠行，或出征。

【析】此陽爻失位，處坎險中，有「困」象；坎為水為酒，又為噬（參《噬嗑．九四、六五》），呈「飲食」之象，故「困于酒食」。坎為赤，巽（三至五）為繩為「紱」，巽在二前，自上而下曰來，故「朱紱方來」。朱紱為貴族之祭服，故「利用享祀」。二、五失應，不利往，故「征，凶」。但此爻居下卦中位，乘、承皆陰（初、三），陰陽諧協，故若止而不往，則可「无咎」。

六三：困于石，據于蒺藜。入于其宮，不見其妻。凶。

【譯】第三位，陰爻：被石頭困絆，手撐在蒺藜上。走進他的居所，不見他的妻子。凶險。

【注】據：按（《廣雅．釋詁》）。　蒺藜：植物名，「有刺而不可踐」（《正義》）。　宮：室（《說文》），古代房屋的通稱。

【析】此爻陰柔而不中正，處坎、巽（三至五）之體，坎為陷，巽為伏；又體離（二至四）為「石」（艮外堅為石，離外堅亦為石），故「困于石」。坎又為蒺藜，爻處坎終，以柔乘剛，故「據于蒺藜」；可謂進退失據。離為見；上體兌，兌為少女為「妻」，今三、上失應，故「不見其妻」。《繫辭》云：「子曰：『非所困而困焉，名必辱；非所據而據焉，身必危。既辱且危，死期將至，妻其可得見耶？』」故「凶」。

九四：來徐徐，困于金車。吝，有終。

【譯】第四位，陽爻：慢慢前來，被金黃色車子阻困。有困厄，但結果圓滿。

【注】徐徐：安行貌（《釋文》引馬）。　金車：以黃銅鑲飾的華麗馬車。　吝：難。　終：指好結果。《謙．九三》：「君子有終，吉。」

【析】此陽爻失位，而下應於初，初體坎，為險陷，有「困」象，故「來徐徐」；二至四互離，離外堅故為「金」，又為「車」（參《小畜．九三》），坎亦為車，故「困于金車」。幸得四與初爻相應，故雖始「吝」

而「有終」。

九五：劓刖，困于赤紱，乃徐有說。利用祭祀。

【譯】第五位，陽爻：危險不安，被穿紅色祭服的人困擾，但慢慢會得到解脫。利於舉行祭祀。

【注】劓（yì藝）刖（yuè月）：本又作「臲卼」（古音同字通），不安貌（《釋文》引荀、王等）。非割鼻截足之刑。赤紱：注見二爻。乃：表轉折（《釋詞》）。說：讀為「脫」。祭祀：楚簡同。本亦作「享祀」（《釋文》）。漢帛《易》二、五爻均作「芳（享）祀」。

【析】爻居兌體，兌為毀折，故呈「劓刖」不安之象。巽（三至五）為繩為「紱」；五之應爻在二，二體坎，坎為「赤」；今五、二敵應，故「困于赤紱」。但九五畢竟陽剛居中得正處尊位，秉中正剛直之德，雖暫有「困」，終能解脫。上兌為口，有「饗」、「享」之象，故利於祭祀。

上六：困于葛藟，于臲卼，曰動悔，有悔。征，吉。

【譯】最上位，陰爻：被藤蔓和木樁困絆，一動即生重重悔恨。征行，吉利。

【注】葛藟（léi雷）：藤蔓的一種。于：第二個「于」為連詞，猶「與」。殷商、西周文字多見，如《詩·大雅·公劉》：「乃裹餱糧，于橐于（與）囊。」臲卼（nièwù臬兀）：讀為「臬兀」，即臬鼿，短木樁（《今

注》）。曰：語首助詞，無義。《大畜．九三》：「曰閑輿衛。」有：又。楚簡《易》作「又」。征：遠行；出征。按，藟（微部 əi）、卼（物部 ət）、悔（之部 ə）、悔協韻：微物通韻（陰入對轉）；之物合韻，故如此標點。

【析】上六以柔居《困》之極，其應爻在三，三體巽（三至五），巽為木，為「臲卼」；又體坎，坎為木，又為叢棘，為「葛藟」；今上不應三，故「困于葛藟，于臲卼」。上爻處兌之終，兌為毀折；又凌乘兩陽（五、四），下失其應，故「動」即有「悔」（即動輒得咎），且悔而又悔。但若能衝破困境「征」行，便可得「吉」。暗含「困極則通」之意。

〔筮例〕

春秋時，齊國棠邑大夫棠公死了，其遺孀棠姜，頗有姿色，引起權臣崔武子的垂涎。武子想娶她，命人占了一卦，遇《困》之《大過》（即《困》卦三爻變，成《大過》，故以《困．六三》為占）。陳文子解卦，勸他不要娶，說：「夫從風，風隕妻，不可娶也。且其繇曰：『困于石，據于蒺藜。入于其宮，不見其妻。凶。』『困于石』，往不濟也；『據于蒺藜』，所恃傷也；『入于其宮，不見其妻。凶。』無所歸也。」（按，《困》下卦坎，為中男，有夫象；三爻變，下卦成巽，巽為風，故云「夫從風」。《大過》下巽上兑，兑為少女，有妻象；今三與上應，故云「風隕妻」。）但武子不聽，說一個寡婦人家，會有甚麼禍害；就是有，也由她前夫棠公承當了。於是一意孤行，娶回棠姜。但其後，棠姜卻與齊莊公私通。武子不甘受辱，盛怒之下，遂設計伏甲兵殺了莊公，引起齊國一場大亂。果然應了此爻的「凶」兆。（事見《左傳·襄二十五年》）

四十八　井

巽下坎上

井：改邑，不改井，無喪，無得。往來井，井汔，至，亦未繘。井，羸其瓶。凶。

【譯】《井》卦：改建村邑，不改動水井，沒有損失，也沒有得益。（人們）在井上來來往往，井水乾涸了，來到井邊也未能汲水。井壁還把水瓶碰破了。凶險。

【注】邑：人聚居之處；可指城鎮或鄉村。　汔（qì汔）：水涸（《說文》）。　繘（jú橘）：汲水索（《方言》郭注）；此用作動詞，謂用繩引瓶汲井水。漢帛《易》作「至亦未汲」，意更顯豁。　羸（léi雷）：讀為「轠」，擊碎。《漢書．游俠傳．陳遵》引揚雄《酒箴》：「一旦叀礙，為瓽所轠。」顏注：「言瓶忽縣（懸）

礙不得下，而為井甕所擊則破碎也。」叀（zhuān專），懸掛。甕（dàng宕），井壁。按，邑、井、喪、得、井、汔、至、繘、井、瓶、凶皆入韻字：邑（緝部əp）、得（職部ək）、汔、繘（均物部ət）、至（質部et）合韻；井（耕部eng）、喪（陽部ang）、井、井、瓶（耕部）、凶（東部ong）合韻；而質、耕部亦合韻，故應如此標點。諸本斷句、釋義多有誤。（甚至連《彖》傳對本卦辭的斷句亦有誤。）

【析】〔卦名〕《井》，義為水井，引申指通達（《雜卦》）；又以井中汲水為喻，說明在上者應當源源不絕地堅持修德養民（《彖》，《集解》引鄭，《正義》）。卦體上坎下巽。坎為水，巽為木，為入，木入於水，汲水而出，正似以木桶從井中取水之象，故卦名為《井》。（甲骨文「用」字即「桶」之初文，可知商周時已有木桶。見于氏《釋林》。）

〔卦辭〕卦辭指出平日未能注意保養、維修水井之害，喻意國家行政不可因循苟且，必須防腐去貪，造福為民，不斷與時俱進。

上坎為水，二至四互兌，兌為澤亦為水；上、下卦均陽剛得中，有剛直之德，似井壁之堅牢，故「不改井」。下巽為進退，故「往來井」。坎為隱伏，故「井汔」。巽為繩，又為不果；三至五互離，離外堅中虛，有「瓶」象（《集解》引虞）；二至四互兌，兌為毀折；今二、五失應，故呈「未繘」而「羸其瓶」之象。為「凶」兆。

初六：井泥，不食。舊井，无禽。

【譯】（自下而上）第一位，陰爻：井裏滿是泥濘，（井水）不堪食用。破舊的水井沒有禽獸（來飲用）。

【注】泥：楚簡《易》作「替」，義為廢（《說文》），衰敗。　舊井：一說，指陷阱，陷阱破舊淤淺，亦「不足以陷獸」（《述聞》、《今注》）。　禽：鳥獸之總名。《恆・九四》：「田无禽。」

【析】初爻在下，如井底。此陰爻居下失位，又與上無應，處巽體，巽為臭，為不果，故有水井年久失修，淤泥充斥而井水不潔之象。

爻意繼續發揮卦辭的大義。以下各爻同。

九二：井谷、射鮒，甕，敝漏。

【譯】第二位，陽爻：往水井深處射小魚，陶罐被射破漏水。

【注】井谷：「井而似谷」，故稱（《正義》）。此指井下積水部位。　鮒（fù付）：小魚，即今之鯽魚（《埤雅》）；一說，蝦蟆（《釋文》引子夏）。古人用箭射魚。　甕（wèng蕹）：盛水陶罐。漢帛《易》作「唯」，語詞。　楚簡《易》末句釋「佳（唯）敝縷」，指破爛衣服，喻一片狼藉。　按，谷（屋部）、鮒（侯部）、甕（東部）、漏（侯部）通韻（陰陽入對轉），故如此標點。

【析】用箭射井底的小魚，肯定難以射中，結果反而射破陶罐，令它無法盛水；正是有損無益，弄巧反拙。此亦以喻施政行為。

巽為伏，有魚象（參《姤・九二》），兌（二至四）為澤為水，二體巽，居兌底，正似「井谷」之「鮒」；其應爻在五，五體坎、離（三至五），均有矢象（參《明夷・六二》），離又為瓶甕（參卦辭）；二體兌，為毀折；今二、五敵應，卻欲「井谷射鮒」，強行相應，故射魚不成，反致「甕敝漏」。

九三：井渫，不食，為我，心惻。可用汲。王明，並受其福。

【譯】第三位，陽爻：井水已除去污垢，卻不食用，令我心中悲痛。可以汲水〔飲用〕。若君王英明，大家都蒙受他的福蔭。

【注】渫（xiè屑）：去穢濁，使清潔之意（《集解》引荀）。或釋污（《類纂》引《漢書・王褒傳》注），則「井渫，不食」猶初六「井泥，不食」，而希冀「王明」早日濬井，令井水可復飲用。又，楚簡《易》作「朻」，讀為「救」。為：使（王弼注）。惻（cè測）：傷悼（《集解》引干），悲痛。可用：可以。按，渫（月部 **at**）、我（歌部 **ai**）、明（陽部 **ang**）協韻：歌月通韻（陰入對轉）；歌陽合韻；又食、惻（均職部）、汲（緝部 **əp**）、福（職部）合韻，故如此標點。

【析】水井要排污，政治也要排污。故又以汲飲清潔的井水比喻任用忠良，若君主英明能用賢，則天下皆受其福。司馬遷曾慨歎：「〔楚〕懷王以不知忠臣之分，故內惑於鄭袖，外欺於張儀，疏屈平而信上官大夫、令尹子蘭。兵挫地削，亡其六郡，身客死於秦，為天下笑。此不知人之禍也。《易》曰：『井渫，不食，為我，心惻。可用汲。王明，並受其福。』王之不明，豈足福哉！」（《史記・屈原賈生列傳》）

兌（二至四）、坎皆為水，三得位，與上有應，故「井渫」。兌又為口為「食」；三欲應上時，為坎陷所阻，故「不食」。坎又為憂，為心病，故「為我心惻」。五為坎之主爻，居君位，為「王」，又體離（三至五）為明，若君主英明，不從中作梗，令三、上得剛柔相應，則水「可汲」飲而天下「並受其福」矣。

六四：井甃。无咎。

【譯】第四位，陰爻：井壁用磚石修砌。沒有禍患。

【注】甃（zhòu 縐）：以瓦甓壘井（《集解》引虞），指用磚石壘砌井壁，「修井之壞」（《正義》）。

【析】及時加固井壁，是保養水井、保護水源的重要措施。

此陰爻得位，雖與下無應，而乘、承皆陽，陰陽諧協，故「无咎」。處離體（三至五），離外堅中虛，因有「井甃」（以磚石加固井壁）之象。

九五：井冽，寒泉食。

【譯】第五位，陽爻：井水清澈，清涼的泉水可以飲用。

【注】冽（liè列）：水清（《說文》）。

【析】水井經過維修，加固，煥然一新。比喻朝政也須不斷改善，去舊圖新，才能保持清明狀態。

此爻陽剛居中得正處尊位，為坎之主爻，坎為水，故「井冽」。下比於四，陰陽相得，四體兌（二至四），兌口入坎，有「寒泉食」之象。

上六：井收，勿幕。有孚，元吉。

【譯】最上位，陰爻：水井已修成〔可用〕，不要蓋起來。有信譽，極其吉利。

【注】收：成（《尚氏學》）。《象》云：「『元吉』在上，大成也。」一說，收，汲也（《釋文》引馬）；「收謂以轆轤收繘也」（《集解》引虞）。楚簡《易》作「朻」，讀為「收」。　幕：蓋（《集解》引虞），覆（又引干）。　孚：信。此引申指信譽、聲望。　元：最大。　按，收、孚（均幽部）協韻，故點斷。

【析】修井工程已告竣，於是開放使用，利濟蒼生，故為人所稱頌。

此爻居《井》之極，處坎體，坎為隱伏，有井蓋之象；下應九三，故「勿幕」，「有孚」。為上吉之兆。

按，本卦各爻辭由井底說至井口，由破敝說至修復，層次井然。比喻國家施政務須除舊布新，造福為民，才會獲得國人擁戴而進抵至治之境。

四十九　革

離下兌上

革：已日，乃孚。元亨，利貞，悔亡。

【譯】《革》卦：到變革那天，大顯其威信。極其順利，利於占問，悔疚消除。

【注】已：黜退，棄去（《玉篇》），即除舊、變革之義。楚簡《易》作「改」，義同。《彖》曰：「『已日乃孚』，革而信之。」革，即釋「已」之義；信，即釋「孚」之義。或說，已應作「巳」，讀為「祀」，祭祀（《今證》、《通義》、《今注》）；或說已應作「己」，己日，指天干記日之第六日（顧炎武《日知錄》、《尚氏學》）。皆非。　乃：大（《玉篇》）。《集解》引干：「『乃孚』，大信著也。」孚，此引申指信譽、威望。　元亨：楚簡《易》作「元永貞」。元，極大，最大。

【析】〔卦名〕《革》，義為更改，變化，有「去故」除舊之意（《雜卦》，《序卦》韓注，《集解》引鄭）；又特指改制革命（《正義》）。卦義由革字本義「獸皮治去其毛」（《說文》）引申發展而來。卦體上兌下離。兌為澤，離為火，澤中有火，水火不相容，必生劇變；又兌為毀折，離為戰伐（參《離》九四與上九爻），有武力革命之象，故卦名為《革》。全卦內容皆圍繞改制革命之必要、可能，以及採取的方式與產生之後果而論。層層推進，深入透闢。

〔卦辭〕上卦九五陽剛居中得正，下卦六二陰柔居中得正，上下卦中爻位當而應，故有「乃孚」之象。下卦離為戰伐，又為明，上卦兌為毀折，又為悅，革命成功令人喜悅，故「元亨，利貞，悔亡」。

初九：鞏，用黃牛之革。

【譯】（自下而上）第一位，陽爻：用黃牛皮繩綑束加固。

【注】鞏：《說文》：「以韋束也。」韋，皮革、皮繩。段注：「鞏，固也。此引申之義也。」 革：此指皮繩。《遯．六二》：「執之，用黃牛之革。」

【析】爻意喻指舊政權束縛自由的專橫統治。

離為「牛」，初爻居離始，外剛為「革」，有「鞏」固之象，故「鞏，用黃牛之革」。此爻得位，但與上無應，可見根深柢固，積重難返，變革不易。

六二：已日，乃革之。征，吉；无咎。

【譯】第二位，陰爻：到變革之日，徹底更變之。出征，吉利；沒有禍患。

【注】已日、乃：注見卦辭。已，楚簡《易》作「改」，義同。革：更變。按，日字入韻，故點斷。

【析】六二居中得正，為離之主爻，離為日，為明，此爻具光明中正之德；離又為甲冑、戈兵，有征伐之象；此爻上應於五，且前遇重陽（三、四），陰陽諧協，利往：故若占得此爻，意味可以稱兵征伐，除舊布新，大加變革，皆「吉」而「无咎」。本卦《彖》所謂「湯武革命，順乎天而應乎人」者，當指此爻與三、四爻而言。

九三：征，凶。貞，厲。革言三就，有孚。

【譯】第三位，陽爻：出征，凶險。占問，有危險。革命經數度征戰，〔始獲成功而〕建立威信。

【注】貞，厲：楚簡《易》無。言：語助詞；這裏起連接作用。《詩．鄭風．女曰雞鳴》：「弋言加之。」三：虛數，表示多。就：趨往。《乾．文言》：「水流濕，火就燥。」此指前往征伐。《象》云：「『革言三就』，又何之矣？」何之，即何往，正指「三就」而言。孚：信；此指信譽、威望。

【析】爻辭說，革命不可能一蹴而就，須前仆後繼，經多次努力，始可望成功。武王伐紂滅商興周，便是如此。

九三體離，離為甲冑、戈兵，有征伐之象。爻雖得位，且與上有應，但前遇重陽（四、五），同性相斥，故「征，凶。貞，厲」。但處乾體（三至五），乾為實，為健行，有充實之德，經「三就」之奮鬥，本爻與上六終能相應，故「有孚」。

九四：悔亡，有孚。改命，吉。

【譯】第四位，陽爻：悔疚消除，樹立威信。改制革命，吉利。

【注】改命：改變天命，即革命。《集解》引虞：「湯武革命，順天應人，故『改命，吉』也。」　孚：指信譽、威望。本卦九三：「革言三就，有孚。」

【析】九四失位，與下無應，且承、乘皆陽，同性相斥，本屬「有悔，無孚」。但恰當全卦中位，為水火交接之地（兌為澤，離為火），非變不可；如「改命」（此爻由陽變陰）則得位，有應，陰陽諧協，成《既濟》卦，於是「悔亡，有孚」而「吉」矣。

若占得此爻，意味窮則變，變則通，必須實行革命，方可揚眉吐氣，大伸其志。《彖》云：「革而當，其悔乃亡。天地革而四時成；湯武革命，順乎天而應乎人。革之時大矣哉！」《象》曰：「『改命』之『吉』，信（伸）志也。」即謂此。

九五：大人虎變。未占，有孚。

【譯】第五位，陽爻：貴人變得如老虎般兇猛凌厲。不須占問，必有威信。

【注】大人：指當權的新統治者。　虎：山獸之君（《說文》），故以喻「大人」。　未占：未須占問；猶《益·六五》：「勿問。」　孚：注見三爻。

【析】爻辭說，改制革命後，新的當權者威風八面，變得凌厲剛猛，自然聲威遠播。九五陽剛得位，居中履尊，且處乾體（三至五），有「大人」之象。下應二，二體離，離為火為明，似老虎斑紋彪炳，故「大人虎變」。上、下卦中爻位當而應，故「未占，有孚」。

上六：君子豹變。小人革面。征，凶。居貞，吉。

【譯】最上位，陰爻：君子變得如豹子般矯捷威猛。小民百姓也改變面容。出征，凶險。占問居處之事，吉利。

【注】君子：指公卿大夫，或軍中將領。　小人：指平民百姓，或普通士兵。　革面：更改面容。《正義》：「小人處之，但能變其顏面容色順上而已。」

【析】爻辭說，革命後，成為新貴的君子們志得意滿，變得嚴峻可畏。而小人則低眉順眼（變得似乎馴順服從）。上下開始離心，故不宜出兵征討，只可安處不動。上六得位，且處全卦之上位，有「君子」之象；下應九三，三體離，為火為明，似豹子斑紋鮮豔，故「君子豹變」。上爻居兌之終，兌為毀折，為輔頰，為附決；毀折即「革」，輔頰即「一面」，附，有「陰下附於陽」（《尚氏學》），即比附九五之意，而五為君位，故又有「小人革面，順以從君」（《象》辭）之象。本爻得位，居《革》之極，前無去路，故「征凶」而「居吉」。

五十　鼎

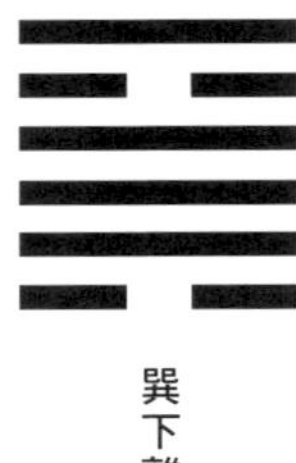

鼎：元吉，亨。

【譯】《鼎》卦：極其吉利，順利。

【注】元：最大。　亨：通。

【析】〔卦名〕《鼎》，取烹飪成新，即變化出新之義，故《序卦》云：「革物者莫若鼎，故受之以《鼎》。」《雜卦》云：「《革》去故而《鼎》取新。」鼎為古代炊具，此卦卦形似之：「下植為足，中實為腹，受物在中之象，對峙於上者耳也，橫亙乎上者鉉也，鼎之象也。」（《程傳》）又卦體下巽上離。巽為木，離為火，木上有火，為烹飪之象，故卦名為《鼎》。

〔卦辭〕下巽為遜，上離為明，有謙遜聰明之德；又上卦六五柔得中位、尊位，與下卦中爻九二剛柔相應，故上吉而「亨」通。

初六：鼎顛趾，利出否。得妾以其子。无咎。

【譯】（自下而上）第一位，陰爻：鼎腳朝天顛倒過來，利於倒出廢物。得到侍妾連同她的兒子。沒有禍患。

【注】顛：倒（《釋文》）。趾：足部，腳。參《噬嗑．初九》。出：斥（《正字通》），逐，除去。否（pǐ痞）：惡（《釋文》），壞劣；此作名詞，指鼎中垢滓。因鼎在古代又是國家權力象徵，故「否」亦可比喻奸人、敝政等壞劣事物。一說，「否」通「婦」，見漢帛《易．婦》卦，故「出否」即斥逐其妻（《全譯》）。得妾：《說文》引《春秋》：「妾，不聘也。」故曰「得」。以：與；連詞。

【析】初爻居下，為「趾」，故爻辭由鼎足說起。

此爻上應於四，前遇重陽（二、三），陰陽諧協，利往；四體乾（二至四），乾為首，若初、四爻互易，則成頭足顛倒的「顛趾」之象。下卦巽，巽為臭，故為「否」，今鼎腳朝天，故「利出否」。四又體兌（三至五），兌為妾；若初爻往四，則成震（三至五），震為長男；初與四應，故「得妾以其子」。

九二：鼎有實。我仇有疾，不我能即。吉。

【譯】第二位，陽爻：鼎中有食物。我的伴侶有病，不能來我處。吉利。

【注】實：鼎中之物，指食物。　仇：匹（《爾雅》），配偶。　不我能即：不能即我。即，就，靠近。

【析】九二陽剛居中得正，處乾體（二至四），為《鼎》中之「實」。上應六五，五為其「仇」匹；但六五以柔乘剛（九四），所為不順，處兌體，兌為毀折，故有「疾」象。然二、五既相應，終必相合，故仍「吉」。

九三：鼎耳革，其行塞。雉膏不食；方雨，虧，悔。終吉。

【譯】第三位，陽爻：鼎耳脫落，難以搬動。肥美的野雞肉吃不到；剛好下雨，美食受損，令人懊惱。但終於吉利。

【注】革：更變，除去；此指損毀。　行塞：指移動困難。塞，阻礙。平時鼎須用杠（稱為鉉）穿過鼎耳去搬動，現在鼎耳脫落，自然難以挪移。　膏：肥肉。《屯．九五》：「屯其膏。」　方：正當。　虧：氣損（《說文》），引申為損毀。　悔：悔恨，煩惱。　按，革、塞、食（均職部）、悔（之部）通韻（陰入對轉）；雨（魚部 a）、虧（歌部 ai）合韻，故如此標點。

【析】爻居下卦之端，有「耳」象；三體兌（三至五），兌為毀折，故「鼎耳革」。本爻既與上無應，又前遇陽（九四），同性相斥，不利往，故有寸步難移的「行塞」之象。上離為雉，三體兌為口，今三、上失應，故「雉膏不食」。兌又為雨（參《夬》卦），故「方雨」；為毀折，故因「虧」而生「悔」。但九三陽剛得位，故「終吉」。

若占得此爻，意味「不如意事常八九」，阻滯甚多，但最終否極泰來，會有好結果。

九四：鼎折足，覆公餗，其形渥（刑屋）。凶。

【譯】第四位，陽爻：鼎腳折斷，倒翻了王公的佳餚，將受重刑。凶險。

【注】餗（sù速）：鼎中美食；此指「雉膏」之類。　渥（wò握）：沾濡貌（王弼注）。「形渥」古本多作「刑剭」（見《釋文》、漢石經），意謂將受極刑。剭（wū屋），誅大臣於屋下，以別於平民在市上當眾受戮。漢帛《易》作「刑屋」。《周禮．司烜氏》有「屋誅」之刑，鄭玄注引鄭司農云：「屋誅，謂夷三族。」是極重之刑。按，《二三子》亦作「刑屋」，引孔子曰：「口養不至，飢餓不得食，謂『刑屋』。」疑後來儒家傳經者遂因此改為「形渥」，以示與死刑無關，但仍為凶兆。

【析】爻居上卦之始，有「足」象，處兌體（三至五），兌為毀折，故「鼎折足」。足折則鼎傾，鼎傾則餗覆。鼎覆，即四爻與初爻互易，而三至五成震，震為雷為動，有刑殺之象，故「其刑屋」。九四以陽居陰，位不當，欲與下應，又為同性之三、二所阻，故呈此「凶」兆。《繫辭．下》云：「子曰：德薄而位尊，知小而謀大，力小而任重，鮮不及矣。《易》曰『鼎折足，覆公餗，其形渥』，言不勝其任也。」是說大臣權高任重，但德薄才弱，居非其位，以致敗壞國事，而招重刑。

若占得此爻，不但壞大事，而且惹官非，性命可虞。其兆甚凶。

六五：鼎，黃耳、金鉉。利貞。

【譯】第五位，陰爻：鼎有金黃色的銅耳和橫槓。利於占問。

【注】鉉（xuàn 炫）：貫穿雙耳以扛鼎的橫槓。此以銅飾，故稱「金鉉」。古代稱銅為赤金。　按，鼎（耕部 eng）、鉉（真部 en）、貞（耕部）合韻，故如此標點。

【析】六五處尊位，承上九之陽，在《鼎》上部，有鼎耳、鼎鉉之象；又居中為「黃」（參《坤·六五》）；離為「金」（參《困·九四》），故「鼎，黃耳、金鉉」。本爻與下卦中爻剛柔相應，故「利貞」。

上九：鼎，玉鉉。大吉，无不利。

【譯】最上位，陽爻：鼎有鑲玉的橫槓。大吉，無所不利。

【注】鉉：扛鼎的橫槓。此飾以玉，故稱「玉鉉」。　按，鼎（耕部 eng）、鉉（真部 en）、吉、利（均質部 et）協韻：耕真合韻；真質通韻（陰入對轉），故如此標點。

【析】此陽爻居《鼎》之極，有「鉉」象；處離體，離堅，為石亦為「玉」（參《困．六三》），故「鼎玉鉉」。下比六五，陰陽相得，如以溫潤堅剛之「玉鉉」橫貫「黃耳」，兩相配合，故「大吉，无不利」。《二三子》引「孔子曰」釋此爻辭：「鼎大矣，鼎之遷也，不自往，必人舉之，……明君立政，賢輔弼之，將何為而不利？故曰『大吉』。」正言鼎鉉之用，並以輔佐君王的賢臣作比。則此爻為輔臣，五爻為明君。

〔筮例〕

譚小姐問升職會否成事。得《鼎》卦。卦體巽下離上，為以木入火，有烹飪變化，去舊成新之象。巽又為遜，離為明，人既謙遜聰明，而六五柔居尊位，得中，有應，故卦辭上吉而亨通。統合卦象、卦辭觀察，表明該女子必然心想事成，可以調職升遷。後來證實準確無誤。

〔又〕

二〇〇二年世界杯足球大戰次圈十六強賽事，於六月十五日下午揭開戰幕。是日中午，預測何隊可以奪魁。為德國隊占得《鼎》卦初六、九四爻。初爻「无咎」，意味首戰可以過關。果然於當日下午對烏拉圭隊，於最後數分鐘射入一球，把對方淘汰出局，得以晉身八強。但九四爻為「凶」，看來問鼎無望，甚至會損兵折將，敗得相當狼狽（「其形渥」或「刑屋」）。（六月十五日記。）

但二十二日西班牙對南韓「中途變卦」一役（見《家人》），是否會改變德國隊的命運？因四強之戰德國不必硬撼西班牙，只須與身材較矮的南韓對壘，遂反以一球取勝，而坐亞望冠（六月二十八日記）。但三十日決賽對巴西，數名主力因傷或被罰停賽無法上陣，最終不免以零比二慘吞兩蛋落敗，令人想起「屋誅」之刑。

決賽日臨場再特別為兩隊補筮一次。巴西得《鼎．上九》：「大吉，无不利。」果然憑朗拿度下半場梅開二度，終於問鼎成功，並創下世界杯五次奪魁的光榮紀錄。德國隊則得《困》卦六三、九四爻，《困．六三》為：「困于石，據于蒺藜。入于其宮，不見其妻。凶。」九四為：「來徐徐，困于金車。吝，有終。」是役也，對方巴西球員一色金黃戰衣，恰應「困于金車」之兆。不過德隊雖敗，仍是亞軍，故亦可算「有終」。（三十晚記。）

五十一　震

震下震上

震：亨。震來，虩虩，笑言，啞啞；震驚，百里，不喪，匕鬯。

【譯】《震》卦：順利。雷霆襲來時，瑟瑟發抖，不久談笑自若；雷聲震驚百里，手中那杓香酒也沒有掉下。

【注】亨：通。　震：霹靂（《說文》）。　虩虩（xìxì 隙隙）：恐懼貌（王弼注）。　啞啞：笑語之聲（《正義》）。　匕、鬯（chàng 暢）：皆古人用以祭祀之物。匕，長柄、匙狀的取食器具。鬯，酒名，用黑黍和鬱金香草釀成；漢帛《易》作「觴」。　按，亨（陽部 ang）、虩（鐸部 ak）、言（元部 an）、啞（鐸部）、驚（耕部 eng）、喪、鬯（均陽部）協韻：陽鐸通韻（陽入對轉）；陽、元、耕合韻；又來、里（均之部）為韻，故

如此標點。

【析】〔卦名〕《震》，震為雷，此取雷霆震動，使人驚懼之義（《正義》）。卦體上震下震，如洊雷繼作，威勢熾盛，故卦名《震》。全卦六爻均出現「震」字，或作名詞（雷霆），或作動詞（打雷）。

〔卦辭〕「萬物出乎震。」（《說卦》）震為東方之卦，代表春天季節，春雷一響，萬物滋生，故「亨」通。震為動，因有「虩虩」之象；又為善鳴，故「笑言啞啞」。上震下震，疾雷繼作，故「震驚百里」。震為長子，又有「享祭」之象（參《坎．六四》、《損》、《益．六二》），當暴雷炸響，遠近皆驚之時，卻能不失匕鬯，可謂「雷打不動」，足見其從容鎮定，且十分虔誠，能擔當「守宗廟社稷，以為祭主」（《彖》）的重任。三至五互坎，坎為水，有酒象；坎又為棘，有「匕」象（《說文》段注：「匕……祭用棘為之。」）；二至四互艮，艮為手，執持祭器，故「不喪匕鬯」。

按，《論語．鄉黨》云，孔子遇「迅雷風烈，必變（色）」。因為他認為那是天象示警，故採取戒懼肅慎的態度。可見打雷時表現驚怕，隨後回復鎮定，完全合符君子作風。

初九：震來，虩虩，後笑言，啞啞。吉。

【譯】（自下而上）第一位，陽爻：雷霆襲來時，瑟瑟發抖，後來談笑自若。吉利。

【注】來（之部 ə）、吉（質部 et）合韻；又虩（鐸部 ak）、言（元部 an）、啞（鐸部）合韻，故這樣標點。

【析】此爻辭比卦辭只多一「後」字，意同。震為動，因有「虩虩」之象；又為善鳴，故「笑言啞啞」。初九處《震》下，為震主爻，有「祭主」之象，惜與上無應，但以陽居陽得位，且前臨重陰（二、三），陰陽諧協，故呈先懼後笑之「吉」象。

六二：震來，厲。億！喪貝。躋于九陵。勿逐，七日得。

【譯】第二位，陰爻：雷霆襲來，危險。唉！丟失了錢財。〔那賊人已〕登上高山。不必追尋，七天後會失而復得。

【注】厲：危（《集解》引虞）。　億：本或作「噫」（《釋文》），歎惜之辭（《集解》引虞、干）。　貝：古代貨幣；此泛指財物。　躋（jī 齏）：登（《說文》）。　九陵：九重山嶺，形容高峻。陵，大山。《同人·九三》：「升其高陵。」　七日：注見《復》：「七日來復。」又《既濟·六二》：「勿逐，七日得。」　按，來、億（均之部）、陵（蒸部）、得（職部）協韻（陰陽入對轉）；逐（覺部 uk）、得（職部 ək）合韻；又厲、貝（均月部）協韻，故如此標點。

【析】六二以柔乘剛，所為不順，且與上無應，故「厲」。二體艮（二至四），艮外堅為貝；前遇坎（三至五），坎為盜，故有「喪貝」之象。艮又為山為陵，下卦震為足為行，故「躋于九陵」。此陰爻得位，柔順中正，體艮為手，因有失而復「得」之象。

六三：震蘇蘇，震行，无眚。

【譯】第三位，陰爻：雷聲嚇得人渾身顫抖，但雷霆過處沒有釀成災禍。

【注】蘇蘇：畏懼不安之貌（《正義》）。眚（shěng）：災（《廣韻》）。

【析】震為雷。三爻失位，不中不正，居下卦之終，又與上無應，故「蘇蘇」不安。但承九四之陽，陰陽諧協，故「无眚」。

九四：震遂泥。

【譯】第四位，陽爻：雷霆擊落地上。

【注】遂：本或作「隊」（《釋文》），「墜」的古字。

【析】此爻描寫雷殛的現象。空中雷電與地面接觸，會產生極大的能量，殺傷人畜，焚燬房舍，為害不淺。九四體坎（三至五）、艮（二至四），且為此兩卦之主爻，而坎為險陷，艮為止，又為徑路，故有雷電「遂（墜）泥」之象。又坎為多眚（《說卦》），說明有災，正與六三之「无眚」相反。此爻以陽居陰，位不當，與下無應，故有此象。

六五：震往來，厲。意！无喪。有事。

【譯】第五位，陰爻：雷霆往來轟響，危險。噢！幸而沒損失。須行祭祀。

【注】厲：危。　意：本又作「億」（《集解》），通「噫」；歎詞。漢帛《易》此爻與二爻均作「意」，義並同。　喪：失去；此疑指「喪貝」（參六二）。　有事：謂祭祀之事。古人說：「國之大事，惟祀與戎。」故下一爻即講征行之事。　按，來、意、事（均之部）協韻；厲（月部 at）、喪（陽部 ang）合韻，故如此標點。

【析】震為雷，又為足為行，有「往來」之象；六五失位，往則遇陰（上六），同性相斥，來則乘剛（九四），所為不順，又與下無應，故「往來，厲」。又此爻得中處尊，居坎（三至五）、震之體，有「匕鬯」、祭主之象（參卦辭），故有祭祀之事。

若占得此爻，雖有危厲情況發生，但只要沉着應付，便能化險為夷，完成大事。說明在困難複雜的環境中，堅守「中道」的重要。

上六：震索索，視矍矍。征，凶。震，不于其躬、于其鄰，无咎。婚媾有言。

【譯】最上位，陰爻：雷聲嚇得人兩腿哆嗦，驚惶四顧。征行，凶險。雷霆沒有擊中他自己和他鄰居，沒有禍患。親戚有怨言。

【注】索索：懼也（《釋文》），猶哆嗦，驚慌戰慄的樣子。　矍矍（jué jué 決決）：目不正（《釋文》引鄭），形容左右驚顧之狀。　征：出征，或遠行。　躬：身（《說文》），自己。　于：第二個「于」為連詞，猶「與」。《困・上六》：「困于葛藟、于臲卼。」　婚媾（gòu 夠）：注見《屯・六二》；此作名詞，指姻親、戚屬。　言：指怨尤、不滿的話。注見《需・九二》。或讀為愆，指過失，災禍（《類纂》）；可備一解。按，索、矍（均鐸部 ak）協韻；征（耕部 eng）、震（文部 ən）、鄰（真部 en）、言（元部 an）合韻；又躬（冬部 ung）、咎（幽部 u）通韻（陰陽對轉），故如此標點。

【析】上六柔居《震》極，質弱難勝，故「索索」不安，「矍矍」驚視。前無去路，下失其應，故「征，凶」。然此陰爻得位，其「鄰」人六五亦居中處尊，故皆可「无咎」。上六應爻在三，為「婚媾」；三居震，為鳴為「言」，今三、上敵應，故「婚媾有言」。

若占得此爻，不宜遠行，安居則可無恙。但親友間難免有口舌紛爭。

五十二　艮

艮下艮上

艮：〔艮〕其背，不獲其身；行其庭，不見其人。无咎。

【譯】《艮》卦：〔關注〕他的後背，沒看到他前身；走在他的庭院裏，卻不見他本人。沒有禍患。

【注】據楚簡，此卦有卦名，卦辭首字可能因與卦名相同而省去，今補上。　艮（gèn亙）：讀為「限」（《說文》：「限，艮聲」），限止，引申為守護、關顧，注視（目光所凝止）之意。漢帛《易》作「根」，為近音借字。　獲：得（《廣雅·釋詁》）。　身：腹（《集解》引虞）；此泛指與「背」相反的身軀前面部分。《詩·小雅·何人斯》：「彼何人斯，胡逝我陳？我聞其聲，不見其身。」與此意近。

【析】〔卦名〕《艮》，義為止（《彖》、《序卦》、《雜卦》），有靜止、停止、限止諸義。取象於上山下山，兩山重疊（艮為山，見《說卦》）。《正義》云：「直置一山已能鎮止，今兩山重疊，止義彌大。」故卦名為《艮》。《艮》為《震》之倒卦，其卦義亦靜、動相反。

〔卦辭〕限止、關注為「艮」；又艮為堅，似「背」；三至五互震，震為「行」；艮又為門闕，有「庭院」象；二至四互坎，坎為隱伏，而艮、震、坎皆有「人」象，故「艮其背，不獲其身；行其庭，不見其人」。大有恍兮惚兮，茫無所遇之感。蓋因全卦六爻，初與四、二與五、三與上，均剛柔失應，似漠不相關，所謂「上下敵應，不相與也」（《彖》），故呈此象。但只要該止則止，該行則行，動靜不失其時，仍可保「无咎」。

初六：艮其趾。无咎，利永貞。

【譯】（自下而上）第一位，陰爻：關注他的腳。沒有禍患，利於占問長遠前景。

【注】艮：限止，關注。　趾：足部，腳。參《噬嗑·初九》。　永：長。

【析】初爻在下，有「趾」象。既關顧之，宜善加保養，止之勿動，即可「无咎」而「利永貞」。此陰爻失位，與上無應，前遇陰（六二），同性相斥，而居艮止之體，故實不宜輕舉妄動。長遠而言亦須如此。

六二：艮其腓，不拯其隨。其心不快。

【譯】第二位，陰爻：關注他的小腿，便不能提起他的腳。他心裏不痛快。

【注】艮：限止，關注。　腓（féi肥）：小腿肚；此泛指小腿。　拯（zhěng）：舉（《釋文》引馬），升，引拔。楚簡《易》作「陞」，漢帛《易》作「登」，義並同。　隨：此指足部。《正義》：「腓動則足隨之，故謂足為『隨』。」《咸·九三》：「咸其股，執其隨。」　快：喜也（《說文》）。　按，楚簡《易》腓作「足」，快作「悸」，疑誤字。因腓（微部 əi）、隨（歌部 ai）合韻；隨（歌部）、快（月部 at）通韻（陰入對轉），聲韻甚諧，如作「足」（屋部 ok）、「悸」（質部 et），則韻不諧協，故應非是。

【析】初爻為「趾」，二爻處其上，因有「腓」象。既關顧小腿，自宜善加保養，於是止之而勿動，因此連帶其腳亦不能動，遂引致心中不快，確是無可奈何的事。六二居中得正，有柔順中正之德，但與上無應，故以謹守本位為宜。二至四互坎，坎為加憂，為心病，故「其心不快」。

九三：艮其限，列其夤。厲，薰心。

【譯】第三位，陽爻：關注他的腰部，卻撕裂了他的背肌。危險，內心焦灼痛苦。

【注】艮：限止，關注。　限：身之中部（王弼注），指腰（《釋文》引馬、鄭、荀、虞）。　列：《集解》作「裂」，字通。　夤（yín寅）：夾脊肉（《釋文》引馬）。　薰：通「熏」，燒灼。《詩·大雅·雲漢》：「憂心如熏。」

【析】此爻有顧此失彼之意。初爻為「趾」，二爻為「腓」，三處全卦之中，故為「腰」。此爻陽剛得位，但居坎（二至四）、震（三至五）之體，為兩卦之主爻，震為雷為決躁，有用武、刑傷之象（參《大畜·六五》），坎為險陷，為心憂，故有「裂夤」、「熏心」等危厲不安之象。

六四：艮其身。无咎。

【譯】第四位，陰爻：關注他的身軀。沒有禍患。

【注】艮：限止，關注。　身：腹（見卦辭）；此特指頭以下腰以上軀幹部分。按，楚簡、漢帛《易》作「躬」，義同；而無「无咎」二字。

【析】三爻為「腰」，四爻處其上，故為「身」。愛護身軀，便不可亂動，以免勞損。此爻得位，故「无咎」。

六五：艮其輔，言有序。悔亡。

【譯】第五位，陰爻：關注他的面頰，說話有條不紊。悔疚消除。

【注】艮：限止，關注。　輔：面頰骨；此指面頰。《咸·上六》：「咸其輔、頰、舌。」

【析】三爻為「腰」，四爻為「身」，五爻在其上，故為「輔」。關注面頰，則不輕易發言，而「言」必「有序」。此爻體震（三至五），有「言」象（參《明夷·初九》）。又柔得中位、尊位，承上九之陽，陰陽諧協，故「悔亡」。

上九：敦艮。吉。

【譯】最上位，陽爻：厚加關顧。吉利。

【注】敦：厚（《正義》），《象》云：「『敦艮』之『吉』，以厚終也。」《臨・上六》：「敦臨。」可參。一說，敦讀為「耑（duān 端）」，顛也，指頭頂（《通義》），則句意為關注頭部；此為賓語前置句式。艮：限止，關注。

【析】此爻對以上諸爻加以總結。上九以陽剛居《艮》之極，有深切關懷之意（同時亦有「頭」象）。雖失位，無應，但下履重陰（五、四），陰陽諧協，故「吉」。

按，本卦各爻依「趾」、「腓」、「腰」、「身」、「頰」（、「頭」），由下而上順次取象，層次井然。

〔筮例〕

友人欲擇一合作夥伴，但因與其人相識未久，不知個性、品格如何，是否可靠，所以猶豫不決。筮得《艮》卦。余為之釋曰：《艮》，卦象為下山上山，即兩山重疊；卦義為止。表示其人沉實、穩重、內向，而正由於此，令人有難以捉摸、莫測高深之感（卦辭「艮其背不獲其身，行其庭不見其人」，即此意）。但實際上，其人是安於本分、忠於職守、「思不出其位」的「君子」（本卦《象》辭）。後證實果如所言。

五十三

艮下巽上

漸：女歸，吉。利貞。

【譯】《漸》卦：女子出嫁，吉利。利於占問。

【注】歸：女嫁（《說文》）。

【析】〔卦名〕《漸》，義為進（《序卦》、《彖》）；指循序漸進，逐步發展。卦體下艮上巽。艮為止，巽為遜，文靜謙和，不用暴力，徐徐前進，自然物無違拒；又艮為山，巽為木，山上有木，緩緩增高，故卦名為《漸》。

〔卦辭〕上巽為女，為入；下艮為男，又為門闕，故有女入男門，即「女歸」之象。上卦九五陽剛居中得正履尊位，下卦六二陰柔居中得正，上下卦中爻剛柔相應，故「吉」而「利貞」。

初六：鴻漸于干。小子厲，有言。无咎。

【譯】（自下而上）第一位，陰爻：鴻雁登上河岸。小孩子遇險，有怨言。沒有禍患。

【注】鴻：大雁（《集解》引虞）。漸：通「趣」，進，登也（《今注》）。干：水邊涯岸（《釋文》引鄭、陸等）。楚簡《易》作「澗」，漢帛《易》作「淵」。小子：小孩。注見《隨·六二》。言：指怨懟之言。或讀為愆，指過失，災禍（《類纂》）。注見《需·九二》。无咎：楚簡《易》作「不冬（終）」。

【析】初爻在下，處坎（二至四）水之旁，有「干」象；其應爻在四，四體巽，巽為鸛，水鳥，故亦為「鴻」；下艮為少男、「小子」；今初爻失位，與四敵應，前臨坎險，故若「鴻漸于干」，初、四強行相應，則意味「小子」落水遇險，而生怨懟。但初爻體艮，艮為止，故只要隱忍不動，便可「无咎」。

六二：鴻漸于磐，飲食衎衎。吉。

【譯】第二位，陰爻：鴻雁登上礁石，樂悠悠地吃喝。吉利。

【注】漸：進，登。磐（pán盤）：大石（《本義》）。本又作「般」，謂「水涯堆」（《述聞》），指水邊礁石或岸邊的土墩、沙堆。楚簡、漢帛《易》作「坂（阪）」，謂土坡。衎衎（kànkàn看看）：猶「衎爾」，

和樂自得的樣子。《禮記．檀弓上》：「飲食衎爾。」鄭玄注：「衎爾，自得貌。」爾，通若、如，形容詞詞尾。

【析】「磐」高於「干」。艮為石，二體艮，在初爻上，故有「磐」象；二爻上應九五，五體巽，巽為鸛為「鴻」，故「鴻漸于磐」。二至四互坎，坎為「飲食」（參《困．九二》）；本爻柔得位得中，與上卦中爻九五剛柔相應，故「飲食衎衎」，和樂而「吉」。

九三：鴻漸于陸。夫征不復。婦孕不育。凶。利禦寇。

【譯】第三位，陽爻：鴻雁登上高地。丈夫征行一去不回。婦人懷孕不幸流產。凶險。利於抵禦寇盜。

【注】漸：登，升進。陸：高平之地（《說文》）。征：出征或遠行。復：返回。不育：指流產。育，產子；甲骨文字象婦女產子之形。

【析】二爻為「磐」，故三爻為「陸」。其應爻在上九，體巽，為「鴻」；下卦艮為男為「夫」；三體坎（二至四），為隱伏；又體離（三至五），離為女，為大腹，有「孕」象；今三、上敵應，故若「鴻漸于陸」，強行相應，則有「夫征不復」、「婦孕不育」之「凶」象。坎又為盜；離為甲胄戈兵，而九三陽剛得位，處下艮之終，艮為堅，堅剛無比，故「利禦寇」。

六四：鴻漸于木。或得其桷。无咎。

【譯】第四位，陰爻：鴻雁飛上樹木。有人得到作房椽的木料。沒有禍患。

【注】漸：登，升進。　或：有（人、時）。　桷（jué覺）：房頂承瓦的木條，圓者稱椽，方者稱桷。按，此句漢帛《易》作「或直其寇，𣪠」，疑是。直，通「值」，遭逢；𣪠，讀為「𣪠（chóu 儔）」或「㲉（chóu 儔）」，有討伐、打擊之意。則句意為：「有時遇上寇盜，予以打擊。」如此，則與九三之「利禦寇」義相銜接；且木、寇（均屋部），𣪠、咎（均幽部）分別協韻，聲韻更諧。

【析】「木」長於「陸」上，必高於「陸」。今三爻為「陸」，四體巽，巽為「木」，又為「鴻」，故「鴻漸于木」。此爻得位，為離（三至五）之主爻，離為甲冑戈兵；坎（二至四）為盜，因有擊寇之象。雖下失其應，而上承九五之陽，陰陽諧協，仍可「无咎」。

九五：鴻漸于陵。婦，三歲不孕，終莫之勝。吉。

【譯】第五位，陽爻：鴻雁飛上山嶺。婦人數年未能懷孕，但始終無人敢把她欺凌（意指無人能超越她的地位）。吉利。

【注】漸：升進。　陵：大土山。　三歲：三年；虛數。　莫之勝：即「莫勝之」。賓語前置句。莫，沒有人；無指代詞。勝，陵（《集解》引虞），欺侮，壓倒，超越。　按，陵（蒸部）、婦（之部）、孕、勝（均

蒸部）通韻（陰陽對轉），故如此標點。

【析】「陵」又高於「木」，故五爻當之。五體巽，為「鴻」；下應六二，二體艮，為山為「陵」，故「鴻漸于陵」。巽又為女為「婦」，為不果，三至五互離，離為大腹，有「孕」象，可惜孕而不果，即「不孕」。但九五陽剛中正居尊位，與下卦中爻六二剛柔相應，故「終莫之勝」，呈「吉」兆。

上九：鴻漸于阿。其羽可用為儀。吉。

【譯】最上位，陽爻：鴻雁飛上高山。牠的羽毛可用作指麾的羽儀。吉利。

【注】漸：升進。　阿（ē）：大陵（《說文》），大山。通行本原作「陸」，既與九三犯重，又與「儀」字失韻，而且違背本卦各爻取象漸次升高的原則，故應為誤字。今從江永、王引之諸家改為「阿」字，與「儀」（均歌部）協韻。《詩．大雅．皇矣》：「我陵我阿。」先陵後阿，與此類同。　儀：表率，標幟；這裏指一種儀仗或舞具（古代文舞執羽，武舞執干戚），有指揮作用。金文《麥尊》有「龔義」，或以為即用大鴻之羽為儀（見郭沫若《兩周金文辭大系圖錄考釋》）。

【析】上爻位次最高，有「阿」象；居巽體，巽為「鴻」，故「鴻漸于阿」。巽為鴻，為雞，因亦為「羽」，並有號令之象（參《否．九四》），故「其羽可用為儀」，持作指麾，使一切井然有序。為「吉」兆。

按，全卦六爻以「干」、「磐」、「陸」、「木」、「陵」、「阿」，由低至高順次取象，描述鴻雁從河灘開始逐步登高，最後至極高處，便「其羽可用為儀」，意味生命終結，但也是另一輪新的開始。這是以比喻、象徵手法反映事物生滅盛衰、周期變化的過程與規律。《乾》、《漸》等卦形象地表明，世間事物往往經歷由少而長，由低而高，由弱而強，由萌芽、發展、壯大再走向衰亡的階段，天地萬物都是如此。

〔筮例〕

每屆奧運會的申辦都會引起多國城市的激烈競爭。一九九三年北京首次參加競逐，爭取二〇〇〇年奧運主辦權，結果以兩票之差敗給澳洲悉尼。二〇〇四年奧運已決定在希臘雅典舉行。而二〇〇八年奧運，中國再度參與競逐，對手共有四個城市：（法國）巴黎、（加拿大）多倫多、（土耳其）伊斯坦布爾和（日本）大阪。事前有人為法、中、日三城市的勝算作預測。結果為巴黎筮得《小畜》九三、上九爻；為大阪筮得《夬》卦初、二、三爻；為北京筮得《漸》卦九五爻。（巴黎、大阪之分析已見前。）《漸》九五是「鴻漸于陵。婦，三歲不孕，終莫之勝。吉。」婦人雖然「三歲不孕」（中國多年來從未主辦過奧運會，一九九三年又競逐失利），但「終莫之勝」，沒有人可超越她的地位。爻象也是陽剛得中處尊，與六二剛柔相應，地位超然。所以這次在五城市中，北京被視為頂頭大熱，英國博彩公司開出的盤口為四賠一（多倫多次熱，一賠三；巴黎第三，一賠七；大阪屬次冷門，一賠三十三；伊斯坦布爾為大冷門，一賠六十六）。二〇〇一年七月十三日，國際奧委會大會在莫斯科舉行，由近百個奧委會委員投票作最後決定。首輪投票，北京得四十四票，以大比數領先；多倫多二十票，伊斯坦布爾十七票，巴黎十五票；大阪得票最少，首先出局。到次輪投票，北京即獲五十六票，以過半數順利贏得主辦權。此爻之《象》辭曰：「『終莫之勝。吉。』得所願也。」果然如此。

五十四　歸妹

兌下震上

歸妹：征，凶。无攸利。

【譯】《歸妹》卦：征行，凶險。無所利。

【注】征：征伐，或遠行。　攸：所。

【析】〔卦名〕《歸妹》，義為嫁女（《雜卦》及韓注，《序卦·集解》引崔）。妹，少女之稱（王弼注）；歸，女子出嫁。又義為嫁妹（《正義》）。卦體上震下兌。震為長男，為動，兌為少女，為悅，有男女相悅而動（結合）之象；又兌為澤，震為雷，澤上有雷，雷震於上，澤隨而動，亦男動於上，女悅而從之象，故卦名《歸妹》。各爻亦多以婚嫁為言。

〔卦辭〕卦體中四爻（二、三、四、五）皆失位；初爻與四爻、三爻與上爻皆剛柔失應；而三、五爻皆以柔乘剛（據陽爻上），故「征，凶。无攸利」。

初九：歸妹，以娣。跛能履。征，吉。

【譯】（自下而上）第一位，陽爻：嫁女，用她的妹妹陪嫁。瘸了條腿能走路。征行，吉利。

【注】歸：嫁。　妹：少女。　以：連同。　娣（dì弟）：女弟（《說文》），即女子的妹妹。古代男子之妹稱妹，女子之妹稱娣。漢帛《易》作「弟」。「歸妹以娣」，即古俗之「姊妹共夫婚姻（sororal polygyny）」（《管錐篇》）；姊妹共嫁一夫，姊為正妻，妹為妾侍。　履：行走。　征：征伐，或遠行。　按，妹（物部 ət）、娣、履（均脂部 ei）、征（耕部 eng）、吉（質部 et）協韻：物、耕、質合韻；脂質通韻（陰入對轉），故如此標點。

【析】下卦兌為少女，為「妹」；初爻在下，有「娣」象；其應爻在四，處震體，震為行為歸，故「歸妹，以娣」。然初爻失應於四，又體兌，為毀折，故「跛」；但陽剛得位，故「跛能履」。「跛」而「能履」，故「征」行則「吉」。

九二：眇能視。利幽人之貞。

【譯】第二位，陽爻：瞎了一隻眼睛，能看見。利於占問隱者或囚徒的事。

【注】眇（miǎo 渺）：瞎一目。　幽人：可指幽居、幽閉或幽囚之人。

【析】本爻位不當，體兌，為毀折；又體離（二至四），離為目為明，故「眇能視」。九二陽剛得中，與上卦中爻六五剛柔相應；五體坎（三至五），坎為陷坑，為叢棘、桎梏，有幽囚之象，故「利幽人之貞」。《管錐篇》云：此卦與《履．六三》之「眇能視，跛能履」擬象全同，而旨歸適反，一抑而終揚，一揚而仍抑；可見同此事物，援為比喻，可以或褒或貶，詞氣迥異。

六三：歸妹，以須；反歸，以娣。

【譯】第三位，陰爻：嫁女，用她的姊姊陪嫁；被遣回，再用她的妹妹陪嫁。

【注】以：連同。　須：通「嬃」，姊（《今注》）。本又作「嬬」（漢帛《易》、《釋文》；《釋文》引荀、陸，云：「妾也。」）　反歸：被遣回娘家（《通義》）。　娣：女子之妹。　按，妹（物部ət）、歸（微部əi）、娣（脂部ei）協韻：微物通韻（陰入對轉）；脂微合韻，故如此標點。

【析】用姊姊作陪嫁為不合禮法，因而被遣回，結果仍以妹妹作陪嫁。下卦兌為少女，三居兌終，有「須（嬃）」象；其應爻在上六，處震體，震為行為歸，故「歸妹，以須」。六三以陰居陽，不中不正，且三、上敵應，故有此被遣回的「失禮」現象。《象》辭曰：「『歸妹以須』，未當也。」即指此。

九四：歸妹，愆期。遲歸，有時。

【譯】第四位，陽爻：嫁女，延誤了婚期。遲嫁，因有所等待。

【注】愆（qiān 牽）：過。《詩・衛風・氓》：「匪我愆期，子無良媒。將子無怒，秋以為期。」 時：伺（《廣雅・釋言》），等待。《象》云：「『愆期』之志，有待而行也。」 按，妹（物部）、歸（微部）通韻（陰入對轉）；期、時（均之部）協韻，故如此標點。

【析】爻辭說，婚期延宕，是為了另擇更好的日子或時機。上卦震為行為歸，三至五互坎，坎為陷，故「愆期」，「遲歸」。本爻以陽居陰失位，與下無應，故須有待而行，不能操之過急。

六五：帝乙歸妹，其君之袂，不如其娣之袂良。月幾（既）望，吉。

【譯】第五位，陰爻：帝乙嫁女（給周文王），那君夫人的衣着，不如她妹妹的衣裳漂亮。過了月中，吉利。

【注】帝乙：商朝之帝，名乙，為紂王之父。《泰・六五》：「帝乙歸妹，以祉，元吉。」可參看。 君：此指君夫人，亦稱女君，即帝乙之女，下嫁與周文王為妻者。《論語・季氏》：「邦君之妻，君稱之曰夫

人；……邦人稱之曰君夫人，稱諸異邦曰寡小君；異邦人稱之亦曰君夫人。」《釋名・釋親屬》：「妾謂夫之嫡妻曰女君，夫為男君，故其名妻為女君也。」 袂（mèi妹）：衣袖。這裏表面說衣衫，實暗指容貌。 幾望：荀本作「既望」（《釋文》），漢帛《易》同（與《小畜・上九》有異）。周曆以每月十五、十六日以後至二十二、二十三日為既望。「望，月滿之名也，月大十六日，小十五日」（《釋名・釋天》）。此當指婚期，或即四爻「遲歸有時」所待之吉日。

【析】五體震，為君侯為帝（參《泰・六五》、《益・六二》），震又為行為「歸」；下卦兌為少女，為「妹」；今五、二相應，故「帝乙歸妹」。六五居上卦中位、全卦之尊位，為女「君」，九二居下卦中位，為「娣」，但五為陰，二為陽，故「其君之袂，不如其娣之袂良」。三至五爻互坎，坎為月，五居坎末，已過其半，故「月幾望」。此爻柔得中，與下有應，故「吉」。

上六：女承筐，无實；士刲羊，无血。无攸利。

【譯】最上位，陰爻：女子捧着竹筐，空無祭品；男子宰殺羊隻，沒有鮮血。無所利。

【注】承：捧持。《詩・小雅・鹿鳴》：「承筐是將。」 筐：盛祭品的器具。 實：容器中的物品；此指黍稷之類祭品。 刲（kuī虧）：刺死，割殺。《儀禮・少牢饋食禮》：「主人朝服即位于廟門之外，……司馬刲羊，司士擊豕。」鄭玄注：「刲、擊，皆謂殺之。」 按，筐、羊（均陽部）協韻；實、血、利（均質部）

協韻，故如此標點。

【析】上六應爻在三，三體兌，為「女」；上震有「筐」及享祭之象（參《震》卦），故「女承筐」。震又為男為「士」，有殺傷之象（參《艮．九三》）；兌為羊，故「士刲羊」。本爻柔居卦極，勢窮力蹙，雖得位，但與三敵應，今「女承筐」、「士刲羊」，乃強行相應，因呈「无實」、「无血」不吉之兆。此為祭祀之大忌，故「无攸利」。

〔筮例〕

南韓為二〇〇二年世界杯足球賽主辦國之一，十六強賽事展開之前，為該隊預測爭標前景，得《歸妹》初九、九四爻。初九「跛能履。征，吉」；九四「遲歸，有時」。兩爻合看，與韓隊其後整個征戰歷程頗為相似：在完全不被看好的情況下，全隊越戰越勇，連克意大利等數支勁旅，闖入四強；最後不敵德國，又敗於土耳其，得本屆殿軍。看來，要戰績更上層樓，還須有所等待。從卦象看，下卦兌（代己方）為少女，上卦震（代對方）為長男。初、四爻變，成《師》䷆卦，上卦坤為地，下卦坎為陷坑。表明以弱敵強，終落入地下陷阱中，而難免一敗。但他們遇敵不餒，攻守兼備，快上快落，全場緊逼的拚搏型打法，使不少強隊窮於應付，已令世界足壇對亞洲球隊刮目相看。循此以進，前途應有希望。

五十五　豐

離下震上

豐：亨。王假之。勿憂，宜日中。

【譯】《豐》卦：順利。君王駕臨宗廟。不必憂慮，適宜在正午（祭祀）。

【注】亨：通。　王：指周王。　假：通「格（各）」，至。常與祭祀有關。《萃》：「王假有廟。」　之：此指宗廟所在。　日中：太陽當頂之時，正午。

【析】（卦名）《豐》，義為大，多，充盈（《彖》、《序卦》、《正義》），或擴大、使增大（王弼注）。卦體下離上震。離為明，震為動，光明而動；又離為電，震為雷，雷電俱至：並有光明、盛大之勢，故卦名《豐》。

又，離為日為明，震為刑傷（參《大畜．六五》、《艮．九三》），故本卦又有光明受傷，即日蝕之義；日蝕為太陽被掩覆。卦中二、三、四、五爻正描述日蝕從初虧至復圓的情景。

〔卦辭〕上震為陽卦，下離為陰卦，陰陽相孚，故「亨」通。「王假之」指周王到宗廟主持祭祀。震為君侯（參《屯》、《損．六二》），為行，又有享祀之象（參《震》、《損》），故「王假之」。震又為歌（《中孚．六三》），為笑言（《震》），故「勿憂」。離為日，因有「宜日中」之象。

初九：遇其配主。雖旬，无咎。往，有尚。

【譯】（自下而上）第一位，陽爻：遇到那位女主人。十天之內，沒有禍患。前行，會得友人相助。

【注】配主：女主人（《今注》、《通義》），指男主人之配偶、妻子。配，通「妃」；本或作「妃」，嘉耦（《釋文》引鄭）。　雖：通「唯」，漢帛《易》作「唯」；助詞，表肯定語氣。　旬：十日。「雖旬，无咎」猶甲骨卜辭常見之「旬亡囚（咎）」。　尚：祐助；或指志同道合的朋友。參《泰．九二》：「得尚于中行。」　按，往、尚（均陽部）協韻，故點斷。

【析】二、五爻分處內（下）、外（上）卦之中位，故為「主」；「配主」指二，「夷主」指五。初九陽剛得位，前「遇」六二，陰陽諧協，故「有尚」而「无咎」。

六二：豐其蔀，日中見斗。往，得疑疾。有孚，發若。吉。

【譯】第二位，陰爻：那陰影逐漸擴大，正午看見北斗星。前行，患上恐懼症。幸而胸懷誠信，故終於釋然。吉利。

【注】豐：大。　蔀（bù部）：本又作「菩」，義為席（《釋文》），引申指遮蔽，此謂日蝕時的陰影。《集解》引虞：「蔀，蔽也。」「日蔽雲中稱蔀。」　斗：北斗七星（見《集解》引虞）。　疑疾：心慌之病。疑，恐（《廣韻》）。　孚：誠信。　發若：豁然開朗的樣子。發，開（《廣雅．釋詁》）；若，形容詞詞尾。《中孚．九五》：「有孚，攣如。」句法類此。

【析】爻辭描述旅人途中遇見日蝕的情景。首二句言太陽由初虧至蝕既，故天昏地暗，白晝可看到北斗星。旅人初見此異象，以為大禍臨頭，不禁膽顫心驚，幸得平日虔敬上蒼，胸懷坦蕩，所以心情不久便平伏過來。《象》言：「信以發志也。」就是說，誠信可以啟發心志，令人清醒鎮定。

二體離，離為日，二至四互巽，巽為伏（《雜卦》），故晦，因有「豐其蔀」日蝕之象。離又為見，為明，為星，故「日中見斗」。二之應爻在五，五體震，有驚懼之意（參《震》卦）；五乘剛（據陽爻上），體兌（三至五），有「疾」象（參《鼎．九二》）；今二、五敵應，故「往得疑疾」。猶幸六二居中得正，心地光明，承、乘皆陽，陰陽諧協，故「有孚，發若」，終得「吉」兆。

九三：豐其沛，日中見沫。折其右肱。无咎。

【譯】第三位，陽爻：那陰影變得極大，正午看見小星星。折斷了他的右臂。沒有禍患。

【注】豐：大。　沛：楚簡《易》作「芾」，通「旆」；本或作「旆」，幡幔（《釋文》），引申為障蔽，此指日蝕時的陰影，比蔀為大。《集解》引虞：「日在雲下稱沛。沛，不明也。」引九家：「大暗謂之沛。」　沫：通「昧」；本或作「昧」，小星（《釋文》引子夏等）。　肱（gōng 工）：臂。漢帛《易》作「弓」。

【析】本爻描述太陽由蝕既至蝕甚，即日全蝕情景，故天地昏黑，連小星星也可以看見。九三居離，離為日，二至四互巽，巽為伏為晦，故有「豐其沛」日蝕之象。離又為見為星，故「日中見沫」。三至五互兌，兌為毀折，三居全卦之中，位當「肱」臂，故有「折肱」之象。但此陽爻得位，且與上有應，雖有損傷，終無大礙，故「无咎」。

九四：豐其蔀，日中見斗。遇其夷主。吉。

【譯】第四位，陽爻：那陰影變為原來大小，正午看見北斗星。遇見那位小女主人。吉利。

【注】豐、蔀、斗：注見六二。　夷主：指女主人之妹，即同時嫁與男主人者（詳見《歸妹·初九》）。夷，通「姨」。《說文》：「妻之女弟同出為姨。」《爾雅·釋親》郭璞注：「同出，為俱已嫁。」

【析】二爻為蝕既，三爻蝕甚，本爻生光，故景象復似二爻。九四以陽居陰，位不當，與下無應，處巽體（二至四），巽為伏為晦，在離日之上，故仍有「豐其蔀」的障蔽之象。夷主指五；九四前「遇」六五，陰陽諧協，故「吉」。

六五：來章，有慶、譽。吉。

【譯】第五位，陰爻：光輝顯現，值得慶賀讚美。吉利。

【注】章：文彩，光華。《坤．六三》：「含章。可貞。」　慶：賀（《廣雅》）。　譽：稱美。《論語．衛靈公》：「吾之於人也，誰毀誰譽？」邢昺疏：「譽，謂稱揚。」　按，章、慶（均陽部）、譽（魚部）通韻（陰陽對轉），故如此標點。

【析】太陽蝕後復圓，光芒再現，古人視為吉慶之事，故歡欣讚美。本爻柔得中處尊位，故「吉」、「有慶、譽」。爻居震體，震為反生，故有「來章」之象。

上六：豐其屋，蔀其家。窺其戶，闃其无人，三歲不覿。凶。

【譯】最上位，陰爻：把那家居建得高大宏偉，又遮蔽得嚴嚴實實。從他宅門窺看，空寂無人，幾年都不見蹤影。凶險。

【注】豐：《說文》引本爻辭作「豐」，意為大屋，此作動詞。　屋：漢帛《易》及《說文》所引均同。

唯楚簡《易》作「芾」，當讀為「旆」，指幡幔、簾幕一類，則句意謂張大其簾幔，掩蔽其家宅，亦通。蔀：障蔽。戶：門。闃（qù）：空寂無人的樣子。《集解》引虞：「闃，空也。」《釋文》引《字林》：「靜也。」引馬、鄭：「無人貌。」　三歲不覿（dí敵）：又見《困·初六》。覿，見。

【析】那戶人家建造了高樓深院（曾享盡榮華），如此一座豪宅，現在卻變得冷落荒涼，數年不見人蹤，自是凶多吉少，情況不妙。正是「眼看他起朱樓，眼看他宴賓客，眼看他樓塌了。……」（清·孔尚任《桃花扇》）爻辭由日蝕的天象聯想到人事，說明盛衰變化、富貴無常之理，寓有深刻的社會人生感慨。

上爻居震，震「為大塗，為長子」（《說卦》），故有「大」義；下應九三，三體離，離為屋為家（參《家人·初九》）；二至四互巽，巽為晦，故「豐其屋，蔀其家」。離又為目，巽為木故為門「戶」，目而近戶，有「窺」象（《集解》）。巽為伏，故「闃其无人，三歲不覿」；「三歲」，言時間之長。本爻柔居卦極，處動（震為動）之終，勢窮力蹙，質弱難勝，故呈此「凶」兆。

五十六　旅

艮下離上

旅：小亨。旅貞，吉。

【譯】《旅》卦：稍順利。占問行旅之事，吉利。

【注】小亨：與「元亨」對稱。小，楚簡、漢帛《易》均作「少」。亨，通。旅：指行旅（動詞），或旅人（名詞）。《正義》：「旅者，寄客之名，羈旅之稱；失其本居而寄他方謂之為旅。」

【析】〔卦名〕《旅》，義為旅居作客。《釋文》：「羈旅也。《序卦》云：『旅而無所容』，《雜卦》云：『親寡，旅』，是也。」卦體艮下離上。離有居室之象（參《家人．初九》），而艮為止，為門闕，故亦為居所，「望門投止」，正是旅人的生活寫照；六五柔居外卦中位，承上九之陽，有在外作客，得其所安，而隨順主人之象，故卦名為《旅》。全卦內容都與行旅之人的經歷、遭遇、見聞、心境有關。

〔卦辭〕上下卦均陰爻居中位，是謂柔得中，陽為大，陰為小，故「小亨」（參《小過》）。下艮為止，上離為明，行止附麗於光明，故「旅貞，吉」。

初六：旅瑣瑣，斯其所取災（火）。

【譯】（自下而上）第一位，陰爻：旅人疲憊困頓，這是他招致火災的因由。

【注】旅：羈旅之人。　瑣瑣（suǒsuǒ 鎖鎖）：疲弊貌（《釋文》引馬）。一說，小也（《釋文》引鄭），細小貌（引王）；又讀為「惢」，心疑也（《說文》），可釋為小器多疑之貌。　斯：語助詞，表加強肯定；楚簡、漢帛《易》均作「此」。　所：助詞。　災：漢帛《易》作「火」，可見所「取」之「災」為火災。楚簡《易》作「惥（譽）」，應為誤字。　按，瑣（歌部 ai）、火（微部 əi）合韻，如作「災」則失韻，故以「火」字為是。

【析】初爻柔在下，有「瑣瑣」之象。處艮體，艮為止，為門闕，故為居所；此爻以陰居陽失位，欲上應於四，四體離，離為火，艮為手為「取」，因有旅人「取火」招災之象。

初爻先說明原因和結果，以下再追述經過。

六二：旅即次，懷其資，得童僕貞。

【譯】第二位，陰爻：旅人抵達客舍，隨身帶着他的錢財，獲得忠心的奴僕。

【注】即：就，到達。漢簡《易》同。楚簡、漢帛《易》皆作「既」。「既次」，意為「已經歇下」。 次：舍（《廣雅．釋詁》），「可以安行旅之地」（王弼注），指旅館。漢簡《易》次前有「其」字。按，楚簡、漢帛《易》「即次」均作「既次」，則「次」為動詞，釋途中停留（如《書．泰誓中》：「王次於河朔」）；句意謂「旅人已在中途歇下」。但若與九三、九四爻辭合看，則「即次」、「焚其次」、「于處」皆為動賓結構，故「次」仍應據通行本用作名詞為是。 資：財（《集解》引虞）。漢帛《易》此句作「壞其茨」，亦非。 得童僕貞：即「得忠心之奴僕」，為定語後置句。與《損．上九》：「得臣無家」、《夬．九四》：「聞言不信」、《困》：「有言不信」句式同。童，奴（《說文》），《集解》本作「僮」，指未成年的奴僕。貞，正（見《易．師．彖》），此指忠誠。楚簡、漢帛《易》及其他各本皆以「貞」字結（楚簡《易》作「之貞」），而次、資（均脂部 ei）、貞（耕部 eng）合韻，可見「貞」後應無脫字。

【析】本爻處艮體，艮為止，又為門闕，故有「即次」憩息之象。二至四互巽，巽為利，故「懷資」。艮為手，又為男，六二柔順中正，上承陽，故「得童僕貞」。

九三：旅焚其次，喪其童僕〔貞〕。貞，厲。

【譯】第三位，陽爻：旅人失火焚燬了客舍，失去他〔忠心的〕奴僕。占問，危險。

【注】次：客舍。　喪：失。　貞：前一貞字據楚簡《易》補，釋「正」；句式為定語後置。後一貞字仍釋「占問」。　厲：危。

【析】九三得位而不中，居「多凶」之地（見《繫辭·下》）；與上無應，且前遇陽（九四），同性相斥，故「貞」而得「厲」。三體兌（三至五），為毀折；下卦艮為居所，為奴僕，又為手為取，三居艮末，鄰近上離之火，故有取災「焚次」，「喪其童僕」之象。

九四：旅于處，得其資斧。我心不快。

【譯】第四位，陽爻：旅人去到新的住地，得回他的錢財。但心裏仍不高興。

【注】旅于處：猶「旅即次」。于，往；動詞。周原甲骨：「自蒿（鎬）于周。」《詩·周南·桃夭》：「之子于歸。」毛傳：「于，往也。」　處：處所（《廣韻》）。　資斧：錢財。資，財；斧，指古代斧形的金屬貨幣（《今注》、《通義》）。　快：喜樂。《艮·六二》：「其心不快。」

【析】旅人客舍被焚，又失去了奴僕，須要往尋新的居所，後來雖然得回錢財，但內心還是很不愉快。「我」，代旅人自稱。

上離為「處」（見卦辭），二至四互巽，巽為入，有「于處」之象。巽又為利；四親比於五，下應初，陰陽諧協；初體艮，為手為取，故「得其資斧」。但九四以陽居陰，位不當，且乘三（在三爻上），同性相斥，故「我心不快」。

六五：射雉，一矢亡。終以譽命。

【譯】第五位，陰爻：射雉雞，一箭而斃。終於因此得到善射的美名。

【注】亡：死。或釋失，則句意為「（僅）射失一支箭」。　以：介詞；表憑藉或原因。　譽：聲美（《玉篇》），好名聲。漢帛《易》作「舉」，「舉命」則為成名之意。《史記・陳涉世家》：「且壯士不死即已，死即舉大名耳。」　命：名（《廣雅・釋詁》）。一說，爵命（《正義》），則句意為：終因善射的美名而獲封賞。

【析】「射雉」而箭無虛發，自然獲得善射之名。離為雉，又為戈兵，為矢，有射獵之象（參《明夷・六二》）；爻處兌體（三至五），兌為毀折，故「射雉，一矢亡」。六五柔居中位、尊位，而能承上九之陽，謙下於人，得旅居作客之道，故「終以譽命」，獲得好結果。

上九：鳥焚其巢。旅人先笑，後號咷。喪牛于易。凶。

【譯】最上位，陽爻：鳥兒焚燬了巢穴。旅人起初歡笑，後來號咷大哭。在路邊走失了牛。凶險。

【注】號咷（háotáo 豪逃）：大聲哭嚎。《同人．九五》：「同人先號咷而後笑。」　喪：失。漢帛《易》作「亡」。　易：通「埸」，道之別名（《玉篇》），又指田地、道路的邊界（參《大壯．六五》「喪羊于易」）。一說，易為邦國名，殷商之先公王亥曾客居有易，從事畜牧，後亥為有易之君所殺，而喪其牛羊；本爻及《大壯．六五》均指其事（見《故事》、《今注》、《溯源》）。《溯源》更指出：傳說中的王亥操鳥而食，甲骨文之亥字或從鳥，可能均與此爻辭之「鳥焚其巢」有關。

【析】客舍被焚，猶如鳥巢之被燬。旅人雖獲新居，兼得「譽命」，但喪僕之後，又再失其牛，正是禍不單行，故「先笑後號咷」，境況極為不妙。

上九陽剛居《旅》卦之極，位不當，凌乘六五，又與下無應，猶身在行旅而過分張狂，以致樂極生悲，高亢為禍，故得此「凶」兆。離為鳥，為巢（為居所故為巢，參卦辭），亦為火，故「鳥焚其巢」。下乘六五之陰，五為離之主爻，離為電為明，有笑象（參《同人．九五》），故「先笑」；上九應爻在三，三體巽（二至四），巽為風為號，今上不應三，故「後號咷」。離為牛；艮為徑路，三居艮末；兌（三至五）為毀折；今三、上敵應，故「喪牛于易」。

按，本卦爻辭講述了一位旅人客途所遇的種種情況，過程悲喜交併，而最後以凶告終。情節曲折，文字亦簡約生動，可視為中國現存的最早一篇短篇小說；若按當時標準衡量，還應算是篇「白話」小說呢。在華文文學史上實應補記一筆。

全文用倒敘法，先述旅人失火遭災的前因後果，然後再按時間順序，一一細述其如何投宿，得僕，然後又因火災而喪僕，最後更連牛隻也失去的不幸經歷；中間並插入曾以射術知名，一度揚眉吐氣的插曲。寫作手法豐富細膩。

五十七　巽

巽下巽上

巽：小亨。利有攸往，利見大人。

【譯】《巽》卦：稍順利。利於有所往，利於見貴人。

【注】亨：通。　攸：所。　大人：有身份、地位的人，一般指王侯、貴族。

【析】〔卦名〕《巽（xùn 遜）》，有卑順、謙退之義。甲骨文巽字作兩人跪伏之形，故巽通「遜」；卦體上下皆巽，自是十分謙卑、遜順。《雜卦》：「《巽》，伏也。」韓注：「《巽》貴卑退。」皆此意。《巽》又有重申命令、反覆丁寧之義。《彖》云：「重巽以申命。」巽為命令（《集解》引陸，又參《漸·上九》），上巽下巽，故重申命令。《巽》還有進入之義。巽為風，為入，二風相隨，自然物無不入。所以卦名為《巽》。

漢帛《易》作《筭（suàn算）》，音近字通。

〔卦辭〕初、四陰爻分居於二、三，五、上陽爻之下，是謂柔順乎剛，意味臣民馴服於君上，但可惜上、下卦中爻（五、二）未能相應，所以僅得「小亨」。巽為風，有行動義，故「利有攸往」。九五陽剛居中得正履尊位，意味君主剛健中正，故「利見大人」。

初六：進退。利武人之貞。

【譯】（自下而上）第一位，陰爻：隨宜進退。利於占問軍人的事。

【注】進退：應進則進，宜退則退。《觀・六三》：「觀我生，進退。」　武人：勇武之人，指武士、軍人、將帥。

【析】巽為進退（《說卦》），初為巽之主爻，以陰居陽，位不當，且與上無應，故尤須隨宜進退。《說卦》又云：「巽……其究（終極）為躁卦。」即震卦（震為決躁），震有「武人」之象（參《履・六三》）；此爻上承二陽，陰陽諧協，故「利武人之貞」。

九二：巽、在牀下，用史巫、紛若。吉，无咎。

【譯】第二位，陽爻：俯伏在牀下，用眾多史巫祝禱祈禳。吉利，沒有禍患。

【注】巽：伏（《雜卦》）。 史巫：祝史、巫覡（xí檄），皆「接事鬼神之人」（《正義》）。 紛若：盛多貌（《正義》），猶紛然。若，形容詞詞尾。 按，巽、紛（均文部 ən）、吉（質部 et）合韻；下、巫（均魚部）、若（鐸部）通韻（陰入對轉），故如此標點。

【析】巽為伏，又為木故為「牀」，而卦形亦有牀象；初爻以柔順剛，居本爻下，故「巽在牀下」。二至四互兌，兌為巫，為口舌，因有「用史巫、紛若」之象。二居下卦中位，意味能行中道，又下比於初，陰陽諧協，故「吉，无咎」。

按，若占得此爻，意味會受「小人」困擾，但如加適當處置，終能平安無事。

九三：頻巽。吝。

【譯】第三位，陽爻：皺着眉頭俯伏。有困厄。

【注】頻：通「顰」；皺眉頭。《復・六三》：「頻復。」 巽：伏。 吝：難。

【析】三居巽末，雖當位而不中，偪處上巽之下；與上九無應，又下乘陽，同性相斥，故顰蹙不安而「吝」。

六四：悔亡。田，獲三品。

【譯】第四位，陰爻：悔疚消除。狩獵獵得多種禽獸。

【注】悔：悔恨，懊惱。　田：同「畋」，狩獵。《解・九二》：「田獲三狐。」　三：虛數，表示多；或釋實數。　品：類（《廣韻》）。《書・禹貢》：「厥貢唯金三品。」　按，田（真部 en）、品（侵部 ǝm）合韻，故點斷。

【析】六四得位，承九五之陽，陰陽諧協，故「悔亡」。處離體（三至五），為離之主爻，離為戈兵，有田獵之象（參《明夷・六二》、《旅・九五》）。「三品」，或說指下三爻：初巽為豕，二兌（二至四）為羊，三離（三至五）為牛為雉。

九五：貞，吉，悔亡，无不利。无初，有終。先庚三日，後庚三日，吉。

【譯】第五位，陽爻：占問，吉利，悔疚消除，無所不利。開頭不妙，最後有好結果。從庚日之前三日到庚日後三日，吉利。

【注】悔：悔恨，懊惱。　有終：指圓滿之結局。參《坤・六三》。　先庚三日，後庚三日：商、周曆法，每月三旬，每旬十日，以天干甲、乙、丙、丁、戊、己、庚、辛、壬、癸作代表。庚前三日即丁日、戊日、己日，庚後三日即辛日、壬日、癸日；一說，庚前三日即丁日，庚後三日即癸日。《蠱》：「先甲三日，後甲三日。」可參。《通義》云：「『先庚』二句占從丁日至癸日，共七日，周人多占七日」，故《復》卦有「七日來復」之語。

【析】巽為利，九五陽剛居中得正履尊位，下比六四，陰陽諧協，故「貞，吉，悔亡，无不利」。因與九二無應，故「无初」，但此爻剛健中正，能發揚《巽》順之道，故「有終」；卦辭所謂「小亨」，當指此。「先庚三日，後庚三日」，應為出行、辦事之吉日。

上九：巽、在牀下，喪其資斧。貞，凶。

【譯】最上位，陽爻：俯伏在牀下，喪失了他的錢財。占問，凶險。

【注】巽：伏。　資斧：錢財。參《旅．九四》：「得其資斧。」　按，巽（文部 ən）、貞（耕部 eng）合韻；下、斧（均魚部）協韻，故如此標點。

【析】爻辭似描寫遇劫情景。巽為伏，為「牀」（參二爻）；今上九居《巽》卦之極，位不當，猶過乎卑順而陷窮蹙之境，故「巽在牀下」。巽又為利；而此爻乘剛（九五），所為不順，且與下無應，故失利，「喪其資斧」，「貞」問得「凶」。

五十八　兌

兌下兌上

兌：亨，利貞。

【譯】《兌》卦：順利，利於占問。

【注】亨：通。　利貞：漢石經本同，漢帛《易》作「小利貞」。

【析】〔卦名〕《兌（duì 對）》，有言說（《彖》）、喜悅（《彖》、《序卦》、《釋文》）、顯現（《雜卦》）數義。卦體下兌上兌，兌為悅，每卦一陰進於二陽之上，喜悅之情表見於外；又兌為口，主言語，故又有談說之義，因此卦名為《兌》。

〔卦辭〕卦體二、五爻以陽剛分居下、上卦之中位，三、上爻以陰柔居兩卦之上位，呈柔外剛中、不諂不暴之象；又兌為澤，兩澤相連，互相滋潤增益，猶朋友講習，可令彼此得益，故「亨」而「利貞」。

初九：和兌。吉。

【譯】（自下而上）第一位，陽爻：和睦而喜悅。吉利。

【注】兌：讀為「悅」。

【析】爻居兌始，得位，雖與上無應，但只要保持和煦、低調的態度，便可得「吉」。

九二：孚兌。吉，悔亡。

【譯】第二位，陽爻：情投意合而喜悅。吉利，悔疚消除。

【注】孚：讀為「符」，符合相應。兌：讀為「悅」。悔：悔恨，煩惱。

【析】此爻陽剛得中，雖位不正，又與上無應，但親比於六三，陰陽相得，有「孚」象；處兌體，兌為悅；而二至四互離，離為文明：人能內心端直，互相信賴，又舉止文明，自然會「吉，悔亡」。

六三：來兌。凶。

【譯】第三位，陰爻：刻意前來取悅。凶險。

【注】兌：讀為「悅」。

【析】往下曰「來」。六三居兌口，為悅，其應爻在上六，亦居兌口為悅，今三、上敵應，卻欲強行相應（即上爻往下求悅于三），有諂媚之意，其心叵測，故「來兌。凶」。

九四：商兌、未寧，介疾，有喜。

【譯】第四位，陽爻：商談未妥，大病痊癒了。

【注】商：商量（《釋文》）。兌：讀為「說」，談說。寧：安，定（《爾雅・釋詁》）。介：大（《釋文》引馬）。有喜：指病癒。《无妄・九五》：「无妄之疾，勿藥，有喜。」按，兌與諸爻之「兌」協韻；又兌（月部 at）、疾（質部 et）合韻，故如此標點。

【析】爻處兩兌體口舌之間，有「商兌」之象；三至五互巽，巽為不果，故「商兌未寧」。前遇陽（九五），同性相斥，體兌，為毀折，故有「疾」象；然親比於三，陰陽相得，故終可「有喜」而告痊。

九五：孚于剝，有厲。

【譯】第五位，陽爻：親和應合於壞人，有危險。

【注】孚：由誠實不欺，引申指符合，相應。《隨・九五》：「孚于嘉。」剝：剝落，毀爛，銷蝕（參

《剝》卦）；此作名詞，指壞人壞事。 厲：危。

【析】九五陽剛居中得正履尊位，但與下無應，遂親比於上六。上六陰柔處兌悅之極，乃小人佞幸之尤；兌又為毀折，上爻居兌口，因有「剝」象。九五與之昵近，後患不可勝言，故「孚于剝。有厲」。

上六：引兌。

【譯】最上位，陰爻：長久歡悅。

【注】引：長（《爾雅．釋詁》）。《萃．六二》：「引吉。」漢帛《易》作「景」，大也。 兌：讀為「悅」。

【析】上六以陰柔處兌悅之極，得位，有「引兌」之象。此爻乘剛，所為不順，又與下無應，卻長久耽於歡悅，似樂而忘憂，以至暗伏危機而未覺。故若占得此爻，慎防樂極生悲。

〔筮例〕

二○○二年世界杯足球決賽哪一支隊伍可稱王？六月十五日中午試作預測。時巴西隊被視為奪標大熱，呼聲最高。為筮得《兌》卦六三爻。該隊以優美嫻熟的「森巴」腳法聞名，賽事必令人賞心悅目，可惜最後結果是「凶」。看來將難免大熱倒灶，且看何時黯然出局。（六月十七日晚十六強賽事巴西對比利時隊，結果二比零取勝，順利進入八強。）二十一日，再以二比一擯英格蘭出局，進入四強。二十六日準決賽，又由朗拿度一球建功，力克土耳其，連續第三屆躋身決賽，將與德國爭奪本屆世界杯王者寶座。若能成功，顯然亦拜西班牙隊的「中途變卦」所賜。（詳《家人》卦。六月二十八日記。）三十日決賽情況，請參《鼎》卦。

五十九　渙

坎下巽上

渙：亨。王假有廟。〔利見大人，〕利涉大川，利貞。

【譯】《渙》卦：順利。君王駕臨宗廟。利於見貴人，利於涉渡大河，利於占問。

【注】亨：通。《萃》：「亨。王假有廟。」義同，可參。　有：通「于（於）」。楚簡、漢帛《易》均作「于」。　利見大人：諸本無，據楚簡《易》補。　利貞：諸本有，獨楚簡《易》無。　按，人（真部 en）、川（文部 ən）、貞（耕部 eng）協韻，而爻象亦合，故卦辭應補足如上。

【析】〔卦名〕《渙》，義為大水漶漫奔流（《說文》：「渙，流散也」）。引申作離散（《序卦》及韓注，《雜卦》，《正義》）。又，渙通「煥」（帛《易傳》作「奐」），此卦因亦有文彩鮮明之義（《尚氏學》）。卦體上巽下坎。巽為風，坎為水，「風行水上，激動波濤，散釋之象」（《正義》）；而「風行水上，文理爛然」，亦有文彩之象（《尚氏學》），故卦名為《渙》。按，兩者義實相因，蓋水流可滌瑕蕩垢，令事物煥發光彩；故二至六諸爻辭皆並含其意。

〔卦辭〕九五、九二分居上、下卦之中位，所謂「雙剛得中」，象徵君權強而有力，能行正中之道；六四陰爻得位，承剛（九五），象徵臣民服從其君，令政教得以順利施行，故「亨」通而「利貞」。九五陽剛中正處尊位，為「王」；二至四互震，震為行，為享（參《豐》）；三至五互艮，艮為宗廟（參《萃》），故「王假有廟」。上巽為木，呈舟象，下坎為水，舟行水上，因而「利涉大川」。

初六：用拯馬，壯，吉。〔悔亡。〕

【譯】（自下而上）第一位，陰爻：如果駕馭車馬，馬匹強壯，則吉利。悔疚消除。

【注】用：以；連詞，表假設關係。楚簡、漢帛《易》與《伯二六一九》此爻均無「用」字。　拯馬：乘馬，指駕馭車馬。見《明夷．六二》：「用拯馬，壯，吉。」　按，楚簡、漢帛《易》有「悔亡」二字，當據補。馬（魚部）、壯、亡（均陽部）通韻（陰陽對轉），故應如此標點。或斷作「用拯馬，壯吉」（《今注》），「用拯馬壯，吉」（《通義》），又或作「用拯馬壯吉」（《正義》等）者，皆非是。

【析】爻辭意云，於洪水漫溢之初，宜駕馭駿馬迅速離開。下坎為水為「渙」。初爻以陰居陽失位，與上無應，但順承九二，陰陽諧協；二為坎之主爻，坎為美脊（強健）、亟心（敏捷）之馬，又為輿（車），故「用拯馬，壯，吉」。

九二：渙，奔其机（居）。悔亡。

【譯】第二位，陽爻：洪流滌蕩，湧向那居所。悔疚消除。

【注】渙：大水漶漫奔流。　奔：楚簡《易》作「走」，亦奔流之意。漢帛《易》作「賁」，當為「奔」之同音借字。　机（jī）：楚簡《易》作「居」，是。漢帛《易》作「階」，机與階，皆為「居」之近音借字。按，渙（元部 an）、居（魚部 a）、亡（陽部 ang）協韻：元陽合韻；魚陽通韻（陰陽對轉），故如此標點。

【析】爻處坎（下卦）、震（二至四）之體。坎為水為「渙」；震為動。這裏當指滌除垢穢，有除舊布新之意。此爻陽剛得中，乘、承皆陰，陰陽諧協，惜位不當，與上無應，故僅得「悔亡」。

六三：渙其躬。无悔（咎）。

【譯】第三位，陰爻：洪流滌蕩那身軀。沒有禍患。

【注】渙：大水漶漫奔流。　躬：身（《說文》）。　悔：楚簡、漢帛《易》均作「咎」（幽部），與躬（冬部）通韻（陰陽對轉），可從。

【析】洪水已湧入房屋，故淹沒到人。滌蕩身體，也有清除垢穢之意，所謂滌瑕蕩垢。下坎為水為「渙」；三至五爻互艮，艮為背（見《艮》）亦為身；今坎水已入艮，而六三在坎、艮之中，故「渙其躬」。此爻以陰居陽位不當，但與上有應，故得「无悔」。

六四：渙其群。元吉。渙有丘，匪夷所思。

【譯】第四位，陰爻：洪流滌蕩那人群。極其吉利。洪水漫溢至山丘，不是平常所能想像。

【注】渙：大水漶漫奔流。　群：輩，引申為凡類聚之稱（《說文》段注）；此指朋黨，或泛指人群。有：于（於）。《家人·初九》：「閑有家。」楚簡此字作「其」。　匪夷所思：「非常人思慮之所及」（《本義》）。匪，通「非」，楚簡作「非」。夷，平常；楚簡《易》作「台」，音近字通。

【析】洪水漲得更高，滌蕩人群之垢穢，故極吉。而水流漫上山丘，猶《書·堯典》所謂「湯湯洪水方割，蕩蕩懷山襄陵，浩浩滔天」，已超乎平常想像之外，是特大洪水泛濫的景象。四在坎旁，坎為水；而震（二至四）、艮（三至五）、巽皆有「人」象；今四（爻）與初（爻）敵應，故坎水泛濫而「渙其群」。此爻陰柔得位，上承九五之陽，陰陽諧協，故「元吉」。又艮為山，坎水已漫沒山根；四爻更逼近艮頂，故「渙有丘」。

九五：渙〔其肝〕，大號。渙王居。无咎。

【譯】第五位，陽爻：洪水淹沒那殿柱，人們大聲呼叫。洪流滌蕩王宮。沒有禍患。

【注】首句原作「渙汗，其大號」，此據楚簡、漢帛《易》改（楚簡無「肝」字）。如此則全句為動賓結構，與「渙其躬」、「渙其群」、「渙其血」句式同。肝讀為「幹」或「榦」，皆元部、見紐，屬同音借字（汗則為元部、匣紐，屬近音借字），乃骨幹、棟樑之意，此指宮殿之楹柱。通行本作「渙汗」，乃疊韻聯綿詞，猶「浩汗」、「浩瀚」，水盛大貌。　號（háo豪）：呼。　王居：楚簡作「其居」。

【析】最後，洪水更淹至山上的王宮。巽為木故為柱；五之應爻在二，二體坎為水；今五與二敵應，故有「渙其幹」，水淹楹柱之象。巽又為叫號（參《同人·九五》）。三至五互艮，為居所（參《屯·初九》）；五為「王」，故「渙王居」。此爻陽剛中正居尊位，下履重陰（四、三），陰陽諧協，故雖洪水泛濫，亦可保「无咎」。

上九：渙其血、去逖出。无咎。

【譯】最上位，陽爻：大水把那憂傷滌蕩遠去。沒有禍患。

【注】渙：大水漶漫奔流。　血：同「恤」，憂也。　逖：遠（《說文》）。楚簡《易》作「易」、漢帛《易》作「湯」，皆讀為「逖」，近音借字。《小畜·六四》：「有孚。血、去惕出。」可參。　按，血（質部et）、

出（物部 ∂t）合韻，故如此標點。

【**析**】上九陽剛居卦極，位不當，但與六三有應，故「无咎」。三體坎，坎為水為「渙」，又為加憂、心病（見《說卦》）；上巽為風，風行水上，遂將憂懼蕩滌而去，故「渙其血、去逖出」。

按，《渙》卦描述了上古「洪水時代」的情景，反映人類曾普遍經歷過的一場持續多年的特大自然災難。本卦與別不同之處在於，它把災劫也看成是一種復興、重生的機遇。堅信：通過洪水的蕩滌洗禮，經受苦難的砥礪與磨煉，人們在付出巨大代價、總結經驗教訓之後，定能創造出更美好的明天。所以全體卦爻辭都是利、吉、元吉、悔亡、无咎，完全不見一個「凶」字。這應是《周易》的作者——召公虎經歷國家嚴重的動亂（國人起義，推翻周厲王貪殘暴虐的統治，實行「共和」體制）以及個人家庭的悲劇（被迫以親子代皇太子犧牲）之後，以超常的剛毅與智慧，對時代所作的思考和獲得的深刻領悟。（由此亦可見召公之胸襟品格的確超群拔萃，與眾不同。）與上述《革》、《否》等卦的內涵正是一脈相通。

六十 節

䷻

兌下坎上

節：亨。苦節，不可貞。

【譯】《節》卦：順利。以節制為苦，不可占問。

【注】亨：通。　節：制，止（《廣韻》），即約束，限止，指遵守一定的禮儀、規矩，或限度。《逸周書·謚法》：「好廉自克曰節。」　不可貞：不可以占問，即占問之事不可行。此「苦節，不可貞」，猶上六爻之「苦節。貞，凶」。

【析】〔卦名〕《節》，義為節制，包括有節度，守禮儀，能節儉等。《彖》：「節以制度。」《雜卦》：「節，止也。」《釋文》：「節，止也，明禮、有制度之名。」意均同。卦體上坎下兌。坎為陽卦，兌為陰卦，上剛下柔，各司其位，互相配合又不相踰越；又兌為澤，坎為水，澤上有水，必用堤圍限止，故卦名為《節》。〔卦辭〕上陽卦，下陰卦，陰陽諧協；而上、下卦均陽剛得中，象徵君權強而有力，能行正中之道，故「亨」通。下兌為悅，又為毀折，上坎為險，三至五互艮，艮為止，表明悅以行險，當自我約束，有所限止，若以節制為苦，胡行亂闖，勢必墮入險境，而遭毀折，故曰「苦節，不可貞」。

若占得此卦，懂得自我節制，會事事亨通；倘以自律為苦，則一切免問。

初九：不出戶庭，无咎。

【譯】（自下而上）第一位，陽爻：不出內宅，沒有禍患。

【注】戶庭：指居室的範圍。戶，單扇門，內室之門。《玉篇》：「一扉曰戶，兩扉曰門。」庭，室（《說文》段注），廳（《定聲》）。漢帛《易》作「戶牖」。

【析】「不出戶庭」是有「節」之象。初九以陽居陽得位，上應於四；四體坎，坎為險；三至五互艮，艮為門闕、居室（參《屯．初九》）；本爻前遇陽（九二），同性相斥，不利往，故「不出戶庭」則可免犯險，安於本位，自能「无咎」。

若占得此爻，不宜他往。

九二：不出門庭，凶。

【譯】第二位，陽爻：不出家門，凶險。

【注】門庭：指家宅的範圍。門，雙扇大門。庭，堂階前（《玉篇》），院子。

【析】此爻以陽居陰位不當，與上無應，故「凶」。二之應爻在五，五體艮（三至五），為「門庭」。九二陽剛得中，為震（二至四）之主爻，前遇重陰（三、四），陰陽諧協，本宜動（震為動為行）利往；今二失位，而與五敵應，只能「不出門庭」，拘守原處，處境實為不利，故得「凶」兆。《象》傳因有「失時」之歎。

六三：不節若，則嗟若。无咎。

【譯】第三位，陰爻：不加節制，便會憂傷悲歎。沒有禍患。

【注】節：節制。　若：語助詞。　嗟：歎。《離．六五》：「出涕沱若，戚嗟若。」可參。

【析】如果行為、慾望不加節制，常會產生各類嚴重後果，令人後悔不迭；「嗟若」，便是這種悔疚的表現。六三陰居陽位，不中不正，又以柔乘剛（九二），且與上無應，意味有過分乖張的「不節」行徑。爻處下兌之端，兌為口，有「嗟若」歎喟之象。三至五互艮，艮為止，表示終有悔意轉而自加約束，所以「无咎」。

若占得此爻，說明以往雖有不是之處，但只要幡然悔悟，勇於改正，以後加強自律，仍會獲得他人的認同、接受。

六四：安節，亨。

【譯】第四位，陰爻：安於自我節制，順利。

【注】節：節制。亨：通。

【析】此爻得位，與下有應，又能以柔從剛，承九五之陽；處艮體（三至五），艮為止，因有「安」然自「節」之象，令一切順利。

九五：甘節，吉。往，有尚。

【譯】第五位，陽爻：樂於自我節制，吉利。前行，會得友人相助。

【注】甘節：以節制為樂（《今注》、《通義》）。甘，美（《說文》），樂（《玉篇》）。往，有尚：注見《豐．初九》。漢帛《易》有作「得」。按，節、吉（均質部），往、尚（均陽部）分別協韻，故如此標點。

【析】以自我節制為樂，比「安節」更進一步，故不但前景是吉，而且會遇同心之侶，得到別人熱心幫助。九五中正居尊位，為艮（三至五）之主爻，艮為止，故呈「甘節」之「吉」象。此爻乘承皆陰（四、上），陰陽諧協，因而「往」則「有尚」。

上六：苦節。貞，凶。悔亡。

【譯】最上位，陰爻：以自我節制為苦。占問，凶險。悔疚消除。

【注】苦節：以節制為苦（《今注》、《通義》）。與九五「甘節」對文。

【析】本爻以柔居《節》卦之極，與下無應，又凌乘九五，所為不順，遂由以節為樂走向反面——以節為苦，於是放任自流，毫無節制，不守規範，甚至胡作非為，因而得「凶」兆。但此爻以陰居陰位當，故又可「悔亡」：意味其人本質尚佳，若能因凶知悔，幡然改圖，復謹守其本分，便會轉危為安，得以無事。一說，「悔亡」兩字疑衍（見《今注》），然漢帛《易》有，恐非是。

按，爻辭從「不節」而「嗟」，到「安節」，再到「甘節」，結果也越來越好：由「无咎」到「亨」通，再到「吉」利。但物極則反，當一旦態度逆轉成以節為苦時，便再由吉而凶，釀成惡果了。事物之演變往往如此。可歎！

六十一　中孚

兌下巽上

中孚：豚魚，吉。利涉大川。利貞。

【譯】《中孚》卦：用小豬和魚〔祭祀〕，吉利。利於涉渡大河。利於占問。

【注】豚（tún 飩）魚：小豬和魚；祭品之薄者（《述聞》、《今注》）。豚，「小豕也，……以給祠祀也」（《說文》）。

【析】〔卦名〕《中孚》，義為中心誠信（《序卦》、《雜卦》、《正義》）。中，猶心（《史記·樂書》「情動於中」張守節正義）；孚，信。本卦三、四陰爻處於全卦中央，為「柔在內」，二、五陽爻分居上、下卦之中位，為「剛得中」；卦體上巽下兌，兌為悅，巽為順，和悅而遜順，均為中心誠信之象。又兌為澤，巽為風，澤上有風，風之動乎澤，猶誠之感於中，故卦名為《中孚》。〔卦辭〕說明祭祀的關鍵全在信誠，只要內心誠摯，用豚魚般微薄的祭品也可感格神明，求得福祐，助你涉渡險難，成就大業。類似「黍稷非馨，明德惟馨」（《左傳．僖五年》）及「孚乃利用禴」（《升．六二》）之意。全卦「柔在內而剛得中」（《彖》），有「中孚」之象，故「利貞」。上巽為豕，為魚（參《姤．初六、九二》），故「豚魚，吉」。卦形外實中虛，呈舟象，而巽為木亦為舟，下兌為澤為水，二至四互震，震為行，有舟行水上之象，故「利涉大川」。

初九：虞，吉。有它，不燕。

【譯】（自下而上）第一位，陽爻：安定，吉利。有變故，不安寧。

【注】虞：安（《集解》引荀，《廣雅．釋詁》）。　它：蛇的本字；引申指不祥之物、意外事故等。《大過．九四》：「有它，吝。」　燕：安（《正義》）；或作「宴」，息（《集韻》）。漢帛《易》作「寧」，義同。

【析】爻辭說，安則吉；若有變，則不安，不吉。此陽爻得位，與四有應，故安於其位則「吉」。但若果往應四，則為同性之二所阻；而四體巽，巽為伏，為陰卦，有「它」象，故若不安其位則「有它，不燕」，不燕則不吉。若占得此爻，宜堅守初衷，不可三心兩意，作其他嘗試，否則難得安寧。

九二：鳴鶴在陰，其子和之。我有好爵，吾與爾靡之。

【譯】第二位，陽爻：母鶴在背陰處鳴叫，小鶴和牠應和。我有美酒，我和你把它分享。

【注】陰：水之南，山之北（《說文》）。按，中國大部分地區均處北回歸線以北，水南、山北皆屬背陰一面，故《周禮．考工記．輪人》「必矩其陰陽」賈疏云：「背日為陰。」　爵：古代雀形酒杯；此指代酒。或釋爵位（《集解》引虞）。　靡（mǐ 糜）：共（《釋文》引《韓詩》，《集解》引虞）。《詩．衛風．氓》：「三歲為婦，靡室勞矣。」

【析】下卦九二、上卦九五均陽剛得中，為《中孚》之實，同德相應（《本義》）；二為震（二至四）之主爻，震為「鳴」，為「鶴」，又為盛器（參《坎．六四》）為「爵」，因有「鳴鶴」相和、「好爵」共享之象。二屬陰位，故「在陰」。

六三：得敵，或鼓，或罷，或泣，或歌。

【譯】第三位，陰爻：遭遇敵人，有的擊鼓進軍，有的停下，有的哭泣，有的唱歌。

【注】得：遭逢，遇到。《史記．匈奴列傳》：「單于久不與其大眾相得。」一說，得，俘獲（《今注》）。　罷：休止。《論語．子罕》：「欲罷不能。」此指士無鬥志。一說，罷讀為「疲」。

【析】爻辭描繪軍心渙散，行動不一，或某種身不由己的情況。又可釋為，描繪戰勝敵人之後，有的擊鼓唱歌慶賀，有的則疲極哭泣的情況。

六三陰居陽位，不中不正，前遇陰（六四），同性相斥，故「得敵」（《集解》引荀、王）。二至四互震，為「鼓」；三至五互艮，為止，故「罷」；三體兌，為水為淚（參《離・六五》），故「泣」；兌又為口，三居兌口，故「歌」（參《離・九三》）。

六四：月幾（既）望，馬匹亡。无咎。

【譯】第四位，陰爻：月中以後，有馬匹走失。沒有禍患。

【注】幾望：荀本作「既望」（《釋文》），漢帛《易》同。注詳《歸妹・六五》。 匹：輩（《廣雅・釋詁》），同類。又量詞，「雙曰匹，隻亦曰匹」（《定聲》）。漢帛《易》作「必」。

【析】四體震（二至四），為馬；下應初九，故初為其「匹」。欲往應初，卻為同性之三所阻，故「馬匹亡」。但此爻得位，上承九五，陰陽諧協，故「无咎」。

九五：有孚，攣如。无咎。

【譯】第五位，陽爻：胸懷誠信，密切關聯。沒有禍患。

【注】孚：信。 攣（luán 鑾）如：緊密關連、繫念不絕的樣子。又見《小畜・九五》。

【析】此爻陽剛中正居尊位，下履重陰（四、三），陰陽諧協；居巽體，巽為繩，故呈「有孚，攣如」之象，而得「无咎」。

上九：翰音登于天。貞，凶。

【譯】最上位，陽爻：雞高飛到天上。占問，凶險。

【注】翰音：雞（《禮記．曲禮》）；天雞（《爾雅．釋鳥》）。一說，翰，高飛，飛音者，音飛而實不從，華美外揚，虛聲無實，不得久長（王弼注）；按，則句意似《小過》之「飛鳥遺之音，不宜上，宜下。」登：升。又見《明夷．上六》。

【析】上九陽剛失位，居卦之極，過乎亢進；而凌乘九五，更同性相斥；處巽體，巽為雞，為高，因呈「翰音登于天」之危象。雞飛上天，勢難持久，故為「凶」兆。若占得此爻，切忌不自量力，好高騖遠，否則，必因力不從心而釀成災禍。

六十二　小過

艮下震上

小過：亨，利貞。可小事，不可大事。飛鳥遺之音，不宜上，宜下。大吉。

【譯】《小過》卦：順利，利於占問。可做小事，不可幹大事。鳥兒飛過留下牠的聲音，不適宜向上，適宜向下。大吉。

【注】小過：漢帛《易》作「少過」。　大事：指祭祀或戰爭。句意謂小過之人，辦小事尚可，而不能委以重任。　之：猶「其」；代詞。《无妄．六三》：「或繫之牛。」

【析】〔卦名〕《小過》，義為稍有踰越，或小事踰常，造成的是小過失（《彖》、《象》、《雜卦》、《正義》、

《程傳》）。過，度（《說文》），指經過，越過；引申指過分，或差錯、失誤。卦體下艮上震。艮為山，震為雷，山上有雷，空谷傳響，聲音較平常更加宏亮（此即稍有踰越）；又六五陰爻居全卦尊位，而九四陽爻則失位而不中，有稍踰常規，或小者過常之象，故卦名《小過》。全卦反覆叮嚀世人：（勿以善小而不為，）勿以「過」小而為之。

〔卦辭〕小有錯失而仍然順利，有利占問，是指行為過於恭謹、守喪過於哀傷、花錢過於省儉之類，屬無傷大體的過分行為，皆小事之過，且不為甚過（包括質和量兩方面）。這些情況皆宜小不宜大，就如鳥過留音，宜下不宜上一樣（上則遠而難聞，下則近而清亮）。

上卦六五、下卦六二皆陰柔居中位，而九四、九三則陽剛失中位，陽為大，陰為小，故「可小事，不可大事」。全卦內實外虛，形如飛鳥；而上震為「飛」（參《明夷·初九》），又為鵠為「鳥」，又為聲音，下艮為止，鳥飛而音止，故「飛鳥遺之音」。上卦中爻失位乘陽（據剛爻上），為逆，下卦中爻得位承陽（處剛爻下），為順，故「不宜上，宜下」。下則「大吉」，亦「可小事，不可大事」之意。

初六：飛鳥，以凶。

【譯】（自下而上）第一位，陰爻：鳥兒飛過，帶來凶兆。

【注】飛鳥：鳥飛。主謂倒裝，與《乾·初九》「潛龍」句式同。　以：與，帶來（《通義》）。

【析】初爻失位，上應九四，四體震，有「鳥飛」之象（參卦辭）。但本爻居艮，以止為宜；往應四時，又為同性之二所阻，故得「凶」兆。

按，本卦卦爻辭一再提及「飛鳥」，皆古人所謂「鳥占」、「鳥卜」一類，即據鳥之飛、鳴狀況或方向等以定吉凶。此類方法早見於甲骨卜辭，且古今中外皆有，屬人類共通的卜筮文化之一。

六二：過其祖，遇其妣；不及其君，遇其臣。无咎。

【譯】第二位，陰爻：錯過了他的祖父，遇見他的祖母；沒見到他的主人，遇見他的臣僕。沒有禍患。

【注】過：度（《說文》），超越；此指錯過，不遇。　遇：逢（《說文》），不期而會（《穀梁傳．隱八年》）。　妣（bǐ比）：此指祖母。　不及：也是不遇之意。及，從後面趕上。　君：猶主人。《儀禮．喪服》「君，至尊也」鄭注：「天子、諸侯及卿、大夫，有地者皆曰君。」　臣：指奴僕。漢帛《易》作「僕」。《遯．九三》：「畜臣妾吉。」

【析】此爻得位，又居下卦中位，柔順中正，雖失應於五，但前臨重陽（三、四），陰陽諧協，故「无咎」。祖、君，皆指五爻，因五為陽位、君位、尊位，五又體震，為君侯、長男；今二、五失應，故「過其祖」、「不及其君」。二體巽（二至四），巽為長女為「妣」，故「遇其妣」。又體艮，艮為奴僕（參《遯．九三》、《旅．六二》），為「臣」，故「遇其臣」。這些都是「小過」的一些表現。

九三：弗過，防之；從，或戕之。凶。

【譯】第三位，陽爻：沒有越界，但要防止他；如果縱容，可能害死他。凶險。

【注】弗：不。　過：通過，踰越。　防：障，禁（《玉篇》）。　從：通「縱」（《今注》），放縱。　戕（qiāng 槍）：殺（《集解》引虞）。　按，防、戕（均陽部）協韻；之、之協韻；從、凶（均東部）協韻，故如此標點。

【析】爻辭意謂，做人處事都須有一定界線、準則，不可隨便踰越，否則後果堪虞。就是說，要防止「小過」釀成大禍。此爻陽剛得位，與上有應，但前遇陽（九四），同性相斥；又處艮體，艮為止，故有「弗過，防之」之象。三若強行上應，必為同性之四所阻；而三至五互兌，兌為毀折，故呈「戕之」之「凶」象。

若占得此爻，須要嚴加規管，不使越界，才可免災難發生。

九四：无咎。弗過，遇之。往厲，必戒。勿用永貞。

【譯】第四位，陽爻：沒有禍患。未曾越界，和他遇上了。前去危險，必須告誡他。不要占問長遠前景（意謂占問長遠之事則不吉）。

【注】弗：不。　過：通過，踰越。　遇：不期而會。　厲：危險。　戒：警，告（《儀禮》鄭玄注）。　用：要；助動詞。《屯》：「勿用有攸往。」　永：長久。《坤·用六》：「利永貞。」　按，過（歌部）

與厲（月部），之（之部）與戒（職部）分別通韻（均陰入對轉），故如此標點。

【析】爻辭告誡，某些情況若稍有過越，便會陷險境，故切不可認為只是「小過」而掉以輕心。九四上承重陰（五、上），又下應於初爻，陰陽諧協，故「无咎」。但以陽居陰，位不當，如「往」應初，將為同性之三所阻，故「厲」，因而必須警「戒」。長遠而言，宜固守本位，不可輕舉妄動，因為動將得咎。若占得此爻，不利於作長遠之規劃、舉措（如進行長線投資等）。

六五：密雲不雨，自我西郊。公弋取，彼在穴。

【譯】第五位，陰爻：陰雲密佈，沒有下雨，從我西郊而來。王公射取那在洞穴的禽獸。

【注】弋（yì亦）：用帶繩的箭射鳥；亦泛指射（《正義》）。漢帛《易》作「射」。 按，取（侯部o）與郊（宵部ô）合韻，又與上六爻遇（侯部）等協韻，故點斷。

【析】六五陰居陽位，雖處尊得中而失正，且與下無應，故終難成大事。「密雲不雨」、「弋彼在穴」，都是事不能成之象。

五體兌（三至五），為澤為水，其應爻在二，體巽（二至四），為風，今五、二敵應，兌水遇風，未能成雨，所以「密雲不雨」（參《小畜》）；兌為西方之卦，五又居震（上卦），為行，故「自我西郊」，即雲自西面而來。震為君候，有動武、射獵之象（參《屯》、《師．六五》），故「公弋取」；下艮為山，為穴，又為虎為狐，二在艮體，有「在穴」禽獸之象；但因五不應二，故「弋彼在穴」之事亦不成功。

上六：弗遇，過之。飛鳥，離之。凶，是謂災眚。

【譯】最上位，陰爻：沒有遇上，讓他過去了。飛鳥將被網羅。凶險，這就叫災難。

【注】弗：不。　遇：不期而會。　過：通過。　離：通「羅」（《方言》），鳥網，此用作動詞，謂以網捕鳥（《今注》）。楚簡、漢帛《易》正作「羅」。　是：此。　眚（shěng）：災。

【析】爻辭說，那人不聽勸誡定要越界而行，等於自投羅網，必導致災難性的後果。本爻與三爻呼應，發出嚴厲的警號：不要忽視「小過」，有時候，它最終會釀成殺身之大禍。

上六以柔居震之終，處《小過》之極，勢窮力蹙，質弱難勝，遂陷高危不安之境。下應三，三體巽（二至四），為繩，「作結繩而為罔罟」（《繫辭．下》），故為「羅」；三又體兌（三至五），為毀折；而震為飛為鳥（《參卦辭》），故呈「飛鳥，離之」之「凶」象。

〔筮例〕

友人女兒年十三、四歲，在香港唸中一，暑假送其赴美，進修短期課程。課程結束後，友人有事已先行返港，女兒須獨自乘某航空公司客機回來。因擔心安全問題，遂占一卦，得《小過》九四爻，辭云：「无咎。弗過，遇之。往厲，必戒。勿用永貞。」未明所以；然見有「无咎」於首，想必無大礙，於是放心讓女兒乘搭該班航機返港。結果中途遇上強烈氣流，機體極為顛簸，乘客暈眩、嘔吐，狼狽萬分，幸好最終都能安全抵達。事後細味爻辭，始知「弗過，遇之。往厲，必戒」，正暗示有此一段艱苦旅程。而「勿用永貞」是告誡：以後不可如此了，也就是「下不為例」之意。

六十三　既濟

離下坎上

既濟：亨，小利貞。初吉，終亂。

【譯】《既濟》卦：順利，稍有利於占問。開始吉利，最終出亂子。

【析】〔卦名〕《既濟》，意為過渡成功；濟，渡過（《釋文》引鄭，《正義》）。引申指舉事獲得成功，一切成為定局（《雜卦》、《本義》）。卦體上坎下離。坎為水，離為火，水在火上，二者交相為用，烹飪得以成功；或者以水滅火，避免釀成災禍，故卦名《既濟》。

〔卦辭〕上坎為陽卦，下離為陰卦，陰陽諧協；卦體一、三、五陽爻居陽位，二、四、六陰爻居陰位，皆剛柔正而位當；而一與四，二與五，三與上，諸同位爻亦兩兩剛柔相應，故「亨」通。下卦六二柔居中位、正位，處《既濟》之始，陽為大，陰為小，故「初吉」，「小利貞」。上卦上六陰柔居於卦極，處《既濟》之終，而凌乘九五之尊，有小人得勢弄權之象，故「終亂」。此乃物極必反，意味將由《既濟》向《未濟》轉化。所以若占得此卦，君子當居安思危。

初九：曳其輪，濡其尾，无咎。

【譯】（自下而上）第一位，陽爻：拖拉那車輪（過河），浸濕了牠的尾巴，沒有禍患。

【注】曳（yè）：拉，牽引。《睽・六三》：「見輿曳。」 濡（rú如）：霑濕。《夬・九三》：「遇雨若濡。」

【析】此爻陽剛得位，上應四，故「无咎」。四體坎，坎為輪為曳；下離為牛，故有「曳輪」之象。又初爻在下，如「尾」；坎為水，故有「濡尾」之象。

六二：婦，喪其茀，勿逐，七日得。

【譯】第二位，陰爻：婦人丟失了她的車窗簾，不必去找，七天內會失而復得。

【注】茀（fú弗）：車廂的遮蔽物，簾幕之類。《詩・衛風・碩人》：「朱幩鑣鑣，翟茀以朝。」孔疏：「茀，車蔽也。婦人乘車不露見，車之前後設障以自隱蔽，謂之茀。」又，《集解》本茀作「髻」，指假髮，或釋婦人首飾（《集解》引虞）。 七日：注見《復》：「七日來復。」又《震・六二》：「勿逐，七日得。」 按，婦

（之部）、得（職部）通韻（陰入對轉），又與茀（物部 ət）合韻，故如此標點。

【析】下離為中女，為「婦」，二為離之主爻；上坎為盜，五為坎之主爻；今婦鄰於盜，故「婦喪其茀」。但二五相應，六二柔順中正，承、乘皆陽，陰陽諧協，故「勿逐」可自「得」。

九三：高宗，伐鬼方，三年克之。小人勿用。

【譯】第三位，陽爻：殷高宗征伐鬼方，數年戰勝它。小民不得封賞，任用。

【注】高宗：商朝「中興之君」武丁的廟號（見《集解》引虞、干）。　鬼方：北方方國名，與商為勁敵，見於武丁時甲骨卜辭及《詩經》等。王國維有《鬼方昆夷玁狁考》，李學勤《溯源》亦闢專節討論，可參閱。　小人：指身份地位低下的人，如平民、士卒等。　勿用：不可任用。《師．上六》：「小人勿用。」

【析】離為甲冑、戈兵，三體離，位當，與上有應；而上坎為勞卦，又為正北方之卦，故有「伐鬼方」而「克之」之象。「三年」，意味曠日持久，勞師動眾，必然疲憊之極。指揮征戰乃「大人」之事，「小人」只有出力賣命的份兒。故若占得此爻，利「大人」不利「小人」：「大人」將有功（但須費時費力，付出相當代價），「小人」則一無所得。

六四：繻，有衣袽。終日戒。

【譯】第四位，陰爻：漂亮衣裳外，再套件破衣衫。整天小心戒備。

【注】繻（rú如）：彩色絲織物（見《說文》）；又通「襦」（《述聞》），短襖。漢帛《易》作「襦」。 有：通「又」，楚簡《易》作「又」。 衣（yì意）：穿上；動詞。 袽（rú如）：敗衣（《集解》引虞）。 戒：警戒，防備。《泰·六四》：「不戒，以孚。」 按，繻（侯部o）、袽（魚部a）合韻，故點斷。

【析】上卦坎，二至四又互坎，坎為盜；本爻恰處二坎間，故須穿破舊衣衫掩飾，並終日戒備，以提防被賊人搶劫。由於《既濟》已過半，漸向《未濟》轉化，故有此象。若占得此爻，宜謙謹自持，提高警覺，不可自我炫耀，或高調處事，否則必有損失。

九五：東鄰殺牛，不如西鄰之禴祭，實受其福。〔吉。〕

【譯】第五位，陽爻：東面鄰居殺牛祭祀，不如西面鄰居的簡樸祭祀，更能切實得到神靈的福祐。吉利。

【注】殺牛：指隆重的祭禮。漢帛《易》「殺牛」後有「以祭」二字。 禴（yuè躍）：同礿，古儉祭名，注見《萃·六二》：「孚，乃利用禴。」楚簡《易》作「酌」。 吉：據楚簡、漢帛《易》補。按，牛（之部ə）、福（職部ək）通韻（陰入對轉），又與吉（質部et）為韻，而爻象亦合，故「吉」字宜補。《象》辭曰：「『實受其福』，『吉』大來也。」亦可證有「吉」字。

【析】爻辭說，祭祀能否得到神靈的歆饗，賜福，不在祭品之多寡厚薄，而首要在祭祀者的品德和誠意。所謂「孚，乃利用禴」，即此意。東、西二鄰，一般認為喻指殷商和西周；商在東，周在西，故稱（見《禮記．坊記》）。離（三至五）為牛，又為戈兵，故有「殺牛」之象。九五陽剛中正居尊位，與下有應，故「受福」。

上六：濡其首，厲。

【譯】最上位，陰爻：弄濕了他的頭，危險。

【析】上爻稱「首」，坎為水，故有「濡首」之象。此爻以柔乘剛，所為不順，居卦之極，勢難持久，行將向《未濟》轉化，故危「厲」。卦辭謂「終亂」，便是指此而言。

六十四　未濟

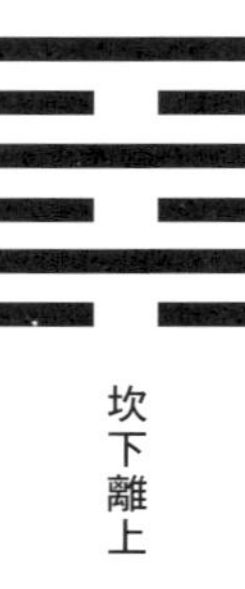

坎下離上

未濟：亨。小狐〔涉川〕，汔濟，濡其尾，无攸利。

【譯】《未濟》卦：順利。小狐狸渡河，將抵對岸時，浸濕了牠的尾巴，無所利。

【注】涉川：據《二三子》引文補。汔（qì 訖）：幾（《釋文》引鄭），將近。《二三子》正作「幾」。濟：渡過。濡（rú 如）：霑濕。攸：所。按，川（文部）、尾（微部）通韻（陰陽對轉）；濟（脂部）、利（質部）通韻（陰入對轉），而爻象亦合，故應以有「涉川」為是。

【析】〔卦名〕《未濟》，義為未能過渡，引申指事未成功（《集解》引虞，《正義》，《本義》）。卦體上離下坎。離為火，坎為水，火在水上，不能成功烹飪，對事物沒有助益；因火性向上升騰，水性向下滲潤，兩者性能相反，而方向背離，不能協同作用，故卦名《未濟》。本卦與《既濟》為倒卦，爻辭多相應，可互參。

〔卦辭〕六五柔得中居尊位，而初與四，二與五，三與上，兩兩剛柔相應，表示上下一心，和衷共濟，故「亨」通。但全卦六爻，一、三、五陰居陽位，二、四、六陽居陰位，皆失位，意味才、德均不稱其職，猶如狐狸不諳水性卻要渡河，最終必陷困境，故「无攸利」。下卦為坎，三至五又互坎，坎為狐，為水，故有「小狐涉川」之象。

初六：濡其尾，吝。

【譯】（自下而上）第一位，陰爻：（狐狸）浸濕了牠的尾巴，有困厄。

【注】濡其尾：注見《既濟・初九》。　吝：難。《屯・六三》：「往，吝。」

【析】初爻有「尾」象，而下坎為狐，為水，故有「濡其尾」之象。此爻以陰居陽失位，當《未濟》之初，故「吝」。

九二：曳其輪。貞，吉。〔利涉大川。〕

【譯】第二位，陽爻：拖拉車輪（過河）。占問，吉利。利於涉渡大河。

【注】曳（yè夜）其輪：注見《既濟．初九》。按，楚簡《易》「吉」後有「利涉大川」一句，今本、漢帛《易》無。輪、川（均文部）協韻，爻象亦合，故當以有此句為是。

【析】此爻陽剛得中，雖位不當，但能行正道，故「吉」。上應六五，體離，為牛；下坎為水，為輪，為曳，故有「曳輪」渡河，即拉車過河之象。而上應於五，前遇陰，利往；五體坎（三至五），為水，故又有「利涉大川」之象。

六三：未濟，征，凶。利涉大川。

【譯】第三位，陰爻：未獲成功，征行，凶險。利於涉渡大河。

【注】濟：渡。　征：遠行，或出征。　利涉：一說，「利」字上疑脫漏「不」字（《本義》、《今注》）。非是。楚簡、漢帛《易》均無此字。

【析】本爻說明雖然起初不利，但經過努力，反覆嘗試，終會獲得成功。所謂「自古成功在嘗試」（胡適詩），便是這個意思。爻已至三，正是從「未濟」向他方轉化的開始，故有此象。

此爻不中不正，以柔乘剛，所為不順；處重坎（下卦坎，三至五互坎）之中，坎為水，為險，故有「未濟，征，凶」之象。但與上九剛柔相應，且二至四互離，三至五互坎，離下坎上成《既濟》，故又有「利涉大川」之象。占得此爻，出門宜走水路，不宜走陸路；又幹大事會成功。

九四：貞，吉。悔亡。震、用伐鬼方，三年，有賞于大國（邦）。

【譯】第四位，陽爻：占問，吉利。悔疚消除。大張旗鼓地征伐鬼方，三年（取勝），得到大邦殷的賞賜。

【注】震：威（《廣韻》），怒（《古今韻會舉要》）；有「雷霆萬鈞」、「大張旗鼓」之意。《詩．大雅．常武》：「王奮厥武，如震如怒。」馬氏《通釋》云：「訓震為威，義與怒同。」　用：助詞，表動作之實施、進行。　鬼方：原北方方國名；後統稱西北一帶的遊牧部族：「殷曰鬼方，周曰玁狁，漢曰匈奴」（《史記．五帝本紀．索隱》）。按，「伐鬼方」又見《既濟．九三》：「高宗，伐鬼方，三年克之。」指殷王武丁之事；另《紀年》載：「武乙三十五年，周王季伐西落鬼戎，俘二十翟（狄）王。」周王季即季歷，為文王之父，時代遠後於武丁；西落鬼戎即鬼方。本爻所指似為後者之事。　大國：《集解》本作「大邦」，是。漢時避劉邦諱改「邦」為「國」，參《師．上六》。「大邦」指殷商，當時是周的宗主國，直至西周初年，周人尚有稱殷為「大國殷」、「大邦殷」（如《書．召誥》），而自稱「小邦周」（如《書．大誥》）者。　按，貞（耕部 **eng**）、亡、方（均陽部 **ang**）、邦（東部 **ong**）合韻；又吉（質部 **et**）、震（文部 **ən**）、年（真部 **en**）協韻：真質通韻（陽入對轉）；文真合韻，故如此標點。

【析】九四陽剛失位，但與下有應，且乘、承皆陰，陰陽諧協，志意得行，故「吉」而「悔亡」。四居離體，為甲冑、戈兵；下應於初（爻），初居坎，而坎為正北方之卦，又為勞卦，故有「伐鬼方三年」之象。意味勞師動眾，曠日持久（參《既濟．九三》）。九四近比六五，五居尊位、君位，故「有賞于大邦」。

六五：貞，吉。无悔。君子之光，有孚。吉。

【譯】第五位，陰爻：占問，吉利。沒有悔恨煩惱。君子光榮啊，有威望。吉利。

【注】之：助詞，有加強語氣作用。如《詩．大雅．下武》：「永言配命，成王之孚。」　孚：誠信；此指信譽、威望。《革．九三》：「革言三就，有孚。」

【析】上卦離為光；五居中位、君位、尊位，故呈「君子之光」象。又下應九二，故「有孚。吉」，「无悔」。

上九：有孚、于飲酒，无咎。濡其首，有孚，失是。

【譯】最上位，陽爻：合符飲酒的規矩，沒有禍患。但（醉酒）淋濕了頭，雖合規矩，也失去正道。

【注】孚：讀為「符」，符合相應。　是：正（《集解》引虞），直（《說文》）。　按，孚、酒、咎、首、孚（均幽部）協韻，故如此標點。

【析】此爻下應六三，三居坎體（初至三，三至五），而坎為水為「酒」，故「有孚于飲酒，无咎」。上九有「首」象，但陽剛居卦極，位不當，故有「飲酒」過度，「濡首」而「失是」之象。

〔筮例〕

二〇〇〇年十月二十七日，距美國大選正式投票前十天，預測其總統選舉結果。為戈爾筮得《比》卦之六二爻，小布殊得《未濟》卦九二、六三、上九爻。投票在十一月七日進行，共和黨小布殊與民主黨的戈爾得票極為接近，在決定性的佛羅里達州，因「問題票」甚多，戈爾要求以人手重點而掀起連場官司，直到十二月十二日，聯邦最高法院裁定重點違憲，才由小布殊宣佈取得最後勝利。現在看來，占筮所得跟整個選舉過程、結局十分吻合。試析如下（戈爾情況分析見《比》卦）：

《未濟．九二》云：「曳其輪。貞，吉。」按，此爻是反映投票日之前的情形：「曳其輪」當指小布殊在整個競選過程中的賣力拉票行動，例如宣傳政綱，電視辯論，親民訪問，逐州遊說等等，好比「曳輪」渡河，十分辛苦。正如其自言：「逢人握手，上車睡覺，有空即去廁所。」但終有成效，故所得是「吉」。

六三爻云：「未濟，征，凶。利涉大川。」按，此爻指投票以後點算各州選票和選舉人票的情形：兩位候選人你超我趕，互有領前，過程緊張曲折，正是「山窮水盡疑無路，柳暗花明又一村」。結果在最後也是最具關鍵性的佛羅里達州，小布殊領先戈爾五百餘票，看來「利涉大川」，可入主白宮了。

再看上九爻：「有孚，于飲酒，无咎。濡其首，有孚，失是。」孔子說：「唯酒無量，不及亂。」（《論語．鄉黨》）就是說，你喝多少都可以，但不要喝醉；醉酒就是「亂」。此爻「飲酒濡首」，固然可以理解為指小布殊被揭發昔年曾因醉駕犯事，以及多次提早開香檳慶祝當選，還有手下工作人員曾不讓某些黑人投票，或代填選票資料令無效選票成為有效等等過態行徑，但除此之外，更主要應當是指：小布殊之最後當選，表面符合憲法，但實際上未盡公平公正——因他不敢面對比電腦點票肯定更準確的人手重新點票之結果，故利用司法程序一再加以阻撓和禁制；而他最終確實也是藉此手段（茅招，就是「亂」）贏得勝利，入主白宮。也就是說，小布殊之當選儘管合法（「有孚」），卻不算合情合理（「失是」）。

總括而言，爻辭是以「飲酒」比喻總統選舉；又以「飲酒濡首」比喻選戰中的種種過態行為和不太光明磊落的手段；最後則指出小布殊之勝出雖然「有孚」（合乎選舉的遊戲規則，因而具合法性），卻有失君子之正道。贏得不是那麼光彩。

《未濟》下卦坎（代己方），為水，上卦離（代對方），為火，正是水火不相容。發展至上九，陽剛居卦極，容易向他方轉化，果然稍加外力——由聯邦最高法院插手其事，便成《既濟》，以水克火，令小布殊終於得償所願，入主白宮。

IV 附錄：《易傳》

《繫辭・上》

天尊地卑，乾坤定矣。卑高以陳，貴賤位矣。動靜有常，剛柔斷矣。方以類聚，物以群分，吉凶生矣。在天成象，在地成形，變化見矣。是故剛柔相摩，八卦相蕩，鼓之以雷霆，潤之以風雨，日月運行，一寒一暑。乾道成男，坤道成女。乾知大始，坤作成物。乾以易知，坤以簡能。易則易知，簡則易從。易知則有親，易從則有功。有親則可久，有功則可大。可久則賢人之德，可大則賢人之業。易簡，而天下之理得矣。天下之理得，而成位乎其中矣。

聖人設卦觀象，繫辭焉而明吉凶，剛柔相推而生變化。是故吉凶者，失得之象也；悔吝者，憂虞之象也；變化者，進退之象也；剛柔者，晝夜之象也。六爻之動，三極之道也。是故君子所居而安者，《易》之序也；所樂而玩者，爻之辭也。是故君子居則觀其象而玩其辭，動則觀其變而玩其占，是以「自天祐之，吉无不利」。

彖者，言乎象者也；爻者，言乎變者也；吉凶者，言乎其失得也；悔吝者，言乎其小疵也；无咎者，善補過也。是故列貴賤者存乎位，齊小大者存乎卦，辯吉凶者存乎辭，憂悔吝者存乎介，震无咎者存乎悔。是故卦有小大，辭有險易。辭也者，各指其所之。

《易》與天地準，故能彌綸天地之道。仰以觀於天文，俯以察於地理，是故知幽明之故。原始反終，故知死生之說。精氣為物，遊魂為變，是故知鬼神之情狀。與天地相似，故不違。知周乎萬物，而道濟天下，故不過。旁行而不流，樂天知命，故不憂。安土敦乎仁，故能愛。範圍天地之化而不過，曲成萬物而不遺，通乎晝夜之道而知，故神無方而《易》無體。

一陰一陽之謂道，繼之者善也，成之者性也。仁者見之謂之仁，知者見之謂之知。百姓日用而不知，故君子之道鮮矣。顯諸仁，藏諸用，鼓萬物而不與聖人同憂，盛德大業，至矣哉！富有之謂大業，日新之謂盛德，生生之謂易，成象之謂乾，效法之謂坤，極數知來之謂占，通變之謂事，陰陽不測之謂神。

夫《易》，廣矣大矣，以言乎遠則不禦，以言乎邇則靜而正，以言乎天地之間則備矣。夫乾，其靜也專，其動也直，是以大生焉。夫坤，其靜也翕，其動也辟，是以廣生焉。廣大配天地，變通配四時，陰陽之義配日月，易簡之善配至德。子曰：「《易》，其至矣乎！夫《易》，聖人所以崇德而廣業也。知崇禮卑，崇效天，卑法地，天地設位，而《易》行乎其中矣。成性存存，道義之門。」

聖人有以見天下之賾，而擬諸其形容，象其物宜，是故謂之象。聖人有以見天下之動，而觀其會通，以行其典禮，繫辭焉以斷其吉凶，是故謂之爻。言天下之至賾而不可惡也，言天下之至動而不可亂也。擬之而後言，議之而後動；擬議以成其變化。

「鳴鶴在陰，其子和之。我有好爵，吾與爾靡之。」子曰：「君子居其室，出其言善，則千里之外應之，況其邇者乎？居其室，出其言不善，則千里之外違之，況其邇者乎？言出乎身，加乎民；行發乎邇，見乎遠。言行，君子之樞機。樞機之發，榮辱之主也。言行，君子之所以動天地也，可不慎乎！」

「同人先號咷而後笑。」子曰：「君子之道，或出或處，或默或語。二人同心，其利斷金；同心之言，其臭如蘭。」

「初六，藉用白茅，无咎。」子曰：「苟錯諸地而可矣，藉之用茅，何咎之有？慎之至也。夫茅之為物薄，而用可重也。慎斯術也以往，其無所失矣。」

「勞謙，君子有終，吉。」子曰：「勞而不伐，有功而不德，厚之至也。語以其功下人者也。德言盛，禮言恭；謙也者，致恭以存其位者也。」

「亢龍有悔。」子曰：「貴而無位，高而無民，賢人在下位而無輔，是以動而有悔也。」

「不出戶庭，无咎。」子曰：「亂之所生也，則言語以為階：君不密則失臣，臣不密則失身，幾事不密則害成。是以君子慎密而不出也。」

子曰：「作《易》者，其知盜乎？《易》曰：『負且乘，致寇至。』負也者，小人之事也；乘也者，君子之器也。小人而乘君子之器，盜思奪之矣；上慢下暴，盜思伐之矣。慢藏誨盜，冶容誨淫。《易》曰：『負且乘，致寇至。』盜之招也。」

大衍之數五十，其用四十有九。分而為二，以象兩。掛一，以象三。揲之以四，以象四時。歸奇於扐，以象閏；五歲再閏，故再扐而後掛。天一，地二；天三，地四；天五，地六；天七，地八；天九，地十。天數五，地數五，五位相得，而各有合。天數二十有五，地數三十，凡天地之數五十有五，此所以成變化而行鬼神也。《乾》之策，二百一十有六，《坤》之策，百四十有四，凡三百有六十，當期之日。二篇之策，萬有一千五百二十，當萬物之數也。是故四營而成《易》，十有八變而成卦。八卦而小成。引而伸之，觸類而長之，天下之能事畢矣。顯道神德行，是故可與酬酢，可與祐神矣。

子曰：「知變化之道者，其知神之所為乎。《易》有聖人之道四焉：以言者尚其辭，以動者尚其變，以制器者尚其象，以卜筮者尚其占。」是以君子將有為也，將有行也，問焉而以言，其受命也如嚮，無有遠近幽深，遂知來物。非天下之至精，其孰能與於此？參伍以變，錯綜其數。通其變，遂成天下之文；極其數，遂定天下之象。非天下之至變，其孰能與於此？《易》，無思也，無為也，寂然不動，感而遂通天下之故。非天下之至神，其孰能與於此？夫《易》，聖人之所以極深而研幾也。唯深也，故能通天下之志；唯幾也，故能成天下之務；唯神也，故不疾而速，不行而至。子曰「《易》有聖人之道四焉」者，此之謂也。

子曰：「夫《易》，何為者也？夫《易》，開物成務，冒天下之道，如斯而已者也。」是故聖人以通天下之志，以定天下之業，以斷天下之疑。是故蓍之德，圓而神；卦之德，方以知；六爻之義，易以貢。聖人以此洗心，退藏於密，吉凶與民同患。神以知來，知以藏往，其孰能與於此哉？古之聰明睿知、神武而不殺者夫！是以明於天之道，而察於民之故，是興神物，以前民用。聖人以此齋戒，以神明其德夫。是故闔戶謂之坤，辟戶謂之乾，一闔一辟謂之變，往來不窮謂之通，見乃謂之象，形乃謂之器，制而用之謂之法，利用出入、民咸用之謂之神。

是故《易》有太極，是生兩儀，兩儀生四象，四象生八卦，八卦定吉凶，吉凶生大業。是故法象莫大乎天地；變通莫大乎四時；縣象著明莫大乎日月；崇高莫大乎富貴；備物致用，立〔功〕成器以為天下利，莫大乎聖人；探賾索隱，鉤深致遠，以定天下之吉凶、成天下之亹亹者，莫大乎蓍龜。是故天生神物，聖人則之；天地變化，聖人效之；天垂象，見吉凶，聖人象之；河出圖，洛出書，聖人則之。《易》有四象，所以示也；繫辭焉，所以告也；定之以吉凶，所以斷也。

《易》曰：「自天祐之，吉无不利。」子曰：「祐者，助也。天之所助者，順也；人之所助者，信也。履信，思乎順，又以尚賢也，是以『自天祐之，吉无不利』也。」

子曰：「書不盡言，言不盡意。」然則聖人之意，其不可見乎？子曰：「聖人立象以盡意，設卦以盡情偽，繫辭焉以盡其言，變而通之以盡利，鼓之舞之以盡神。」

乾坤，其《易》之縕邪，乾坤成列，而《易》立乎其中矣。乾坤毀，則無以見《易》。《易》不可見，則乾坤或幾乎息矣。是故形而上者謂之道，形而下者謂之器，化而裁之謂之變，推而行之謂之通，舉而錯之天下之民謂之事業。是故夫象，聖人有以見天下之賾，而擬諸其形容，象其物宜，是故謂之象；聖人有以見天下之動，而觀其會通，以行其典禮，繫辭焉以斷其吉凶，是故謂之爻。極天下之賾者，存乎卦；鼓天下之動者，存乎辭；化而裁之，存乎變；推而行之，存乎通；神而明之，存乎其人；默而成之，不言而信，存乎德行。

《繫辭·下》

八卦成列，象在其中矣；因而重之，爻在其中矣；剛柔相推，變在其中矣；繫辭焉而命之，動在其中矣。吉凶悔吝者，生乎動者也；剛柔者，立本者也；變通者，趣時者也；吉凶者，貞勝者也；天地之道，貞觀者也；日月之道，貞明者也；天下之動，貞夫一者也。夫乾，確然示人易矣；夫坤，隤然示人簡矣。爻也者，效此者也；象也者，像此者也。爻象動乎內，吉凶見乎外，功業見乎變，聖人之情見乎辭。天地之大德曰生，聖人之大寶曰位。何以守位？曰仁。何以聚人？曰財。理財正辭、禁民為非，曰義。

古者包犧氏之王天下也，仰則觀象於天，俯則觀法於地，觀鳥獸之文與地之宜，近取諸身，遠取諸物，於是始作八卦，以通神明之德，以類萬物之情。作結繩而為網罟，以佃以漁，蓋取諸《離》。包犧氏沒，神農氏作，斫木為耜，揉木為耒，耒耨之利，以教天下，蓋取諸《益》。日中為市，致天下之民，聚天下之貨，交易而退，各得其所，蓋取諸《噬嗑》。神農氏沒，黃帝、堯、舜氏作，通其變，使民不倦，神而化之，使民宜之。《易》，窮則變，變則通，通則久。是以「自天祐之，吉无不利」。黃帝、堯、舜垂衣裳而天下治，蓋取諸《乾》、《坤》。刳木為舟，剡木為楫，舟楫之利，以濟不通，致遠以利天下，蓋取諸《渙》。服牛乘馬，引重致遠，以利天下，蓋取諸《隨》。重門擊柝，以待暴客，蓋取諸《豫》。斷木為杵，掘地為臼，杵臼之利，萬民以濟，蓋取諸《小過》。弦木為弧，剡木為矢，弧矢之利，以威天下，蓋取諸《睽》。上古穴居而野處，後世聖人易之以宮室，上棟下宇，以待風雨，蓋取諸《大壯》。古之葬者，厚衣之以薪，葬之中野，不封不樹，喪期無數，後世聖人易之以棺槨，蓋取諸《大過》。上古結繩而治，後世聖人易之以書契，百官以治，萬民以察，蓋取諸《夬》。

是故《易》者，象也；象也者，像也。彖者，材也。爻也者，效天下之動者也。是故吉凶生而悔吝著也。

陽卦多陰，陰卦多陽。其故何也？陽卦奇，陰卦耦。其德行何也？陽一君而二民，君子之道也。陰二君而一民，小人之道也。

《易》曰：「憧憧往來，朋從爾思。」子曰：「天下何思何慮？天下同歸而殊塗，一致而百慮。天下何思何慮？日往則月來，月往則日來，日月相推而明生焉。寒往則暑來，暑往則寒來，寒暑相推而歲成焉。往者屈也，來者信也，屈信相感而利生焉。尺蠖之屈，以求信也。龍蛇之蟄，以存身也。精義入神，以致用也。利用安身，以崇德也。過此以往，未之或知也。窮神知化，德之盛也。」

《易》曰：「困于石，據于蒺蔾。入于其宮，不見其妻。凶。」子曰：「非所困而困焉，名必辱；非所據而據焉，身必危。既辱且危，死期將至，妻其可得見耶！」

《易》曰：「公用射隼于高墉之上，獲之。无不利。」子曰：「隼者，禽也；弓矢者，器也；射之者，人也。君子藏器于身，待時而動，何不利之有？動而不括，是以出而有獲，語成器而動者也。」

子曰：「小人不恥不仁，不畏不義，不見利不勸，不威不懲。小懲而大誡，此小人之福也。《易》曰：『屨校滅趾。无咎。』此之謂也。善不積，不足以成名；惡不積，不足以滅身。小人以小善為無益而弗為也，以小惡為無傷而弗去也，故惡積而不可揜，罪大而不可解。《易》曰：『何校滅耳，凶。』」

子曰：「危者，安其位者也；亡者，保其存者也；亂者，有其治者也。是故君子安而不忘危，存而不忘亡，治而不忘亂，是以身安而國家可保也。《易》曰：『其亡其亡，繫于苞桑。』」

子曰：「德薄而位尊，知小而謀大，力少而任重，鮮不及矣。《易》曰：『鼎折足，覆公餗，其形渥。凶。』言不勝其任也。」

子曰：「知幾，其神乎！君子上交不諂，下交不瀆，其知幾乎？幾者，動之微，吉〔凶〕之先見者也。君子見幾而作，不俟終日。《易》曰：『介于石，不終日。貞，吉。』介如石焉，寧用終日？斷可識矣。君子知微知彰，知柔知剛，萬夫之望。」

子曰：「顏氏之子，其殆庶幾乎？有不善未嘗不知，知之未嘗復行也。《易》曰：『不遠復，無祇悔。元吉。』天地絪縕，萬物化醇。男女構精，萬物化生。《易》曰：『三人行，則損一人；一人行，則得其友。』言致一也。」

子曰：「君子安其身而後動，易其心而後語，定其交而後求。君子修此三者，故全也。危以動，則民不與也；懼以語，則民不應也；無交而求，則民不與也。莫之與，則傷之者至矣。《易》曰：『莫益之，或擊之。立心勿恆，凶。』」

子曰：「乾、坤，其《易》之門邪？」乾，陽物也；坤，陰物也。陰陽合德，而剛柔有體，以體天地之撰，以通神明之德。其稱名也，雜而不越。於稽其類，其衰世之意邪？夫《易》，彰往而察來，而微顯闡幽，開而當名，辨物正言，斷辭則備矣。其稱名也小，其取類也大，其旨遠，其辭文，其言曲而中，其事肆而隱。因貳以濟民行，以明失得之報。

《易》之興也，其於中古乎？作《易》者，其有憂患乎？是故《履》，德之基也；《謙》，德之柄也；《復》，德之本也；《恆》，德之固也；《損》，德之修也；《益》，德之裕也；《困》，德之辨也；《井》，德之地也；《巽》，德之制也。《履》，和而至；《謙》，尊而光；《復》，小而辨於物；《恆》，雜而不厭；《損》，先難而後易；《益》，長裕而不設；《困》，窮而通；《井》，居其所而遷；《巽》，稱而隱。《履》以和行，《謙》以制禮，《復》以自知，《恆》以一德，《損》以遠害，《益》以興利，《困》以寡怨，《井》以辨義，《巽》以行權。

《易》之為書也不可遠，為道也屢遷，變動不居，周流六虛，上下無常，剛柔相易，不可為典要，唯變所適。其出入以度，外內使知懼，又明於憂患與故，無有師保，如臨父母。初率其辭而揆其方，既有典常。苟非其人，道不虛行。

《易》之為書也，原始要終以為質也。六爻相雜，唯其時物也。其初難知，其上易知，本末也。初辭擬之，卒成之終。若夫雜物撰德，辯是與非，則非其中爻不備。噫！亦要存亡吉凶，則居可知矣。知者觀其彖辭，則思過半矣。二與四，同功而異位，其善不同：二多譽，四多懼，近也。柔之為道，不利遠者，其要无咎，其用柔中也。三與五，同功而異位：三多凶，五多功，貴賤之等也。其柔危，其剛勝邪？

《易》之為書也，廣大悉備，有天道焉，有人道焉，有地道焉。兼三材而兩之，故六。六者非它也，三材之道也。道有變動，故曰爻；爻有等，故曰物；物相雜，故曰文；文不當，故吉凶生焉。

《易》之興也，其當殷之末世，周之盛德邪？當文王與紂之事邪？是故其辭危。危者使平，易者使傾，其道甚大，百物不廢；懼以終始，其要无咎：此之謂《易》之道也。

夫乾，天下之至健也，德行恆易以知險；夫坤，天下之至順也，德行恆簡以知阻。能說諸心，能研諸侯之（按，「侯之」二字衍）慮，定天下之吉凶，成天下之亹亹者。是故變化云為，吉事有祥。象事知器，占事知來。天地設位，聖人成能。人謀鬼謀，百姓與能。八卦以象告，爻彖以情言，剛柔雜居，而吉凶可見矣。變動以利言，吉凶以情遷，是故愛惡相攻而吉凶生，遠近相取而悔吝生，情偽相感而利害生。凡《易》之情，近而不相得則凶；或害之，悔且吝。將叛者其辭慚，中心疑者其辭枝，吉人之辭寡，躁人之辭多，誣善之人其辭游，失其守者其辭屈。

《說卦》

昔者聖人之作《易》也，幽贊於神明而生蓍，參天兩地而倚數，觀變於陰陽而立卦，發揮於剛柔而生爻，和順於道德，而理於義，窮理盡性以至於命。昔者聖人之作《易》也，將以順性命之理，是以立天之道曰陰與陽，立地之道曰柔與剛，立人之道曰仁與義；兼三才而兩之，故《易》六畫而成卦。分陰分陽，迭用柔剛，故《易》六位而成章。

天地定位，山澤通氣，雷風相薄，水火不相射：八卦相錯。數往者順，知來者逆，是故《易》，逆數也。

雷以動之，風以散之，雨以潤之，日以烜之，艮以止之，兌以說之，乾以君之，坤以藏之。

帝出乎震，齊乎巽，相見乎離，致役乎坤，說言乎兌，戰乎乾，勞乎坎，成言乎艮。萬物出乎震，震，東方也。齊乎巽，巽，東南也；齊也者，言萬物之潔齊也。離也者，明也，萬物皆相見，南方之卦也；聖人南面而聽天下，嚮明而治，蓋取諸此也。坤也者，地也，萬物皆致養焉，故曰：致役乎坤。兌，正秋也，萬物之所說也，故曰：說言乎兌。戰乎乾，乾，西北之卦也，言陰陽相薄也。坎者，水也，正北方之卦也，勞卦也，萬物之所歸也，故曰：勞乎坎。艮，東北之卦也，萬物之所成終，而所成始也，故曰：成言乎艮。

神也者，妙萬物而為言者也。動萬物者莫疾乎雷。撓萬物者莫疾乎風。燥萬物者莫熯乎火。說萬物者莫說乎澤。潤萬物者莫潤乎水。終萬物始萬物者，莫盛乎艮。故水火相逮，雷風不相悖，山澤通氣，然後能變化，既成萬物也。

乾，健也。坤，順也。震，動也。巽，入也。坎，陷也。離，麗也。艮，止也。兌，說也。

乾為馬。坤為牛。震為龍。巽為雞。坎為豕。離為雉。艮為狗。兌為羊。

乾為首。坤為腹。震為足。巽為股。坎為耳。離為目。艮為手。兌為口。

乾，天也，故稱乎父。坤，地也，故稱乎母。震一索而得男，故謂之長男。巽一索而得女，故謂之長女。坎再索而得男，故謂之中男。離再索而得女，故謂之中女。艮三索而得男，故謂之少男。兌三索而得女，故謂之少女。

乾為天，為圜，為君，為父，為玉，為金，為寒，為冰，為大赤，為良馬，為老馬，為瘠馬，為駁馬，為木果。（《釋文》引九家：為龍，為直，為衣，為言。）

坤為地，為母，為布，為釜，為吝嗇，為均，為子母牛，為大輿，為文，為眾，為柄，其於地也為黑。（《釋文》引九家：為牝，為迷，為方，為囊，為裳，為黃，為帛，為漿。）

震為雷，為龍，為玄黃，為敷，為大塗，為長子，為決躁，為蒼筤竹，為萑葦；其於馬也為善鳴，為馵足，為作足，為的顙；其於稼也為反生；其究為健，為蕃鮮。（《釋文》引九家：為玉，為鵠，為鼓。）

巽為木，為風，為長女，為繩直，為工，為白，為長，為高，為進退，為不果，為臭；其於人也為寡髮，為廣顙，為多白眼，為近利市三倍；其究為躁卦。（《釋文》引九家：為楊，為鸛。）

坎為水，為溝瀆，為隱伏，為矯輮，為弓輪；其於人也為加憂，為心病，為耳痛，為血卦，為赤；其於馬也為美脊，為亟心，為下首，為薄蹄，為曳；其於輿也為多眚；為通，為月，為盜；其於木也為堅多心。（《釋文》引九家：為宮，為律，為可，為棟，為叢棘，為狐，為蒺藜，為桎梏。）

離為火，為日，為電，為中女，為甲冑，為戈兵；其於人也為大腹；為乾卦，為鱉，為蟹，為蠃，為蚌，為龜；其於木也為科上槁。（《釋文》引九家：為牝牛。）

艮為山，為徑路，為小石，為門闕，為果蓏，為閽寺，為指，為狗，為鼠，為黔喙之屬；其於木也為堅多節。（《釋文》引九家：為鼻，為虎，為狐。）

兌為澤，為少女，為巫，為口舌，為毀折，為附決；其於地也為剛鹵；為妾，為羊。（《釋文》引九家：為常，為輔頰。）

《序卦》〔一〕

有天地，然後萬物生焉。盈天地之間者唯萬物，故受之以《屯》。《屯》者，盈也；《屯》者，物之始生也。物生必蒙，故受之以《蒙》。《蒙》者，蒙也，物之稚也。物稚不可不養也，故受之以《需》。《需》者，飲食之道也。飲食必有訟，故受之以《訟》。訟必有衆起，故受之以《師》。《師》者，衆也。衆必有所比，故受之以《比》。《比》者，比也。比必有所畜，故受之以《小畜》。物畜然後有禮，故受之以《履》。《履》者，禮也。履而泰，然後安，故受之以《泰》。《泰》者，通也。物不可以終通，故受之以《否》。物不可以終否，故受之以《同人》。與人同者，物必歸焉，故受之以《大有》。有大者不可以盈，故受之以《謙》。有大而能謙必豫，故受之以《豫》。豫必有隨，故受之以《隨》。以喜隨人者必有事，故受之以《蠱》。《蠱》者，事也。有事而後可大，故受之以《臨》。《臨》者，大也。物大然後可觀，故受之以《觀》。可觀而後有所合，故受之以《噬嗑》。嗑者，合也。物不可以苟合而已，故受之以《賁》。《賁》者，飾也。致飾然後亨則盡矣，故受之以《剝》。《剝》者，剝也。物不可以終盡剝，窮上反下，故受之以《復》。《復》則不妄矣，故受之以《无妄》。有《无妄》，然後可畜，故受之以《大畜》。物畜然後可養，故受之以《頤》。《頤》者，養也。

不養則不可動，故受之以《大過》。物不可以終過，故受之以《坎》。《坎》者，陷也。陷必有所麗，故受之以《離》。《離》者，麗也。

有天地然後有萬物，有萬物然後有男女，有男女然後有夫婦，有夫婦然後有父子，有父子然後有君臣，有君臣然後有上下，有上下然後禮義有所錯。夫婦之道，不可以不久也，故受之以《恆》。《恆》者，久也。物不可以久居其所，故受之以《遯》。《遯》者，退也。物不可以終遯，故受之以《大壯》。物不可以終壯，故受之以《晉》。《晉》者，進也。進必有所傷，故受之以《明夷》。夷者，傷也。傷於外者必反於家，故受之以《家人》。家道窮必乖，故受之以《睽》。《睽》者，乖也。乖必有難，故受之以《蹇》。《蹇》者，難也。物不可以終難，故受之以《解》。《解》者，緩也。緩必有所失，故受之以《損》。損而不已必益，故受之以《益》。《益》而不已必決，故受之以《夬》。夬者，決也。決必有遇，故受之以《姤》。《姤》者，遇也。物相遇而後聚，故受之以《萃》。《萃》者，聚也。聚而上者謂之升，故受之以《升》。升而不已必困，故受之以《困》。困乎上者必反下，故受之以《井》。井道不可不革，故受之以《革》。革物者莫若鼎，故受之以《鼎》。主器者莫若長子，故受之以《震》。《震》者，動也。物不可以終動，止之，故受之以《艮》。《艮》者，止也。物不可以終止，故受之以《漸》。《漸》者，進也。進必有所歸，故受之以《歸妹》。得其所歸者必大，故受之以《豐》。《豐》者，大也。窮大者必失其居，故受之以《旅》。旅而無所容，故受之以《巽》。《巽》者，入也。入而後說之，故受之以《兌》。《兌》者，說也。說而後散之，故受之以《渙》。《渙》者，離也。

物不可以終離，故受之以《節》。節而信之，故受之以《中孚》。有其信者必行之，故受之以《小過》。有過物者必濟，故受之以《既濟》。物不可窮也，故受之以《未濟》終焉。

注釋

〔一〕　這是今傳本《周易》的卦序。

《雜卦》[一]

《乾》剛，《坤》柔。《比》樂，《師》憂。《臨》、《觀》之義，或與或求。《屯》見而不失其居。《蒙》雜而著。《震》，起也；《艮》，止也。《損》、《益》，盛、衰之始也。《大畜》，時也。《无妄》，災也。《萃》聚，而《升》不來也。《謙》輕，而《豫》怠也。《噬嗑》，食也。《賁》，無色也。《兌》見，而《巽》伏也。《隨》，無故也。《蠱》則飭也。《剝》，爛也；《復》，反也。《晉》，晝也；《明夷》，誅也。《井》通，而《困》相遇也。《咸》，速也；《恆》，久也。《渙》，離也；《節》，止也。《解》，緩也；《蹇》，難也。《睽》，外也；《家人》，內也。《否》、《泰》，反其類也。《大壯》則止，《遯》則退也。《大有》，眾也。《同人》，親也。《革》，去故也；《鼎》，取新也。《小過》，過也；《中孚》，信也。《豐》，多故也；親寡，《旅》也。《離》上，而《坎》下也。《小畜》，寡也。《履》，不處也；《需》，不進也。《訟》，不親也。《大過》，顛也。《姤》，遇也，柔遇剛也。《漸》，女歸待男行也。《頤》，養正也。《既濟》，定也。《歸妹》，女之終也；《未濟》，男之窮也。《夬》，決也，剛決柔也，君子道長，小人道憂也。

注釋

[一] 這是古本《易象》的卦序。

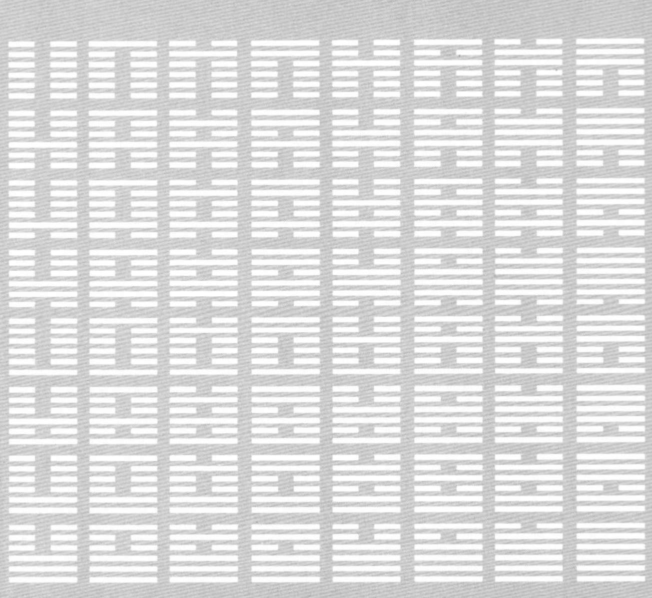